錢穆與20世紀中國史學

從先秦子學到清代考據，一場席捲千年的學術史革命

陳勇 著

■〈劉向歆父子年譜〉：晚清今古文之爭的一聲驚雷
■《先秦諸子繫年》：以諸子之書，還考諸子之事
■《中國近三百年學術史》：不知宋學，則無以評漢宋之是非……

崧燁文化

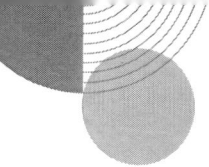

目錄

緒論

論錢穆史學體系的形成
　一、以求真為職志的考據派史家　　　　　　　　2
　二、治史方向的轉變　　　　　　　　　　　　　8
　三、文化民族主義史學的形成　　　　　　　　　17
　四、文化民族主義史學的發展　　　　　　　　　25
　五、結語：錢穆在二十世紀中國史學的定位　　　30

論錢穆的歷史思想與史學思想
　一、歷史的過去與未來交織於現在的歷史時間觀　31
　二、以學術思想為核心的文化史觀　　　　　　　34
　三、治史首貴識變的歷史漸變論　　　　　　　　41
　四、重史心、史德的史家素養論　　　　　　　　46
　五、學貴致用的史學目的論　　　　　　　　　　49
　六、歷史客體與史家的主體精神　　　　　　　　54

「疑非破信，乃立信」
　一、錢穆早年對古史辨派古史理論的評價　　　　61
　二、「所同不勝其異」——古史理論的分歧與批評　68

目錄

錢穆與新考據派關係略論

- 一、傅斯年推薦錢穆進北大　　87
- 二、新考據派的同盟　　94
- 三、分道揚鑣　　96
- 四、有若仇讎　　107
- 五、並非冰炭之不相容　　114

錢穆與《先秦諸子繫年》

- 一、《先秦諸子繫年》的成書經過　　119
- 二、以古本《竹書紀年》訂《史記》之誤　　124
- 三、對戰國史研究的貢獻　　127
- 四、論諸子和先秦學術史的分期　　131
- 五、考證諸子的方法　　133
- 六、局限與不足　　136
- 七、餘論　　141

錢穆與〈劉向歆父子年譜〉

- 一、寫作背景與學術貢獻　　145
- 二、學界反響　　156
- 三、仍待研究之問題　　161

「不知宋學，則無以評漢宋之是非」

- 一、近代學者的清學史研究　　165

二、清代漢學淵源於宋學　　　　　　　　　　　171

　　三、錢穆論清代學術的發展演變及其學術貢獻　　176

　　四、錢穆表彰「宋學」的原因　　　　　　　　　189

　　五、錢穆論清學史可商榷之處　　　　　　　　　195

錢穆與中國文化史研究

　　一、轉向文化研究的原因　　　　　　　　　　　203

　　二、論中國文化發展的地理背景　　　　　　　　208

　　三、論中國文化史的分期　　　　　　　　　　　212

　　四、論中國文化的融合精神　　　　　　　　　　214

　　五、中西文化兩類型說的提出　　　　　　　　　217

　　六、固守傳統與融會中西　　　　　　　　　　　223

錢穆與中國政治制度史研究

　　一、「非專制論」的提出及其內容　　　　　　　233

　　二、「歷史意見」與「時代意見」　　　　　　　241

　　三、對傳統政治弊端的剖析　　　　　　　　　　248

　　四、「掩其不善而著其善」　　　　　　　　　　251

錢穆與近現代史家交往述略

　　一、錢穆與柳詒徵　　　　　　　　　　　　　　257

　　二、錢穆與呂思勉　　　　　　　　　　　　　　266

　　三、錢穆與陳寅恪　　　　　　　　　　　　　　281

　　四、錢穆與張蔭麟　　　　　　　　　　　　　　296

5

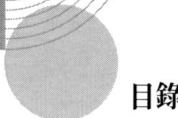

目錄

　　五、錢穆與湯用彤　　　　　　　　　　　　　307

主要參考書目

後記

緒論

　　錢穆是中國現代著名歷史學家，他一生致力於中國史學和學術文化的研究，在先秦子學、兩漢經學、隋唐佛學、宋明理學、清代學術史、中國通史、中國文化史、中國思想史、中國政治制度史等諸多領域都有精湛的研究和建樹，在中國現代史學史和學術史上占有重要的地位。然而近代以來，中國一直處在西方學術文化的強力衝擊和籠罩之下，錢穆的治史理論和方法與當時主流學派的觀點不甚合拍，長期受到冷遇和排斥而處於邊緣。1949年錢穆離開中國，寓居港臺，由於海峽兩岸的隔膜，以至於在一個相當長的時期內，人們對他的史學思想和治史成就缺乏一個應有的瞭解和客觀的評價。1980年代中期以來，隨著中國文化熱、國學熱的興起和不斷升溫，錢穆研究逐漸受到了人們的重視。

　　目前學術界對錢穆史學的研究主要集中在他的歷史觀、國史觀、治史理論和方法上。羅義俊是中國較早研究錢穆的學者，他把錢氏視為現代新儒家在史學領域的代表人物，側重對其新儒學史觀作分析，其觀點主要體現在《論〈國史大綱〉與當代新儒學》、《經國濟世，培養史心——錢賓四先生新儒學史學觀論略》和《錢穆學案》中。[1] 徐國利把錢穆的歷史觀概括為以儒家文化為本位的民族文化生命史觀，並對其所包含的內容，如錢穆對歷史本質、歷史動力、歷史構成、歷史發展形態等方面的認識作了較為細緻的分析。[2] 陳勇從歷史的過去與未來交織於現在的歷史時間觀、以學術思想為核心的文化

---

[1] 羅義俊：《論〈國史大綱〉與當代新儒學——略及錢賓四先生史學的特性與意義》，《史林》1992年第4期；《經國濟世，培養史心——錢賓四先生新儒學史學觀論略》，《史林》1995第4期；《錢穆學案》，方克立、李錦全主編《現代新儒家學案》（中），中國社會科學出版社，1995年。

[2] 徐國利：《錢穆史學思想研究》，臺灣商務印書館，2004年。

緒論

史觀、治史首貴識變的歷史漸變觀、學貴致用的史學目的論、歷史客體與史家的主體精神等方面,對錢穆的歷史思想與史學思想作過梳理和分析。[3] 陳其泰主編的《二十世紀中國歷史考證學研究》一書有專節論及錢穆的古史考證,對其古史研究的成就、貢獻及其局限作過分析和討論。[4] 王晴佳有專文討論過錢穆與民國時期主流派史學科學考證派的關係,認為錢穆早年治史受過科學史學派的影響,以「考史」成名,抗戰時錢穆由「考史」向「著史」轉變,以弘揚中華文化的傳統價值為己任,逐漸與該派分道揚鑣。[5] 翁有為也有文章論及錢穆與科學派領袖傅斯年的治史分歧,認為傅斯年是科學派的領軍人物,治學主實證求真;錢穆則是新儒家學派的中堅,治學主經世。[6]

黃俊傑、胡昌智,馬來西亞學者黃文斌,對錢穆的國史觀、民族主義思想作過研究。黃俊傑認為錢穆的國史觀實以「主客交融」為其方法論特徵,其歷史寫作特別突顯中國歷史精神的特殊性。[7] 胡昌智把《國史大綱》與西方史學中的歷史主義,尤其是德國的歷史主義史學作過比較研究,認為在歷史敘述的內容、結構等方面,兩者有許多類似之處。[8] 黃文斌探討了近代中國民族主義與錢穆民族思想的關聯,認為「民族救亡」或「民族自救」是錢穆關懷的核心問題。基本上,錢氏嘗試透過研究「歷史」及闡發「文化」來建立民族的認同感與信心。[9] 華裔學者余英時從民族認同、文化認同的角度對錢穆的民

3 　陳勇:《略論錢穆的歷史思想和史學思想》,《史學理論研究》1994 年第 2 期。
4 　陳其泰主編:《二十世紀中國歷史考證學研究》,北京師範大學出版社,2005 年。
5 　王晴佳:《錢穆與科學史學的離合關係》,《臺大歷史學報》第 26 期,2000 年 12 月。
6 　翁有為:《求真乎?經世乎?──傅斯年與錢穆學術思想之比較》,《文史哲》2005 年第 3 期。
7 　黃俊傑:《錢賓四史學中的「國史」觀──內涵、方法與意義》,《臺大歷史學報》第 26 期,2000 年 12 月。
8 　胡昌智:《錢穆的〈國史大綱〉與德國歷史主義》,《史學評論》第 6 期,臺北華世出版社,1983 年 9 月。
9 　黃文斌:《論近代中國民族主義與錢穆的民族觀》,收入張麗珍、黃文斌合編:《錢穆與中

族主義史學進行過有價值的闡述。[10] 陳啟雲則對錢穆人文主義史學進行過討論，認為錢穆的思想、文化、歷史學的若干觀念和立場，與最近西方人文學的理論，尤其是後現代主義，有不少共通之處。[11] 美國學者鄧爾麟對錢穆早年的鄉居生活與他後來治史觀形成的關係，以及他終身對中國歷史文化所持「溫情與敬意」的原因作過分析和論述。[12]

另外，在一些錢穆的學術傳記中也涉及到他的史學思想和治史方法，如郭齊勇、汪學群合著的《錢穆評傳》，陳勇的《錢穆傳》、《國學宗師錢穆》，印永清《百年家族——錢穆》等書，對錢穆的治史理論和方法作過評述。在錢穆的弟子和再傳弟子所寫的年譜和回憶性的文字中也涉及他的史學，重要者如嚴耕望《錢穆賓四先生與我》、余英時《猶記風吹水上鱗——錢穆與現代中國學術》、李木妙《國史大師錢穆教授生平及其著述》、韓復智《錢穆先生學術年譜》等。還有一些紀念文集，如江蘇無錫縣政協編的《錢穆紀念文集》，香港中文大學新亞書院編的《錢賓四先生百齡紀念會學術論文集》，臺北市立圖書館編的《錢穆先生紀念館館刊》（1～8期），東吳大學錢穆故居管理處編印的《錢穆思想學術研討會論文集》、《錢穆先生思想行誼研究論文集》、《錢穆研究暨當代人文思想國際學術研討會論文集》等對錢穆的史學也有涉及。

上述研究對本書的寫作有很大啟發，但也存在一些不足。其一，不少研究重在對錢穆史學和史學思想的某些方面進行梳理和評述，在全面、系統、深入的研究上尚有較大的拓展空間。其二，目前的研究大多集中在發掘錢穆

國學術思想研究》，馬來亞大學中文系，2007年。
10　余英時：《文化認同與中國史學——從錢穆先生的〈國史大綱〉引論說起》，《錢賓四先生百齡紀念會學術論文集》，香港中文大學新亞書院，2003年。
11　陳啟雲：《中國人文學術的近代轉型——胡適、傅斯年和錢穆個案》，收入陳勇、謝維揚主編：《中國傳統學術的近代轉型》，上海人民出版社，2011年。
12　（美）鄧爾麟著、藍樺譯：《錢穆與七房橋的世界》，中國社會科學出版社，1998年。

緒論

史學思想的合理性和積極意義上,多為肯定性評價,在批評審視的研究視角上仍有作更為全面考察的必要。其三,港臺學者從比較研究的角度將錢穆的史學與近代歐洲的民族主義史學進行比較分析,這無疑是一個新的研究視野,然而兩者之間是否具有可比性,也需要作進一步思考。第四,已出版的錢穆論著,傳記和紀念性的文章較多,重在介紹錢穆的人生經歷和學思歷程,對其史學思想及其成就的分析性研究相對薄弱。另外,對錢穆史學思想的核心內容文化民族主義思想的形成過程、主要內容及其時代價值,目前尚無專文論及。

錢穆學問廣博,其治學涉及經學、史學、子學、佛學、理學、清學等眾多領域。但他一生的主要貢獻還是在史學上,史學是他一生治學的出發點和立足點。錢穆的史學體系是怎樣形成的?他史學思想的核心是什麼?他的治史理論和方法有何特點?與同時代其他史學流派及其代表人物相比較,他們的治史理論異同何在?在中國現代史學中,錢穆的史學究竟占怎樣的地位?這些問題都是需要加以具體研究和論證的。然而遺憾的是,史學界對錢穆的史學卻缺乏深入的研究,除一些論文和著作涉及他的史學思想外,迄今尚無專門的著作對其史學作系統的梳理和論述。因此,把錢穆的史學置放到二十世紀中國史學發展變遷的大背景中進行具體的研究,確有必要。

錢穆的史學可以 1949 年為界線,劃為中國前期史學和港臺後期史學兩個時期。居中國時期,錢穆主要從事先秦諸子、漢代經學、清代學術史和中國通史的研究,〈劉向歆父子年譜〉(1930 年)、《先秦諸子繫年》(1935 年)、《中國近三百年學術史》(1937 年)、《國史大綱》(1940 年),是他前期史學的代表作,尤其是《國史大綱》,在 1949 年以前的中國史學界影響甚大,是他史學體系形成的重要標誌。自 1949 年寓居港臺(1949～1990 年)以來,錢穆主要從事學術思想史方面的研究,重要著作有《中國思想史》、《宋明理學概述》、《朱子新學案》、《中國學術思想史論叢》(八冊)《中國學術通義》

等。史學方面的著作有《中國歷史精神》、《國史新論》、《中國史學名著》、《史學導言》、《中國史學發微》、《從中國歷史來看中國民族性及中國文化》等。若以學術研究的方向重點來劃分，可以 1940 年為界線劃為兩個階段，《國史大綱》出版以前以歷史研究為主，此後即由歷史研究轉入文化研究，《中國文化史導論》一書的撰寫則是他「學問思想先後轉折一大要點所在」。錢穆居港臺以來，其著述始終圍繞著闡釋中國歷史文化精神和復興中華文化、重建儒學傳統而展開，而有關歷史方面的文字，「則一皆以文化為中心」。而就他研究中國文化的方法言，主要採取的是歷史考察的研究方法，即以歷史實證作為文化研究的基礎。

作為一位著名的歷史學家，錢穆對中國現代史學的貢獻是多方面的。本書把錢穆的史學置放到二十世紀中國史學發展變遷的大背景中，運用歷史實證方法、比較研究方法、宏觀整體研究與微觀個案考察相結合的方法，對其治史理論、方法及其史學成就進行梳理和評析，既著眼於大處，從宏觀層面對錢穆史學體系的形成過程作整體性的動態考察；又用功於細微，從微觀層面對其具體的史學成就及其貢獻作深入的個案剖析，並將其治史主張與同時代其他史學流派（如古史辨派、新考據派）的治史理論作比較研究，力圖在此基礎上對其史學思想及其在中國近現代史學史上的地位作出一個符合實際的評價。

本書除緒論外，由十篇個案研究文章構成。為了使讀者能總攬大要，茲將各篇的主要內容介紹如下。

第一篇：論錢穆史學體系的形成。在二十世紀的中國史學中，錢穆的史學既與民國時期的主流史學新考據派互異，也與 20 後半期居於主導地位的馬克思主義史學不同，他在新考據派和唯物史觀派之外別樹一幟，是二十世紀中國文化民族主義史學一派的代表人物。本篇把文化民族主義思想視為錢穆史學思想的核心所在，認為只有從文化民族主義的角度去考察錢穆的史學

緒論

思想才會對錢穆有真正的認識，才會對二十世紀中國史學流派中文化民族主義一派的存在價值有具體的理解，才會對中國現代史學史、學術史獲得一完整系統的說明。基於這一理解，本篇在論述錢穆史學體系的形成時，主要是以他文化民族主義史學思想的形成為考察中心進行分析論證的。

錢穆早年以考據揚名學界，1930年他進入中國學術中心北平後，得到當時新考據派大家的認同，得到顧頡剛、胡適、傅斯年的欣賞，主要得益於他的考據之作。1930年代中期以後，錢穆的治學方向發生了轉變，由先前崇尚考據轉移到「竟體觸及」民族文化精神這一根本問題上，最終與主流學派分道揚鑣。錢穆的文化民族主義思想，發軔於1930年代中期，形成於1930年代末，以《國史大綱》的完成為其標誌。在《國史大綱·引論》中，他第一次明確地把文化、民族與歷史三者聯繫起來考察，認為歷史就是民族文化精神的展開和演進，研究歷史不僅僅在於釐清歷史事實的真實，更重要的在於釐清歷史事實背後所蘊藏的民族精神和文化精神。換一句話說，歷史學家的責任不僅僅在於復原歷史的結構，追求一個個事實的真實，更重要的在於追尋民族文化傳承的血脈，肩負起一種文化託命的責任。錢穆以鮮明的民族文化立場表明了自己的學問宗主和人生的終極關懷，即關心中國文化的傳承，為民族的文化追尋意義。

以考據起家的錢穆最終轉向對考據學風的批判，是因為他認識到一味埋首考據，不利於民族精神的發揚，所以他站在民族文化本位的立場上對新考據派作不遺餘力的批判，這是他文化民族主義思想產生的內在動因；基於民族危機的刺激而產生的救亡意識則是他文化民族主義思想產生的現實動因。自《國史大綱》完成後，錢穆學問研究的重點發生了轉變，由歷史研究轉向文化研究，為中國文化招魂續命遂成為他一生的學問宗主和志業所在。本篇對錢穆文化民族主義史學的形成過程、所包含的內容，以及這一思想形成的背景作了分析，具體考察了他是如何由一個考據史家轉變成一個文化民族主

義史家的，探討了史家與社會、與時代的互動關係，同時對他具體的史學成就及其貢獻也兼有敘及。

第二篇：論錢穆的歷史思想與史學思想。錢穆是中國現代著名歷史學家，嚴耕望把他與陳寅恪、陳垣、呂思勉並稱為中國現代史學四大家。錢穆之所以能在中國現代史學中獨樹一幟，主要在於他有一套對中國歷史的解釋體系和史學思想。本篇主要從以下六個方面對錢穆的歷史思想與史學思想作了具體分析。

其一，歷史的過去與未來交織於現在的歷史時間觀，從歷史時間的持續變動著眼，把歷史的過去與現在、將來聯繫起來考察；其二，以學術思想為核心的文化史觀，主張以文化學術為中心來考察和分析問題，大力凸顯學術思想在社會歷史變遷中的作用；其三，治史首貴識變的歷史漸變觀，主張用連續發展的眼光去分析和研究歷史，力圖從歷史的變化發展中去探索歷史事件、人物思想演變的發展脈絡和變遷軌跡；其四，重史心、史德的史家素養論；其五，學貴致用的史學目的論。重視史學的歷史借鑑功能，強調史貴鑒古知今；立足現實考察歷史，強調治史應「求以合之當世」。提出了一切歷史都是現代史、當代史的主張；其六，歷史客體與史家的主體精神。在中國現代史學中，錢穆不僅是一位考據大家，而且也是一位很重視史家主體意識的學者，他不僅重視對史料的整理和史實的考訂，更重視在此基礎上對史料作主體性的詮釋和解讀。所以，錢穆對現代中國史學的貢獻不單是「史料」的，更是真正意義上的「史學」的，他追求主客互溶、情理合一的史學路向，與排除史家主觀理解、追求絕對客觀的「史料考訂派」（即錢穆《國史大綱·引論》中所稱的「科學考訂派」）的治史方法截然異趣。錢穆對史家主體精神的重視主要體現在：重視史家主體對歷史材料的解釋所獲取的歷史知識；提出史家的主觀推想亦為治史一重要方法；強調追尋史料的意義應借助於史家的主觀體驗。

緒論

　　第三篇：錢穆評古史辨派的古史理論。1920、1930 十年代，以顧頡剛為首的古史辨派所掀起的疑古思潮，是當時最有影響力的學術思潮。自 1923 年顧頡剛發表〈與錢玄同先生論古史書〉，提出古史層累造成說引發古史大討論以來，對古史辨派古史理論的評價便不絕於書，其中錢穆的評價就頗具有代表性。

　　錢穆對古史辨派的評價，大致經歷了一個從「基本肯定」到「基本否定」再到「全盤否定」的發展過程。錢穆受過古史辨派主將顧頡剛的提攜，他早年考辨古史的方法曾受到古史辨派的影響，對其古史理論多有贊同。這時的錢穆在學術上認同古史辨運動及其方法，還沒有自覺意識到古史辨運動有批判和否定中國歷史文化取向的一面。錢穆在把古史辨派的古史理論引為同調的同時，他早年的名作〈劉向歆父子年譜〉卻意在肯定古典文獻所載歷史的真實可信，這又顯示了他與當時疑古史學不同的文化價值取向。所以，錢穆早年對顧頡剛的「層累造成的中國古史」說表示了「相當地贊同」的同時，對其引「晚清今文學家那種辨偽疑古的態度和精神」為其古史觀張目又提出了批評，主張用自然的演變說來取代劉歆造偽說。但是隨著他自己史學理論和治學方法的日漸成熟，逐漸超越了古史辨派的古史理論，由基本肯定、「相當贊同」轉為總體性的批評。錢穆晚年居港臺以來，對古史辨派的批評愈趨激烈，跡近全面否定，那主要是出自文化意義的批評了，即他對古史辨派否定性的評價，主要是從民族文化立場著眼立論的。本篇比較具體地分析了錢穆是如何從古史辨派的「贊同者」轉為「諍友」，再變為「勁敵」的發展過程及其轉變的原因。

　　第四篇：錢穆與新考據派關係略論——以錢穆與傅斯年的交往為考察中心。錢穆早年以考據著作揚名史壇，他的考據名作〈劉向歆父子年譜〉得到了當時新考據派大家的擊節稱道。錢穆進入北平學術界後，與新考據派學者一度保持了較為密切的交往，史料學派的舵手、新考據派的領袖傅斯年曾視

他為同道,錢穆對傅斯年倡導和主持的地下考古發掘和甲骨文字研究也有「確然示人以新觀念、新路向」的積極評價。然而,治史理論和方法的相異和不甘逐人後的強者個性,最終導致二人失和,關係有同水火。本篇透過對錢穆、傅斯治史異同和離合關係的分析,凸顯「科學史學」和「人文史學」的不同發展路徑,力圖展現二十世紀中國史學多元並進、分途發展的歷程和多彩多姿的面相。

　　第五篇:錢穆與《先秦諸子繫年》。《先秦諸子繫年》是錢穆撰寫的一部考證諸子年代、行事的考據名作,是他早年也是他一生中最為重要的學術代表作。該書「以諸子之書,還考諸子之事」,以古本《竹書紀年》訂《史記》之誤,不僅對先秦諸子的學術源流與生卒年代有了一個細緻的考證,重建了先秦諸子的學脈,而且也考訂了戰國時代的重要史實,澄清了不少懸而未決的問題,奠定了戰國史研究的基礎,至今仍是研究先秦諸子學術和戰國史的經典著作。但是由於直接材料的缺乏,錢穆考證諸子年世主要採取了博綜典籍、會通文獻的方法,這種只依重傳世文獻材料的研究方法,其局限性也是明顯的,這一方面表現為在考證方法上過多運用理證法,另一方面則表現出對新出土材料的忽視,因而他考證的某些結論也容易被地下出土的新材料所否定。

　　第六篇:錢穆與〈劉向歆父子年譜〉。清末民初以來,今文學派壟斷學壇,劉歆偽造古文經幾成定論。錢穆轟動學術界的成名作〈劉向歆父子年譜〉即是針對這股學風而發的。該文以年譜的著作形式具體排列了劉向、劉歆父子生卒、任事年月及新莽朝政,用具體史事揭櫫康有為《新學偽經考》不可通者有「二十八端」,凡康文曲解史實、抹殺證據之處,均一一「著其實事」,開闢了以史治經的新路徑,在近代經學史的研究上具有劃時代的貢獻,錢穆在二十世紀中國古代史學的名家地位也由此而奠定。本篇對〈劉向歆父子年譜〉的學術貢獻、影響及其在二十世紀中國古代史學中的地位作了具體分

緒論

析,並對文中有待進一步解決的問題提出了看法。

第七篇:錢穆與清代學術史研究。近人研究清代學術史較早者,首推章太炎。章氏撰有〈清儒〉一篇,是近代學者總結清代學術史的開山之作。稍後劉師培著〈南北考證學不同論〉、《近儒學術統系論》、《清儒得失論》、《近代漢學變遷論》等文,對清代學術作了富有價值的總結。繼章、劉之後對清代學術史研究最有貢獻者,當推梁啟超和錢穆二人,他們的同名著作《中國近三百年學術史》,各領風騷,與稍後侯外廬出版的《中國近世思想學說史》鼎足而立,並行於世,為清代學術史研究奠定了基本格局,今人研究清代學術史,不能不注意他們的研究成果。本篇以錢穆的《中國近三百年學術史》為考察重點,對他治清代學術史的理論、方法及其學術貢獻作了具體的考察。文中首先對近代學術界關於清代漢學的淵源及其與宋學的關係作了分析,梁啟超的「反動說」、胡適的「消歇說」,把漢學、宋學對為兩橛,主要是從反宋學著眼去談清代學術,旨在強調清代學術的創新意義。錢穆的清學淵源於宋學,「不識宋學,則無以評漢宋之是非」的主張,主要是從宋明理學的角度來談清代學術,重在強調宋明學術在清代的延續性和清代學風對宋明的繼承性。在論清代學術發展變遷時,本文重視比較研究,把錢穆的觀點與近代其他學者的看法進行比較分析,以凸顯他的學術貢獻。比如在論清初學術時,梁啟超對顧炎武推崇有加,尊之為清代漢學開山。錢穆並不否認顧炎武對乾嘉考據學風有極其重要的影響,但與梁氏所不同的是,錢穆對顧炎武治音韻學方法的源頭與「經學即理學」的思想淵源作了一番窮原竟委的考證和解釋,認為顧炎武治古音承襲明人陳第遺緒,經學即理學之說亦非亭林首創,清初錢謙益已開其先,而錢氏之說又源自明代歸有光。在論乾嘉學術時,也將錢穆與章太炎、梁啟超等人的觀點比較。把乾嘉考據學分為吳、皖兩派並將兩派學術異同作區分而加以論述的首起於章太炎。梁啟超繼承章氏之說而加以發揮,認為吳派為學淹博,拘守家法,專宗漢說;皖派治學不僅

淹博，且重「識斷」、「精審」。於是惠、戴之學中分乾嘉學派，遂成定論。吳、皖兩派分幟對立之說創立以來，學術界多遵章、梁之說，不免忽略了兩派之間的學術聯繫。錢穆在研究乾嘉學術時，不僅看到了吳、皖兩派的學術區別，更重要的是看到了兩派之間的學術聯繫及其相互影響，這體現了他治學的敏銳和識見精深之處。

　　錢穆治清代學術史，發清學導源於宋學之見，對清代學者的學術淵源、師承及其思想抉發精微，不少見解很有價值。但是他的觀點也並非沒有可商榷之處。這集中體現在：其一，基於尊朱崇宋的立場，對戴震晚年批宋攻朱深致不滿，對其思想評價偏低。其二，從純學術的層面對晚清今文經學的批評，不免忽略了晚清今文思潮崛起的時代背景及其在社會政治層面的貢獻。其三，在《中國近三百年學術史》中未言及對近代疑古史學有重大影響的清人崔述及其著作。其四，信奉「例不載生人」的撰述原則，在書中對清末學術界有重要影響的章太炎隻字不提。其五，論晚清學術較少談到西學的影響。

　　第八篇：錢穆與中國文化史研究──以《中國文化史導論》為考察中心。在西方文化的強烈震盪、衝擊下，中國傳統文化究竟何去何從？這始終是近現代學人魂牽夢繞的問題。錢穆一生學貫經、史、子、集四部，著述達千萬言以上，但是他研究學問的最後歸旨則落在文化問題上，他學問的宗主和人生的終極關懷是關心中國文化的傳承。他一再告誡後人：「你是中國人，不要忘了中國，不要一筆抹殺自己民族的歷史與文化。」他也從不掩飾他教授學生的目的就是要為中國文化招魂，為中國文化招義勇兵。可以說，錢穆一生都是在為中國文化而戰，為守衛中國文化而戰，他畢生的著述、講學之宗旨，刻刻不離於對國家前途與民族文化之關懷。所以，在錢穆一生的史學實踐中，他對中國傳統文化歷史價值的論證和弘揚是一個極為重要的方面。錢穆在中國文化史的研究上著述甚多，《中國文化史導論》則是他撰寫的第一部

緒論

系統闡述他對中國文化看法的著作,也是他一生中重要的學術代表作之一。本篇主要以《中國文化史導論》一書為考察重點,對該書的一些重要問題,如中國文化發展的地理背景、中國文化史的分期、中國文化的融合精神、中西文化兩類型說以及中西文化會通融合問題作了具體的探討和分析。

第九篇:錢穆對中國傳統政治的研究——以「傳統政治非專制論」為考察中心。錢穆對中國傳統政治的研究見解獨到,提出了自秦以來中國傳統政治非專制的著名論斷。錢氏這一觀點,學術界頗多非議,著名學者胡繩、蕭公權、張君勱、徐復觀、蔡尚思等人皆有激烈批評。本文認為在評價錢穆「非專制說」這一問題上,不能簡單採取「非此即彼」的兩極對立方法去加以評判,在具體研究中起碼應注意這樣一些問題:錢穆的「非專制論」是在什麼背景下提出來的?他主要是針對近現代哪一派思想主張而言的?錢穆面對各方面的批評、責難,為什麼一以貫之地堅持下去而不變初衷?依據儒家理念建立起來的科舉制、臺諫制、封駁制、銓選制是助長了君權,還是限制了君權?中國傳統政治是否僅可用「專制黑暗」一詞來加以概括?這種觀點是否有將傳統政治的理解簡單化、片面化之嫌?錢穆對中國傳統政治的研究是否有合理的因素?如果有,這些合理的因素又是什麼?怎樣去發掘、整合,作出合理的解釋?他對傳統政治理解的失誤又在何處?怎樣去加以分析?在此基礎上,才能對錢穆研究傳統政治所包含的合理因素及其失誤作客觀的敘述和評說。本文認為,錢穆的這一觀點既可以引發學術界反思常論,對中國傳統政治作進一步的思考,也可為今後研究這一問題提供一個新的視角和思路,將中國傳統政治這一研究課題進一步引向深入。

第十篇:錢穆與近現代史家交往述略。錢穆的一生與二十世紀中國同行,差不多可以說是二十世紀中國學術的全部見證人。在錢穆一生的學術歷程中,他與當時的著名學者皆有交往,這其中包括「新漢學運動」的領袖胡適,古史辨派的主將顧頡剛,史料學派的舵手傅斯年,學衡派的靈魂人物柳

詒徵、吳宓，著名歷史學家陳寅恪、呂思勉、蒙文通、張蔭麟、張其昀、繆鳳林，著名哲學史家湯用彤，哲學家馮友蘭、賀麟，現代新儒家的代表人物張君勱、梁漱溟、熊十力、唐君毅、徐復觀、牟宗三……本篇主要選取與錢穆治史理念大體相近的幾位著名史家柳詒徵、呂思勉、陳寅恪、張蔭麟、湯用彤為研究對象，透過他們的交往及其論學的敘述，展現他們各具特色的治史風格和共同的文化理想，這不僅有助於加深對錢穆治學特徵及其為學宗旨的理解，也可為全面認識二十世紀的中國學術史、史學史提供一個新的觀察角度。

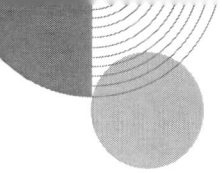

論錢穆史學體系的形成
——以錢穆文化民族主義史學的形成為中心的考察

在二十世紀的中國史學流派中，文化民族主義史學獨樹一幟，對當時史學有重要影響。文化民族主義史家認為，歷史學家的責任不僅僅在於復原歷史的結構，追求一個個歷史事實的真實，更重要的在於追尋民族文化傳承的血脈，肩負起為中國文化續命的責任。[1] 二十世紀初的國粹史學是文化民族主義史學的發軔階段，章太炎、劉師培是這一時期的代表人物；1920 年代的南高史學、學衡派史學是其發展階段，代表人物有柳詒徵等人；文化民族主義史學在抗日戰爭時期得到了長足發展，錢穆是這一階段的代表人物。錢穆的史學體系形成於抗戰時期，而文化民族主義史學思想的形成則是他史學體系完成的標誌。本文擬對他文化民族主義史學的形成過程作一番考察。

---

1 文化民族主義是一種強調民族精神和文化傳統的民族主義，它把文化精神作為民族精神的靈魂，以文化復興作為民族復興的路徑，透過振興民族文化、培育民族精神來凝聚國家的民族文化認同，與政治民族主義、經濟民族主義一道構成整全的民族主義譜系。國外學者較早注意近代中國文化民族主義的是美國學者費正清，他在《美國與中國》（第四版）一書中說中國人「對自身文化或『文化素養』的世代相傳的自豪感已經激發揮了一股新的『文化民族主義』，這在將來很可能會勝過那發生在歐洲的單純政治上的民族主義」（張理京譯，世界知識出版社 2003 年版，第 94 頁）。中國學者對這一問題較早作研究的是鄭師渠，他在《近代中國的文化民族主義》一文中認為，近代中國文化民族主義的發展大致經歷了戊戌時期、辛亥時期和五四前後三個階段（《歷史研究》1995 年第 5 期）。關於二十世紀文化民族主義史學，盛邦和在《二十世紀上半葉中國史學的流程與流派》（《學術月刊》2005 年第 9 期）一文中有論述，可參閱。

論錢穆史學體系的形成

一、以求真為職志的考據派史家

　　錢穆（1895—1990），字賓四[2]，1895年7月30日（農曆六月初九）生於江蘇省無錫縣盪口鎮七房橋村。七房橋錢家素以詩書傳家，錢穆的祖父錢鞠如長於音韻，又勤治《史記》，家中藏有大字木刻本《史記》一部，上面有其五色圈點，並附有批注，眉端行間皆滿。錢鞠如圈點《史記》，大體皆採之歸（有光）方（苞）本，批注旁採他書，亦有己見，略似《史記菁華錄》。錢穆自幼時起即對文史發生興趣，祖父留下來的這部《史記》評點本對他影響甚深。他晚年回憶說：「余自知讀書，即愛《史記》，皆由此書啟之。」[3] 錢穆的父親錢承沛常為他和長兄錢摯講史書，如講《國朝先正事略》諸書，講湘軍與太平軍戰事。家庭教育的薰陶對他後來走上治史之路當有一定影響。

　　錢穆7歲入私塾，10歲入盪口新式小學果育學校，13歲考入常州府中學堂，師從呂思勉等人。18歲時，因家貧輟學而為人師，在老家無錫鄉間輾轉十年。錢穆雖然蟄居鄉間，但篤志苦學，遍覽經史百家之書，為他日後治史打下了堅實的基礎。[4] 1922年秋，錢穆執教中學，先後在廈門集美學校、

2　語出《尚書·舜典》：「賓於四門，四門穆穆。」
3　錢穆：《八十憶雙親·師友雜憶》，生活·讀書·新知三聯書店，1998年版，第12頁。
4　錢穆在《苦學的回憶》（1935年）一文中說他早年在無錫鄉間任教，「早晨讀經籍諸子，如《易經》、《尚書》等較艱深者為精讀；晚間治史籍，如《漢書》、《資治通鑒》等為泛覽。下午課餘讀詩文集，如《十八家詩鈔》、《經史百家雜鈔》等，為轉換與發舒。其它不成整段之時間，乃至每日上廁苟有五分、十五分之空隙，則瀏覽新書、雜誌及舊小說、筆記等為博聞。先後三四年，得讀《五經》、《四書》、《老》、《莊》、《荀》、《韓》、《墨》、《呂》、《淮南》諸子；《左》、《國》、《四史》、《通鑒》諸史；《文選》、《古文詞類纂》、《經史百家雜鈔》、《十八家詩鈔》，以及韓、柳、歐陽、東坡、荊公諸集；《近思錄》、《宋元學案》、《明儒學案》及象山、陽明諸家，每讀必從頭到尾竟體讀之。一書畢，再及他書。有一讀者，有再讀者，有三四讀者，並有三四讀以上者。如此輪流讀之，節衣縮食，皆以購書，畢心一力，皆以讀書。余之稍知古今學術之門徑與流別，胥於此數年樹其基」。參見陳勇、孟田整理：《錢穆佚文〈苦學的回憶〉》，《近代史資料》第134號，中國社會

一、以求真為職志的考據派史家

無錫江蘇省立第三師範、蘇州中學擔任教職。在教學之餘，又勤於筆耕，開始了著述生涯。錢穆早年主要治諸子學，在中學任教時，已出版了《論語文解》、《論語要略》、《孟子要略》等著作，《墨子》、《王守仁》、《國學概論》以及早年的名著《先秦諸子繫年》也已完稿，一些篇目已見諸雜誌、報刊，一些觀點也為學界名家徵引[5]，在江南學術界，也小有名氣，一時有「子學專家」之譽。

真正使錢穆名動學術界的，是他的成名作〈劉向歆父子年譜〉（以下簡稱〈年譜〉）。該文是應古史辨派主將顧頡剛之約而寫的，大約完成於1929年底，全文1930年6月發表在《燕京學報》第7期上。該文以年譜的著作形式具體排列了向歆父子生卒及任事年月，用具體事實揭櫫康有為《新學偽經考》不可通者有二十八處，一掃清末民初風靡學術界的劉歆偽造群經說，使晚清以來經學上激烈的今古文之爭頓告平息，在近代經學史的研究上具有劃時代的貢獻。錢氏也因此文在學術界一炮打響，嶄露頭角。

1930年9月，錢穆告別了江南古城蘇州，乘海輪北上，來到了人文薈萃的文化古都北平，任燕京大學國文系講師，開始了他人生道路上的重大轉折。在燕大朗潤園中，他完成了早年最重要的學術著作《先秦諸子繫年》（以下簡稱《繫年》）的寫作。《繫年》是一部考證諸子年代、行事的考據名作，早在來北平之前，該書初稿就已寫成。到燕大後，錢穆又以半年之力對舊稿加以增補修改，成4卷160餘篇，30多萬字，1935年底由商務印書館付印出版。該書對先秦諸子年代、行事及學術淵源，以及對戰國史的研究都作出了極大貢獻，深得學術界的好評。蒙文通稱《繫年》「體大思精」，是「乾嘉

科學出版社2016年8月，第306頁。

[5] 比如馮友蘭在撰寫《中國哲學史》時就引用過他的《論語要略》、《墨子》等書的觀點，詳見馮著第四章「孔子及儒家之初起」、第五章「墨子及前期墨家」和第七章「戰國時之百家之學」等處敘述。

以來，少其匹矣」[6]的大著作，陳寅恪則稱該書「極精湛」，「自王靜安後未見此等著作矣」[7]，顧頡剛則把該書譽為「民國以來戰國史之第一部著作也」[8]。

二十世紀上半期，居於主流的史學派別毫無疑問是新考據學派，該派又可細分為兩派，一是以顧頡剛為首的古史辨派，一是以傅斯年為首的史料學派。兩派都是在胡適「以科學方法整理國故」口號下而創生的。在五四時期，胡適提出「用歷史演變的眼光追求傳說的演變」，「用嚴格的考據方法來評判史料」。在胡適的倡導下，1920年代前期有以顧頡剛為首的古史辨派的異軍突起，1920年代後期有以傅斯年為首的史料學派崛起史壇，成為了二十世紀上半期聲勢最盛的史學主流派。

錢穆早年以考據起家，其治學深受乾嘉考據學風的影響。1930年進入北平學術界後，得到了當時新考據派大家的認同，得到了顧頡剛、胡適、傅斯年的欣賞，也主要是得益於他的考據之作。事實上，在1930年代前半期，錢穆與新考據派保持了相當不錯的關係。古史辨派的主將顧頡剛對錢穆有知遇之恩，他的〈劉向歆父子年譜〉以康有為《新學偽經考》為批駁對象，其議論與顧氏恰好相反，顧頡剛不但刊出了這篇「不啻與頡剛諍議」的文章，而且還推薦他到燕京大學任教，幫助沒有正式文憑的錢穆走向大學講臺。1931年秋，錢穆之所以能轉入北大史學系任教，除顧頡剛的鼎力相薦外，還與史

---

[6] 錢穆：《八十憶雙親·師友雜憶》，第146頁。
[7] 錢穆：《八十憶雙親·師友雜憶》，第160頁。
[8] 《顧頡剛日記》第四卷，臺北聯經出版公司，2007年版，第249頁。顧頡剛一生細讀《先秦諸子繫年》約有三次，第一次是1931年推薦錢著給清華，申請列入「清華叢書」，在當年3月18日顧頡剛給胡適的信中稱：「《諸子繫年》，洋洋三十萬言，實近年一大著作。」（《顧頡剛書信集》卷一，中華書局2011年版，第473頁）第二次是1939年在雲南昆明，寫下了「賓四《諸子繫年》作得非常精煉，民國以來戰國史之第一部著作也，讀之羨甚，安得我亦有此一部書耶」的感言。第三次是在1953年，寫下了「賓四《先秦諸子繫年考辨》一書實甚精密，為不朽之作」的贊語。（《顧頡剛日記》第七卷，第474頁）

料學派舵手傅斯年的有意相邀,新漢學運動領袖胡適的接納有關。[9]傅斯年對〈劉向歆父子年譜〉極盡稱讚,史語所宴客,常邀請錢穆參加,儼然視其為同道。在北大共事期間,錢穆對胡適頗為尊重,胡適對錢穆的博學和考證精微也深為推崇。兩人對先秦諸子深有研究,錢穆把自己在商務印書館出版的著作《墨子》(1930年)、《惠施公孫龍》(1931年)送給胡適指正[10],胡適對錢穆治諸子學的成績也多有肯定。有人問胡適先秦諸子事,胡適說可去問錢穆,不要再問他。胡適甚至將自己私藏的孤本潘用微的《求仁錄》借給錢穆研究,以至於他的論敵、清華大學教授張君勱都認為錢穆是在隨胡適做考據之學。[11]

不過在新考據派三大家中,對錢穆的欣賞又不盡相同。顧頡剛欣賞錢穆,不遺餘力地舉薦錢穆,固然與他在學術上的雅量和寬廣的胸懷有關,但更重要的原因恐怕是錢穆早年治史與他當時所推崇的方法有相通之處。事實上,在錢穆早年的論著中,顧頡剛欣賞的是《先秦諸子繫年》,而非〈劉向歆父子年譜〉。錢穆稱自己「疑〈堯典〉、疑《禹貢》、疑《易傳》、疑《老子》出莊周後,所疑皆超於頡剛」。在錢氏的諸「疑」中,最有名的莫過於「疑《老子》出莊周後」。胡適稱「(錢)賓四費了許多年的工夫著了一部《諸子繫年考辨》,凡幾十萬言,老子的移後是其中的一個要點」[12]。錢穆自己對《繫年》老子成書年代的考證也深為自負。此外,《繫年》疑《十翼》非孔子作,疑孫武其人其書,也透顯了他早年治學尚懷疑的精神。顧頡剛初覽《繫年》稿後,

---

9   參見陳勇:《錢穆傳》,人民出版社,2001年版,第145頁。
10 錢穆在給胡適的信中說:「昨奉小書《墨子》一冊,諒已邀覽。頃商務又寄來新出《惠施公孫龍》一種,敬再呈教。此書乃逐年積稿,歷時數載,用心較細,所得較密。公孫子五篇新解,頗謂超昔賢以上,倘荷卒讀,詳賜誨正,尤所盼幸。」《錢賓四先生全集》第53冊《素書樓餘瀋》,臺北聯經出版事業公司,1998年版,第193頁。
11 參見錢穆:《八十憶雙親·師友雜憶》,第188頁、第183頁。
12 胡適著、曹伯言整理:《胡適日記全編》第6冊,安徽教育出版社,2001年版,第101頁。

論錢穆史學體系的形成

第一印象就是錢穆不宜長在中學裡教國文,應去大學教歷史。在向胡適舉薦錢穆進北大的信中,列舉他的著作也是《繫年》。[13] 可見,錢穆為顧頡剛所欣賞,主要是他早年治史所表現出來的「懷疑」精神,特別是在《老子》成書年代問題上,兩人皆主「晚出說」,持有相同的見解。兩人在疑古的問題上,精神意氣相通,實無大異,這是顧氏特別欣賞《繫年》的原因所在。對於〈劉向歆父子年譜〉,顧頡剛只是在該文「尋出許多替新代學術開先路的漢代材料」方面才有所肯定,也只是在這一點上,他才肯說出「我很佩服錢賓四先生」一類的話來。[14]

傅斯年欣賞錢穆,主要與他的成名作〈劉向歆父子年譜〉有關。傅斯年原本是主張疑古的,是顧頡剛疑古主張的堅定支持者。1920年代末、1930年代初,他由「疑古」轉向「重建」,以重建古史為職志。傅斯年重建古史所用的方法是考古學,即用地下出土的考古材料(「直接材料」)證史。錢穆雖然沒有運用傅氏倡導的這一方法證史,但他的成名作〈劉向歆父子年譜〉,一掃晚清今文學家的劉歆偽造群經說,對疑古派疑古過頭、辨別太甚有矯正之功,同樣為重建古史作出了貢獻。這是傅斯年一再稱道〈年譜〉的原因所在。

和傅斯年一樣,胡適對錢穆的欣賞也主要緣自〈劉向歆父子年譜〉。在胡適的治學中,有一個由「疑」而「信」的轉變過程。胡適是現代中國疑古運動的倡導者,他的疑古遠遠早於顧頡剛。早在顧發動「古史辨」運動之前,胡適就有「井田之辨」,認為古代中國並沒有均產的井田制度,「井田的均產制乃是戰國時代的烏托邦」,是孟子「託古改制」想像杜撰出來的[15],顧氏正是在胡適「井田辨」的啟發下才走上疑古之路的。不過,在1920年代末,胡適

---

13 顧頡剛:《顧頡剛書信集》卷一,中華書局,2011年版,第473頁。
14 顧頡剛:〈五德終始說下的政治和歷史〉,《古史辨》(五),上海古籍出版社,1982年版,第483頁。
15 胡適:《井田辨‧寄廖仲愷先生的信》,歐陽哲生編:《胡適文集》(2),北京大學出版社,1998年版,第306頁。

逐漸由「疑古」轉向「信古」，由過去支持顧頡剛疑古轉向支持傅斯年重建一派。[16] 在胡適古史觀轉變的過程中，錢穆的〈劉向歆父子年譜〉發揮了十分重要的作用。胡適原本是深信晚清今文家言的，認為古文經皆為劉歆偽造，後來讀到〈年譜〉一文後改變了看法。據胡門弟子鄧廣銘回憶，1931年春，他在北京大學旁聽胡適講授中國哲學史，講到西漢今古文兩派之爭時，胡適提到了錢穆〈年譜〉一文，「說它是使當時學術界頗受震動的一篇文章，他本人和一些朋友，原也都是站在今文派一邊的人，讀了這篇〈年譜〉之後，大都改變了態度」。[17] 胡適在《日記》和書信中稱讚〈年譜〉為「一大著作」，作得「謹嚴」，「十分佩服」，看來絕非泛泛的客套之言。而對於錢穆早年最重要的學術代表作《先秦諸子繫年》，胡適因在《老子》成書年代問題上與錢穆意見相左，就不那麼看重了，這與顧頡剛欣賞《繫年》恰成鮮明的對照。

　　二十世紀中國史學在馬克思主義史學成為氣候之外有兩大主流，一是顧頡剛所代表的「疑古派」，二是傅斯年所代表的「重建派」。在1920、1930年代，錢穆治史實際上是介於「疑古派」和「重建派」之間的。錢穆稱自己疑古超過了顧頡剛，他與顧氏精神意氣相同，「實無大異」，只是不願以疑古名，而以「考古」名。錢穆的「考古」與「疑古」實無大異，當近於顧氏；而考古的目的旨在追求歷史事實的真實，即他所謂「貌若辨偽而旨切存真」，顯然又近於傅氏。[18] 錢穆在疑古與重建兩派之外自樹旗幟，那是他史學體系成熟以後的事了。

16　1929年3月，顧頡剛到上海中國公學去看望胡適，胡適對他說：「現在我的思想變了，我不疑古了，要信古了！」顧頡剛：《我是怎樣編寫〈古史辨〉的》，《古史辨》（一），第13頁。

17　鄧廣銘：《鄧廣銘學述》，浙江人民出版社，2000年版，第17頁。

18　參見杜正勝：《錢穆與二十世紀中國古代史學》，收入氏著《新史學之路》，臺北三民書局，2004年版，第219頁。又收入《錢賓四先生百齡紀念會學術論文集》，香港中文大學新亞書院，2003年，第101頁。

二、治史方向的轉變

　　1930年代中期以來,錢穆的治史方向發生了重要轉變,轉變的原因除受傳統史學經世思想的影響外,還主要與受嚴重的民族危機的刺激有關。九一八事變後,日本人把侵略的魔爪伸向華北。1933年,日軍吞併熱河,逼近平津,「飛機盤旋北平城上,仰首如睹蜻蜓之繞檐際」。[19]1935年,日軍策動華北「自治」,企圖把華北變成第二個「滿洲國」。華北事變後,北平上空經常有日軍的飛機盤旋,城郊有日軍頻頻的作戰演習,北平城中的知識分子有「刀臨頭頂,火灼肌膚」之感,誠如錢穆在當時所寫的一篇文章中所言:「是時華北之風雲驟緊,日處危城,震盪搖撼,奇詠蜂起,所見所聞,疑非人境。」[20]錢穆是一位具有強烈民族意識的學者,日軍在華北地區的橫行、日機在北平上空低空盤旋的事實時時縈繞在他的腦際,揮之不去。嚴重的民族危機的刺激促使他治學方向發生了轉變,這種轉變主要表現在:

　　其一,由「疑」轉「信」。錢穆早年對古史辨派的古史理論抱有「相當地贊同」,他在1928年完成的《國學概論》第十章「最近期之學術思想」中就明確指出:「清儒以尊經崇聖,而發疑古辨偽之思……今則……去其崇聖尊經之見,而專為古史之探討。若胡適之、顧頡剛、錢玄同諸家,雖建立未遑,而破棄陳說,駁擊舊傳,確有見地。」在錢穆早年治諸子學的過程中,因受當時疑古思潮的影響,也出現過一些「疑古過勇」之作,如疑孔子與《易傳》無關,疑孫武其人其書。[21]

　　錢穆進入北平學術界之初,即得到史料學派的領袖傅斯年的欣賞。據錢

19　錢穆:《先秦諸子繫年·跋》,中華書局,1985年版,第624頁。
20　錢穆:《崔東壁遺書序》,《中國學術思想史論叢》(八),臺北東大圖書公司,1980年版,第284頁。
21　參見廖名春:《錢穆與疑古學派關係述評》,《原道》第5輯,貴州人民出版社,1999年版,第213、216頁。

二、治史方向的轉變

氏回憶：

> 余至北平，即與孟真相識。孟真屢邀余至其史語所。有外國學者來，如法國伯希和之類，史語所宴客，余必預，並常坐貴客之旁座。孟真必介紹余乃〈劉向歆父子年譜〉之作者。孟真意，乃以此破當時經學界之今文學派，乃及史學界之疑古派。[22]

在錢穆看來，傅斯年在向西方漢學家介紹他是〈劉向歆父子年譜〉的作者有兩層含義，一是〈年譜〉「破當時經學界之今文學派」，二是「破當時史學界之疑古派」。晚清以來，今文學派壟斷學壇，劉歆偽造古文經，幾成定論。〈劉向歆父子年譜〉的發表，一掃清末民初風靡學術界的劉歆偽經說的不白之冤。自〈年譜〉發表後，學術界開始從康有為《新學偽經考》的籠罩下解脫了出來，使原來相信晚清今文家言的不少學者自此改變了態度。所以，錢氏此文「破當時經學界之今文學派」，當是事實，但是說他這時已有意識地在扭轉疑古派一味「疑古」的精神取向，自覺在做「破當時史學界之疑古派」的工作，恐又未必符合事實。1931年，錢穆在《評顧頡剛〈五德終始說下的政治和歷史〉》中說自己並不反對胡適、顧頡剛等人提出的「用歷史演進的見解來觀察歷史上傳說的方法」，而且還說他「對這個見解和方法，也抱著相當的贊同」。不僅如此，錢穆早年考辨古史的方法也受古史辨派「層層剝筍式」方法的影響，比如他在1928年完成的《易經研究》一文中公開說他研究《易經》的方法，就是採用的古史辨學者「剝皮的方法」進行的，並宣稱這是「一個比較可靠而可少錯誤的新方法」。[23] 即便是與顧頡剛意見完全相反的〈劉向歆父子年譜〉，他也說：「只想為顧先生助攻那西漢今文學家的一道防線（其實還是晚清今文學家的防錢），好讓《古史辨》的勝利再展進一層。」[24] 可見，

22　錢穆：《八十憶雙親·師友雜憶》，第168頁。
23　錢穆：《易經研究》，《中國學術思想史論叢》（一），臺北東大圖書公司，1975年版，第172頁。
24　錢穆：《評顧頡剛〈五德終始說下的政治和歷史〉》，《古史辨》（五），第630頁。

論錢穆史學體系的形成

1930年代初期，錢穆對疑古史學有批評是事實，但他批評的，只是古史辨派學者深信的今文學家的歷史考證方法，而不是對該派治古史的核心理論「古史層累造成說」的否定。事實上，錢穆當時極力堅持的正是參加「古史辨」的很多學者基本接受的「層累地造成的古史觀」，他對於顧頡剛的批評，是擔心他從這一路徑上倒退下來，重返今文家的舊徑，而在古史辨發展過程中，橫添許多無謂的不必的迂迴和歧迷。由此看來，他對古史辨派的批評，只是對其不合理的部分作局部的修正，並不是批評其「疑古」的精神取向，雙方的區別只不過是疑古的程度不同而已。[25]

然而1930年代中期以後，錢穆與古史辨派治史理論的分歧，則不再僅僅是「疑古」程度的差異了，而是「疑」與「信」的根本立場之不同了。1930年代中期以來，錢穆對古史辨派批評的言論轉多，這些批評的言論主要見於他1935年12月28日完成的《崔東壁遺書序》（以下簡稱《遺書序》）中。

對於崔述及其《考信錄》，古史辨學者推崇有加，胡適把崔述譽為「科學的古史家」，「新史學的老先鋒」，「中國新史學應該從崔述做起」；[26] 顧頡剛稱讚《考信錄》「是一部極偉大又極細密的著作」[27]，「我們今日講疑古辨偽，大部分只是承受和改進他的研究」[28]。錢穆在《遺書序》中對崔述的評價與疑古派相去甚遠。他說崔述「主於尊經而為之考信」，因其不敢破經，故「信之太深」；又因其過分疑古，故「疑之太勇」，指出崔氏「所疑未必是，即古說之相傳未必非」。[29]

錢穆批評崔述考辨古史「有信之太深者」，「亦有疑之太勇者」，但他最

25　參見劉巍：《〈劉向歆父子年譜〉的學術背景與初始反響》，《歷史研究》2001年第3期。
26　胡適：《科學的古史家崔述》，歐陽哲生編：《胡適文集》(7)，第142頁。
27　顧頡剛：〈與錢玄同先生論古史書〉，《古史辨》（一），第59頁。
28　顧頡剛：《崔東壁遺書序》，崔述撰、顧頡剛編訂：《崔東壁遺書》，上海古籍出版社，1983年版，第60頁。
29　錢穆：《崔東壁遺書序》，《中國學術思想史論叢》（八），第289頁。

10

二、治史方向的轉變

終的目的卻落在批評崔氏「疑古太勇」對中國歷史文化所造成的危害上。錢穆的這一批評同樣也適用於他對古史辨學者的批評。在他看來，崔述這種疑古太甚、辯駁太刻的疑辨思想生前雖不為清儒所重，但到了五四時期卻為胡適、錢玄同、顧頡剛等疑古派學者所繼承和發展，演變成對一切古典文獻的懷疑。這種對古代典籍普遍懷疑的態度勢必會瓦解中國重建民族國家時所需要的歷史認同資源。他在《遺書序》中批評道：

數年以來，有聞於辨偽疑古之風而起者，或幾於枝之獵而忘其本，細之搜而遺其巨，離本益遠，歧出益迷。[30]

文中的所謂「本」，即指中國的民族文化，也就是說，古史辨派對古典文獻的普遍懷疑，勢必會導致對上古歷史的全盤否定，而對上古歷史的否定，也就是否定了中國歷史文化的源頭，這實際上也就導致對民族文化本身的否定。正是從民族文化認同的角度出發，錢穆對疑古史學的評價有了根本性的轉變，由先前贊同轉向了批評。

在批評疑古派「疑古之勇」的同時，錢穆也旗幟鮮明地表達了自己的民族文化立場。他說：「古史者，吾民族自謂四千年光明燦爛文化所託始，又群認以為黃金時代所在也。我民族之光榮何在？曰，在古史。我民族文化之真價值何在？曰，在古史。」[31] 在錢穆看來，任何一個民族的文化，有其長不能無其短，有其利亦不能無其病；同樣，任何一個民族的歷史，有其盛即不能無其衰，有其漲即不能無其落。中華民族在過去的歷史中曾經創造過足以垂諸萬世的古代文明，但是中國歷史演進到近代又出現了種種病痛，但不能因為有病，就疑及我全民族數千年的文化本源，否定文化生命的存在，因為「苟此民族而盡喪其固有之文化，即盡忘其已往之歷史，而民族精神亦日萎枯以盡，而前途之生命亦竭」。[32] 同時，他又指出：「一民族之復興，必將於其

---

[30] 錢穆：《崔東壁遺書序》，《中國學術思想史論叢》（八），第292頁。
[31] 錢穆：《崔東壁遺書序》，《中國學術思想史論叢》（八），第285頁。
[32] 錢穆：《崔東壁遺書序》，《中國學術思想史論叢》（八），第293頁。

論錢穆史學體系的形成

民族文化自身為內力之新生；而求其文化自身有內力之新生者又必於其已往之歷史有清明之別擇。」[33] 在這裡，錢穆已開始把民族、文化、歷史三者聯繫起來考察，民族的復興即是本民族文化自身的復興，而民族文化的復興則有賴於對過去的歷史作清醒之認識。

1930 年代中期以前，錢穆對疑古史學雖有「建立未遑」、「論證未全」的批評，但這主要是出自技術和方法層面的批評，尚未對疑古史學反傳統的本質作文化層面的思考。所以，這一時期的錢穆在學術上認同古史辨運動及其方法，還沒有自覺意識到它有批判和否定中國歷史文化取向的一面。1930 年代中期以後，錢穆開始從民族認同、文化認同的角度來反思疑古史學對中國歷史否定的危害。在疑古派學者看來，中國古史是後人隨口編造出來的，「完全是一篇糊塗帳」，所以他們極力將中國古代文化壓低，把古代年代縮短，宣稱東周以前無史。既然中國歷史文化的源頭是後人偽造的，那麼此下的中國歷史文化也就失去了它存在的真實性和合理性。錢穆對這種極端疑古，進而以此否定中國歷史文化真實性的古史觀，從文化價值的層面進行了深刻的反省和批判，他在《崔東壁遺書序》中稱疑古派考證古史「離本益遠，歧出益迷」，其目的正在於揭示古史辨派的疑古實際上是疑錯了方向。[34] 錢穆的〈劉向歆父子年譜〉「破當時經學界之今文學派」，可謂的論；而 1930 年代中期以後，他已經有意識地在做扭轉疑古派史學的精神方向的工作了，即自覺在做「破史學界之疑古派」的工作了。

其二，由做漢學到講宋學的轉變。錢穆早年以考據起家，其考據著作顯示了扎實的漢學功底，得到了學術界普遍認可。不過錢穆也是一位深受傳統經世史學影響的學者，他雖然欣賞乾嘉考據方法的精密，卻並不讚許乾嘉史學本身。因為他認為考據僅僅是做學問的手段，而非目的，考據之終極，「仍

---

33 錢穆：《崔東壁遺書序》，《中國學術思想史論叢》（八），第 294 頁。
34 參見徐國利：《錢穆史學思想研究》，臺灣商務印書館，2004 年版，第 28—32 頁。

二、治史方向的轉變

當以義理為歸宿」，以考據起家的錢穆開始轉向對考據學風的批評。

1935年，北平各大學發動了一場讀書運動，向錢穆徵文，他寫下〈近百年來之讀書運動〉一文[35]，對乾嘉學者專以訓詁考據為務而忽視宋儒義理之學提出批評，稱他們「持門戶之見過深，過分排斥宋儒。讀書專重訓詁考據，而忽略了義理」[36]。在錢穆看來，乾嘉學者和五四以後的新考據派學者讀書為學，僅「看重小節目的訓詁考據之類」，「藏頭容尾於叢脞破碎之中」，尋其枝葉，較其銖兩，其結果必然是割裂史實，陷入支離破碎之境。這樣治學，至多只能在個別問題上取得某些成就，卻無法對歷史事實進行整體、全貌的分析和把握。所以他說：「讀書為學，不先融會大義，只向零碎處考釋，則此路無極，將永遠無到頭之期。」[37]

錢穆對乾嘉漢學的批評和對宋學的推崇，集中體現在他1936年完成、1937年出版的《中國近三百年學術史》一書中。錢穆和梁啟超都是研究清代學術史的大家重鎮，與梁氏把漢學作為宋學對立面來處理有清三百年來學術史的觀點所不同的是，錢著更注重漢學與宋學之間的聯繫。錢穆認為，宋明理學的傳統在清代並沒有中斷，不僅沒有中斷，而且對清代漢學產生了深刻的影響。清代學術由晚明諸老開出，而晚明諸老莫不寢饋於宋學，即使是在漢學鼎盛的乾嘉時代，漢學家的高下深淺，也往往「視其所得於宋學之高下深淺以為判」，所以他得出了清代漢學淵源於宋學，「不知宋學，則無以評漢宋之是非」的結論。

錢穆治清代學術史主要以昂揚宋學精神為主旨，所以他在評價清代學人學術思想的高下淺深時，就貫穿了一條是否有志經世、是否心繫天下安危的宋學精神為其評判標準。錢穆對清初諸儒評價甚高，對他們有志經世的精神

---

[35] 錢穆的〈近百年來之讀書運動〉一文，1958年收入《學籥》一書時易名為《近百年來諸儒論讀書》。

[36] 錢穆：《近百年來諸儒論讀書》，《學籥》，香港1958年自印本，第82頁。

[37] 錢穆：《近百年來諸儒論讀書》，《學籥》，第87頁。

論錢穆史學體系的形成

和堅守民族氣節稱讚不已，因為從他們身上體現出了宋學經世明道、以天下興亡為己任的精神。而對乾嘉學者埋首考據、不問世事的學風則大張撻伐，因為他認為這種專師清初諸儒「博文」之訓而忘記了「行己」之教、為學問而學問的學風，已失去了宋學學貴經世的精神。錢穆指責乾嘉諸儒專務考訂，其弊有二，一是瑣碎：「不務明正通達而務其難，則往往昧其大體而玩其細節，其必陷於瑣碎無疑也」；二是好勝：「苟專務其難以施我考釋之功，則前人學術大體有不暇問，而唯求於小節僻處別出新解以凌跨乎其上」。[38] 這與梁啟超、胡適推崇乾嘉漢學的治學方法，譽為「科學的古典學派」的評價大不相同。[39]

錢穆在評價清代學術史時，以表彰宋學、批評漢學流弊為己任，這與他對當時學術界盛行的考據學風的反思和批評有關，因為他認為新考據派一味埋首考據，不利於民族精神的張揚，所以他在書中借批評乾嘉漢學流弊，對主流學術界在國難當頭之際，仍舊埋首書齋、不問世事的學風大加抨擊。同時，還與他當時受國難的刺激息息相關。該書寫於九一八事變、日本步步進逼華北之後。書成之日，正是日軍奪取豐臺，華北危機空前嚴重之時，此時的中國又一次面臨著亡國的危險。他在書中特嚴夷夏之防，高揚以天下為己任的宋學精神，表彰清初諸儒不忘種姓的民族氣節和操行，即寓有他反抗外來侵略的寫作意圖。錢氏此書是在當時民族主義情緒日益高漲的情況下寫成的，故書中留心經世思想，強調種族大義，表彰風骨節操，民族主義思想充盈字裡行間。

其三，治學重心的轉變。錢穆早年治考據，他那時的著作多為「考史」之作。1930年他進入中國學術中心北平後，也主要從事考據研究。錢穆在晚

38　錢穆：《中國近三百年學術史》，中華書局，1986年版，第603—604頁。
39　梁啟超在《中國近三百年學術史》說：「乾嘉間學者，實自成一種學風，和近世科學的研究方法極相近，我們可以給他一個特別的名稱，叫做『科學的古典學派』。」朱維錚：《梁啟超論清學史二種》，第116頁。

二、治史方向的轉變

年回憶中談及當年在《老子》成書年代問題上與胡適爭論時說:「唯一時所注意者,亦僅為一些具體材料問題解釋之間,而於中國歷史文化傳統之一大問題上,則似未竟體觸及也。」[40] 九一八事變後,尤其是華北事變後,民族危機的進一步加深促使他把研究的注意力愈來愈集中到「竟體觸及」中國歷史文化傳統這一「大問題」上,愈來愈從文化的層面上來思考民族和國家的出路問題。

錢穆在西南聯大講中國通史課時曾公開向學生說,他研究中國歷史是從九一八事變後開始的[41],這並不是說他研究中國歷史始於九一八事變,而是指從這一時期開始,他把治史的重心逐漸轉移到對民族文化精神的探討上。日本的入侵導致的日益嚴重的民族危機使錢穆深感有必要對中國歷史文化作全面深入的研究,以此來論證中國家民族到底有沒有希望。錢穆多次提及他年輕時因讀到梁啟超「中國不亡」這句話後,才開始注意中國歷史的,他要在中國歷史中為這句話尋找證據和答案。1933年秋,他在北京大學講授中國通史課時就諄諄告誡學生,從中國歷史長期的發展來觀察,今日的中國不僅不會亡,而且還有光明的前途。1935年華北事變發生,偌大的華北五省二市,「已經安放不下一張平靜的書桌了」。民族危機的進一步加深促使錢穆把治史的重心轉移到對「中華民族文化之真價值」的探討上。

1935年11月10日,錢穆在天津《大公報·圖書副刊》上發表了一篇評譚戒甫〈墨經易解〉的文章,署筆名為「與忘」,自言署此筆名的原因是「國難方殷,余輩乃討論此等問題,實非急需。因取名『與忘』二字,囑著者勿再筆墨往返」。[42] 當時正值日軍策動華北事變之時,冀東叛變,津門倡亂,察

40　錢穆:《八十憶雙親·師友雜憶》,第167頁。

41　吳沛瀾:《憶賓四師》,江蘇無錫縣政協編:《錢穆紀念文集》,上海人民出版社,1992年版,第52頁。

42　錢穆:《八十憶雙親·師友雜憶》,第345頁。錢穆在《答譚戒甫先生書》(1935年11月)中亦言:「自念幕燕鼎魚,尚為此不急之閒文字,殊自愧憾,筆名『與忘』,正求與世相

論錢穆史學體系的形成

北失陷,綏東告警,豐臺撤兵,禍患連駢而至,古都北平成為「危城」。錢穆認為在國難方殷之際,應將治學的重點轉移到探討我中華民族文化之真價值這一大問題上來,而不應當在細瑣的考據上深下工夫。所以,他用「與忘」這一筆名,實際上是諫止當時學術界日趨細瑣的研究風氣,扭轉學術使其回歸中國歷史文化傳統這一「大問題」上來,這說明此時錢穆治學的重心已開始發生了轉移,由先前崇尚考據轉移到「竟體觸及」民族文化精神這一根本問題上。[43]

錢穆治史方向的轉變並非突然,在當時像他這樣轉變學風的也大有人在。以古史辨派的主將顧頡剛和史料學派的領袖傅斯年為例。顧、傅二人在抗戰之前,恪守「薄致用而重求是」的學術精神,竭力強調純學術研究的重要性。九一八事變後,民族危機的嚴重,激發了他們的民族意識,他們毅然放棄了過去為學問而學問的治史旨趣,轉而推崇傳統史學中經世致用的學風。顧頡剛在九一八事變後,激於「強鄰逞暴,國土日蹙」之勢,毅然走出書齋,創辦「三戶書社」(取「楚雖三戶,亡秦必楚」的典故),直接向民眾作抗日宣傳;又創辦《禹貢》雜誌,組織禹貢學會,提倡邊疆地理和民族史的研究,以加強國民的國土意識和愛國意識。反對抱著任何「致用」目的去研究歷史的傅斯年,在九一八事變後也轉變了治學態度,他邀集學界同仁編寫《東北史綱》,根據歷史資料,運用民族學、語言學的理論,有力地駁斥了日本侵略者「滿蒙非中國領土」的謬論,證明東北自古以來就是中國的領土,並主張透過修史和編寫歷史教科書來啟發國人的民族意識,喚醒民眾的抗日熱情。精於考證的著名歷史學家陳垣也轉變了學風,由過去專重考證轉向提倡「有意義之史學」,所著《舊五代史輯本發覆》、《明季滇黔佛教考》、《清初僧諍記》、《南宋初河北新道教考》、《通鑒胡注表微》,表面上是言道、言諍、

忘之意。」此函收入《錢賓四先生全集》第 18 冊《中國學術思想史論叢》(二)。
43　參見張京華:《1935年的錢穆:一篇墨學書評的再評議》,《中國圖書評論》2007年第11期。

言史、言考據，實質上是「斥漢奸，斥日寇，責當政」[44]，「提倡民族不屈之精神」[45]，透過歷史考證的形式為中華民族尋找不亡的依據。

顧頡剛在《禹貢學會研究邊疆學之旨趣》中說道：「當承平之世，學術不急於求用，固當採取『為學問而學問』之態度，一意探討真理，其效果如何可以弗問。……及至國勢凌夷，跼天蹐地之日，所學必求致用，非但以供當前之因應而已。」[46] 此話同樣也適用於錢穆。錢穆在 1941 年所寫的〈新時代與新學術〉中說，學術隨時代而轉移，新時代之降臨，常有一種新學術為之領導或推進。承平之際，學尚因襲，學術有其客觀之尊嚴，學者可以為學問而學問，為前人的學問釋回增美，使其日臻完密；變亂之際，學尚創闢。學者內本於性格之激盪，外感於時勢之需要，常能從自性自格創闢一種新學術，走上一條新路徑，以救時代之窮乏。[47] 這一段話為錢穆自己轉變治學方向提供了一個極好的註腳。

三、文化民族主義史學的形成

1937 年 7 月 7 日盧溝橋事變爆發，日本發動了全面的侵華戰爭。在日本侵略者的步步侵逼下，大片國土淪喪，民族危機空前嚴重。當時流轉西南的不少學者，在自己的著述中都不約而同地使用了「南渡」一詞。哲學家馮友蘭把這次播遷西南稱為「第四次南渡」[48]，文學家吳宓把自己的詩集取名

44　陳垣：《致席啟駉》，《陳垣全集》第 23 冊《書信》，安徽大學出版社，2009 年版，第 337 頁。

45　陳垣：《致楊樹達》，《陳垣全集》第 23 冊《書信》，第 328 頁。

46　顧頡剛：《禹貢學會研究邊疆學之旨趣》，《顧頡剛全集》第 36 冊《寶樹園文存》卷四，中華書局，2011 年版，第 215 頁。

47　參見錢穆：〈新時代與新學術〉，收入《文化與教育》，重慶國民圖書出版社，1943 年版，第 66 頁。

48　馮友蘭把他在抗戰中寫的《新理學》、《新事論》、《新原人》、《新世訓》、《新原道》、《新

論錢穆史學體系的形成

為《南渡集》，歷史學家陳寅恪也吟出了「南渡自應思往事」[49]的詩句。在中國歷史上，因少數民族入主中原而迫使漢族政權南遷，如永嘉之亂，晉人南渡；靖康之變，宋人南渡；清軍入關，明人南渡。但抗戰時期的這次「南渡」與前幾次「南渡」有著本質的不同。晉人、宋人、明人南渡都是中國境內的少數民族入主中原，他們雖然一度在武力上征服了漢族，最後卻都被漢文化所同化，不但未使中國文化中斷，反而促成了中國歷史上多民族的融合。而抗戰時期的這次「南渡」，是日本帝國主義入侵中國，不但意味著國家可能不保，就是中華文化也將遭受滅頂之災，中華民族真正面臨著亡國滅種的危險。空前嚴重的民族危機，使中國人的民族主義、愛國主義情緒愈來愈強烈，激發了一大批知識分子強烈的民族憂患意識和文化擔當精神，他們迫切地感到應喚起民族自信心，凝聚民族向心力，重鑄新的民族精神。在這樣的背景下，中國思想界的主流由五四時期沉浸於科學和民主的亢奮之中轉變為對民族文化和民族精神的熱切關注。大批學者，無論是文化保守主義學者、自由主義學者，還是馬克思主義學者，都以保存中國文化為己任，主動承擔起重新詮釋中國文化的責任，試圖從傳統文化中尋找抗戰救國的文化資源，尋求救亡圖存之道，將學術研究直接服務於抗戰。「國可亡，而史不可滅」，主張「文化救國」、「學術救國」、「讀史救亡」的民族主義思潮、愛國主義思潮空前高漲。在這樣的背景下，錢穆徹底完成了治學方向的轉變，其標誌便是《國史大綱》的完成。

知言》六部書稱為「貞元之際所著書」，他在《三松堂自述》中對「貞元之際」作了這樣的解釋：「所謂『貞元之際』，就是說，抗戰時期是中華民族復興的時期。當時我想，日本帝國主義侵略了中國大部分領土，把當時的中國政府和文化機關都趕到西南角上。歷史上有過晉、宋、明三朝的南渡。南渡的人都沒有能活著回來的。可是這次抗日戰爭，中國一定要勝利，中華民族一定要復興，這次『南渡』的人一定要活著回來。這就叫『貞下起元』。這個時期就叫『貞元之際』。」所以馮氏稱，「貞元者，紀時也。當國家民族復興之際，所謂『貞下起元』之時也」。

49　陳寅恪：《蒙自南湖》，《陳寅恪集·詩集》，生活·讀書·新知三聯書店，2001年版，第24頁。

三、文化民族主義史學的形成

《國史大綱》是錢穆為抗日救亡而撰寫的一部國史教科書。七七事變後，錢穆隨北大南遷，由長沙而昆明，任教西南聯大。他一半時間在昆明教書，為學生講授國史，一半時間卜居宜良山中，從事《國史大綱》的寫作。1939年6月，這部貫通古今的中國通史著作得以完成。書成之後，又撰「引論」一篇冠於書首。「引論」論述國史的研究方法、各時代的史事特點，評說近代史學流派的理論，闡述新通史的編纂理論和寫作方法，既是全書的總綱，也是錢氏首次系統闡述自己史學思想的力作。[50] 在文中，他第一次明確地把文化、民族與歷史三者聯繫起來考察，認為歷史就是民族文化精神的展開和演進，研究歷史不僅僅在於釐清歷史事實的真實，更重要的在於釐清歷史事實背後所蘊藏的民族精神和文化精神。在錢穆看來，體現民族精神的歷史文化，乃是一個民族生存發展的命脈所在、精神所寄，因此從本質上說，歷史就是民族文化精神演化發展的過程，歷史學的根本任務就在於研究民族文化精神及其具體表現形式的發展歷程。錢穆以鮮明的民族文化立場表明了自己學問的宗主和人生的終極關懷，即關心中國歷史文化的傳承，肩負起民族文化託命的責任。至此，錢穆的文化民族主義史學思想正式形成。

《國史大綱》是錢穆第一次系統、全面地闡發他史學思想的代表作，而文化民族主義思想則是他史學思想的核心和靈魂所在。錢穆的文化民族主義思想在該書中主要從如下幾個方面展開的。

其一，強調文化是民族國家認同的基礎。

錢穆在《國史大綱》中闡述了文化在民族和國家形成中的決定作用，他說民族和國家，都是人類文化發展的產物，只有共同文化的形成，才會有民

---

[50] 翟宗沛在《評錢穆先生〈國史大綱〉》中稱：「書首附『引論』一篇，詳細說明『其所以為此書之意』，幾二萬言，不特係全書結晶，亦為目前史學界極重要的文字。引論最重要的兩點：一是作者的歷史教育價值觀及其對於新國史課本所抱的理想，二是作者對於中國家民族永久生命之泉源及最近病痛之症候之詳細解答，──尤以後者是引論中最精粹部分，全書差不多就是為了這一目的而寫。」見《文史雜誌》第2卷第4期，1942年。

論錢穆史學體系的形成

族之搏成,國家之創建,一旦文化的演進中輟,「則國家可以消失,民族可以離散」。因為沒有民族文化尚且燦爛光輝而突遭滅頂的國家,也沒有民族文化頹喪而能苟存於世上的國家。中華民族的文化是先民「血液所澆灌,精肉所培雍」而成,故「我民族國家之前途,仍將於我先民文化所貽自身內部獲得其生機」。[51]

錢穆對學術界在歐風美雨衝擊下形成的文化自卑情結表達了強烈的不滿,對偏激的虛無主義、淺薄的進化史觀、似是而非的文化自譴論痛加撻伐,他語重心長地提醒國人,「非國家、民族不永命之可慮,而其民族、國家所由產生之文化之息絕為可悲」。[52]

其二,提倡國史教育來喚醒國魂。

錢穆提出新國史(新通史)的撰寫必須具備兩個條件:第一,「必能將國家民族已往文化演進之真相,明白示人,為一般有志認識中國已往政治、社會、文化、思想種種演變者所必要之知識」;第二,「應能於舊史統貫中映照出現中國種種複雜難解之問題,為一般有志於革新現實者所必備之參考」。[53]

錢穆新國史撰寫必備的第一個條件實質上是透過對國史真相的闡發為民族及其文化提供認同。錢穆認為,要使國人能真切地愛國家、愛民族,就必須對國家民族以往的歷史文化有一個真正的認識和瞭解,所以他十分強調國史教育的重要性,力倡透過國史教育去挖掘和培養國人愛國家愛民族的情感,以期甦醒國魂,恢復民族的自尊、自信。他說:「欲其國民對國家有深厚之愛情,必先使其國民對國家已往歷史有深厚的認識。欲其國民對國家當前有真實之改進,必先使其國民對國家已往歷史有真實之瞭解。」[54] 故新國史撰寫的主要任務,「尤在將國史真態,傳播於國人之前,使曉然瞭解於我先

---

[51] 錢穆:《國史大綱·引論》,上海商務印書館,1940年版,第28頁。
[52] 錢穆:《國史大綱·引論》,第27頁。
[53] 錢穆:《國史大綱·引論》,第7頁。
[54] 錢穆:《國史大綱·引論》,第3頁。

民對國家民族所已盡之責任，而油然興其慨想，奮發愛惜保護之摯意」。[55] 錢穆撰寫新國史必備的第二個條件實際上是透過歷史經驗「解釋現在，指示將來」，透過歷史知識的解釋和闡發，為改革現實服務，達到史學經世的目的。

其三，對新考據學派的批評。

錢穆在「引論」中把近代以來的中國史學分為傳統派（記誦派）、革新派（宣傳派）、科學派（考訂派）三派，並對三派的治史理論一一作了審視和批評。在三派中，他對於居於主流的新考據派，即「引論」所稱的科學派批評尤力。他批評科學派對史料「存而不補」、「證而不疏」，治史「缺乏系統，無意義」。其中他把批評的重心集中在科學派對先民創造的歷史文化「漠然無所用情」這一根本問題上。他說科學派「震於科學方法之美名，往往割裂史實，為局部窄狹之追究，以活的人事，換為死的材料。治史譬如治岩礦，治電力，既無以見前人整段之活動，亦於先民文化精神，漠然無所用其情。彼唯尚實證，誇創獲，號客觀，既無意於成體之全史，亦不論自己民族國家之文化成績也」。[56]

錢穆對科學考訂派的激烈批評，把他與該派治史的分歧公開化。如果1930年代前期錢穆的治學方法與態度和科學派還有相近之處，可以籠統歸入新考據派的旗幟之下的話，那麼1930年代中期以後他與該派漸行漸遠，到《國史大綱·引論》發表時，他與該派已完全分道揚鑣。

其四，對疑古史學的批評。

錢穆在《國史大綱》第一章「近代對上古史之探索」一節中從五個方面對古史辨派的古史理論進行了系統反思和批評：「從一方面看，古史若經後人層累地造成；唯據另一方面看，則古史實經後人層累地遺失而淘汰。層累造成之偽古史固應破壞，層累遺忘的真古史，尤待探索。此其一；各民族最先歷

55　錢穆：《國史大綱·引論》，第7頁。
56　錢穆：《國史大綱·引論》，第3頁。

史,無不從追記而來,故其中斷難脫離『傳說』與帶有『神話』之部分。若嚴格排斥傳說,則古史即無從說起。此其二;且神話有起於傳說之後者,不能因神話而抹殺傳說。此其三;假造亦與傳說不同,如後起整段的記載與描寫,或可出於假造,其散見各書之零文短語,則系往古傳說,非出後世一人或一派所偽造。此其四;欲非排斥某項傳說,應提出與此傳說相反之確據。否則此傳說即不能斷其必偽或必無有。亦有驟視若兩傳說確切相反不能並立,而經一番新的解釋與新的組織,而得其新鮮之意義與地位者。此其五。」[57]

其五,對革新派史學的批評。

錢穆認為革新派史學起於晚清,「為有志功業急於革新之士所提倡」。他把革新派史學分為三個階段,第一階段是「政治革命」時期,「彼輩論史,則曰中國自秦以來二千年,皆專制黑暗政體之歷史」,這一階段實指梁啟超倡導的「新史學」時期。第二階段是「文化革命」,「彼輩論史,則曰中國自秦以來二千年,思想停滯無進步,而一切事態,因亦相隨停滯不進」。這一階段實指胡適等人領導的五四新文化運動時期。第三階段是「經濟革命」,「彼輩論史,則曰中國自秦以來二千年,皆一封建時期也,二千年來之政治,二千年來之學術,莫不與此二千年之社會經濟形態,所謂封建時期者相協應」。這一階段在當時實指馬克思主義唯物史觀派。錢穆認為,與傳統派、科學派治史相比,革新派史學至少有兩點值得肯定:一是重視理論,治史有系統,能「成體之全史」。二是治史強調現實關懷,為革新現實服務。所以他認革新派「治史為有意義,能具系統,能努力使史學與當身現實縊合,能求把握全史,能時時注意及於自己民族國家已往文化成績之評價。故革新派之治史,其言論意見,多能不脛而走,風靡全國。今國人對於國史稍有觀感,皆出數十年中此派史學之賜」。[58]

---

57 錢穆:《國史大綱》上冊,第 4—5 頁。
58 錢穆:《國史大綱·引論》,第 3—4 頁。

三、文化民族主義史學的形成

　　強調治史應具系統，應經世致用，合之當世，這是錢穆與革新派史學的共識。從這個意義上講，錢穆與該派在治史的目的和宗旨上是一致的。但是他對該派對中國歷史的解釋和所得的結論又不能認同。錢穆認為，革新派史學最大的弊病就在於忽視事實而空言理論，他們治史常常「先橫梗一理論於胸中」，對於「前代史實，毫不研尋」，以至於「認空論為事實，而轉視事實為虛文」。[59] 為此他激烈地批評道：

　　革新派之於史也，急於求知識，而怠於問材料。其甚者，對於二三千年來積存之歷史材料，亦以革新現實之態度對付之，幾若謂此汗牛充棟者，曾無一顧盼之價值矣。因此其於史，既不能如「記誦派」所知之廣，亦不能如「考訂派」所獲之精。彼於史實，往往一無所知。彼之所謂系統，不啻為空中之樓閣。彼治史之意義，轉成無意義。彼之把握全史，特把握其胸中所臆測之全史。彼對於國家民族已往文化之評價，特激發於其一時之熱情，而非有外在之根據。其綰合歷史與現實也，特借歷史口號為其宣傳改革現實之工具。彼非能真切沉浸於已往之歷史知識中，而透露出改革現實之方案。[60]

　　錢穆把當時的馬克思主義史學也歸入革新派史學一類，把馬克思主義唯物史觀簡單理解為經濟決定論和階級鬥爭論而大加批評。他說：「根據西洋最近唯物史觀一派之論調，創為第二新史觀。其治史，乃以社會經濟為軀殼，以階級鬥爭為靈魂。」[61] 認為當時的中國馬克思主義史學把豐富多彩的歷史僅僅看成「上層經濟榨取之一種手腕，與下層無產民眾之一種反抗」，無非是為政治服務的一種工具，無當國史之真相。

　　1941年，即《國史大綱》出版的第二年，周予同在《學林》雜誌第四期

59　錢穆：《略論治史方法》（二），原載《中央日報·文史副刊》，1936年9月。收入《中國歷史研究法》，臺北東大圖書公司，1988年版，第133頁。
60　錢穆：《國史大綱·引論》，第4頁。
61　錢穆：《略論治史方法》（一），原載《中央日報·文史副刊》，1936年9月。收入《中國歷史研究法》，第132頁。

論錢穆史學體系的形成

上發表了〈五十年來中國新史學〉一文，認為七七事變以後，中國史學界已漸有綜合各派或批評各派而另形成新史學派的趨勢。[62] 事實上，錢穆當時正在做這方面的工作。錢穆在《國史大綱》「引論」中對中國近世史學三派理論的批評，目的即在批評的基礎上綜合各派之長而為中國現代新史學的發展尋一條路徑。他認為當今中國新史學的出路，既不在傳統派和科學派，也不在宣傳革新派，因為前者治史「細碎相逐」，「泛濫而無歸」；後者忽視事實，「空洞而無物」。他在批評各派史學理論主張的基礎上，提出了「以記誦考訂派之功夫（注重材料的蒐集與考訂）而達宣傳革新之目的（強調治史通今致用）」的新史學路向。不管錢穆對科學派、宣傳派史學的批評有這樣或那樣的不足和偏頗，他提出的考據與義理、求真與致用兩途並重的治史主張，較之科學派、宣傳派史學各走一端無疑要全面些，它的確可為當時中國史學的發展提供某種借鑑和選擇。

錢穆的史學理論體系大體形成於 1930 年代末，實以《國史大綱》的完成為其標誌。如前所述，錢穆在 1930 年代中期以前，治史游離於顧頡剛「疑古派」和傅斯年「重建派」之間，現在隨著他自己治史理論的成熟，逐漸超越兩派自樹旗幟，成為抗戰時期文化民族主義史學一派中最重要的代表人物。[63] 誠如嚴耕望所言：「蓋自抗戰之前，中國史學界以史語所為代表之新考證學派聲勢最盛，無疑為史學主流；唯物論一派亦有相當吸引力。先生雖以考證文章嶄露頭角，為學林所重，由小學、中學教員十餘年中躋身大學教授之林。但先生民族文化意識特強，在意境與方法論上，日漸強調通識，認為考證問

62　周予同：〈五十年來中國新史學〉，朱維錚編：《周予同經學史論著選集》，上海人民出版社，1983 年版，第 521 頁。許冠三在《新史學九十年》中也持有相同的見解，他說抗戰後期「史學界趨向協調綜合的潛流日益壯大」，「並重與互濟之說亦在（一再）獲得與日俱增的認可」。岳麓書社，2003 年版，第 464、485 頁。

63　參見陳勇：《二十世紀前半期中國史學流派略論》，陳勇主編：《民國史家與史學》，上海大學出版社，2014 年版，第 8—15 頁。

題亦當以通識為依歸,故與考證派分道揚鑣,隱然成為獨樹一幟、孤軍奮鬥的新學派。」[64]

四、文化民族主義史學的發展

《國史大綱》完成後,錢穆學問研究的重心發生了轉變,由歷史研究完全轉向文化研究。錢氏的這一轉變,始於他為《思想與時代》雜誌撰稿。《思想與時代》雜誌1941年8月1日在貴州遵義創刊,由「思想與時代社」發行,是抗戰時期宣傳文化民族主義思想的一個重要陣地。錢穆為「思想與時代社」的六個基本社員之一,故踴躍為該雜誌撰稿。為《思想與時代》雜誌撰稿,啟發了錢穆對民族文化問題的進一步思考,他這一時期的論文多以文化研究為中心。據統計,錢穆為《思想與時代》月刊撰稿有42篇,其中有關文化思想方面的文章多達27篇。[65] 以後他把在該雜誌發表的有關論述中國文化方面的文章匯成《中國文化史導論》一書,這是繼《國史大綱》後錢氏第一部系統闡述他對中國文化看法的著作。

1940年代錢穆轉向文化問題研究後,他對民族、文化、歷史三者之間的關係作了進一步思考和論述。1941年,錢穆在陪都重慶作〈中國文化傳統之演進〉一演講,這篇演講詞是他後來撰寫《中國文化史導論》一書的總提綱。他在演講詞中對文化作了這樣的界定:「一國家一民族各方面各種樣的生活,加進綿延不斷的時間演進,歷史演進,便成所謂文化。因此,文化也就是此國家民族的生命。如果一個國家民族沒有了文化,那就等於沒有了生命。」[66]

64　嚴耕望:《錢穆賓四先生與我》,臺灣商務印書館,1992年版,第88頁。
65　參見林志宏:《戰時中國學界的「文化保守」思潮(1941—1948)——以〈思想與時代〉為中心》,臺灣中央大學歷史研究所碩士論文,1997年6月,未刊稿。
66　錢穆:〈中國文化傳統之演進〉,《國史新論》,生活·讀書·新知三聯書店,2001年版,第346頁。

論錢穆史學體系的形成

同年在重慶教育部史地教育委員會作《革命教育與國史教育》的演講也稱，「當知無文化，便無歷史；無歷史，便無民族；無民族，便無力量；無力量，便無存在」，認為抗戰時期民族爭存本質上是一種文化爭存，所謂民族力量，實質上便是一種文化力量，抗戰救國實質上就是「文化救國」。[67] 在《中國文化史導論》中，錢穆指出，民族是文化創造的主體，文化則是民族的生命和靈魂，民族創造出文化，文化又融凝此民族，兩者之間是同根同源，「如影隨形」。中國文化由中華民族所獨創，中國人的民族觀念與文化觀念密切關聯，其民族觀不以血統而以文化為其標準。可見在這裡，錢穆所論述的民族觀念並不是單一的血統觀念，而是與文化觀念互為打通的融通寬大的概念。關於文化與歷史的關係，錢穆極力強調二者異名同質的關係。他說：「文化即是人生，歷史乃人生之記載。故可說，文化即歷史，歷史即文化。文化不同，歷史亦不同；文化變，歷史亦隨而變；文化墮落，歷史亦中斷。」[68] 所以文化與歷史，實際上是「一而二」、「二而一」的關係。40 年代錢穆轉向文化研究，自覺以闡揚中國歷史文化的基本價值為己任，標誌著他的文化民族主義思想逐步走向成熟。

抗戰勝利後，錢穆受到史學主流派大家的排擠而退居邊緣，北大復員北平時，他不在邀請之列，此後輾轉於昆明、無錫之間。1949 年，在中國政權即將易手之際，不認同新政權的錢穆選擇了離開中國。他與一批具有強烈憂患意識和文化擔當意識的「流亡知識分子」，在香港這塊「近百年來既屬中國而又不算中國的土地」上興學，在「手空空，無一物」的艱難條件下白手起家，創辦新亞書院，以此作為保存、傳播和復興中國文化的基地，繼續為弘揚中國文化盡力。經過錢穆這一批南來學者的不懈努力，向為商業社會、文化空氣淡薄而被人們視為「文化沙漠」的香港，最終變成了一個弘揚儒學、

67　錢穆：《革命教育與國史教育》，《文化與教育》，第 119 頁。
68　錢穆：《中國文化傳統中之史學》，《中國學術通義》，臺灣學生書局，1976 年版，第 133 頁。

四、文化民族主義史學的發展

傳承中國文化的重鎮,新亞書院也成了港臺新儒家的大本營和發源地。從1949年南走香港,到1965年正式辭職新亞,這一時期是錢穆一生中最忙碌的辦學時期,也是他一生中最為艱苦、最著精神,在個人生命歷程中最顯光彩的一段歲月。他這一時期的文化民族主義思想在其《中國歷史精神》一書中得到最為集中的體現。

《中國歷史精神》是錢穆居港時期闡述他文化民族主義思想的一部重要著作,1952年由印尼雅加達《天聲日報》社印行出版。他在書中說:

一個國家和一個民族,他們的一部歷史,可以活上幾千年,這是文化的生命,歷史的生命。我們該瞭解,民族、文化、歷史,這三個名詞,卻是同一個實質。民族並不是自然存在的,自然只能生育有人類,不能生育有民族。中國人必然得在其心靈上,精神上,真切感覺到我是一個中國人。這一觀念,由於中國民族的歷史文化所陶冶而成,卻不是自然產生的。所以民族精神,乃是自然人和文化意識融合而始有的一種精神,這始是文化精神,也即是歷史精神。只有中國歷史文化的精神,才能孕育出世界上最悠久最偉大的中國民族來。若這一個民族的文化消滅了,這個民族便不可能再存在……我們可以說,沒有一個有文化的民族會沒有歷史的,也沒有一個有歷史的民族會沒有文化的。同時,也沒有一段有文化的歷史而不是由一個民族所產生的。因此,沒有歷史,即證其沒有文化;沒有文化,也不可能有歷史。因為歷史與文化就是一個民族精神的表現。所以沒有歷史,沒有文化,也不可能民族之成立與存在。如是,我們可以說:研究歷史,就是研究此歷史背後的民族精神和文化精神的。我們要把握這民族的生命,要把握這文化的生命,就得要在它的歷史上去下工夫。[69]

如上這段話是錢穆對他文化民族主義思想的精闢概括,也是他文化民族主義思想的集中體現。他所說的民族是文化的民族,文化是民族的文化,歷

---

[69] 錢穆:《中國歷史精神》,臺北東大圖書公司,1981年版,第6—7頁。

論錢穆史學體系的形成

史則是民族和文化的歷史。民族、文化、歷史三個名詞雖異,而內容實則為一。[70] 在這裡,錢穆把歷史文化與民族精神視為一個時代的元氣和靈魂,他希望用歷史文化和民族精神來為民族文化的生命培植元氣,為中國文化的復興指明一條路徑。他說:「歷史文化與民族意識、民族精神,是我們這一代的元氣,是我們這一代的生命,是我們這一代的靈魂。我們必得有元氣,有生命,有靈魂,始得解決我們當前的一切問題……我們要根據歷史文化與民族精神來打開當前一條出路,來尋求我們此後的新生。」[71]

居港時期,錢穆著述累累,除《中國歷史精神》外,尚有《文化學大義》、《中國思想史》、《國史新論》、《宋明理學概述》、《民族與文化》、《學籥》等 20 多部著作。1967 年,錢穆定居臺灣,受聘臺北中國文化學院(即後來的「中國文化大學」),在素書樓中為學生講課,繼續著為中國歷史文化招魂的事業。這一時期的著作除寫有一百萬言的皇皇巨著《朱子新學案》外,尚有《中國史學名著》、《史學導言》、《中國學術通義》、《中國史學發微》、《中國文化叢談》、《文化與生活》、《中國文化精神》、《世界局勢與中國文化》、《從中國歷史來看中國民族性及中國文化》、《歷史與文化論叢》、《晚學盲言》等數十種。居港臺時期,錢穆的著述始終圍繞著闡釋中國歷史文化精神和復興中華文化、重建儒學傳統而展開,而「有關歷史方面的文字,則一皆以文化為中心」。[72]

錢穆晚年對其一生著述曾作過總結。他說:「我一輩子寫書、寫文章,大體內容,主要不外乎三項原則:一是文化傳統;二是國民性,亦即民族性;三是歷史實證。中國的文化傳統,中國的民族性,可以拿中國歷史來看,歷

---

[70] 參見羅義俊《錢穆學案》「歷史是民族、文化、歷史三者一體的大生命」一節的敘述。收入方克立、李錦全主編:《現代新儒家學案》(中),中國社會科學出版社,1995 年版,第 439—440 頁。

[71] 錢穆:《中國文化叢談》,臺北三民書局,1969 年版,第 174 頁。

[72] 錢穆:《八十憶雙親·師友雜憶》,第 363 頁。

史就是一最好證明。」[73] 可見，錢穆一生學貫四部，著述達千萬言以上，但是他研究學問的最後歸旨則落在文化問題上，他學問的宗主和人生的終極關懷是關心中國歷史文化的傳承，也就是在西方文化的強烈震盪、衝擊下，中國傳統文化究竟何去何從的問題。所以，他毫不掩飾他一生傳道授業，目的就是要為中國文化招魂，為中國文化招義勇兵。

近代以來，在西方文化的震盪、衝擊下，國人出現了認同危機，包括民族認同和文化認同在內。在社會巨變的時代中，人們急於想知道：我是誰？屬於何處？將走向何處？錢穆正是處在這樣一個認同危機十分嚴重的時代中。如何在向西方學習的同時又保留民族自身傳統特徵，利用傳統文化資源保護民族根基和元氣，這是他畢生都在為之思索的大問題。錢穆對近現代中國產生的「文化迷失」深感痛心，認為除了挺身維護中國傳統文化的價值，無以挽狂瀾於既倒。所以，他一生都在為中國文化而戰，為守衛中國文化而戰，對中華民族得以自立的文化生命和精神元氣大加闡揚和維護，始終對中國文化傳統的內在生命力抱有堅定的信心。瑞典學者馬悅然說：「錢穆在本世紀（指二十世紀——引者）的中國史學家之中是最具有中國情懷的一位，他對中國的光輝的過去懷有極大的敬意，同時也對中國的光輝的未來抱有極大的信心。在錢穆看來，只有做到以下兩件事才能保證中國的未來：即中國人不但具有民族認同的胸襟，並且具有為之奮鬥的意願。」[74] 余英時說他老師一生中的工作，是在追求中國文化的認同，並為後人提供許多傳統文化內部資源，以供國人選擇。他甚至用「一生為故國招魂」來詮釋其師的精神志業，可謂一語中的。

73　錢穆：《丙寅新春看時局》（上），臺灣《聯合報》，1986 年 3 月 10 日。
74　轉引自余英時：《錢穆與中國文化·自序》，上海遠東出版社，1994 年版，第 2 頁。

五、結語：錢穆在二十世紀中國史學的定位

在二十世紀的中國史學中，錢穆的史學既與民國時期主流派史學科學派互異，也與二十世紀後半期居於主導地位的馬克思主義史學不同，他在科學派和唯物史觀派之外別樹旗幟，是二十世紀文化民族主義史學一派的代表人物。

錢穆的文化民族主義思想，發軔於 1930 年代中期，形成於 1930 年代末，以《國史大綱》的完成為其標誌。1930 年代中期以來，以考據起家的錢穆最終轉向對考據學風的批評，是因為他認識到一味埋首考據，不利於民族精神的張揚，所以他站在民族文化的立場上對考據派作不遺餘力的批評，這是他文化民族主義思想產生的內在動因；基於民族危機的刺激而產生的救亡意識是他文化民族主義思想產生的現實動因。在國難方殷的抗戰時期，當失敗主義氣氛一度瀰漫，國人迫切需要從民族的歷史記憶中找回自尊和自信之時，《國史大綱》所闡發的文化民族主義思想在當時激發民族意識和喚醒國魂方面，的確造成了十分重要的作用。誠如牟潤孫在評論《國史大綱》時所言：「錢氏此書中愛國家、愛民族思想洋溢滿紙，於世之持自卑自賤之論者，痛加針砭，立論極足使人感動。……讀錢氏之書，當使懦夫有立志，病夫有生氣，熱血沸騰，奮然而思有所以自存矣。此為讀史之大用，亦即史學家所貢獻於世者也。《國史大綱》所可貴者在此，苟徒以字句考據求之，如買櫝之還珠，非所以知錢氏也。」[75]《國史大綱》完成後，錢穆學問研究的重心發生了轉變，由歷史研究轉向文化研究，為中國文化招魂續命遂成為他一生的志業所在。

---

[75] 牟潤孫：《記所見之二十五年來史學著作》，收入杜維運、黃進興編：《中國史學史論文選集》第二冊，臺灣華世出版社，1976 年版，第 1122—1123 頁。

論錢穆的歷史思想與史學思想

錢穆是中國現代著名歷史學家,他的學生嚴耕望把他與陳寅恪、陳垣、呂思勉並稱為中國現代史學四大家。錢穆之所以能在中國現代史學中獨樹一幟,主要在於他有自己的一套對中國歷史的解釋體系和史學思想。本文擬就他的歷史思想和史學思想作一些初步探討。

一、歷史的過去與未來交織於現在的歷史時間觀

錢穆對歷史時間的看法主要見於他 1943 年 1 月發表的《中國今日所需要之新史學與新史學家——敬悼故友張蔭麟先生》一文中。[1] 此外,在他的著作《中國歷史精神》第一講《史學精神與史學方法》,《史學導言》第三講《歷史上之時間與事件》中也有敘述。錢穆指出:「歷史乃一時間性的學問。」但他同時又指出,歷史上的時間概念與心理、物理上所言的時間在內涵上有著質的區別。心理、物理上的時間以瞬息變化為特徵,「如循鐘上針尖,一分一秒歷歷移轉」,刻刻消失。而歷史時間則具有持續性、綿延性,它在持續變動發展中有著一種凝然常在的特殊性,因此唯有在時間的持續變動中,才能真正理解歷史時間所具有的內涵和特性。所以他說:「歷史所載人事,雖若限於過去,而按實殊不然。人事必有持續性……既有持續,即有變動。當其尚在持續變動之中,即不得遽目之謂過去。且人事唯其有持續,故方其端

---

[1] 錢穆:《中國今日所需要之新史學與新史學家——本文敬悼故友張蔭麟先生》,《思想與時代》(月刊)第 18 期,1943 年 1 月。收入蔣大椿主編:《史學探淵——中國近代史學理論文編》,吉林教育出版社,1991 年版,第 1046—1054 頁。

論錢穆的歷史思想與史學思想

緒初升,即有必然之將來隨以俱至。嚴格言之,亦不得盡目今日以下者為未來。」[2]

在錢穆看來,心理、物理上所說的時間,「只有過去未來,別無現在」,歷史時間所言的過去與未來則交織於現在,而現在又具有穩定性,它不以瞬息變化為標誌。他說:「人事之現在性,絕非如普遍所想,過去者已過去,未來者尚未來,而現在則在剎那剎那之間刻刻轉換,刻刻消失。……事理上之現在必有寬度,其事愈大,持續性愈久,變動性愈多,其現在之寬度亦愈廣。」[3] 顯然在這裡,錢穆把歷史視為一個上含過去、下含未來的「大現在」,肯定了過去與未來共同凝成「一個有寬度之現在」的現在時間觀。從現在的時間觀著眼去觀察過去與未來,則「歷史上之過去非過去,而歷史上之未來非未來,歷史學者當凝合過去未來為一大現在」。[4] 所以他說歷史上的「過去與未來相互擁抱,相互滲透,而其機括則操之於現在」。[5] 研究歷史,「實即研究此一活躍現在之事件」,「必領略此意,乃始於歷史研究得有神悟,得有妙契」。

歷史具有時間性,它本身就是一個持續不斷的發展變動過程。由於歷史時間「自有其起迄」,由此而形成一歷史事件。錢穆認為凡為一事件者,「莫不有其相當之持續性」。這些事件不僅能由過去持續到現在,而且還能穿透現在而持續到將來。因此考察歷史事件,絕不能孤立地、靜止地去作觀察,而應當把它放到一定的歷史環境中去作具體的動態的分析和把握,既要釐清楚已經逝去的歷史事實的存在狀態,又要展現這一事件對現在及其未來所發生的作用和影響。所以研究歷史事件,應前瞻後顧,左顧右盼,即錢氏所謂

2　錢穆:《中國今日所需要之新史學與新史學家》,《思想與時代》第 18 期。
3　錢穆:《中國今日所需要之新史學與新史學家》,《思想與時代》第 18 期。
4　錢穆:《中國今日所需要之新史學與新史學家》,《思想與時代》第 18 期。
5　錢穆:《中國今日所需要之新史學與新史學家》,《思想與時代》第 18 期。

一、歷史的過去與未來交織於現在的歷史時間觀

「研究此一事件者,勢必回瞻數百年之前,遠眺數百年之後,乃克勝任」。[6]

基於歷史事件能「由過去穿透現在而達將來」的理解,錢穆把人類社會的歷史視為一個「生生不息」的發展過程,認為這一過程包含了過去、現在、未來三個方面。從本質上說,過去、現在、未來就是一個一脈相承、綿延不斷的整體,因此對歷史的總體考察,絕不能僅僅只限於過去之人事,而應從過去、現在而延伸到將來。由此眼光去考察歷史,歷史便是活的歷史,乃為「一大事業」、「一大生命」之存在。他說:「人文科學上的時間,是有一個生命在裡面,從過去穿過現在而徑向將來,一以貫之的。」[7] 據此,錢穆提出了「史有生命」的主張。他說歷史「有持續,亦有變動,而自有其起迄,而成為一事業,或為一生命。歷史正為一大事業,一大生命」。[8] 由此去看待歷史,歷史絕不是一堆僵死的遺骸,而是過去生命的延續。錢穆舉人之身體為例言道:

(歷史)即如人之一身體,若呼吸,若血液循環,若消化排泄,若細胞新陳代謝,苟不從其人全體生命綜合融通看之,亦莫非剎那剎那各自起滅,各自寂盡。然就生命全體看,則起滅中有生命貫注,寂盡中有生機常在。讀史當悟此意,否則秦皇、漢帝、唐宗、明祖,何一非歸滅盡?然此亦如一呼吸一循環,就民族生命全程觀之,此乃生生不息中一過程,此過程尚活躍現在,豈得謂是過去之陳跡。[9]

所以他強調治史,不能「只限於人事之以往」,如果「過去不能包孕未來,不能控制未來,則此過去便成死絕,便成寂滅,亦便與歷史無關」。[10] 據此,錢穆提出了歷史可以創造、可以改定,而「決非命定」的觀點。他說:

6 　錢穆:《中國今日所需要之新史學與新史學家》,《思想與時代》第18期。
7 　錢穆:《中國歷史精神》,第5頁。
8 　錢穆:《中國今日所需要之新史學與新史學家》,《思想與時代》第18期。
9 　錢穆:《中國今日所需要之新史學與新史學家》,《思想與時代》第18期。
10　錢穆:《中國今日所需要之新史學與新史學家》,《思想與時代》第18期。

「若就本乎事為之時間言之，則現在有無限量之寬度，吾儕正可在此無限量寬度之現在中不斷努力，以把握將來而改變過去，以完成其理想與完美之現在。……故凡歷史上之事變，扼要言之，乃盡屬一種改變過去與改變將來之事業也。若不能改變過去，復不能改變將來，則人類歷史將永遠如水之流，如花之放，成一自然景象，復何歷史可言？」[11] 故「謂過去為一成不變者誤矣，而謂將來乃茫茫無把捉者則亦誤。當知將來可以改定過去，而過去亦可以控制將來」。[12] 可見，錢穆從歷史時間的持續變動著眼，把歷史的過去與現在、將來聯繫起來考察的治史眼光，較之只把歷史當成人類過去之陳跡，無疑要合理得多，更能反映歷史的本質屬性。

二、以學術思想為核心的文化史觀

如前所述，錢穆提出了史有生命的主張。但是他又指出這種生命，不是自然的生命、物質的生命，而是歷史的生命、精神的生命。這即是說，他之所以把史學視為「生命之學」，就是因為歷史在持續綿延的演進中有一股活的精神和力量。正是由於有了這股活的精神力量，才能形成歷史；而歷史也正是依循這一精神的辯證法則而前進。在錢穆看來，這種精神、力量不是別的，它就是民族的歷史精神和文化精神。

錢穆認為，經過長期歷史積澱而形成的歷史精神是一種影響和推動社會前進的決定性力量，而文化精神則為歷史精神最本質的內容所在，歷史精神也正是透過民族的文化精神體現出來的，所以錢穆又極力強調歷史與文化異名同質的同一性。他說：「欲治一民族一國家之文化，主要即在其歷史。昧忽其歷史實跡，則一切皆落於虛談。」[13] 研究歷史，「所最應注意者，乃為

11　錢穆：《中國今日所需要之新史學與新史學家》，《思想與時代》第 18 期。
12　錢穆：《中國今日所需要之新史學與新史學家》，《思想與時代》第 18 期。
13　錢穆：《中國學術通義·序》，臺灣學生書局，1975 年版，第 6 頁。

二、以學術思想為核心的文化史觀

在此歷史背後所蘊藏而完成之文化,歷史乃其外表,文化則是其內容」。[14] 顯然,在錢穆看來,文化就是全部歷史的整體,歷史便是文化精神的展開和演進,文化的真正意義,無非就是在歷史的整體內來尋求歷史的大進程。所以他把歷史視作一個連續不斷的發展演進過程,歷史在不斷變動向前,「其中宛然有一種進程,自其推動向前而言,是謂其民族之精神,為其民族生命之泉源。自其到達前程而言,是謂其民族之文化,為其民族文化發展所積累之成績」。[15] 從錢穆的論述中不難看出,體現民族精神的歷史文化,乃是一個民族生存發展的命脈所載、精神所寄,因此從本質上說,歷史就是民族文化精神的演化發展過程,歷史學的根本任務就在於研究民族文化精神及其具體表現形式的發展歷程。顯然,在錢穆的治史理論中,民族的文化精神就是歷史學研究的主體和核心,「研究歷史,就是研究此歷史背後的民族精神和文化精神」。[16] 換言之,歷史研究的對象與其說是客觀存在的歷史事實,毋寧說是在研究和追尋歷史事實背後的思想和精神。

在二十世紀三四十年代的中國學術界,錢穆是較早提出中國歷史文化精神的學者之一。在1930年代他就明確提出了這一概念,在《國史大綱》中他對這一概念的內涵又作了進一步的說明。錢穆認為中國文化融涵在豐富多彩的中國歷史中,中國歷史的真相即是中國文化精神的演進,因此應用歷史考察的方法來研究中國文化。他說中國文化問題,實非僅屬一哲學問題,而應為一歷史問題。「中國文化,表現在中國以往全部歷史過程中,除卻歷史,無從談文化。我們應從全部歷史之客觀方面來指陳中國文化之真相。」[17] 由此他指出,「治國史之第一任務,在能於國家民族之內部自身,求得其獨特精

---

14 錢穆:《中國歷史研究法·序》,第1頁。
15 錢穆:《國史大綱·引論》,第10頁。
16 錢穆:《中國歷史精神》,第7頁。
17 錢穆:《中國文化史導論》(修訂本)「弁言」,商務印書館,1994年版,第6頁。

論錢穆的歷史思想與史學思想

神之所在」[18]，中國新史學家之責任，「首在能指出中國歷史以往之動態，即其民族文化精神之表現」[19]。顯然，錢穆所提倡的國史研究就是要用「歷史實證」的方法，從政治、經濟、社會風俗、文學藝術、宗教道德等各方面去具體探究中國文化演進的途轍和價值，以積極求出國家民族永久生命之泉源為全部歷史所推動之精神所寄。所以，他十分重視把民族文化的研討融於中國歷史的研究之中，把對民族文化的溫情和敬意，對中國文化永久生命力的闡揚，全部貫穿在具體的歷史研究和敘述中，這樣錢穆的歷史學自然而然地便轉化成了歷史文化學。[20]

基於歷史是文化的展開和演進的理解，錢穆得出了一部歷史就是一部文化史的結論。因此，他極力主張以文化學術為中心來考察和分析歷史問題，大力凸現學術思想在歷史發展變遷中的決定作用。這裡我們以錢穆研究中國傳統政治為例，對之作一些分析。錢穆認為自秦漢以來，中國的政治社會就朝著一個合理的方向演進，其根本原因即在於傳統政治受到了學術思想的指導和制約。他說中國傳統的「政治組織，乃受一種相應於中國之天然地理環境的學術思想之指導，而早走上和平的大一統之境界」[21]。為此，他具體分析了學術思想在傳統政治制度發展變遷中的決定作用。「大體言之，秦代政治的後面，實有一個高遠的理想」，此項理想，則「淵源於戰國之學術」。[22]

---

18 錢穆：《國史大綱·引論》，第9頁。

19 錢穆：《論近代中國新史學之創造》，《中央日報·文史副刊》第10期，1937年1月17日，署名「未學齋主」。

20 當代學者羅義俊認為，錢穆的史學「不是純知識意義的，而內具文化意義，為歷史文化學」。參見羅義俊：《錢穆學案》，收入方克立、李錦全主編：《現代新儒家學案》（中），中國社會科學出版社，1995年，第445頁。劉夢溪在衡論中國現代史學人物時稱：「文化史學的集大成者是錢賓四（穆）先生。」這一觀察是獨具慧眼的。參見劉夢溪：《中國現代史學人物一瞥》，《學術思想與人物》，河北教育出版社，2004年版，第170頁。

21 錢穆：《國史大綱·引論》，第17頁。

22 錢穆：《國史大綱》上冊，第85頁。

二、以學術思想為核心的文化史觀

漢武帝罷黜百家，表彰六經，「博士弟子，遂為入仕唯一正途。……自此以往，學術地位，常超然於政治勢力之外，而享有其自由，亦復常盡其指導政治之責任」。[23] 故秦漢統一，「乃晚周先秦平民學術思想盛興後，伸展於現實所應有之現象」。[24] 在分析魏晉世運興衰時說：「西漢初年，由黃老清淨變而為申韓刑法，再由申韓刑法變而為經學儒術。一步踏實一步，亦是一步積極一步。現在（指魏晉時期）是從儒術轉而為法家，再由法家轉而為道家，正是一番倒捲，思想逐步狹窄，逐步消沉，恰與世運升降成正比。在此時期，似乎找不出光明來，長期的分崩禍亂，終於不可避免。」[25] 而中國經過魏晉南北朝 400 餘年的長期戰亂，「其背後尚有活力，還是有一個精神的力量（即是一種意識，或說是一個理性的指導），依然使中國史再走上光明的路」[26]，形成了隋唐大一統的盛世局面。

顯然，在錢穆眼中，中國歷史是一個合理化的過程，是不斷在邁向一種理想的境地，其根本原因即在於「此種政治、社會各方面合理的進展，後面顯然有一個合理的觀念或理想為之指導。這種合理的觀念與理想，即是民族歷史之光明性，即是民族文化推進的原動力」。[27] 換言之，「一項制度之創建，必先有創建該項制度之意識和精神」；「一個制度的推行，必有與其相副的一種精神與意識」。[28] 中國傳統政治制度後面，「自有一種理性精神為之指導」。[29] 中國歷史正是這種可大可久的「理性精神」的產物。在分析中國傳統

23　錢穆：《國史大綱·引論》，第 15 頁。
24　錢穆：《國史大綱·引論》，第 16 頁。
25　錢穆：《國史大綱》上冊，第 161—162 頁。
26　錢穆：《國史大綱》上冊，第 277 頁。錢穆在「引論」中也指出：「隋唐統一盛運，仍襲北朝漢化之復興而起，如此言之，則淵源於晚周先秦，遞衍至秦漢、隋唐此一派相沿之學術思想。」
27　錢穆：《國史大綱》（上冊），第 293 頁。
28　錢穆：《國史大綱》（上冊），第 294、298 頁。
29　錢穆：《國史大綱·引論》，第 13 頁。

論錢穆的歷史思想與史學思想

政治自秦漢以來不斷邁向理想的境界時，錢穆用了「精神的力量」、「一種精神與意識」、「一個高遠的理想」、「合理的觀念」、「一種理性」、「理性精神」等概念，但仔細分析不難看出，這些概念所要表達的內涵與學術思想的內容並無二致，它們都是在從不同角度、不同側面強調學術思想可以決定歷史上的政治制度和發展階段的變遷。[30] 這即是說，學術思想才是中國傳統政治一步一步走向理想境界的原動力。在分析民族的凝成、國家的創建時，錢穆也極為強調文化學術在其形成過程中的決定作用。他說：「民族之摶成，國家之創建，胥皆文化演進中之一階程也。故民族與國家者，皆人類文化之產物也。」[31] 他把太平天國失敗的主要原因也歸咎於太平軍的領導人「沒有注意到民族文化傳統勢力之重要，只圖激起革命，甚至對於傳統文化加以過分的蔑棄」。[32] 可見，在錢穆的歷史著作中，處處都滲透著這種以學術思想為核心的文化史觀。

錢穆以文化學術思想為歷史研究的主體和核心，但這並不意味著他絲毫不重視政治制度和社會經濟等其他方面的內容。他曾指出：「當知政治事蹟非所不當詳，然當詳於整個時代民族之盛衰起落，不得以一朝一姓之盛衰興亡為觀點。」[33] 錢穆也不忽視社會經濟的研究，也能在一定程度上運用經濟關係去說明和解釋歷史現象。他說：「經濟情形未嘗非歷史事項中極重要之一端」，「若一時代特異之狀態在經濟，則此項經濟狀態即為該一時代之特

---

30 翟宗沛讀完《國史大綱》後向其師繆鳳林寫信請教說：「我因不能確切的把握著作者說『精神』『意義』及『理性』等辭的意義，曾向繆師請教，並徵詢他的意見。繆師給我的回信說，作者所用諸哲學名辭，其義實與學術思想略同。」參見氏著：《評錢穆先生〈國史大綱〉》一文，《文史雜誌》第 2 卷第 4 期，1942 年。
31 錢穆：《國史大綱·引論》，第 27 頁。
32 錢穆：《國史大綱》（下冊），第 618 頁。
33 錢穆：《評夏曾佑〈中國古代史〉》，《大公報·圖書副刊》第 20 期，1934 年 3 月 31 日，署名「公沙」。

徵」。[34] 基於這一認識，他在《國史大綱》第 19～20 章「變相的封建勢力下之社會經濟」中敘述魏晉六朝則專門著眼於社會經濟。在第 38～40 章「南北經濟文化之轉移」中，他專列 3 章敘述從中唐到明代幾百年間南北經濟的變遷狀況，力圖聯繫經濟因素去說明和解釋南北經濟文化發展變化的原因。1944 年，馬克思主義學者王亞南讀到錢穆在《中國青年》月刊上發表的〈中國文化傳統之演進〉一文時，就敏銳地觀察出錢氏此文論及東西文化的異同，及中國文化的發達、衰落及將來展望的時候，總喜歡或者總想從社會經濟演變情形上去找尋證據。王氏稱錢穆是一位史學家，且是一位正統的歷史學家，他的文化理論採取歷史的觀點是當然的，但「他同時還採取經濟的文化觀察的方法，在我們看來，彷彿有些意外」。[35]

當然，這裡我們應當指出的是，儘管錢穆也承認社會經濟為歷史之重要內容，但是由於歷史觀的限制，使他在研究社會經濟時又表現出了某種偏見和失誤。他說：「經濟情形未嘗非歷史事項中極重要之一端，然若某一民族之歷史，其各時代之變動不在經濟而別有所在，則治此民族之歷史者，自不得專據經濟一項為唯一之著眼點。」[36] 錢穆的這一看法無疑是正確的，但是他研究中國經濟史所得出的結論卻又不免失之偏頗。他說：「我覺得中國史之進步，似乎不重在社會經濟方面而重在其政治制度方面。若論經濟狀態，中國社會似乎大體上停滯在農業自給的情況之下，由秦漢直到最近，二千多年，只有一治一亂，治則家給人足，亂則民窮財盡，老走一循環的路子，看不出中國史在此方面有幾多絕可注意之變動與進步。」[37] 由於錢穆始終堅持學術

34　錢穆：《論近代中國新史學之創造》，《中央日報·文史副刊》第 10 期，1937 年 1 月 17 日。
35　參見王亞南：〈再論東西文化與東西經濟——評錢穆先生的東西文化觀〉（寫於 1941 年），原載《社會科學新論》，中國經濟科學出版社，1946 年。收入蔡尚思主編：《中國現代思想史資料簡編》第四卷，浙江人民出版社，1983 年版，第 537 頁。
36　錢穆：《論近代中國新史學之創造》，《中央日報·文史副刊》第 10 期，1937 年 1 月 17 日。
37　錢穆：《如何研究中國史》，原載師大《歷史教育》季刊第 1 期（1937 年 2 月），收入蔣大

論錢穆的歷史思想與史學思想

思想為歷史「最中層之幹柱」，它決定著「上層之結頂」的政治制度，遠比「下層之基礎」的社會經濟重要，因而他歷史著述的主要內容，大多是以學術思想為核心的上層建築。這種以學術文化為中心的文化史觀，在錢穆的著作中表現尤為明顯和突出。

社會歷史觀是歷史學家對人類社會歷史的總體看法，是他們從事歷史認識活動的指導思想。毫無疑問，歷史學家都是在一定的歷史觀指導下從事歷史研究的，不同的歷史觀會導致他們對社會歷史作出種種截然不同的判斷和評價。由於錢穆用文化史觀去考察歷史問題，僅僅從文化觀念、文化本身去揭示歷史發展變遷的原因，就必然會迴避對那些文化觀念本身產生的原因的分析，必然會迴避對引起文化學術思想變遷最根本的社會經濟原因的忽視。所以，在錢穆的治史理論中，不是社會存在決定社會意識，相反是社會存在依賴社會意識，因此一切問題都應當到社會意識中，特別是到文化學術思想中去尋找解決問題的答案，而不是相反，必須到社會經濟、政治結構中去尋找文化學術的存在根據。可見，錢穆在否定物質資料的生產方式對文化學術的決定作用的基礎上，孤立地用觀念形態中的精神因素，即用所謂的永恆的文化精神去解釋社會歷史的發展，從而也就無法看到社會歷史發展演進的規律。

實事求是地說，錢穆也曾對歷史學研究的對象作過比較全面的解釋。他說：「我民族國家以往全部之活動，是為歷史」，而有生命的歷史（即「歷史精神」）則能由過去穿透現在直達將來[38]，故歷史學應「以國家民族大群集體

椿主編：《史學探淵——中國近代史學理論文編》，第 803 頁。

38 錢穆曾說：「要能過去透達到現在，才始是有生命的過去。要能現在透達到將來，才算是有生命的現在。這才可說它有歷史的精神。有了精神，才能形成歷史。如果過去的真過去了，不能透達到現在，這是無生命的過去，就沒有歷史意義，沒有歷史價值了。」參見《中國歷史精神》，第 5—6 頁。

長時期上下古今直及將來，為其學問之對象」[39]。無疑，錢氏的這一看法是合理的，它突破了傳統史學偏重於政治史的格局，把歷史研究的範圍擴大到了人類過去的全部活動，表明他具有比傳統史家更為廣闊的歷史視野。可惜錢穆這一主張在他的理論體系中所占的比例並不大，特別是在他一系列具體的歷史研究和解釋中，由於過分強調歷史便是文化的展開和演進，而他所理解的文化在很大程度上又主要是指學術思想等精神理念層面的東西，加之他用文化史觀來考察和分析歷史，單純把文化學術視為決定國家盛衰、民族興亡、推動人類歷史發展的決定力量，這勢必導致他對社會經濟結構和其他方面研究的忽視。他構築的歷史圖像不免帶有某些浪漫化的理想色彩，因而也就不能真正正確地揭示和反映歷史發展的內容和規律。

三、治史首貴識變的歷史漸變論

歷史是一個持續不斷的發展變化過程，它常在變動中發展、進步。基於這一理解，錢穆也極為重視歷史之變對於歷史的階段性劃分和研究的作用。錢氏認為這一時期的歷史與前一時期不同，其前後之相異處即為「變」。「所謂變者，即某種事態在前一時期未有，而在後一時期中突然出現」[40]，而「變」恰恰正是歷史時代劃分的標誌，據此錢穆提出了「無變不成歷史，治學者首貴識有變」[41]的觀點，主張歷史學家應把各個時期的歷史變動放到整個歷史發展的全程中去分析衡估，從其變動相異處來尋找歷史發展的大趨勢和大進程。他說：

凡某一時代之狀態，有與其先後時代突然不同者，此即所由劃分一時代

39　錢穆：《史學導言》，收入《中國史學發微》，臺北東大圖書公司，1989年版，第63頁。
40　錢穆：《國史大綱·引論》，第10頁。
41　錢穆：《歷史與時代》（1950年），收入《歷史與文化論叢》，臺北東大圖書公司，1979年版，第290頁。

之特性。從兩狀態之相異,即兩個特性之銜接,而劃分為兩時代。從兩時代之劃分,而看出歷史之變。從變之傾向,而看出其整個文化之動態。從其動態之暢遂與夭閼,而衡論其文化之為進退。[42]

據此,錢穆指出,在進行具體的歷史研究和敘述時,不能呆板地、機械地作形式主義圖解,而應依據歷史實情,抓住各個時期歷史現象的不同變化作有階段的重點研究,「若某一時代之變動在學術思想(例如戰國先秦),我即著眼於當時之學術思想而看其如何為變。若某一時代之變動在政治制度(例如秦漢),我即著眼於當時之政治制度而看其如何為變。若某一時代之變動在社會經濟(例如三國魏晉),我即著眼於當時之社會經濟而看其如何為變。變之所在,即歷史精神之所在,亦即民族文化評價之所繫」[43]。故研究中國史,「必從識得中國史之變動何在」,唯有「通覽全史而覓取其動態」,方能稱得上「客觀合科學的新史家」。

由於錢穆把歷史看作一個動態演進的發展過程,因而他主張用連續和發展的眼光去看待和研究歷史,力圖從歷史的變化發展中去探索歷史事件、人物思想演變的發展脈絡和變遷軌跡,而不是把歷史人物、事件當作一個個孤立的靜止的東西去加以研究和分析。因此,與傳統的治史理論方法相比,錢穆的這一主張又顯示了他自己的特色。傳統的治史方法大多側重於對史料的整理和考證,以求釐清一個一個歷史事實的真實,錢穆卻力圖把傳統史家從事考據所揭示的個別事實的真實構成一個前後連貫、有因有果的時間序列,力求從時間上把歷史綜合為一個發展的整體,著眼於從歷史發展的連續性、統一性上去考察和分析問題。因此在他的研究中,不再把過多的時間和精力限定在歷史上一件一件的事上,而是更多地關注某一事件的發生與否以及它與其他事件的相互關係如何。

42　錢穆:《國史大綱·引論》,第9—10頁。
43　錢穆:《國史大綱·引論》,第10頁。

三、治史首貴識變的歷史漸變論

　　同時，這種從歷史發展的連續性上著眼去考察和分析問題的方法，也無不貫穿在他一系列的史學研究實踐中。錢穆在《先秦諸子繫年·自序》中論前人治諸子的一大缺失是各治一家，未能通貫，治墨者不能通於孟，治孟者不能通於荀，稱自己的著作，「上溯孔子生年，下逮李斯卒歲。前後二百年，排比聯絡，一以貫之。如常山之蛇，擊其首則尾應，擊其尾則首應，擊其中則首尾皆應。以諸子之年證成一子，一子有錯，諸子皆搖」。[44] 可見，他早年治諸子學將諸子視為一個整體，通貫排比，使其首尾相聯，互相證明，即他所謂「以諸子之年證成一子」，故「用力較勤，所得較實」。他在《國史大綱》中研究中國古代的田制賦稅，就是把魏晉的屯田，西晉的占田、課田、戶調，北魏的均田，到唐初的租庸調，再到中唐的兩稅法綜合為一個發展的整體去加以分析把握，用聯繫發展的眼光去考察和解釋中國古代田制賦稅演變的歷史變化脈絡的。又如，研究南北經濟文化的發展變遷，他把自唐中葉以來直到明代幾百年間中國經濟文化的發展變遷狀況放到整個中國古代歷史發展的全過程去加以論衡，從連續性著眼去闡釋其前後變化的情況。再如，研究中國古代政治制度，他把由西周封建到秦漢統一，由軍人政府到士人政府，由士族門第到科舉競選視為中國古代政治制度的三大進步和轉折，從歷史的變動演進著眼去探索古代政治制度變化發展的軌跡。而他把人類社會的歷史看成一個包含過去、現在和未來的統一體，強調考察歷史的眼光應從過去、現在而延至將來，實際上也是基於歷史的連續性、統一性而得出的結論。所有這一切，無不透顯了錢氏治史的發展眼光。

　　雖然錢穆承認歷史是一個持續不斷發展變化的過程，但是他卻主張歷史的漸變，反對歷史發展的飛躍和突變，這必然會導致他對歷史上激烈的階級鬥爭的忽視和對中國歷史上大規模的農民起義和農民革命的否定。他說：「中國史上，亦有大規模從社會下層掀起的鬥爭，不幸此等常為紛亂犧牲，而非

44　錢穆：《先秦諸子繫年·自序》，第1頁。

論錢穆的歷史思想與史學思想

有意義的劃界限之進步……如漢末黃巾，乃至黃巢、張獻忠、李自成，全是混亂破壞，只見倒退，無上進。」[45] 他把太平天國革命稱為「洪楊之亂」，認為「洪楊十餘年擾亂，除與國家社會以莫大之創傷外」，無絲毫進步可言。錢穆認為中國史的變動隱而在內，常趨向於團結與融合，故國史「常於和平中得進展，而於變亂中見倒退」。錢穆否定自秦漢以來兩千年的中國是封建社會，認為傳統社會是由士農工商組成的「四民社會」，在這個社會裡沒有明顯的階級對抗和貧富之別，整個社會是和諧的、流動的。顯然，錢穆主張歷史的漸變而反對歷史的質變、突變，主張點滴進化和保守的改革而反對激進的革命和鬥爭，忽視了中國歷史上殘酷的階級壓迫和激烈的階級鬥爭這一事實。同時，錢穆雖然主張歷史的發展變化，然而在追求歷史發展變化的原因時，他至多只考察了人們活動的思想動機，忽視了引起社會發展變化最根本的社會經濟原因和階級原因。

這裡我們還有必要對錢穆「無變不成歷史」的主張與中國近代資產階級進化論思想作一些比較分析。進化史觀是中國近代資產階級史學派反對封建史學的主要思想武器。從表面上看，錢穆的確有反對進化史觀的言論，但是我們若把錢氏反對進化論的言論置放到五四以後中國現代學術思想發展的大背景下去加以考察分析，我們不難發現他本質上並不反對進化論思想，他所反對的僅僅是「盡廢故常」的西化論者所鼓吹的中西文化乃「古今之異」的主張。五四以來的全盤西化論者在比較中西文化時，主張文化「無分中外，唯古別今」，認為現在的中國只相當於西方的中古時期，若能再進化前進一步，即趕上了現代的西方。錢穆對「一切必以同於歐洲為終極」的西化觀點大張撻伐，稱之為「文化抹殺論者」、「淺薄的進化史觀」。錢穆認為，五四以來的革新派史學主張中國歷史「自秦漢以來即處於停滯狀態，無進步可言」的觀點，乃是「誤用西人治史之眼光來治中國史」，「未嘗深察中國史之內容而輕

45　錢穆：《國史大綱·引論》，第 11 頁。

率立言」的結果。在錢穆看來，中國與西方各走了他們一段歷史路程，絕不是中國歷史比西方落後了整整一個時代。中國歷史有其獨特性，絕非可以專憑西方成見以為評騭，亦非可以一依西方成規以資研尋。由此，他極力反對用西方的概念、術語來圖解中國歷史，反對用西方一元論發展的歷史模式來衡定和取捨中國歷史。他說：「我們要想瞭解中國文化和中國歷史，我們先應習得中國人的觀點，再循之推尋」[46]，「研究中國史的第一立場，應在中國史的自身內裡去找來」[47]。如果硬要捨己之田而藝人之地，專用西方的歷史術語和概念來觀察和批評中國歷史，「則終必有搔不著痛癢之苦」。

在錢穆看來，歷史個性不同，亦即是其「民族精神」之不同，也可說是「文化傳統」的不同。撰寫一個國家和民族的歷史，「必確切曉了其國家民族文化發展『個性』之所在，而後能把握其特殊之『環境』與『事業』，而寫出其特殊之『精神』與『面相』。然反言之，亦唯在其特殊之環境與事業中，乃可識其個性之特殊點」。[48] 注重國史發展的特殊性和個別性，著眼於民族歷史文化個性的探討，是錢穆眼光所投注的地方，也是他處理國史的根本方法，這一方法貫穿在他的《國史大綱》等一系列的著作中。這種重視對中國歷史發展的獨特性研究、反對用「削足適履」的辦法去硬套西方歷史的方法，是值得重視和肯定的。

綜上可知，錢穆並不反對進化史觀，他也有相時通變的歷史進化思想。否則的話，我們則很難理解他提出的「研究歷史，首當注意變。其實歷史本身就是一個變，治史所以明變」[49] 等觀點。當然，錢穆強調歷史之變，主張從歷史發展的連續性上著眼去考察和研究歷史主要是受了傳統史學中歷史變

46　錢穆：《中國文化史導論》（修訂本），第 20 頁。
47　錢穆：《如何研究中國史》，收入蔣大椿主編：《史學探淵——中國近代史學理論文編》，第 803 頁。
48　錢穆：《國史大綱·引論》，第 8 頁。
49　錢穆：《中國歷史研究法》，第 3 頁。

易思想的影響。他從歷史變易觀出發去考察歷史，從而認識到了歷史事實之間存在著廣泛的因果聯繫，正是因為有了這種前後連貫、有因有果的歷史事實，才構成了脈絡分明的歷史發展的無間序列，由此才形成了歷史發展的連續性和統一性。因此，在他的歷史研究中，就必然會貫穿著這種從歷史發展變化的連續性、整體性上去分析和研究問題的方法。

四、重史心、史德的史家素養論

中國史學素有重視史家修養的傳統，唐人劉知幾提出一個優秀的史家必須應具備才、學、識「三長」，清人章學誠在劉知幾史學三長的基礎上又補充了「史德」。錢穆對史家的素養修養也多有論述，早在 1940 年代前期，他就提出當今中國所需要的新史學家應具備關懷時事、察往知來、博聞多識、融會綜貫四個條件。[50] 在 1960、1970 十年代，他在繼承傳統史學史家素養論的基礎上，又提出了「史心」這一概念。

錢穆認為，史家研究歷史的一個基本條件，就是要具有關心民族、國家命運的心情。這裡的所謂「心情」，即錢氏所言的「史心」，主要包括兩個方面的內容：一是指治史者要具有為國家、民族的長遠利益和前途而立志操勞的心情，即要關心國家、民族的命運和前途。他說治史者當以「世運興衰」、「人物賢奸」這八個字為出發點和歸宿，積久感染，「自能培養出一番對民族國家之愛心，自能於民族國家當前處境知關切。治史學，要有一種史學家之心情，與史學家之抱負。若不關心國家民族，不關心大群人長時期演變，如

50　錢穆在《中國今日所需要之新史學與新史學家》一文中說：「今日所需要之新史學家，其人必具下開諸條件。一者其人於世事現實有極懇切之關懷者。繼則其人又能明於察往，勇於迎來，不拘拘於世事現實者。三則其人必於天界物界人界諸凡世間諸事相各科學智識，有相當曉了者。四則其人必具哲學頭腦，能融會貫通而得時空諸事態相互間之經緯條理者。而後可當於司馬氏所謂『明天人之故，通古今之變』，而後始可以成其『一家之言』。」《思想與時代》第 18 期。

四、重史心、史德的史家素養論

此來學歷史……最多只能談掌故,說舊事,更無史學精神可言」。[51] 二是指治史者對待自己歷史文化傳統的態度。錢穆認為,治史者首先應有一個健康、寬容的心態和胸懷,對自己過去的歷史,不能開口就罵,作全盤的自我否定。歷史的病態面、陰暗面固然應當揭露、批評,但揭露、批評也應有根有據,同對還應把握分寸,批評不能太尖太刻,力戒謾罵。全盤否定,一概罵倒,是一種不健全的心態,不利於培養國人愛國家、愛民族的情感,不利於民族文化的發展。錢穆在臺南成功大學為該校師生作《史學導言》的演講,第二講即以「治史學所必備之一番心情」為講題。他說:

> 諸位學史學,必要養成一番廣大的心胸,乃及一番遠大的眼光,來看此歷史之變化。更貴能識得歷史大趨,一切世運興衰,背後決定在人。決定人的,不在眼前的物質條件,乃在長久的精神條件。須知我們大家負有此時代責任,須能把我們自己國家民族已往在長時期中之一切興衰得失,作為我求知的對象。如此般的知識,可謂之是史識。歷史上有過不少為民族為國家為大群體長時期前程而立志操心的大人物,他們此種心情,可謂之是史心。培養史心,來求取史識,這一種學問,乃謂之史學。史學必以國家民族大群集體長時期上下古今直及將來,為其學問之對象。由此培養出一番見識和心智,其自身始得成為一歷史正面人物,便是能參加此民族國家歷史大趨之人物。其所表觀,則在此人物之當身,在此人物之現代,在其當身現代所幹之事業。此即是一歷史事業,不限於其當身與現代。[52]

與「史心」相聯繫的有「史德」。所謂「史德」,即指史家的「心智修養」。錢穆在《中國今日所需要之新史學與新史學家》中提出,「欲於歷史研究得神悟妙契,則必先訓練其心智」。文中的「心智」,即指「史德」,當以史家治史態度是否客觀、取材是否公正、書事是否真實為準。錢穆在論述史家素養

51　錢穆:《史學導言》,《中國史學發微》,第 60 頁。
52　錢穆:《史學導言》,《中國史學發微》,第 63 頁。

論錢穆的歷史思想與史學思想

修養時,特別強調史德的重要性。他說史家治史應「根據以往史實,平心作客觀之尋求,絕不願為一時某一運動、某一勢力之方便而歪曲事實,遷就當前。如是學術始可以獨立,而知識始有真實之價值與效用」。[53] 所以他強調史家治史,「要能不抱偏見,不作武斷,不憑主見,不求速達,這些心智修養便成了史德」。[54]

錢穆在《中國歷史研究法》一書中,對史學三長也作了具體的解析。他說所謂史才,即指史家治史的才幹和能力,它要求治史者要有分析、綜合兩方面的能力。既能將歷史事件解剖開來,從政治、經濟、社會、學術思想、風俗習慣及民間信仰等各個角度、各個層面去作分析,又要有綜合貫通的本領,將歷史事件的各個方面看成一個整體,視為「一事之多面」。錢穆以漢末黃巾暴動為例說,東漢末年張角發動黃巾暴動,原因甚多,僅從政治層面去分析是遠遠不夠的,還應從社會的、經濟的,以及學術思想、民間信仰種種角度去看,才能對暴動的原因作出符合實際的解釋。這種既能分析,又能綜合的才能,便是史才,有了史才方能治史。史識,即指史家的觀察能力,指史家觀察問題的見解和眼光。看問題既能識其全,又能見其大,見其深,能見前人所未見處。這種見解和眼光,便是史識。史學,就是指史家的學問,史學研究者要有廣博的知識,一是要多讀書,二是要能從大處用心。多讀書即是「博」,然後能從大處歸納會通,這就是「約」。要在「博」的基礎上「專」,「通」的基礎上「專」,才能提得高,「專」得有水準。所以,史學是一門博深多通的學問,治史者既要總攬全局,又要能深入機微,這樣才能達到「六通四解,犁然曲當的境界」。

錢穆認為,「史學上更重要的,是寫史人的義法所在」。這裡所說的「義法」,包括史法、史義兩部分。他在給張其昀《中華五千年史》所作之序中

53　錢穆:《國史新論·自序》,第2頁。
54　錢穆:《中國歷史研究法》,第11頁。

說：「中國史學之可貴，乃貴在其有史法，其法可為人人所共遵，以不斷持續其保存史料之與整理史料之功業，而於史法之中乃蘊有甚深之史義，此所以為尤可貴也。」[55]

所以，錢穆又強調把才、學、識、德、心與史法、史義結合起來，才能算得上一個合格的史學家。他說：「寫史有史法與史義，如何觀察記載是法，如何瞭解歷史之意義與價值為義。如何獲得史義，則須有史心、史德、史識。唯其有史家之心智，才能洞觀史實，而史心與史德相配合，那樣才能得到史實。」[56]

錢穆的史家素養論，是對中國傳統史學理論的繼承。唐人劉知幾重史法，稱「史之有例，猶國之有法。國無法，則上下靡定；史無例，則是非莫準」[57]。清人章學誠則以「史義」相標榜，稱「史所貴者義也」[58]，「作史貴知其意，非同於掌故，僅求事文之末也」[59]。錢穆稱中國傳統史學重史法，更重史義，是從劉知幾、章學誠那裡借鑑來的。不過由於時代不同，他對這些概念、範疇又作了新的解釋，賦予了某些新的含義，其中的一些見解，是值得重視和很好地加以總結的。

五、學貴致用的史學目的論

立足現實，關心現實，強調史學通今致用，為現實服務，這是中國史學的優良傳統。從司馬遷「述往事，思來者」，「通古今之變」，司馬光「鑒前世之興衰，考當今之得失」，到顧炎武「引古籌今」，章學誠「史學所以經世」，

55　錢穆：《張曉峰〈中華五千年史〉序》，《中國學術通義》，第 166 頁。
56　錢穆：《中國史學之精神》，《中國史學發微》，第 28 頁。
57　劉知幾撰、趙呂甫校注：《史通新校注》，重慶出版社，1990 年版，第 208 頁。
58　章學誠著，葉瑛校注：《文史通義校注》卷 3《史德》，中華書局，1985 年版，第 219 頁。
59　章學誠著，葉瑛校注：《文史通義校注》卷 2《言公上》，第 172 頁。

論錢穆的歷史思想與史學思想

無不體現了歷史學家著筆於往古、立足於當今的治史旨趣。錢穆的史學觀深受中國傳統史學「經世」思想的影響，認為歷史研究不僅僅在於追求歷史事實的真實，更應當面向現實、關注現實，滿足社會的需要，為現實服務。因此，在他的治史理論中，又貫注了強烈的鑒古知今、經世致用的理論主張。錢穆學貴致用的史學目的論主要包含如下內容：

其一，重視史學的歷史借鑑功能，強調史貴「鑒古知今」。

錢穆認為人類社會的歷史是一個持續不斷的動態發展過程，過去的歷史雖已過去，但它並沒有死亡，它往往以各種形式遺存在當今的社會中，很多現實問題都可以從過往的歷史積澱中尋找到它的發展脈絡。因此，歷史學具有以前示後、以古驗今的鑒戒功能，總結過往歷史的經驗教訓，可為現實的變革提供歷史的借鑑。對此他強調說：「凡對於以往歷史抱有一種革命的蔑視者，此皆一切真正進步之勁敵也，唯藉過去乃可以認識現在。」[60] 可見，以史為鑒的價值觀，構成了錢氏史學致用論的一個重要內容。

其二，立足現實考察歷史，強調治史應「求以合之當世」。

歷史學雖是以研究人類的既往為起點，卻以服務於當今的時代為歸宿。站在現實的高度去考察歷史、倒溯往古，不僅會加深對歷史的理解，也可進一步加深對現實的認識。由此錢穆極力主張治史不能脫離時代，「應該從現時代中找問題，在過去時代中找答案」[61]，使歷史研究能夠合之當世，服務於現實。

錢穆認為，儘管歷史學家面對的客觀歷史永遠不會改變，面對的歷史材料也可能不會改變，但是已死的歷史遺骸一旦與現實的需要聯繫了起來，能夠契合於當世，那麼已成過去的歷史就會由死變活，變成為時代所需要的活的知識。因此，歷史學一個重要的社會功能即在於「貴能鑒古而知今，貴

---

[60] 錢穆：《國史大綱·引論》，第2頁。
[61] 錢穆：《中國歷史精神》，第13頁。

能使其與現代種種問題有其親切相聯之關係,貴能從此而指導吾人向前,以一種較明白之步驟」[62],史家治史的一個重要職責就是要把過去已死的歷史遺蹟變為與現實有關聯的活的東西,應透過過去的歷史以把握其活的時代精神。所以,歷史研究不僅應博稽遠古而窮其源,更應當切證於當世而見其實,治史的最高目的即在於「明天人之際,通古今之變,求以合之當世」[63]。據此,錢穆提出史家治史的最高標準就是現實的標準,史家必須致用於現實,為現實服務。唯有如此,治史才有了最後的歸宿,史學也才能發揮它的最高功能,顯示出它恆久的價值和生命力。所以他說:「史學本求通今,若治史而不通今,此亦失治史之旨,並將無史可治耳。」[64]

其三,提出了一切歷史都是現代史、當代史的主張。

如前所述,錢穆在其歷史時間觀中肯定了歷史的過去與未來交織於現在的現在時間觀,由此他提出了「歷史上之過去非過去而依然現在,歷史上之未來非未來而亦儼然現在」的主張,認為研究歷史「其最要宗旨,厥為研究此當前活躍現在一大事,直上直下,無過去、無將來而一囊括盡,非此則不足語夫歷史研究之終極意義,而克勝任愉快者」[65]。顯然,在這裡錢穆已經比較自覺地意識到了已成為過去的歷史實際上仍存在於現實中,參與著現實生活的創造。從這個意義言,歷史學家所研究的過去不是已死的過去,而是仍舊活在現實中的過去,過去的歷史一旦能契合於當世,就變成了現代史、當代史。可見,錢穆提出的「歷史上之過去非過去而依然現在」的觀點,與克羅齊「一切歷史都是當代史」的主張不無相通之處,它既表現了錢氏對過去歷史的深刻洞察,同時又透顯出他對社會現實的強烈關注。一句話,就是充分肯定了史學致用於現實的重要性。

---

62 錢穆:《論近代中國新史學之創造》,《中央日報·文史副刊》第 10 期,1937 年 1 月 17 日。
63 錢穆:《中國近三百年學術史·自序》,第 4 頁。
64 錢穆:《朱子新學案》(下),巴蜀書社,1986 年版,第 1634 頁。
65 錢穆:《中國今日所需要之新史學與新史學家》,《思想與時代》第 18 期。

論錢穆的歷史思想與史學思想

「治學本所以致用」，史學乃為「通今致用」之學。在這種學史致用的史學目的論的指導下，錢穆對乾嘉考據史學以及五四以來學術界盛行的考據學風大加針砭。他稱乾嘉學者專事訓詁考據，畢生在故紙堆裡馳騁心力為「不得大體，而流於瑣碎」，「於身無益，於世無用」。[66] 批評五四以來以考核相尚的新考據學派（即錢氏所稱的「科學考訂派」）治史「缺乏系統，無意義，乃純為一種書本文字之學，與當前現實無預」。[67] 同時在錢氏的史學實踐中，也無不貫徹和體現了這種經世致用的治史之旨。他的《中國近三百年學術史》寫於九一八事變之後，故在書中「特嚴夷夏之防」，竭力表彰民族氣節和愛國傳統。這種「不忘種姓，有志經世」的撰述宗旨，即寓有他反抗日寇侵略的寫作意旨，使人讀之油然而生愛國之情，不僅僅明其學術之流變而已。而在抗戰中出版的《國史大綱》，更是錢穆史學致用理論在史學實踐中的具體寫照。他本著史學經世的目的，在書中極力推崇宋明儒「為天地立心，為生民立命，為往聖繼絕學，為萬世開太平」的為學宗旨，強調撰寫為時代所需要的新通史「應能於舊史統貫中映照出現中國種種複雜難解之問題」，為革新現實提供「必備之參考」。而在抗戰時期，錢穆之所以由歷史研究轉入文化研究，弘揚民族文化和民族精神，其目的也正在於為當時的抗戰救國尋找精神資源和文化資源。也正是在學史致用的治史理論指導下，他極力反對「詳古略今」的撰史主張，力倡和推崇近現代和當代史的研究。他說：「史學精神所最該注重的，是現代的歷史，不是古代的歷史」[68]，「史學應該注重近代，在孔子時修史，自然該偏重春秋時代，在後世則不應仍是看重春秋」[69]。

誠然，認識現實，關注現實，為現實服務，是史學的內在要求。但是，強調史學致用於現實，並不是說可以根據現實的需要隨意地取捨和改鑄歷

66　錢穆：《近百年諸儒論讀書》（1935年），收入《學籥》，第83頁。
67　錢穆：《國史大綱·引論》，第3頁。
68　錢穆：《中國歷史精神》，第9頁。
69　錢穆：《朱子學術述評》，《思想與時代》第47期（1947年），第14頁。

五、學貴致用的史學目的論

史。如果採取「強史就我」、任情褒貶的方式去猜測附會歷史，那麼勢必會使歷史變為現實的注腳，走向史學致用的反面。錢穆強調立足現實而治史，主張史學應為現實服務，但是他的史學致用觀又是建立在歷史求真的基礎之上的。換言之，他的史學價值觀又是建立在歷史本體論的基礎之上的。自五四以來的中國學術界，無論是力倡「古史層累造成」說的古史辨派，還是揭櫫「史學本是史料學」的史料考訂派，他們都恪守「薄致用而重求是」的學術精神，主張真用兩分，竭力強調純學術研究的重要性。比如顧頡剛提出在學問上，「只當問真不真，不當問用不用」[70]，傅斯年也認為民初以來中國學術界的基本謬誤就在於學人「好談致用，其結果乃至一無所用」[71]。與顧頡剛、傅斯年等相同的是，錢穆也強調歷史研究的客觀獨立性，主張治史應以「持平求是」為務。他說當今的新史家，「尤要者，應自有其客觀的獨立性，而勿徒為政客名流一種隨宜宣傳或辯護之工具」[72]，主張治史「不必先存一揄揚誇大之私，亦不必先抱一門戶立場之見，仍當於客觀中求實證」[73]。但不同的是，五四以來的新考據派僅強調求真，以求真為治史的最高目的。而錢穆認為史學固然應當致力於追求歷史的真實性，但是求真絕不是治史的最高鵠的。史學不僅應求真求是，更應在求真的基礎上致用於現實。所以，他一方面主張治史應「在客觀中求實證」，另一方面又重視史學的致用功能，力主把求真與致用結合起來。

如果說錢穆的史學致用論主要是繼承了傳統史學的「經世」思想的話，那麼揭櫫愛國思想、反對外來侵略則是他強調史學致用的現實動因。特別是在民族危機十分嚴重的抗戰時期，錢氏的這一理論主張更透顯出了其內在的

70　顧頡剛：《古史辨》（一）「自序」，第 25 頁。

71　傅斯年：《中國學術思想界之基本謬誤》，歐陽哲生主編：《傅斯年全集》第一卷，湖南教育出版社，2003 年版，第 24 頁。

72　錢穆：《論近代中國新史學之創造》，《中央日報·文史副刊》第 10 期，1937 年 1 月 17 日。

73　錢穆：《國史大綱·引論》，第 10 頁

力量和時代價值。因此從這個意義上而言，我們認為錢穆在求真的基礎上更強調致用的史學理論主張，較之當時學術界真用兩分的治史主張，識見無疑是更勝一籌。

六、歷史客體與史家的主體精神

在中國現代史學中，錢穆不僅是一位考據大家，而且也是一位比較重視史家主體意識的學者，他不僅重視對史料的整理和史實的考釋，更重視在此基礎上對史料作主體性的詮釋和解讀，他追求的主客互溶、情理合一的史學路向，與排除史家主觀理解、追求絕對客觀的「史料考訂派」（即錢穆所稱的「科學考訂派」）的治史方法截然異趣。錢穆對史家主體精神的重視主要體現在：

其一，重視史家主體對歷史材料的解釋所獲取的歷史知識。

在二十世紀三四十年代的中國史學界中，歷史、史料、史學這三個概念常常是混而不分的，錢穆則對這三個概念作了明確的區分和界定。他說：「我民族國家已往全部之活動，是為歷史。其經記載流傳以迄於今者，只可謂是歷史的材料，而非吾儕今日所需歷史的知識。」[74] 在錢穆看來，歷史是指人類以往的發展演變過程，是人類過去的全部活動，它一經發生，就成為了一種不可更改的既定存在。因此，隨時間流逝而一去不返的人類歷史，就具有不以人的主體意識為轉移的客觀性，故「一往而不變者，乃歷史之事實」[75]。歷史材料（或稱歷史記載）則是史家認識客觀歷史的憑藉和中介，它來源於客觀事實，以反映客觀的歷史實際為目的。錢穆認為：「史料之最大價值，即在其能保存歷史之真相，固不貴於有作者個人獨見之加入。」[76] 但是史料浩

74　錢穆：《國史大綱·引論》，第 1 頁。
75　錢穆：《論近代中國新史學之創造》，《中央日報·文史副刊》第 10 期，1937 年 1 月 17 日。
76　錢穆：《張曉峰〈中華五千年史〉序》，《中國學術通義》，第 165 頁。

六、歷史客體與史家的主體精神

如煙海,史家編寫時總要對這些材料加以選擇、剪裁,這就寓有了史家自己的主觀見解,它已經滲入了記載者的主觀痕跡,故歷史記載與客觀歷史之間總是存在著差距,它僅僅是客觀存在歷史的部分反映,「絕不能做得所謂純客觀的記載」。[77] 而歷史知識則不同,它是史家主體對歷史材料的理解和詮釋。由於歷史學家是生活在現時代中的人,他認識歷史的活動必然會受到他所處的那個時代和環境的制約,必然受到他們的社會地位、價值取向、知識結構、思維方式等方面的直接影響。因此,他們對歷史材料的解釋,實際上是他們根據現實的感受、時代的需要而重新進行的。由於時代不同,人們所需要的歷史知識各異,因而史家應根據不同的時代需要對積存下來的歷史材料進行一番新的解釋和分析。而歷史材料也唯有經過史家主體的解釋和加工,才能轉化為時代所需要的歷史知識。錢穆指出:「時代即變,古代所留之史料,非經一番解釋,即不得成為吾人之知識。」[78] 為此他強調說:「不要認為學問必是客觀的,其中也有做學問人之主觀存在」[79],歷史「不單是一堆材料」,「該從材料蒐集之上更深進到見解眼光方面」。[80]

顯然,在錢穆看來,歷史學家筆下的歷史,即「歷史知識」,是經過史家主體加工了的歷史,它本質上表現為史家主體借助史料中介對客觀歷史的重

77　錢穆在《中國史學之精神》一文中說:「歷史是記載人類過去生活史實的……我們寫歷史,必須先經進一番主觀的觀察,即對此史實的看法,直到對此史實之意義有所瞭解以後,才能寫成歷史,故世界上絕無有純客觀的歷史。因我們絕不能把過去史實全部記載下來,不能不經過主觀的觀察和瞭解而去寫歷史。若僅有觀察而無瞭解,還是不能寫歷史。我們必須對史實之背景意義有所瞭解,並有了某種價值觀,才能拿這一觀點來寫史。故從來的歷史,必然得寓褒貶,別是非,絕不能做得所謂純客觀的記載。」原載《新亞生活》第 3 卷第 9 期(1950 年),收入《中國史學發微》,第 28 頁。

78　錢穆:《關於夏曾佑〈中國古代史〉的討論·敬答海雲先生》,《大公報·圖書副刊》第 23 期,1934 年 4 月 21 日。

79　錢穆:《中國史學名著》,生活·讀書·新知三聯書店,2000 年版,第 11 頁。

80　錢穆:《中國史學名著》,第 114 頁。

論錢穆的歷史思想與史學思想

構,故經過史家對歷史材料的解釋所獲得的歷史知識,能夠「與時俱變」,可不斷翻新改寫。誠如其言:「前一時代所積存之歷史材料,既無當於後一時期所需要之歷史知識,故歷遂不斷隨時代之遷移而變動改寫。」[81] 在這裡,錢穆對歷史作了既是絕對的又是相對的解釋。所謂歷史是絕對的,乃是從歷史本體而言的,作為隨時間流逝而一去不返的人類過去一經發生,就成了不可更改的歷史事實,從這個意義上而言,歷史的過去是絕對的、不可改變的。所謂歷史是相對的、可變的,是從史學本體而言的,因為歷史學家筆下的歷史,即進入史家視野的歷史知識是主體重構的歷史,它在不同的程度上都毫不例外地滲入了史家的主觀痕跡,是史家主體精神的產物。從這個意義上而言,「世界上絕無純客觀的歷史」,歷史又可以與時俱變,隨時翻新。即如所言:「當知歷史誠然是一往不變,但同時歷史也可以隨時翻新。」[82] 可見,錢穆從歷史本體與史學本體的角度把客觀歷史與歷史知識區別了開來。

與史料學派「存而不補」、「證而不疏」的主張相反,錢穆主張歷史研究不僅僅在排列和整理史料,更重要的是應對材料進行疏通解釋,作價值判斷。錢穆認為整理史料、考辨史實,只是歷史研究的基礎工作,它只相當於傳統史學中的「記注」之學,而不是成一家之言的「撰述」。據此他強調,治史不應當以排比、整理史料、考定史料真偽為目的,而應對材料作解釋性的研究,使之轉化為具有時代意義的歷史知識,所以他又主張把歷史材料與歷史知識相區別。他說歷史材料「為前人所記錄,前人不知後事,故其所記,未必一一有當於後人之所欲知」[83],而歷史知識則「貴能鑒古知今」,能「隨時代之變遷而與化俱新」[84],故中國「今日所缺,則並非以往積存歷史之材

---

[81] 錢穆:《國史大綱·引論》,第 6 頁。
[82] 錢穆:《中國歷史研究法》,第 11 頁。
[83] 錢穆:《國史大綱·引論》,第 1 頁。
[84] 錢穆:《論近代中國新史學之創造》,《中央日報·文史副刊》第 10 期,1937 年 1 月 17 日。

六、歷史客體與史家的主體精神

料,而為今日所需歷史之知識」[85]。

誠然,錢穆與史料考訂派都強調史料的整理與考訂,但是史料派以考訂史料為治史之最高鵠的,而錢穆則更重視史家主體對歷史材料的解釋所獲取的歷史知識。儘管錢穆強調歷史知識的重要主要是針對史料考訂派只重材料而忽視理論、只證史而不論史、只辨真偽而不論斷是非而發的,但是在這裡錢穆已自覺或不自覺地觸及到了歷史認識的本質。即進入史家視野的歷史知識是主體化的歷史,因而它具有相對性和可變性。歷史知識的獲取過程實際上就是史家主體透過對史料中介的解釋去認識客觀歷史實際的過程,而歷史知識的獲得則標誌著歷史認識過程的完成。可見,錢穆對歷史知識的強調,主張史家主體應依隨時代的變化而對歷史材料作出新的解釋,正是史家主體精神在歷史認識過程中滲透的一個重要表現。

其二,提出了史家的主觀推想亦為治史一重要方法。

錢穆認為歷史研究固應從歷史材料入手作客觀的實證研究,但他並不排斥史家的主觀推想亦為治史一重要方法。因為史家面對的材料總是殘缺不全的片段記載,他們憑藉這些零碎不全的材料,希望追尋和復原的卻是整個歷史事實的真實,這就有必要根據有限的材料進行推斷,以補充史料的缺漏和不足。因而錢穆也比較重視史家的主觀想像、推測對歷史研究的重要性。他說:「古史之真相為一事,某一時代人對古史之想像為又一事。當知某一時代人一種活潑之想像,亦為研究某一時代之歷史者一極端重要之事項也。」[86]可見在這裡,錢穆已經比較自覺地意識到了歷史認識的形象思維問題。

當然,史家的主觀體驗、推想對具體的歷史研究不無作用,但這種歷史的形象思維方法又有很大的局限性,它往往容易帶有明顯的主觀隨意性,難以排除人的主觀之見。同時,用推想的方法,雖然可以提出問題,但是問題

85　錢穆:《評夏曾佑〈中國古代史〉》,《大公報・圖書副刊》第 20 期,1931 年 3 月 31 日。
86　錢穆:《崔東壁遺書序》(1935 年),《中國學術思想史論叢》(八),第 292 頁。

論錢穆的歷史思想與史學思想

的最後解決還需要用事實來加以證明。有鑒於此，錢穆又力主把史家的主觀推想與歷史實證結合起來研究歷史。他指出：「考古者貴能尋實證」，「不詳考情實」，「確據史實」，「約略以推之，強古人以就我，則宜其有千里之差矣」。[87]

其三，主張追尋史料的意義應借助於史家的主觀體驗。

錢穆認為歷史研究不僅應依據材料釐清歷史實情，更應探求歷史實情背後所具有的意義；治史不僅應注重材料和方法，更應透過材料而把握其活的時代精神。而這一活的時代精神，即民族文化精神的獲得，則是純客觀的考據方法所無法完成的，它必須要訴諸研究者個體生命的體驗、直覺、情感等其他因素。中國歷史文化是一個活的生命存在，研究者就內在於這一活的生命實體之中，他本身就是這一生命實體塑造的，研究者必須為中國歷史文化承擔責任，必須要有歷史文化使命感、責任感，要像把握生命、認識生命那樣用自己的心靈去體悟歷史、理解歷史、解釋歷史，而不是把歷史看成一堆僅僅供人考證、研究的材料。錢穆對五四以來「尚實證、誇創獲、號客觀」的科學考訂派大加批評，認為他們治史「即無以見前人整段之活動，亦於先民文化精神，漠然無所用情」，「以活的人事，換為死的材料」。[88] 為此，他主張治史應充滿感情，把主體投入其間，「與古為一」，才能達到對歷史的透徹理解，真正把握到治史的真諦。

1930、1940十年代的中國史學界，主要是崇尚客觀的實證研究，當時史壇上的主流派──「科學考訂派」的治史方法，主要是取出乎其外的純客觀研究。而錢穆則認為歷史雖具有客觀實在性，但同時亦應被史家「主觀所考察而認取」。因此，他重視史家主體對歷史材料的解釋所獲得的歷史知識，主張對史料意義的追尋應訴諸史家的主觀體驗，提出了史家的主觀推想亦為治史一重要方法，這一切都表明他重視史家的主體意識在歷史過程中的滲透

---

[87] 錢穆：《先秦諸子繫年·自序》，第18頁。
[88] 錢穆：《國史大綱·引論》，第3頁。

六、歷史客體與史家的主體精神

作用。當然,錢穆重視史家的主體精神並不意味著他忽視甚至抹殺歷史的客觀性,因為他認為史家對歷史材料的解釋所獲取的歷史知識並不是史家主體任意的馳騁玄想,它應以真實的歷史材料作為解釋和研究的前提。換言之,史家的本體應受制於歷史的本體,史家主體重構的歷史應以追求歷史的真實性、反映客觀的歷史實際為目的。誠如所言:「後人欲求歷史知識,必從前人所傳史料中覓取。若蔑視前人史料而空談史識,則所謂史者非史,而所謂識者無識。」[89] 可見,錢穆治史不僅重視史家內在的主觀理解在史學研究中的作用,而且也重視客觀的實證研究,力主把客觀的實證與主觀的理解結合起來。在二十世紀三四十年代追求排除史家主觀理解的絕對客觀的實證方法籠罩下的中國史學界,錢穆提出了主客統一、情理合一的治史理念,從史學本體與歷史本體的角度把客觀歷史與歷史知識相區別,應當說這種看法不無見地,是值得重視和肯定的。

---

[89] 錢穆:《國史大綱·引論》,第 1—2 頁。

論錢穆的歷史思想與史學思想

「疑非破信，乃立信」
——錢穆評古史辨派的古史理論

　　二十世紀前半期，以顧頡剛為首的古史辨派所掀起的疑古思潮，是當時最有影響力的學術思潮。徐旭生指出：「近三十餘年（大約自 1917 年蔡元培長北京大學時起至 1949 年止），疑古學派幾乎籠罩了全中國的歷史界，可是他的大本營卻在《古史辨》及其周圍。」[1] 自 1923 年顧頡剛發表〈與錢玄同先生論古史書〉，提出古史層累造成說引發古史大討論以來，對古史辨派古史理論的評價便史不絕書，其中錢穆的評價就頗具有代表性。錢穆對古史辨派古史理論的評價大致經歷了一個從「基本肯定」到「基本否定」再到「全盤否定」的發展過程。錢穆早年考辨古史的方法曾受到古史辨派的影響，對其古史理論多有贊同。但是隨著他自己史學理論的日漸成熟，逐漸超越了古史辨派的古史理論，由基本肯定、「相當贊同」轉為總體性的批評。晚年居港臺以來，他對古史辨派跡近全面否定，那主要是出自文化意義的批評了。

一、錢穆早年對古史辨派古史理論的評價

　　錢穆與古史辨派有過比較複雜的關係，一方面他受過古史辨派的主將顧頡剛的提攜，他早年的治學方法曾受過古史辨派的影響；另一方面他又是古史辨派的批評者，這種批評，愈到晚年，愈趨激烈，跡近全盤否定。這裡我們首先考察錢穆與顧頡剛的交往及其早年對古史辨派的態度。

　　1923 年 5 月，顧頡剛在胡適主編的《讀書雜誌》第 9 期上發表了〈與錢

1　徐旭生：《中國古史的傳說時代》（增訂本），北京科學出版社，1960 年版，第 23 頁。

「疑非破信，乃立信」

玄同先生論古史書〉，提出了著名的「層累地造成的中國古史」說。顧氏認為，時代愈後，傳說的古史期愈長；時代愈後，傳說中的中心人物愈放愈大；我們既不能知道某一件事的真確的狀況，但可以知道某一件事在傳說中最早的狀況。此說一出，立即在學術界引發揮了軒然大波。顧頡剛的古史新說得到了他的老師胡適、錢玄同的支持。胡適稱「層累地造成的中國古史」說，「替中國史學界開了一個新紀元」，是現代史學領域的一次「革命」；[2] 錢玄同稱讚顧說「廓清雲霧」，「精當絕倫」[3]，以後乾脆把自己的名字也改為「疑古玄同」。反對者也大有人在，如東南大學的劉掞黎、柳詒徵批評顧氏勇於疑古，疏於讀書，「想入非非，任情臆造」，「奇得駭人」[4]，由此而引發了一場古史大討論，顧頡剛也因此而名播學界。

1926年，《古史辨》第一冊結集出版，把中國古代的疑古辨偽思想推向了極致，同時也奠定了顧頡剛在現代中國史學界的地位。從此，在中國史壇上出現了一個以疑古辨偽為職志、以懷疑傳說神話古史的學術派別──古史辨派，顧頡剛當仁不讓地成為了該派的領袖人物。

當古史辨派的主將顧頡剛名滿天下之時，錢穆正在江南無錫、蘇州的中學任教。向有疑辨精神、喜讀報刊雜誌的錢穆對顧頡剛的古史理論也時有所聞。《古史辨》第一冊結集出版時，已在無錫江蘇省立第三師範任教的錢穆到無錫施家宕去拜訪受學於柳詒徵的同鄉施之勉，他手拿當時剛剛出版的《古史辨》一冊，「在湖上，與之勉暢論之」。[5] 暢論的具體內容因錢氏在晚年所寫的《師友雜憶》中沒有道及，今天已不得而知，不過也表明他當年對學術界討論古史問題的關注。錢穆在後來所寫的一篇文章中對當時疑古派的代

2　胡適：〈介紹幾部新出來的史學書〉，《古史辨》（二），第338頁。
3　錢玄同：〈答顧頡剛先生書〉，《古史辨》（一），第67頁。
4　劉掞黎：《讀顧頡剛君〈與錢玄同先生論古史書〉的疑問》，顧頡剛編著：《古史辨》（一），第87頁。
5　錢穆：《八十憶雙親·師友雜憶》，第127頁。

一、錢穆早年對古史辨派古史理論的評價

表人物顧頡剛、胡適、錢玄同三人有這樣一番評論:「古史辨不脛走天下,疑禹為蟲,信與不信,交相轉述。三君者(指胡、錢、顧三人——引者),或仰之如日星之懸中天,或畏之如洪水猛獸之泛濫縱橫於四野,要之凡識字人幾於無不知三君名。」[6]

錢穆與顧頡剛初識於1929年。這年三四月間,顧頡剛應北平燕京大學聘,離開廣州中山大學北上,其間在老家蘇州小住。4月15日下午,顧頡剛應蘇州中學之請作演講,當時錢穆是蘇州中學國文教師;4月23日,錢穆、陳旭輪、沈勤廬、陳其可、王以中等人在蘇州城中一飯店宴請顧頡剛,兩人的初次謀面應在這一時期。[7]

顧頡剛五月初抵達北平,不久又返回蘇州老家,直到九月正式受聘燕京大學。其間,錢、顧二人多有往來。[8]大約在夏秋之交,顧頡剛在陳旭輪的陪同下到蘇州中學拜訪錢穆。陳旭輪,字天一,早年畢業於南京高等師範學堂文史地科,當時在蘇州東吳大學任教,並在蘇州中學兼課,對錢穆頗為瞭解、欣賞。在此之前,他已把錢氏舉薦給了上海公學校長、學術界的領袖人物胡適。此次顧頡剛到蘇中造訪錢穆,亦為陳氏所促成。

在蘇州中學的教師宿舍裡,顧頡剛見到了錢穆。這時錢穆早年最重要的學術著作《先秦諸子繫年》(以下簡稱《繫年》)初稿已完成,顧頡剛在桌上看到《繫年》稿後非常詫異,沒想到一位中學教師對先秦諸子的研究會有如

6　錢穆:〈崔東壁遺書序〉,《中國學術思想史論叢》(八),第284頁。該文完成於1935年12月28日。

7　參見《顧頡剛日記》第二卷,臺北聯經出版公司,2007年版,第275頁。

8　《顧頡剛日記》1929年7月22日:「到草橋中學,訪錢賓四、王以中,略談。」8月4日:「看《閱微草堂筆記》。……賓四來。衛聚賢與錢賓四借來,同到(蘇州)青年會吃飯。」8月5日:「聚賢、賓四、佩諍來。其可、旭輪來。四點,聚賢、佩諍、其可別去。賓四、旭輪留看書畫。」8月6日:「到公園,(吳)緝熙、(陳)子清、(錢)賓四、(陳)海澄陸續到。並晤計碩民、張劍秋等。」8月16日:「賓四來。」9月2日:「理物。賓四來。」、「到三元坊,訪欣伯及賓四。」

「疑非破信,乃立信」

此的興趣。近代以來,學術界研究周秦諸子蔚然成風,這一領域也是顧氏的興趣所在。他徵得錢穆的同意後,將《繫年》稿帶回家中拜讀。

幾天後,陳旭輪約錢穆回訪顧頡剛。顧頡剛在家中匆匆翻閱《繫年》稿後,對錢氏扎實的考據工夫和史學才華非常欽佩,他當面對錢穆說,「君似不宜長在中學中教國文,宜去大學中教歷史」[9],並說自己離開廣州前受中山大學副校長朱家驊的囑託,代為物色有學術前途的新人,當即表示願意推薦錢穆到中山大學任教。[10]

顧頡剛沒有忘記自己的承諾。不久,中山大學來電,聘請錢穆南下任教。由於蘇州中學校長汪懋祖的盛情挽留,錢穆只好卻中大之聘。當他把卻聘的消息函告顧氏時,愛才心切的顧頡剛又舉薦錢穆到燕京大學任教。[11] 錢穆以後任教北大,兼課清華,也得力於顧頡剛的推薦。錢穆轟動學術界的成名作〈劉向歆父子年譜〉與顧頡剛的意見完全相反,但顧氏毫不介意,將錢文發表在自己主編的《燕京學報》第七期上,錢穆也因此文而名揚學術界。而他以後受聘北大,與此文關係甚大。錢穆無學歷、文憑,一生從未上過大學卻能執教大學,成為大學教授、名教授,這得力於顧氏的識拔和力薦;錢穆名動學術界的成名作也得益於顧氏的先約後刊,從這個意義上講,沒有顧頡剛的慧眼識人,也就沒有錢氏在現代學術界所取得的成就。這種不以己意排抑異見的學術公心和博大胸懷,為現代中國學術史留下了一段佳話。對於顧頡剛的提攜、識拔之恩,錢穆也常存於心,在晚年所撰的《師友雜憶》中多有道及。

《古史辨》一共出了七冊,從第三冊起,錢穆的文章多為其收錄,這包

---

9 錢穆:《八十憶雙親‧師友雜憶》,第148頁。
10 據《顧頡剛日記》記載:「1929年8月6日,到三元坊,訪汪校長(蘇州中學校長汪懋祖),商請賓四到粵事。」見《顧頡剛日記》第二卷,第310頁。
11 1930年6月23日,顧頡剛在馮友蘭處擬電報致電錢穆燕京大學聘請之事,26日錢穆回電,「決就燕大」。見《顧頡剛日記》第二卷,第412、413頁。

一、錢穆早年對古史辨派古史理論的評價

括他的成名作〈劉向歆父子年譜〉及其早年所撰的重要論文如《周官著作時代考》以及討論《老子》成書年代的文章。[12] 就此而言，我們不妨說錢穆實際上已參加了由顧頡剛發起的古史辨運動，不失為古史辨派的同盟。1934 年 2 月，顧頡剛創辦《禹貢》半月刊，錢穆一系列考辨古史地理的文章，如〈提議編纂古史地名索引〉、《西周戎禍考》、《黃帝故事地望考》、《子夏居西河考》、《雷學淇〈紀年義證〉論夏邑邦鄰》、《中國史上之南北強弱觀》、《水利與水害》、《秦三十六郡補考》、《再論楚辭地名答方君》等皆刊在該雜誌上。顧頡剛對錢穆治古史地理的成績也多有肯定，稱「沿革地理的研究，以錢穆、譚其驤二先生的貢獻為最大」。[13] 1935 年顧頡剛組建北平研究院歷史組，聘錢穆、孟森、洪業等人為史學研究會會員。1936 年禹貢學會成立，錢穆為七個理事之一。

抗戰時，錢穆離開西南聯大去成都協助顧頡剛主持齊魯大學國學研究所。其間返蘇州省親，隱居耦園一年，編《齊魯學報》一卷在上海出版，並寫成《史記地名考》一書，以國學研究所的名義交上海開明書店出版。[14] 1940 年 10 月，錢穆從蘇州省親歸來，赴成都齊大國學研究所報到，與顧頡剛二

12　據羅義俊統計，錢穆在《古史派》3—7 冊上共發表了 22 篇文章。參見氏著：《錢穆與顧頡剛的〈古史辨〉》，《史林》1993 年第 4 期。

13　顧頡剛：《當代中國史學》，吉林教育出版社，1998 年版，第 89 頁。

14　錢穆居蘇州耦園一年，其間與顧頡剛多有通信往來。1940 年 7 月 2 日，錢穆在致顧頡剛的信中比較了兩人的治學特點：「弟與兄治學途徑頗有相涉，而吾兩人才性所異則所得亦各有不同。……兄之所長在於多開途轍，發人神智。弟有千慮之一得者，則在斬盡葛藤，破人迷妄。故兄能推倒，能開拓，弟則稍有所得，多在於折衷，在於判斷。」（《顧頡剛日記》第四卷，第 395 頁）顧頡剛以古史研究而名噪學林，是古史辨派的主將和靈魂人物，但顧氏的治學領域卻並不僅限於此，其治學涉及民俗學、民間文學、歷史地理、邊疆地理和民族史等眾多領域。他以民俗學材料印證古史，是中國現代民俗學的奠基人，被譽為「中國講授民俗、民謠的第一人」。他又是禹貢學派的開創者，創辦禹貢學會，主編《禹貢》半月刊，成為中國現代歷史地理學當仁不讓的開山之祖。錢穆稱顧氏所長在於「多開途轍，發人神智」，的確是一個中肯的評價。

「疑非破信，乃立信」

度成為同事。當時研究所所址由華西壩移至成都北郊崇義橋賴家園，顧頡剛為史學名家，交遊甚廣，邀請了不少學界名人到所內作學術演講。錢穆對賴家園良好的為學環境也很滿意，工作盡心盡責，兩人為研究所的發展做出了不少貢獻。抗戰勝利後，錢穆和顧頡剛都沒有返回北平任教。顧氏東歸後一度在老家蘇州社會教育學院任教，錢穆從蜀中東返後居蘇州耦園。顧頡剛喜耦園「靜謐可讀書」，曾託錢穆與園主人「接洽房屋」。在錢穆的幫助下，顧頡剛一度借居耦園，埋首著述。他說：「耦園中不聞人聲，涼風四至，真讀書佳境。天其能佑我成學於此乎？」[15]

1949 年，中國政權易手，顧頡剛選擇了留在中國，不認同新政權的錢穆則懷著「花落而春意亡矣」的無奈心情南走香港，客居香江興學。不過，1949 年以後的錢顧二人仍有通信往來。據顧頡剛日記 1957 年 5 月 2 日條載，他給錢穆、孟余先、董作賓等留港舊友寫了十一封信，邀請他們回中國工作。[16] 錢穆在《師友雜憶》中也有回憶，稱顧頡剛託人帶信，說他在北京「重獲舊時學業生涯」，盼錢穆能「設法早歸」，「其不忘情於餘者，實始終如一」。[17]

1926 年，錢穆與施之勉在無錫唐平湖暢論顧頡剛的《古史辨》。暢論的具體內容今天不得而知，不過從錢穆早年對顧頡剛古史觀的積極評價中，我們可以推測當時他對古史辨派的古史理論和治史方法大體是持肯定態度的。事實上，錢穆早年對古史辨派的古史理論抱有「相當地贊同」，他治古史的方法也受過古史辨派「層層剝筍式方法」的影響。1928 年夏，在蘇州中學任教的錢穆應蘇州青年會學術講演會的邀請，作《易經研究》一題的演講。他在

15　《顧頡剛日記》第五卷，第 694 頁。

16　顧頡剛在《日記》中說：「政府派黃居素到港，作聯絡事宜，故（陳）真如（陳銘樞）邀其來此，囑予為賓四寫信，能回來最好，即不回來亦望改善態度。予因作留港舊友書十一通交之。」見《顧頡剛日記》第八卷，第 239 頁。

17　錢穆：《八十憶雙親‧師友雜憶》，第 242 頁。

一、錢穆早年對古史辨派古史理論的評價

演講詞中明確指出：

《易經》絕不是一時代一個人的作品，而是經過各時代許多人的集合品。我們並可以說《易經》中的《十翼》，是最後加入的東西，我們可以說其是《易經》完成的第三期。次之卦辭爻辭，是《易》的第二期。其餘只剩八八六十四卦，便是《易》最先有的東西，是《易》的第一期。我們現在借用近人胡適之所稱剝皮的方法，先把《易經》裡第三期東西剝去，再把他第二期東西剝去，單只研究《易經》第一期裡面的東西。把第一期的《易經》研究清楚了，再研究第二期。把第二期的東西釐清楚了，再來研究第三期。把《易經》成立次第依著歷史的分析的方法去研究，這是我今天要提出的一個比較可靠而可以少錯誤的新方法。[18]

顯然，錢穆早年治古史的一些見解與五四以後疑古派的古史觀有某些相同之處，他考訂古史的方法也曾受到過疑古派「剝皮」方法的影響。同時，錢穆本人也是以記誦瀰博、考訂精審而馳名學界，他與古史辨派學者一樣具有大膽的疑辨思想與批判精神。有人評價他早年著作《國學概論》時，就稱他「勇於獻疑發難」。[19] 錢穆早年考證古史地名，常出奇論，翻積見，標新得，如〈周初地理考〉言太王居「豳」，字本作「邠」，地在山西汾水流域，不在陝西鳳翔。《楚辭地名考》言屈原沉「湘」，字同「襄」，乃漢水之別稱，非為洞庭之湘水。《古三苗疆域考》言三苗之居，左彭蠡，右洞庭。彭蠡、洞庭俱在大江之北而不在江南。當年曾撰文與他辯論的饒宗頤稱，錢穆考證古史地名常作翻案文章，實受顧頡剛《古史辨》中關於「古史地域擴張理論」的影響。[20] 丁山也說錢穆考證「邠為濱汾之邑，岐為狐岐者，未免勇於疑古

18　錢穆：《中國學術思想史論叢》（一），第 172 頁。
19　《國學概論》「錢基博序」，據說此序為其子錢鍾書代作，參見《錢穆紀念文集》，上海人民出版社，1992 年版，第 96 頁。
20　據饒宗頤回憶，1930 年代前期，錢穆在《燕京學報》和《清華學報》發表了幾篇有關古史地理考證的文章，一是對周初地理的考證，一是對《楚辭》地理的考證。錢先生由於受

「疑非破信，乃立信」

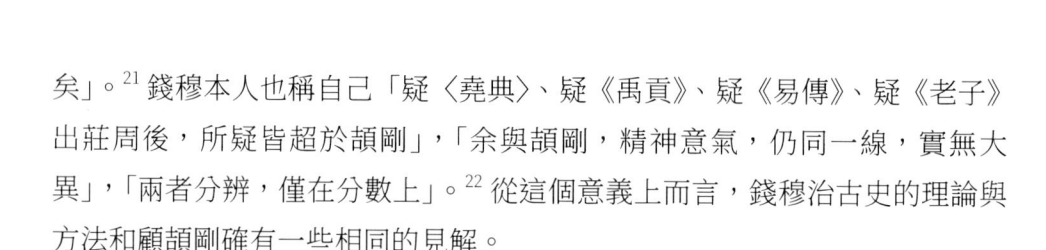

矣」。[21] 錢穆本人也稱自己「疑〈堯典〉、疑《禹貢》、疑《易傳》、疑《老子》出莊周後，所疑皆超於頡剛」，「余與頡剛，精神意氣，仍同一線，實無大異」，「兩者分辨，僅在分數上」。[22] 從這個意義上而言，錢穆治古史的理論與方法和顧頡剛確有一些相同的見解。

二、「所同不勝其異」——古史理論的分歧與批評

錢穆與古史辨派在治古史的某些方面雖然有共同之處，但就其總體思想而論，他們的古史觀又是「所同不勝其異」的。根據我們考察，在1920～1940年代，錢穆對五四以來的疑古派史學的評價大體經歷了一個由「正面肯定」到「基本否定」的發展過程。在1920年代特別是1920年代後期寫成的《國學概論》中，他對疑古派正面肯定的居多，對其古史理論與方法引為同調，抱有相當的贊同。1930年代中期以後批評的言論轉多，1935年發表的《崔東壁遺書序》可為其代表。而對疑古派古史層累造成說提出全面而公開批評的，則以1940年出版的《國史大綱》為標誌。在書中，錢穆針對顧頡剛的「古史層累造成說」提出了「古史層累遺失說」。在他看來，古史固然有「層累造成」的一面，同時也有「層累遺失」的一面，層累造成的偽古史固應破壞，而層累遺失的真古史尤應探索，不能只強調前者而忽略後者。[23] 所以，

顧頡剛先生《古史辨》中關於古史地域擴張理論的影響，認為古史發生地應集中在中原地區，因此他把周人的起源地全都搬到山西，把屈原的活動範圍放在湖北，把《楚辭》中一些水名、地名如洞庭、溧陽等移到了河南，甚至說三苗也在河南。針對這些問題，我寫了一些文章專門與錢先生商討，指出他的那些提法不符合實際。參見周少川《治史論學六十年——饒宗頤教授訪談錄》一文，《史學史研究》1995年第1期。

21　丁山：《由三代都邑論其民族文化》，《歷史語言研究所集刊》第5本第1分，1935年，第107頁。

22　錢穆：《八十憶雙親·師友雜憶》，第167頁。

23　與錢穆觀點近似的還有他的老師呂思勉。1941年3月，呂氏在《古史辨》第七冊「自序

二、「所同不勝其異」——古史理論的分歧與批評

他把疑古派的治史主張稱之為「極端之懷疑論」，力求創建新的古史觀，對「近人極端之懷疑論」加以修正。《國史大綱》是錢穆古史觀、文化觀的成熟之作，自此以後，他總體上不再贊同古史辨派的治史主張，由先前對疑古史學的大體認同，轉而進行總體的批評。[24]

綜觀錢穆對疑古派治史主張的批評，我們認為他們在治古史的理論和方法上主要存在著如下幾方面的分歧。

第一，對「疑」與「信」、「破」與「立」的不同理解。

和顧頡剛為首的古史辨派一樣，錢穆同樣也主張疑辨，認為「考信必有疑，疑古終當考」。但是，在對待疑與信、破與立的關係上，他們的看法又不盡相同。儘管古史辨派也主張「破壞與建設，只是一事的兩面，不是根本的歧異」，「我們所以有破壞，正因為求建設」。[25] 然而在具體的古史研究實踐中，他們基本上奉行的是以疑破信的原則，主張透過懷疑來達到推翻傳統上古史的目的，所以他們常常把疑作為治古史的最高目的，其著眼點在疑不在信，在破不在立。錢穆並不一般地反對疑古，但與古史辨學者所不同的是，

一」中提出古史既有「層累造成」的一面，同時又未嘗沒有「逐漸剝蝕」的一面。在同年12月出版的《先秦史》中，呂思勉亦說：「（古史）其傳愈久，其偽愈甚。信有如今人所言，由層累造成者。然觀其反面，則亦知其事蹟之真者之逐漸剝落也。」上海古籍出版社，2005年版，第18—19頁。

24 據錢門弟子吳佩蘭回憶，他在1940年代隨錢穆在成都賴家園學習，因受顧頡剛「層累構成說」的影響撰寫一文送師請教，其師對他的論文大加批評，「態度嚴肅，聲色俱厲」（吳佩蘭：《憶賓四師》，江蘇無錫縣政協編：《錢穆紀念文集》，第54頁）。70年代，杜正勝去外雙溪素書樓拜謁錢穆，把當時剛剛發表的一篇名叫《墨子兼愛非無父辨》的文章送錢穆求教，錢穆瞄了一下封面目錄，連翻都沒翻，就開始批評他的論文，長達一個多小時。錢穆說：「你這種與孟子抬摃的翻案文章是受疑古派的影響，學問的路子錯了。你要為墨子講話，大可伸張墨義，不必批孟以揚墨。」（杜正勝：《徘徊於素書樓門牆之外》，「錢賓四先生逝世十週年紀念專刊」，臺北《錢穆先生紀念館館刊》第8期，2000年，第121頁）從以上兩例可以看出，思想文化觀成熟後的錢穆對疑古學是何等的反感。

25 《古史辨》第四冊「顧（頡剛）序」，第19頁。

「疑非破信，乃立信」

錢穆認為懷疑本身並不是目的，疑是不得已，是起於「兩信而不能決」。他在 1933 年給《古史辨》第四冊所作之序中就明確提出了「懷疑非破信，乃立信」的觀點。

> 信亦有廣有狹。疑者非破信，乃所信之廣。信乎此，並信乎彼，而彼此有不能並信，於是乎生疑。若如世之守信者，信其一，拒其餘，是非無疑，乃信之狹。若必尊信，莫如大其信。大其信而疑生，決其疑而信定。則懷疑非破信，乃立信。[26]

在 1935 年出版的《先秦諸子繫年·自序》中，錢穆再一次重申了這一主張：「夫為辨有破有立，破人有餘，立己不足，此非能破之勝也。」後來他把這一主張更精簡地表述為：「疑之所起，起於兩信而不能決。學者之始事，在信不在疑。」[27] 顯然，在錢穆看來，懷疑本身並不是治史的最高鵠的，一味懷疑必然流於破而不能立。他的目的是以信疑偽，疑以堅信，重建上古信史，而不是以疑破信，推翻古史。

清人崔述及其《考信錄》，深為胡適、顧頡剛等古史辨學者所推崇。胡適把崔述譽為「科學的古史家」，為之作長傳，大加表彰。顧頡剛也說：「崔述研究了一世的古代史，運用司馬遷『考信於六藝』的方法，以經書裡的記載來駁斥諸子百家裡的神話和傳說，做成了這部不朽的巨著——《考信錄》。他以為後世所傳的古史，大半是戰國諸子所假造的，主張信史起自唐、虞，唐、虞以上便不甚可稽考了。我們今日講疑古辨偽，大部分只是承受和改進他的研究。」[28] 關於胡適、顧頡剛的疑古思想及其與崔述的學術關聯，這一點錢穆看得十分清楚。他說胡適「於古今人多評騭，少所許，多所否，顧於東壁加推敬……而最以疑古著者曰顧君頡剛……深契東壁之治史而益有

26　《古史辨》第四冊「錢（穆）序」，第 5 頁。
27　錢穆：《發刊辭》，《新亞學報》1955 年第 1 期。該文 1958 年收入《學籥》一書時，易名為《學術與心術》，見香港 1958 年自印本，第 140 頁。
28　顧頡剛：《崔東壁遺書序》，崔述撰、顧頡剛編訂：《崔東壁遺書》，第 60 頁。

二、「所同不勝其異」——古史理論的分歧與批評

進」。[29]「頡剛史學淵源於崔東壁之《考信錄》,變而過激,乃有《古史辨》之躍起。」[30] 不過對於古史辨學者深為推重的崔述及其疑古主張,錢穆深不以為然。他說崔述只疑古而不疑經,有「信之太深者」,亦有「疑之太勇者」,認為崔氏之病在於所信之過狹,其弊陷於所疑之過多,故崔氏「所疑未必是,即古說之相傳未必非」。[31] 對於當時疑古派學者只破不立、疑古過勇的學風他也深致不滿,大加批評,稱「近人盡從疑古辨偽上來治史,所以終難摸到歷史大動脈之真痛癢」。[32]

第二,對晚清今文經學的不同看法。

誠然,顧頡剛古史觀的形成,經歷了對今古文經學繼承和批判的雙向認識過程。他對錢玄同提出的「用古文家的話批評今文家,又該用今文家的話來批評古文家,把他們的假面目一齊撕破」[33] 的主張非常贊同,也曾站在古文經學求真的立場上批評康有為「拿辨偽作手段,把改制當目的」,「非學問研究」態度,也曾多次聲稱「絕不想做今文家,不但不想做,而且凡是今文家所建立的學說我一樣地要把它打破」。[34] 但據此便得出顧頡剛已自覺地、有意識地超越了今古門戶的結論,似乎還有些勉強。

眾所周知,顧頡剛的疑古辨偽和古史辨運動的興起與晚清以來的今文經

---

29 錢穆:《崔東壁遺書序》,《中國學術思想史論叢》(八),第 284 頁。
30 《八十憶雙親·師友雜憶》,第 167—168 頁。儘管錢穆認為顧頡剛發動的古史辨運動與崔述的疑古思想有直接的學術關聯,但他也敏銳地觀察到了顧氏與崔述辨古史的不同之處。顧頡剛曾說:「在亞東本的《崔東壁遺書》中,梁隱(錢穆的筆名——引者)說崔述是『考諸經以信史』,我則是『求於史以疑經』,這把我和崔走的不同路線,指出的最明白。我只是借《考信錄》作我工作的階梯或工具而已,本未嘗作崔氏的信徒也。所謂求於史者,考古所得文物及一切社會現象皆是,其範圍至廣。」《顧頡剛讀書筆記》第十卷《耄學筆記》(二),臺北聯經出版事業公司,1990 年版,第 7863 頁。
31 錢穆:《崔東壁遺書序》,《中國學術思想史論叢》(八),第 289 頁。
32 錢穆:《史學導言》,《中國史學發微》,第 56 頁。
33 顧頡剛:《秦漢的方士與儒生》「序」,中華書局,1954 年版。
34 顧頡剛:〈錢穆跋評五德終始說下的政治和歷史〉,《古史辨》(五),第 632 頁。

「疑非破信，乃立信」

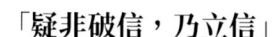

學關係甚巨。兩漢以後漸為湮沒的今文經學，到清代由莊存與開其端，劉逢祿奠其基，至龔（自珍）、魏（源）而蔚為大觀，到廖平、康有為時集其大成。尤其是康有為的《新學偽經考》、《孔子改制考》，直接開啟了近代的疑古之風和顧頡剛的古史辨偽。然而，康氏之書寫於戊戌維新時期，其書主要是借經學談政治，為變法維新鳴鑼開道。兩書在政治上打擊泥古守舊思想，意義甚大。但是從學術的角度去衡估它，其結論不免牽強、武斷、難以令人信服。即便是康有為的學生梁啟超，對之也有「往往不惜抹殺證據或曲解證據，以犯科學家之大忌，此其所短也」[35]的批評。由於顧頡剛的古史辨偽頗受康有為今文學派觀點的影響，因而他對晚清今學家的疑辨思想和歷史解釋比較推崇，其著述不免用康有為等人的今文家說來為其古史觀張目。他說讀了《新學偽經考》，「知道它的論辨的基礎完全建立於歷史的證據上[36]，讀《孔子改制考》上古事茫昧無稽、夏殷以前文獻不足徵，認「此說極愜心饜理」，「是一部絕好的學術史」[37]。錢穆的看法則與顧頡剛恰好相反，認為《左傳》、《周禮》等古文經並非劉歆偽造，所以他轟動學術界的成名作〈劉向歆父子年譜〉主要是針對康有為《新學偽經考》而作。〈年譜〉以康有為為批駁對象，力攻康說之非，其議論與顧氏恰好處於對立的立場。錢穆在《年譜·自序》中說：

余於康氏，非好為詆訾也。能深讀康氏書，心通其曲折，因以識其疵病而不忍不力辨，康氏有知，當喜不當怒也。其他諸家，不能一一及，康氏之說破，則諸家如秋葉矣。[38]

35　梁啟超：《清代學術概論》，朱維錚校注：《梁啟超論清學史二種》，復旦大學出版社，1985年版，第64頁。
36　《古史辨》（一）「自序」，第26頁。
37　《古史辨》（一）「自序」，第26頁。
38　《燕京學報》1930年第7期，第1193頁；又見《古史辨》（五），第106頁，此段話收入《兩漢經學今古文平議》一書時已刪。

二、「所同不勝其異」——古史理論的分歧與批評

這裡的「其他諸家」，自然包括顧頡剛在內。在錢穆看來，康氏之說破，其他諸家如同秋風掃落葉一樣，不攻自破。可見，他以《新學偽經考》為主攻對象，的確採取了所謂「擒賊先擒王」的手法。換一句話說，〈年譜〉正面以康有為今文家說為批駁對象，板子卻是打在古史辨派學者身上的。關於此點，作為〈年譜〉的約稿人，也是第一讀者的顧頡剛應是心知肚明的。顧頡剛雖然在感情上難以接受錢穆對康有為劉歆偽經說的攻擊，但在理智上卻看中了錢氏的史學才能。[39] 因此，他從學術公心出發，不但刊出了這篇「不啻與頡剛諍議」的文章，而且還推薦錢穆到燕京大學任教，幫助沒有正式文憑的錢穆走向大學講臺。這種不以己意排抑異見的學術雅量和獎掖他人的「王者」風度，在中國現代學術史上書寫了一段佳話，以至於半個世紀以後，錢穆在《師友雜憶》中重提此事，仍然久久不能忘懷：「此種胸懷，尤為余特所欣賞，固非專為余私人之感知遇而已。」[40]

在〈劉向歆父子年譜〉刊出的同時，顧頡剛另一篇闡述他古史理論的力作〈五德終始說下的政治和歷史〉也在《清華學報》第 6 卷第 1 期上發出。顧頡剛在文中雖然採納了錢穆〈年譜〉中的一些意見，但在劉歆偽經這一根本問題上仍然沿用了康有為、崔適等今文家的觀點，認為劉歆所作的《世經》，是媚莽助篡的東西，《世經》裡排列的古帝王的五德系統，是出自劉歆的偽造。他說：

> 康先生告訴我們，在今文家的歷史裡，五帝只是黃帝、顓頊、帝嚳、堯、舜，沒有少皞。在古文家的歷史裡，顓頊之上添出了一個少皞，又把伏羲、神農一起收入，使得這個系統裡有八個人，可以分作三皇五帝，來證實古文家的偽經《周禮》裡的三皇五帝。這個假設，雖由我們看來還有不盡然

---

[39] 參見廖名春：《錢穆與疑古學派關係述評》，《原道》第 5 輯，貴州人民出版社，1999 年版，第 217 頁。

[40] 錢穆：《八十憶雙親·師友雜憶》，第 152 頁。

「疑非破信，乃立信」

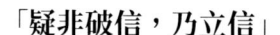

的地方，但已足以制《世經》和〈月令〉的死命了。[41]

兩篇論文的結論完全相反，對此顧頡剛邀請錢穆批評，錢穆於是寫出《評〈五德終始說下的政治和歷史〉》一文，稱「顧頡剛先生屢次要我批評他的近著〈五德終始說下的政治和歷史〉，為我在他那文以前，曾有一篇《劉向劉歆王莽年譜》，和他的議論正好相反，我讀了他的文章，自然有一些異同的見解」。錢穆認為，古史辨雖然是沿襲清代今文學的趨勢而來，但由於所處的時代不同，兩者之間也有諸多不同。顧頡剛辨古史採用的根本方法是「傳說演進的見解」，這和康有為「人為的」有意造偽說的武斷相比，更較近情理。不過他對顧頡剛把晚清今文學家那種辨偽疑古的態度和精神引為同調的做法提出了批評：

《古史辨》和今文學，雖則盡不妨分為兩事，而在一般的見解，常認其為一流，而顧先生也時時不免根據今文學派的態度和議論來為自己的古史觀張目。這一點，似乎在《古史辨》發展的途程上，要橫添許多無謂的不必的迂迴和歧迷。[42]

不過錢穆並沒有說服顧頡剛，他又寫了一篇《跋錢穆評〈五德終始說下的政治和歷史〉》的文章為其觀點辯護。他說：

錢賓四先生寫好了這篇文字，承他的厚意，先送給我讀，至感。他在這篇文中勸我研究古史不要引用今文家的學說，意思自然很好，但我對於清代的今文家的話，並非無條件的信仰，也不是相信他們所謂的微言大義，乃是相信他們的歷史考證。他們的歷史考證，固然有些地方受了家派的束縛，流於牽強武斷，但他們揭發西漢末年一段騙案，這是不錯的。[43]

其實，在劉歆偽造古文經這一根本問題上，為顧頡剛一生所堅持。顧氏在晚年所寫的〈我是怎樣編寫古史辨的？〉文章中這樣說道：

41　《古史辨》（五），第 254—255 頁。
42　《古史辨》（五），第 621 頁。
43　《古史辨》（五），第 631 頁。

二、「所同不勝其異」——古史理論的分歧與批評

我認為古史的傳說固然大半由於時代的發展而產生的自然的演變,但卻著實有許多是出於後人政治上的需要而有意偽造的。王莽為了要奪劉氏的天下,恰巧那時五行學說盛行,便利用了這學說來證明「新」的代「漢」合於五行的推移,以此表明這次篡奪是天意。劉歆所作的《世經》分明是媚莽助篡的東西,而《世經》裡排列的古帝王的五德系統,也分明是出於創造和依託的,這中間當然會造出許多偽史來。對這個問題,我曾寫了〈五德終始說下的政治和歷史〉一文來重新加以估定。[44]

對於顧頡剛所堅持的劉歆造偽說,當代學者多有批評。曾親自參加過古史辨運動的楊向奎認為,無論是「層累地造成的古史說」(顧頡剛),還是「古史的分化演進說」(童書業),「在方法論上都受有清代經今文學派的影響,他們都是反對古文經的健者」。[45] 湯志鈞也指出,顧頡剛攻擊劉歆造偽,「仍然是今文學派的方法,多少重複過去的老路」,「有時還沒有完全脫離經學家的圈子」。[46]

第三,如何看待文獻記載中的神話傳說,如何理解傳說與偽造的關係。

以顧頡剛為首的古史辨派,認為傳統中的上古史即三皇五帝的古史系統,基本上是後人層累造偽構建起來的。具體言之,則是經戰國秦漢時人造偽而逐步形成的。古史辨學者劉節說:「自孔子以下直到劉歆,其間學者很少有幾個人沒有造過謠的。」[47] 顧頡剛本人也說:「中國的古史全是一篇糊塗帳。二千餘年來隨口編造,其中不知有多少罅漏,可以看得出他是假造的。」[48]「現存的古書莫非漢人所編定,現存的古事莫不經漢人的排比,而漢代是一個『通經致用』的時代,為謀他們應用的方便,常常不惜犧牲古書古事來

44　顧頡剛:〈我是怎樣編寫古史辨的?〉,《古史辨》(一),第 25 頁。
45　參見楊向奎:《論「古史辨派」》,《中華學術論文集》,中華書局,1981 年版,第 22 頁。
46　參見湯志鈞:《近代經學與政治》,中華書局,1989 年版,第 354、358 頁。
47　《古史辨》(五),劉節序,第 5 頁。
48　顧頡剛:《啟示三則》,《古史辨》(一),第 187 頁。

「疑非破信,乃立信」

遷就他們自己。所以,漢學是攪亂史蹟的大本營。」[49] 所以,他們大多不相信先秦諸子和漢儒對古史的解釋,認為他們所稱述的古史無非某些理想的注腳、某些學說的附加品或為某些政治目的的佐證。

錢穆也同意三皇五帝的古史系統並非古史的真貌,它在演進過程中確有後人作偽的地方,特別是有戰國諸子和秦漢時人託古改制的理想滲入其中。所不同的是,錢穆認為戰國諸子所稱述的古史和漢儒對先秦古籍的整理和解釋,固然有不少歧異和矛盾之處,但相同地方也不少,它們大多是可信的,是分析和研究上古史的有用材料。比如先秦諸子之書,記載了許多春秋戰國時代的史事和上古時代的神話傳說,疑古派因諸子喜歡託古,或「取於寓言」,故多不信諸子之言。錢穆認為諸子之書的託古和寓言固不足信,但「其述當世之事,記近古之變,目所睹,身所歷,無意於託古,無取於寓言。率口而去,隨心而道,片言隻語,轉多可珍」。[50] 又如,晚清今文學家和古史辨派大多懷疑儒家之與六經,全盤否定依據六經所建構的古史體系,錢穆則堅持「六經皆史」說,認為「治東周不能無取於《春秋》與《左氏》,治西周不能無取於《詩》、《書》,此皆儒家所傳,六籍所統,可信多於可疑」。[51] 再如,對唐虞禪讓說的理解,顧頡剛認為禪讓說是戰國形勢下形成的新古史觀,它首起於墨家的尚賢、尚同學說,經過廣泛流傳後,被儒家所接受並加以改造熔鑄吸納到儒學中去了。從墨家首倡禪讓說到禪讓古史最後被寫進儒家經典《尚書·堯典》,其形成過程經歷了數百年之久。[52] 錢穆認為舜堯禪讓,只是古代一種君主推選制,經後人追憶、傳述而理想化。後人追憶、傳述未必全屬當時實況,但也絕非子虛烏有,向壁虛構。所以他說:「余讀〈堯典〉,其

---

49 《古史辨》(四),顧頡剛序,第 21 頁。關於此點,還可參閱顧頡剛《戰國秦漢間人的造偽與辨偽》一文,見《古史辨》(七)上冊。
50 錢穆:《先秦諸子繫年·自序》,中華書局,1985 年版,第 20 頁。
51 錢穆:《崔東壁遺書序》,《中國學術思想史論叢》(八),第 286 頁。
52 參見顧頡剛:《禪讓傳說起於墨家考》,《古史辨》(七)下冊。

二、「所同不勝其異」——古史理論的分歧與批評

文雖成於後人,其傳說之骨子,則似不得謂全出後人捏造。」[53] 顯然,在錢穆眼中,依據儒家六經建立起來的古史系統,雖有後人造偽的地方,但也有一定的真實事實為其依據,因此疑經疑古盡可,但卻不能因此而全盤否定古史。為此他強調說:「謂六經不盡出孔孟可也,謂堯舜禹文武周公之聖統無當於古史之真相亦可也,然苟將從事於古史,儒家要為古學一大宗,六經要為古籍一大類,儒家之與六經要為占古文中主要一大部。拘拘乎是二者,而以定古史之真相,其觀點為已狹;若將排擯乎是而求以窺古史之全體,其必無當,又斷可識也。」[54]

基於古史系統為後人層累造偽的理解,五四以後的疑古派大多否定甚至抹殺文獻記載中的神話傳說,認為上古流傳之文字,多不可信,春秋戰國以前的歷史,皆後人之假託。比如胡適以《詩經》為中國最古之史料,宣稱「現在先把古史縮短二三千年,從《詩》三百篇做起」。[55] 所以,他在《中國哲學史大綱》中對東周以上的歷史即「存而不論」。顧頡剛也說:「因為偽書上的事實自是全偽,只要把書的偽跡考定,便使根據了偽書而成立的歷史也全部失其立足之點。照我們現在的觀察,東周以上只好說無史。」[56] 與此觀點相反,錢穆認為上古流傳的神話傳說包含有許多可信的成分,是研究上古史的重要材料。既不能因傳說有不可靠的成分便將之棄置不用,更不能因傳說裡摻雜有神話而否定傳說。因為「各民族最先歷史,無不從追憶而來,故其中斷難脫離傳說與帶有神話之部分。若嚴格排斥傳說,則古史即無從說起」。[57] 當然,傳說也有許多不可靠的成分,對之不能盲目輕信,但是它與偽造、說謊卻有本質的不同。為此,錢穆作了具體的分析:

53　錢穆:《唐虞禪讓說釋疑》,《古史辨》(七)下冊,第 295 頁。
54　錢穆:《崔東壁遺書序》,《中國學術思想史論叢》(八),第 290 頁。
55　胡適:《自述古史觀書》,《古史辨》(一),第 22 頁。
56　顧頡剛:《自述整理中國歷史意見書》,《古史辨》(一),第 35 頁。
57　錢穆:《國史大綱》上冊,商務印書館,1940 年版,第 4 頁。

「疑非破信,乃立信」

傳說是演進生長的,而偽造可以一氣呵成,一手創立。傳說是社會上共同的有意無意,而無意為多的一種演進生長,而偽造卻專是一人或一派的特意製造。傳說是自然的,而偽造是人為的。傳說是連續的,而偽造是改換的。傳說漸變,而偽造突異。[58]

由於錢穆主張古史體系為自然的演進而非人為的造偽,所以他對當時的疑古派採用今文家說把大規模的作偽通通諉之古人的做法進行了批評,「傳說來源非全無因」,「後人不得其說,而緣飾之以理想之高義。更後之人益不得其說,則謂全屬古人之妄造。古今人不相遠,豈應古之學人專好造謠乎?」[59]「近人全認傳說為偽造與說謊,此所以治古史多所窒礙也。」[60]

第四,關於上古史的研究方法。

1930 年代,錢穆執教北京大學,主講上古史。面對瀰漫學術界的疑古思潮,他在講臺上卻宣稱,講上古史,「若亦疑古,將無可言」。錢穆認為研究上古史應「通觀大體」,不可對古史作「過細推求」。因為自西周逆溯而上,歷商夏虞唐,乃至遠古,人物無可詳說,年代亦渺茫難稽,故不能僅憑年代、人物、制度學術去細推古史。為此他作了如下分析:

(一)因古代文化演進尚淺,不夠按年逐月推求。

(二)因古代文化演進尚淺,人物個性活動之事業尚少,若專從人物言行上研求古史,則仍是三皇五帝禹湯文武周公一套舊觀念,不免多帶有神話教訓之意味,亦不得古史真相。

(三)因古代文化演進尚淺,並不如後代有種種政治制度學術思想等與之並起,若從此方面來研尋古史,仍不脫漢代經學家三代質文相禪種種假想之範圍,所謂儒者託古改制,亦不能得古史之真相。[61]

58　錢穆:《評顧頡剛〈五德終始說下的政治和歷史〉》,《古史辨》(五),第 620 頁。
59　錢穆:《唐虞禪讓說釋疑》,《古史辨》(七)下冊,第 295 頁。
60　錢穆:《唐虞禪讓說釋疑》,《古史辨》(七)下冊,第 295 頁。
61　參見《國史大綱》上冊,第 4—5 頁。

二、「所同不勝其異」——古史理論的分歧與批評

那麼如何來研究上古史呢？錢穆主要從如下幾個方面作了探討。

其一，古籍所載的神話傳說經過史家主體的重新審訂和解釋可以用來研究上古史。錢穆認為對古籍所載的神話傳說過於迷信固然不妥，但也不應輕易否定。因為「傳說之來，自有最先之事實為之基礎，與憑空說謊不同」[62]，故研究上古史「從散見各古書的傳說中去找尋，仍可以得一個古代中國民族情形之大概」。錢穆雖然主張用神話傳說來研究上古史，但他又反對對神話傳說不加分析地全盤採用。因為上古的神話傳說雖然包含有可信的成分，但是由於經過多次演變，許多已逐漸失去了原來的含義，加之又經過後人各以己意粉飾說之，遂致多歧。因此，史家應對古籍所載的神話傳說加以重新的審訂和解釋。誠如所言：「上古神話為一事，歷史真相又為一事。絕不能以上古傳說多神話，遂並其真相不問。若上古史之真相不顯白，則以下必有無從說起之苦。」[63]

其二，透過考察古人活動的地理區域來推尋民族古代文化活動之大概。錢穆認為，治古史固應注意氏族、人物、年代、制度、學術等內容，春秋以下，人物漸盛，年代始可以細求，但「春秋以前，年代既渺茫，人事亦粗疏，唯有考其地理，差得推跡各民族活動盛衰之大概」[64]。所以，他又十分重視古史地理的研究，力主把先秦古籍所載的古史地名具體落實到地面上，從古代歷史上異地同名來探究古代各部族遷徙往來之跡，從山川形勢來解說和分析當時各氏族的活動區域以及各族間離合消長之情勢，進而論證各地區政治、經濟、人文演進的古今變遷，為研究上古史提供一些「至關重要應加注意」之證據。

錢穆雖然十分重視古史地理特別是古籍所載的地名、方位對於古史研究的重要性，但是他又認為對之絕不可盲目全信，也應作「審細考訂」，以便

---

[62] 錢穆：《唐虞禪讓說釋疑》，《古史辨》（七）下冊，第 294 頁。
[63] 錢穆：《評夏曾佑〈中國古代史〉》，《大公報》1931 年 3 月 11 日，署名「公沙」。
[64] 錢穆：〈提議編纂古史地名索引〉，《禹貢》第 1 卷第 8 期（1934 年）。

「疑非破信，乃立信」

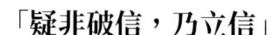

重新作出合理的解釋。早在 1934 年，錢穆在〈提議編纂古史地名索引〉一文中，不僅從地名來歷、地名遷徙、地名演變等方面論證了探檢古史地名的基本原則和方法，而且還強調指出：「治古史的應看重考地的工作。而考論古史地名尤關重要的一點，即萬勿輕易把秦以後的地望來推說秦以前的地名，而應該就秦以前的舊籍，從其內證上，來建立更自然的解釋，來重新審定更合當時實際的地理形勢。」[65] 據《史記》記載，黃帝部落的活動範圍，「東至海，西至崆峒，南至江，登熊湘，北逐葷粥，合符釜山，而邑於涿鹿之阿」。後人「疑其行蹤之超遐，近於神話」。錢穆對這段材料作了新的解釋。他說：

「崆峒本在河南境，熊湘與崆峒同在一省。釜山者，覆釜山，一名荊山，與華潼為近，所謂黃帝『採首山銅，鑄鼎荊山』是也。黃帝又與神龍『戰於阪泉之野』，阪泉在山西解縣鹽池上源，相近有蚩尤城、蚩尤村及濁澤，一名涿澤，即涿鹿矣。然則黃帝故事，最先傳說只在河南、山西兩省，黃河西部一隈之圈子裡，與舜、禹故事相差不遠。司馬遷自以秦漢大一統以後之目光視之，遂若黃帝足跡遍天下耳。此就黃帝傳說在地理方面加以一新解釋，而其神話之成分遂減少，較可信之意義遂增添。將來若能與各地域發掘之古器物相互間得一聯絡，從此推尋我民族古代文化活動之大概，實為探索古史一較有把握之方向也。」[66]

其三，用地下出土的實物材料來研究古史。自王國維提出二重證據法以來，用地下出土的實物材料來研究古史風靡學界。錢穆對此方法也頗為推崇。比如他在考證先秦古史地名時，除運用傳世文獻外，對金文、甲骨文的材料也有注意。他曾在致容庚的信中談及〈周初地理考〉一文時說：「篇中證論眼於《詩》、《書》以下，金文甲文弟所知甚少，不知亦有材料可資推證否？

65　錢穆：〈提議編纂古史地名索引〉，《禹貢》第 1 卷第 8 期（1934 年）。
66　錢穆：《國史大綱》上冊，第 5—6 頁。又見錢穆：〈黃帝故事地望考〉，《禹貢》第 3 卷第 1 期（1935 年）。

二、「所同不勝其異」——古史理論的分歧與批評

先生續及意見如何？許詳示為感。」[67] 他也多次公開宣稱：「最近數十年來地下發掘的古器物與古文字，大體上是用來證明……古史記載的。」[68]

三、作為考古派史家的錢穆

綜上可知，在 1920～1940 年代，錢穆提出的許多研究上古史的理論與方法，在很大程度上是針對當時的疑古派而言的，是對當時疑古思潮的回應。他反對學術界疑古過頭的學風，其治史主張實際上是力圖糾正當時學術界一味疑古之弊。誠如他在自述早年治史目的所言：「每讀報章雜誌，及當時新著作，竊疑其譴責古人往事過偏過激。按之舊籍，知其不然。……余之治學，亦追隨時風，而求加以明證實據，乃不免向時賢稍有諫諍，於古人稍作平反，如是而已。」[69]

當然，從另一方面看，錢穆提出的研治上古史的理論與方法，固然是對當時疑古思潮的回應，然而在回應中，也在不同程度上表現出了某種信古的傾向。比如深受當時疑古思潮影響的李峻之，在批評錢穆〈周初地理考〉時就公開言道：「在錢先生這篇文章裡，最使人不滿意的地方，便是他全盤接受了自〈堯典〉、《世本》、〈五帝德〉，以至於《古史考》、《路史》等書底荒誕不經的古史系統。試問既承認了堯、舜、禹、稷，乃至於許由、伯夷、神農氏、金天氏等，均真有其人，那可靠的古史，還何從說起？既然毫無疑義地接受了傳說中的古代帝王底生所葬地，委曲宛轉地去為之代求證明，那得出的結論，還含有多少價值。」[70] 但是，如果就此把 1920～1940 年代的錢穆劃歸為崇古拒新的信古派，又不免失之於簡單。這不僅因為錢穆本人曾公開明確地表示過反對復古，更重要的是他主張考古，考而後信，重建上古信

67　錢穆：《致容庚書》（1931 年 7 月 28 日），廣東省立中山圖書館編：《館藏名人手札選萃》，商務印書館，2002 年版，第 149 頁。
68　錢穆：《中國文化史導論》（修訂本），第 24 頁。
69　錢穆：《八十憶雙親‧師友雜憶》，第 361—362 頁。
70　李峻之：《評錢穆先生〈周初地理考〉》，《清華週刊》第 37 卷第 5 期，1932 年。

「疑非破信，乃立信」

史。所以，他對考古派史家王國維的古史新證理論和考古成就極為欽佩，指出王氏《殷卜辭中所見先公先王考》及《續考》的貢獻主要有三：

一、推證殷人出自帝嚳之說。據此則《史記‧殷本紀》、《世本》、《山海經》、《左傳》、《魯語》、皇甫謐《帝王世紀》種種傳說可以參證連貫，均因卜辭之發見而重新估定此等書籍在古代史料上之價值。

二、發見卜辭有王亥，即《史記》中之振（振乃亥字之訛）。據此則《山海經》、《竹書紀年》、《呂氏春秋》、《楚辭》、〈天問〉、《世本》、《管子》、《漢書》、《古今人表》種種傳說記載，盡可參證連貫。

三、又有王亥而發見王恆（此為《史記》、《世本》、《竹書紀年》所不詳）。以卜辭證天問，可以補古史之缺。且所證者均在成湯之前，因此所載夏代古史，亦同樣提高其可信之地位。[71]

同時，錢穆又利用王國維運用二重證據法所取得的考古成果來論證上古歷史之可信。他說：「五帝之系統雖出於戰國後人之編造，而五帝之個別傳說，則各有淵源，決非後人所捏造。」他舉王氏推證殷商出於帝嚳為例說：

虞夏出顓頊，殷商出帝嚳，本屬東西兩系統。此後中國漸趨統一，乃謂雙方皆出黃帝。……今殷商出帝嚳之說，既有甲骨卜辭為之證實，則《夏本紀》謂夏人出自顓頊，司馬遷亦應自有其根據，不得因吾儕未發現此等直接材料，而遂疑其不可信。[72]

又說：

《史記》自契至湯十四世，而夏代自禹至桀，亦十四世。桀與湯同時，則禹與契亦略同時。《史記》所載殷代湯以前事，既有甲骨文為之證明，則《史記》載夏代桀以前事，雖此時尚無同樣直接之史料為之作證，而《史記》之非向壁虛造，則可不證自明矣。[73]

71　錢穆：《國史大綱》上冊，第 15 頁。
72　錢穆：《國史大綱》上冊，第 15 頁。
73　錢穆：《國史大綱》上冊，第 15—16 頁。

二、「所同不勝其異」——古史理論的分歧與批評

　　錢穆認為《尚書·堯典》說禹與契同在虞廷,《史記·五帝本紀》說夏、商同出黃帝,這些說法可出後人偽造。然而《史記》記載夏、殷歷世帝王名字、世次,未必出後人之偽造。《史記》記載可以有漏說,有訛誤,但大體則可信。對此他反問疑古派學者:「馬遷論殷事可信,何以說夏事不可信?馬遷記殷事有據,何以記夏事獨無據?馬遷之所睹記,其不復傳於後者夥矣,若必後世有他據乃為可信,則是馬遷者獨為殷商一代信史以掩其於夏、周之大為欺偽者耶?」[74] 由此錢穆還進而言及被疑古派學者視為「侈談神怪,百無一真」的《山海經》,也有不少可信之史料。他說:「中國古代史籍記載,不僅如《史記》等見稱為謹嚴之史書者有其可信之價值,即素目為荒誕不經之書如《山海經》等,其中亦有其可信之史料。而近人乃轉謂除直接發現之物證外,上古流傳文字記載,皆不可信,豈不顛倒之甚。」[75]

　　而且,錢穆的早年名著《先秦諸子繫年》也是在王國維《古本竹書紀年輯校》的基礎上,沿著王氏的考證之路以《紀年》訂《史記》之誤,據之以考訂諸子生卒年月和春秋戰國史實的。據此我們認為,錢穆早年治史既不同於疑古過頭、否定古史的疑古派,也有別於迷戀往古、以古為尚的信古派,他與考古派史家王國維等人的治史觀更有接近處。誠然,錢穆與顧頡剛為首的古史辨派同樣具有疑辨精神,主張疑與信皆需考,但他卻公開聲明「竊願以考古名,不願以疑古名」。[76] 可見,把早年以考據名家的錢穆歸為王國維一類的考古派史家,恐怕更為恰當。所不同的是,王國維取地下實物與文獻記載相證來研究古史,故能開拓學術之區宇,轉時代之風氣,其成就也就較乾嘉諸老,更上一層。錢穆雖然也贊同以地下新材料與古文獻相證來研究古史,但是他卻過分重視了文獻記載乃至古史傳說,因而在一定程度上又忽視了地下出土的實物資料對於上古史研究的重要性。他說:「中國古史傳說,雖也不

74　錢穆:《崔東壁遺書序》,《中國學術思想史論叢》(八),第286頁。
75　錢穆:《國史大綱》上冊,第15頁。
76　錢穆:《八十憶雙親·師友雜憶》,第167頁。

「疑非破信，乃立信」

免有些神話成分之攙雜，但到底是極少的。我們現在敘述中國古代，也不必拘拘以地下發掘的實物作根據。」[77] 所以，就錢穆研究上古史的方法言，主要仍是走的從文獻考證文獻的傳統路子，這勢必會限制他考證古史的成就。這不能不說是他治古史的一大局限。

總的來講，錢穆對古史辨派的評價大致經歷了一個由正面肯定到基本否定的發展過程。錢氏受過古史辨派的主將顧頡剛的提攜，他早年的治學方法曾受過古史辨派的影響，對其古史理論多有贊同。顯然，這時的錢穆在學術上認同古史辨運動及其方法，還沒有自覺意識到古史辨運動有批判和否定中國歷史文化取向的一面。錢氏在把古史辨派的古史理論引為同調的同時，他早年的名作〈劉向歆父子年譜〉卻意在肯定古典文獻所載歷史的真實可信，這又顯示了他與當時疑古史學不同的文化價值取向。所以，錢穆早年對顧頡剛的「層累說」表示了「相當地贊同」的同時，對顧氏引「晚清今文學家那種辨偽疑古的態度和精神」為其古史觀張目又提出了批評，主張用自然的演變說來取代劉歆造偽說。隨著錢穆自己史學理論的日漸成熟，他逐漸超越了古史辨派的古史理論，對疑古史學由基本肯定、「相當贊同」轉為總體性的批評。自 1940 年代特別是錢穆居港臺以來，他對古史辨派的批評愈趨激烈，跡近全盤否定。他在《兩漢經學今古文評議》「自序」中稱近世疑古辨偽之風承晚清今文家說而來，專以疑古為務，標新立異，妄肆疑辨，厚誣古人，武斷已甚。在晚年著作《晚學盲言》中也說：「吾友顧頡剛，由此禹字生疑，創為《古史辨》。不知遇古史有疑，當就其時代善為解釋，不當遽以疑古為務。倘中國古史盡由偽造，則中國人專務偽造，又成何等人？」[78] 不過他這時否定性的批評主要是出自文化意義上的批評，即對古史辨派否定性的評價，主要是從民族文化立場著眼立論的。

---

77 錢穆：《中國文化史導論》（修訂本），第 24 頁。
78 錢穆：《晚學盲言》（上），廣西師範大學出版社，2004 年版，第 311 頁。

二、「所同不勝其異」——古史理論的分歧與批評

　　錢穆在〈紀念張曉峰吾友〉一文中曾說:「自《國史大綱》以前所為,乃屬歷史性論文,僅為古人申冤,作不平鳴,如是而已。以後造論著書,多屬文化性,提倡復興中華文化,或作中西文化比較。」即是說,錢穆的學術研究,就其研究的重點言,可以 1940 年《國史大綱》的出版為界劃分為兩個時期,此前以歷史研究為主,此後即轉入文化研究。錢穆之所以自 1940 年代初由歷史研究轉向文化研究,這一方面固然是出自他對五千年來中國文化價值的肯認,更重要的則是出自他對五四新文化運動以來學術界反傳統思想的回應。在他看來,在五四新文化運動中孕育和發展起來的疑古派一味疑古,極力將中國古代文化壓低,把古代年代縮短,勢必會導致對中國歷史文化的全面否定。因此,他主張治史不應當專以疑古為務。據此,錢穆把在新文化運動影響下掀起來的疑古思潮與五四以來全盤反傳統思想聯繫了起來,對之加以否定。[79] 錢穆對古史辨派的評價由正面肯定到基本否定再到全面否定,看起來似乎不可理解,但是聯繫到他一生全部的學術思想及其演變的軌跡來分析,這種變化又是有其邏輯上的必然性的。

---

[79] 錢穆晚年把民國時期的主流史學派概括為疑古、考信兩派,他說新文化運動中「疑古辨偽」之風皆承康有為《新學偽經考》而起,「既為『疑古辨偽』,則必有『考信』工作,而新文化運動同時又有殷墟發掘及龜甲文研究。此則『考信』與『疑辨』之兩翼並進,雙輪齊前,亦成一不可分之勢」。參見錢穆:《學術傳統與時代潮流》,收入《錢賓四先生全集》第 23 冊《中國學術思想史論叢》(九),第 46 頁。錢穆把古史辨運動視為「新文化運動一支流」而加以批評、否定的觀點可參閱羅義俊的《錢穆對新文化運動的省察疏要》一文,載《現代新儒學研究論集》(二),中國社會科學出版社,1991 年版。

「疑非破信，乃立信」

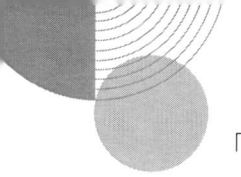

錢穆與新考據派關係略論
——以錢穆與傅斯年的交往為考察中心

在錢穆的史學中，他對民國時期居於主流的新考據派的批評占有了相當一部分內容。從廣義的角度而言，在五四以後伴隨著胡適「以科學方法整理國故」潮流而創生的新考據派應包括顧頡剛的古史辨派和傅斯年的史料學派，曾繁康撰文指出：「此派的作品，可以顧頡剛先生的古史辨為代表；此派的學者，以中央研究院和北平研究院的歷史語言研究所，及北京、清華等大學為大本營。」[1] 即作如是劃分。這裡所說的新考據派，取狹義的含義，主要是指以傅斯年為領袖、以史語所為中心、以整理和考訂史料真偽為鵠的、以「為學問而學問」的治學態度相標榜的史料學派[2]，該派內以乾嘉史學為依託，外以西方近代實證史學為應援，曾雄霸民國史壇達20多年，成為當時聲勢最盛的史學主流派。本文以錢穆與史料學派的舵手、新考據派的領軍人物傅斯年的交往為考察對象，透過對二人治史異同和離合關係的分析，力圖展現二十世紀中國史學曲折而又多元並進的發展歷程。

一、傅斯年推薦錢穆進北大

在二十世紀中國學術史上，錢穆與傅斯年是兩位富有鮮明學術個性和思想的著名學者。錢生於1895年，年長傅斯年一歲，兩人皆出身於書香之家，幼年喪父，由母親教養成人。所不同的是，錢穆高中尚未畢業便因家貧輟

---

1. 曾繁康：《中國現代史學界的檢討》，《責善》第1卷第5期，1940年5月。
2. 新考據派有種種不同的稱呼，如史料學派、科學考訂派（科學派）、新漢學派、考古派，在本文中，這些不同的稱呼含義實同，可互相替換使用。

錢穆與新考據派關係略論

學，18 歲時便在家鄉無錫做了鄉村小學教師，而傅斯年則在他父親的學生資助下，不僅讀完了高中、大學，還出國留了學。

1916 年秋，21 歲的傅斯年在北大預科畢業升入國文門。當時在北大國文門執教的多為太炎弟子，傅斯年以扎實的國學根底和優異的學業成績，得到了太炎首徒黃侃和國學大師劉師培等人的器重，傅斯年也以繼承儀徵學統和太炎學派的衣鉢為榮。假如當年沒有胡適到北大任教，發動文學革命和新文化運動，也許傅斯年會沿著章太炎、劉師培的治學路徑走下去，成為一名古文學家。

然而，胡適的到來改變了傅斯年的人生之路。1917 年 8 月，27 歲的胡適學成歸國，登上北大講臺。他採取「截斷眾流」的方法講授中國古代哲學，大膽撇開唐、虞、夏、商，直接從周宣王以後講起，這給一般頭腦中充滿著三皇五帝古史觀念的學生以極大的震動，「駭得一堂中舌撟而不能下」。[3] 被哲學系學生、同室好友顧頡剛拉去旁聽的傅斯年聽後說道：「這個人書雖然讀得不多，但他走的這條路是對的。」不久，這位黃侃門下的高足便改投胡適門下，他與同學羅家倫等人組織「新潮社」，創辦《新潮》雜誌，與《新青年》相呼應，成為新文化運動中聲名鵲起的風雲人物。

當傅斯年在新文化運動中得享大名之時，錢穆正輾轉於家鄉無錫鄉間任教。當時，他對新文化運動及其由此引發的東西文化論爭頗為關注。蘇南地區文化發達，無錫鄉間並不閉塞，《新青年》、《新潮》這些宣傳新思想的雜誌不難找到。據錢穆回憶，他當年蟄居鄉間，對《新青年》、《新潮》、《國故》、《東方雜誌》刊出的文章多認真拜讀，以便及時瞭解當時思想文化界的動向。他在早年著作《國學概論》第十章「最近期之學術思想」中，引用胡適《五十年來中國之文學》一文，對《新潮》月刊作過介紹。在以後回顧民國時期的學

3　顧頡剛：《古史辨自序》，《古史辨》（一），第 36 頁。

一、傅斯年推薦錢穆進北大

術思潮時,對《新潮》雜誌及其與之對壘的《國故》雜誌也屢有提及。[4] 他最初知道傅斯年這個名字當在傅氏創辦《新潮》雜誌時期。

1919年底,傅斯年奔赴歐洲留學,先後在英國倫敦大學、德國柏林大學讀了七年書。1926年冬,傅氏學成歸國。不久,被廣州中山大學副校長朱家驊聘為該校文學院院長和國文、史學兩系主任。1928年,中央研究院歷史語言研究所成立,傅出任所長,正式亮出「科學史學」的大旗,以提倡「史學本是史料學」而名著學界。1929年,史語所從廣州遷往北平,他為該所招攬了一大批優秀人才,陳垣、陳寅恪、趙元任、李濟等一批著名學者皆聚集在他的麾下,傅斯年因此而成了史料學派的舵手、新考據派的領軍人物。

錢穆與傅斯年初識於1931年秋,即錢穆任教北大史學系之後。沒有大學文憑的錢穆之所以能進入傅斯年的視野,主要得益於他的成名作〈劉向歆父子年譜〉。1930年,錢穆由古史辨派主將顧頡剛的推薦,到北平燕京大學任教。在當年《燕京學報》第7期上,刊出了他的成名作〈劉向歆父子年譜〉(以下簡稱〈年譜〉)。該文力駁康有為《新學偽經考》,一掃清末民初學術界流行的劉歆偽造古今經的不白之冤,轟動了北平學術界。傅斯年得知錢穆的名字,當與此文有關。

1920年代末、1930年代初,正是傅斯年從「疑古」走向「重建」的關鍵時期。傅氏原本是主張疑古的,他的疑古甚至還早於顧頡剛。1919年1月,傅斯年在《新潮》第1卷第1號上發表了一篇評清人梁玉繩《史記志疑》的文章,稱該書「獨能疑所不當疑」,具有「疑古之精神」,並主張「與其過而信之也,毋寧過而疑之」。1924年1月到1926年9月間,在德國留學的傅斯年給顧頡剛寫了一封長信(未寄出),其中最重要的部分就是「與顧頡剛論

---

4 《國故》雜誌也是北大學生創辦的,受劉師培、黃侃、陳漢章等人的支持,以「昌明中國固有之學術」為宗旨。有趣的是,該雜誌的創辦者之一張煊,原名張壽昆,是錢穆常州府中學堂的同班同學,當年鬧學潮時,他與錢穆以及在新文化運動中享有大名的劉半農,都是鬧學潮的代表人物。

錢穆與新考據派關係略論

古史」。在這封信中，他對顧頡剛「層累地造成的中國古史」說大加稱讚，「史學的中央題目，就是你這『累層地造成的中國古史』」，「你這一個題目，乃是一切經傳子家的總鎖鑰，一部中國古代方術思想史的真線索，一個周漢思想的攝鏡，一個古史學的新大成」，「您在這個學問中的地位，便恰如牛頓之在力學，達爾文之在生物學」，「頡剛在史學上稱王了」，「幾年不見頡剛，不料成就到這麼大」！[5]

顧頡剛在古史研究上所取得的輝煌成就對傅斯年的觸動、刺激不小。他一方面對顧氏佩服得「五體投地」，稱「頡剛在史學上稱王了」，研究古史的人「終不能不臣於他」，另一方面對其疑古主張也有某種程度的保留。在回國前後，他對顧頡剛「古史層累造成說」的理論缺陷也在作種種思考。杜正勝在一篇文章中對傅斯年從馬賽坐船回國的40餘天中所思考的問題作了這樣的聯想和推測：

傅斯年原先既是疑古派，疑古的顧頡剛所建築的史學王國，對轉變中的傅斯年，像一個繭，這也是向來他自己做的繭。但在東航中，傅斯年破繭而出，在悠悠天地間飛翔。大約四十天的航程，藍天碧海，傅斯年欣賞朝日晚霞和觀星望斗時，古史研究的課目和即將展開的史學革命應該是無時不在腦海中盤旋的吧！[6]

從這一段富有想像力的描述來看，杜氏的推測恐怕距事實不會相差太遠。大約在1926年12月，傅斯年在致顧頡剛的一封信中指出，在文獻不足無可確指時，只可闕疑，不能無據輕斷。「找出證據來者，可斷其為有，不曾找出證據來者，亦不能斷其為無」[7]，對顧氏疑古之勇提出了批評。從傅斯

---

[5] 傅斯年：《與顧頡剛論古史書》，歐陽哲生主編：《傅斯年全集》第一卷，第446—447頁。

[6] 杜正勝：《無中生有的志業——傅斯年的史學革命與史語所的創立》，杜正勝、王汎森主編：《新學術之路》，「臺北中央研究院」歷史語言研究所1998年，第10頁。

[7] 傅斯年：《評秦漢統一之由來和戰國人對於世界的想像》，歐陽哲生主編：《傅斯年全集》第一卷，第474頁。

一、傅斯年推薦錢穆進北大

年檔案中留存的《戲論》一文譏諷疑古派的話語中也不難看出，他為了超越顧頡剛建構的「史學王國」，決意在古史辨派之外另闢蹊徑。所以，當傅氏回國擔任中山大學歷史系主任，正式跨入了史學這塊領域之時，他對古史辨派治史理論的缺陷和不足也在作進一步的思考，逐漸由「疑古」轉向了「重建」。

傅斯年由顧頡剛的同道轉為對手，由疑古轉向重建，與二人爭勝之心不無關係。二人同為胡適的得意弟子，當顧在中國的事業蒸蒸日上，如日中天，胡適對顧多有稱讚，而對傅流露出不滿時，這就引發二人的爭勝之心。傅斯年回國後，一旦決定踏足史學這一領域，必將在古史辨派之外別樹旗幟。傅、顧二人在中山大學歷史系共事一段時間後，發生矛盾，以致不歡而散，便是一例。

傅斯年與顧頡剛分道揚鑣的另一個重要原因恐怕與古史辨派只破不立、疏於建設有關。1924 年，李玄伯（宗侗）撰文指出，「用載記來證古史，只能得其大概」，古史問題唯一解決的方法是掘地（考古學）。支持顧頡剛疑古的傅斯年當時的回答是，「掘地自然可以掘出些史前的物事，商周的物事，但這只是中國初期文化史。若關於文籍的發覺，恐怕不能很多。……而你（顧頡剛）這一個題目，是不能為後來的掘地所掩的」；「你這古史論無待於後來的掘地，而後來的掘地卻有待於你這古史論。現存的文書如不清白，後來的工作如何把他取用。偶然的發現不可期，系統的發掘須待文籍整理後方可使人知其地望。所以你還是在寶座上安穩的坐下去罷，不要怕掘地的人把你陷了下去」。[8] 然而轉向古史重建後的傅斯年一改過去對顧氏的支持，而轉向對李氏觀點的認同。1929 年 11 月 19 日，他應邀作《考古學的新方法》一演講，稱：

> 古代歷史，多靠古物去研究，因為除古物外，沒有其他東西作為可靠的史料。……我們大概都可以知道，古代歷史多不可靠，就是中國古史時期，

---

[8] 傅斯年：《與顧頡剛論古史書》，歐陽哲生主編：《傅斯年全集》第一卷，第 447 頁。

錢穆與新考據派關係略論

多相信《尚書》、《左傳》等書,但後來對於《尚書》、《左傳》,亦發生懷疑,不可信處多得多,於是不能不靠古物去推證。中國最早出土的東西,要算是鐘鼎彝器了。周朝鐘鼎文和商代彝器上所刻的文字去糾正古史的錯誤,可以顯明在研究古代史,舍從考古學入手外,沒有其他的方法。」[9]

傅斯年在史語所專設考古一組,把田野考古定為考古組的工作重心,在他的倡導和主持下,由李濟等人負責實施,從1928年至1937年間,先後對殷墟進行了15次發掘,便是他重建古史的具體行動。錢穆雖然沒有運用傅氏所提倡的考古方法證史,但他的成名作〈劉向歆父子年譜〉,一掃晚清今文學家的劉歆偽經說,對疑古派疑古過頭有矯正之功,同樣為重建古史作出了貢獻。這也是傅斯年特別欣賞錢譜的原因所在。

當然,傅斯年對錢譜的觀點未必完全接受。鄧廣銘曾撰文回憶說:「我在讀二年級時到中文系旁聽傅先生講授中國古代文學史的課程。那一課時所講,正是關於西漢後期學者們對於從魯恭王府新發現的幾種古文經是否應立學官問題的爭論。那時錢穆先生已在《燕京學報》上刊出了他的〈劉向歆父子年譜〉,是專為解決這一問題的,我讀過後很佩服,而傅先生講的卻與錢文不完全吻合。下課以後,我便依據錢文的意見向傅先生提了一些問題。傅先生又把他的意見作了一些申述,意思是讓我不要專信錢先生的一家之言。傅先生回家後向我的同班同學傅樂煥(傅先生的遠房侄子,當時住傅先生家中)說及此事,仍以為我不應專主錢說。」[10]

儘管傅斯年私下對弟子講,「不要專信錢先生的一家之言」,「不應專主錢說」,不過在公開的場合中,他對〈年譜〉卻極盡稱讚。因為〈年譜〉論證了古文經並非劉歆偽造,《左傳》等書是研究春秋時代的可信史料,這對於他重建古史提供了有力的支持,增強了他對古代文獻的信心。

9　歐陽哲生主編:《傅斯年全集》第三卷,第89頁。
10　鄧廣銘:〈懷念我的恩師傅斯年先生〉,《臺大歷史學報》第20期,1996年11月。

一、傅斯年推薦錢穆進北大

1931年夏，錢穆因不適應教會大學的環境，在燕京大學執教一年後南歸。不久，在蘇州家中得到北京大學寄來的聘書。錢穆此次之所以能進入北大執教，這固然與顧頡剛的鼎力相薦有關，但與傅斯年也有莫大的關係。1930年，北大史學系主任朱希祖去職後，系主任一職由傅斯年代理。當時傅氏為北大史學系招兵買馬，廣延人才，他首先想到了在燕京大學任教的顧頡剛。兩人雖在中山大學因鬧矛盾而一時失和，在感情上出現了裂痕，但彼此之間並沒有到達徹底斷交、互不往來的地步。他向顧頡剛發出回北大史學系任教的邀請，但遭到了顧氏的拒絕。顧頡剛雖未加盟北大，但他卻向傅斯年推薦了錢穆。此時的傅斯年因欣賞〈劉向歆父子年譜〉而對錢穆刮目相看，很快便作出了聘請錢氏的決定。

傅斯年接納錢穆進北大，在顧頡剛寫給胡適的信中也得到了印證。顧在信中說：

北大與燕大之取捨，真成了難題目。此間許多人不放走，當局且許我奉養老親，住入城內。為我自己學問計，確是燕大比北大為好。聞孟真有意請錢賓四先生入北大，想出先生吹噓。我已問過賓四，他也願意。我想，他如到北大，則我即可不來，因為我所能教之功課他無不能教也，且他為學比我篤實，我們雖方向有些不同，但我頗尊重他，希望他常對我補偏救弊。故北大如請他，則較請我為好。[11]

此信寫於1931年3月18日，當時錢穆尚在燕京大學任教。可見，錢穆受聘北大，早在他離開燕大回蘇州之前就已有安排。錢氏加盟北大，顧頡剛的推薦固然重要，傅斯年的作用恐怕更為重要，因為他這時是北大史學系實際的主事者和負責人，沒有他的點頭同意和接納，錢穆要進入人才濟濟、名師輩出的北大任教，恐怕是難以想像的。從這個角度而言，我們不妨說，是傅斯年推薦錢穆進了北大。

11　顧頡剛：《顧頡剛書信集》卷一，第473頁。

錢穆與新考據派關係略論

二、新考據派的同盟

在民國史學界，居於主流的史學派別毫無疑問是新考據學派。該派以史語所為中心，以整理和考訂史料真偽為鵠的，以「為學問而學問」的治學態度相標榜。他的領袖和舵手便是傅斯年。在1930、1940年代的中國史學界，該派的影響既深且巨，成為聲勢最盛的史學主流派。

錢穆開始從事學術研究之時，中國學術界還蕩漾在乾嘉考據學的餘波之中。錢穆早年治學深受乾嘉考據學風的影響，他的〈劉向歆父子年譜〉、《先秦諸子繫年》都是中國近現代學術史上的考據名作。1930年代中期完成的《中國近三百年學術史》，雖以弘揚宋學為主旨，但該書的精微處仍在考據上。換一句話說，在抗戰之前，錢穆主要是以一個考據學家的面目出現在當時的中國學術界的，他的學術貢獻主要在考據上。錢穆進入北平學術界，得到當時新考據派大家的認同，得到胡適、傅斯年的欣賞，主要得益於他的考據之作，尤其是他的成名作〈劉向歆父子年譜〉，這也是他受聘於北大的主要原因。錢穆早年是一位純粹以求真為職志的考據史家，他的治學方法和宗旨，與新考據派確有許多相通之處。從這個意義上講，他不失為新考據派的同盟。

抗戰之前的北平，是中國考據學的中心和大本營，身處考據中心之地的錢穆，對主流學界的考據學風不乏稱讚之辭。當時的中國學術界，在胡適「以科學方法整理國故」口號的倡導和帶動下，掀發揮了一場聲勢浩大的「新漢學」運動，學術界的確形成了「非考據不足以言學術」的風氣。但批評考據學風的也大有人在。批評者指出，考據僅是整理舊知，無所新創；考據瑣碎，無關學問大體；考據尚懷疑破壞，不能尊信守常；考據無用，缺乏對民族文化精神的關懷。錢穆對這些批評的言論，一一加以反駁，聲稱這些批評的言辭均「不足為考據病」。他為考據辯護的言辭見於1933年他為《古史辨》第

二、新考據派的同盟

四冊所作之序中。錢穆在序文中還公開指出,學者應「各就其性之所喜近,以自成其業」,不應無端啟罵,互相攻擊。這與他後來對考據學風的強烈批評,適成鮮明的對照。

新考據派也視錢穆為同道。錢穆到北大任教後,即與傅斯年相識。傅氏欣賞錢穆扎實的史學功底,對他考證精微深表佩服,多次邀請他到史語所做客。當時,西方著名漢學家如法國伯希和之類到北平訪問,史語所宴客,傅斯年常常邀請錢穆參加,並讓他坐在貴客的旁邊,並鄭重其事地向客人介紹,這就是〈劉向歆父子年譜〉的作者錢賓四先生。

如上這段記載見於錢穆晚年的回憶《師友雜憶》中。如果說這段回憶僅是錢氏夫子自道,不免有自我吹噓之嫌的話,那麼胡適、顧頡剛日記的記載也可印證錢氏的回憶大體不差。胡適在 1934 年 2 月 25 日的日記中說:「到靜心齋,孟真請 Mr.Hughes〔休士先生〕吃飯,約我和陳寅恪、陳受頤、董作賓、徐中舒、錢穆、趙萬里諸人作陪。」[12] 顧頡剛在 1935 年 5 月 18 日的日記中也記道:「今午同席:伯希和、適之先生、李聖章、徐森玉、沈兼士、馬叔平、李濟之、陸懋德、蕭一山、馮芝生、陳受頤、孟心史、袁守和、錢賓四、王以中、劉子植、容希白、孫子書、趙蜚雲、向覺明、賀昌群、徐中舒、鄭天挺、羅莘田、姚從吾、魏建功、陶希聖、容元胎、陳援庵、唐立廣、余季豫、余讓之、羅膺中,凡四十人(客),傅孟真、陳寅恪(主)。」[13] 當然,傅斯年邀請錢穆作陪,並向客人鄭重介紹他是〈劉向歆父子年譜〉的作者自有他的用意,據錢氏自道,「孟真意,乃以此破當時經學界之今文學派,乃及史學界之疑古派。」[14] 無論出自何種目的和用意,傅斯年曾一度把錢穆視為新考據派的「同盟」,則是有一定的事實作依據的。

傅斯年視錢穆為同道,錢穆對傅斯年重建古史的工作也寄予了厚望。在

12　胡適著,曹伯言整理:《胡適日記全編》(6),第 334 頁。
13　《顧頡剛日記》第三卷,第 344 頁。
14　錢穆:《八十憶雙親‧師友雜憶》,第 168 頁。

錢穆與新考據派關係略論

民國學術界，傅斯年是以極富組織才幹而聞名於世的「學林霸才」，在他的組織和策劃下，以史語所為主體的中國考古學家自 1928 年至 1937 年的 10 年間，先後對殷墟進行了 15 次考古發掘，獲得了巨大的成功。安陽殷墟的考古發掘，不僅宣告了中國現代考古學的誕生，而且也使甲骨學和殷商史成為時代的顯學。隨著中國田野考古的不斷發展，愈來愈多的學者利用考古發掘的直接材料來研究歷史，從而使中國上古史的研究面貌為之一新。錢穆對傅斯年倡導和主持的地下考古發掘和甲骨文字研究深表贊同，樂觀其成，有「確然示人以新觀念、新路向」的積極評價。

三、分道揚鑣

從古史重建的角度而言，傅斯年引錢穆為同道，但是在重建的過程中，兩人所用的方法、所重視的問題、所依據的材料又存在著相當大的歧異。鄧廣銘在〈懷念我的恩師傅斯年先生〉一文中說：

在我的必修課程當中有先秦史和秦漢史，是由同一位先生講授的，他的講授，雖也有精彩獨到之處，然而他的材料來源，總是從書本到書本，從正史到雜史，等等。然而傅先生在其所開設的先秦史和秦漢史的專題講授兩門課程中，他的講授，卻不但顯示了他對古今中外學術的融會貫通，而且顯示了他對中外有關文獻資料與新舊出土的多種考古資料的融會貫通。他所談及的課題，既多是開創性的，在舊有的史學論著中不會有人談及的，且多是具有綱領性的，其中包含了極豐富的內容，都可以分別展開作為個體研究的子目。雖然也有人認為他的講課頭緒紛繁，忽此忽彼，有似脫韁野馬，難以跟蹤（無法記筆記），然而這卻是其他教授不可企及之處，唯其是開創性的新意之多，透過傅先生的講述，就不但使得「周邦舊邦，其命維新」，而是把由夏朝以至春秋戰國，全都重塑在一個嶄新的氛圍和場景之上了。如他所號召的那樣，他真正做到了「承受了現代研究學問的最適合的方法，開闢了這些方

面的新世界」。

鄧廣銘，1932 年進入北大史學系讀書，4 年後畢業留校任文科學研究所助教，每天利用一半時間替錢穆整理校點講授中國通史而蒐集的資料，即後來錢氏撰寫《國史大綱》所唯一依憑的「資料長編」，曾為錢氏的名著《先秦諸子繫年》寫過書評，他本人也是因為拜讀〈劉向歆父子年譜〉增加了對錢氏的崇敬之心而由輔仁大學轉考北大史學系的。[15] 他與錢穆的關係不可謂不深，然而在治史方法和路徑上，鄧廣銘受傅斯年、胡適的薰陶、栽培更多，所受的影響也更大。鄧氏文中所言的那位講授先秦史、秦漢史的先生，一看便知是錢穆，只是他在比較錢、傅二人治史的高下時隱去了錢穆的姓名而已。在鄧廣銘的筆下，錢穆治史雖然也重視史料，窮極史料，但總是從書本到書本，從正史到雜史，僅僅是文獻材料，比較單一。而傅斯年則不同，既有文獻材料，又有新舊出土的多種考古材料。由於重視新資料和新方法，所談及的課題多具開創性，三代的歷史，「全都重塑在一個嶄新的氛圍和場景之上」，兩人治學的高下深淺，不說自明。

鄧廣銘的分析評價雖有片面之處，但也並非沒有道理。錢穆治古史的確有過分依重文獻材料之病。他雖然也不反對以地下出土的新材料與傳世文獻相證來研究古史，但他卻過分重視了文獻記載乃至古史傳說，因而在一定程度上又忽視了地下出土的實物材料對於上古史研究的重要性。所以，他考證

---

[15] 鄧廣銘在回憶他 1932 年轉考北大史學系的原因時說：「在 1930 年的《燕京學報》上發表了《劉向劉歆父子年譜》的錢穆先生，據說也被聘到北大史學系任教了。錢的此文，發表不久我就讀過，很欽服；1931 年春在北大旁聽胡適先生的中國中古哲學史，胡先生也提及此文，說它是使當時學術界頗受震動的一篇文章，說他本人和一些朋友，原也都是站在今文派一邊，讀了這篇〈年譜〉之後，大多改變了態度云云；這使我知道錢氏此文的作用之大，它扭轉了而且端正了從 19 世紀以來風靡中國學術界將及百年的一種風氣，因而更增添了我對錢穆先生的崇敬之心。有這樣一些大學者在北大史學系，我對北大的向心力便更加強大，所幸 1932 年我又一次投考北大時，終於被錄取了。」《鄧廣銘學述》，第 17 頁。

錢穆與新考據派關係略論

古史的一些結論也容易被地下出土的新材料所否定。比如他在《先秦諸子繫年》中否定孫武實有其人,《孫子兵法》實為孫臏所作,就被山東臨沂銀雀山一號西漢墓出土的考古材料所否定。誠如一些學者所言,由於錢穆捨不得跳出傳世文獻迎接各式各樣的新史料,因此他研究古史,其「時代上限只能在東西周徘徊,無法上溯到更廣闊、更遙遠的唐虞夏商中」。[16]

九一八事變後,民族危機日趨嚴重,北平學者聚集在北平圖書館開會,傅斯年在會上慷慨陳詞,提出了「書生何以報國」的問題,當時大家討論的結果,是編一部富有民族意識的中國通史以激勵國人。[17]在傅斯年的倡導下,南京國民政府教育部下令高校開設中國通史課,北大亦遵令執行。講授中國通史課,這是錢穆、傅斯年都贊同的事情,但在如何講授的問題上,兩人發生了分歧,傅斯年重視斷代史研究,主張北大的通史課應分聘北平史學界治斷代史、專門史有成就的名家分講,「不專限北大一校」。北大最初一年講授通史,即分聘 15 名學有所成的專家授課,錢穆也分講一段。錢穆認為,通史由眾人分講,不能一線貫通而下,實失通史的會通之旨。所以他在課堂上公開聲稱,「我們的通史一課實不大通」。後來在他的建議下,北大的通史課由眾人分授改由他一人獨任,錢氏的名著《國史大綱》就是以當時的講義為基礎寫定而成的。

錢穆對傅斯年主持地下考古發掘和甲骨文研究兩門雖然也深表贊同,但是僅以地下發掘的考古材料和甲骨文來治史,他也不敢苟同。有一次,一位學生給錢穆寫信,稱「君不通龜甲文,奈何靦顏講上古史」。錢穆拿著這封信在課堂上鄭重說道:「余不通龜甲文,故在此堂上將不講及。但諸君當知,龜甲文外尚有上古史可講。」[18]在錢穆看來,甲骨文固然「可補遷書之缺」,但

16　杜正勝:《錢穆與二十世紀中國古代史學》,見氏著:《新史學之路》,臺北三民書局,2004 年版,第 225 頁。

17　參見傅樂成:《傅孟真先生年譜》,臺北文星書店,1964 年版,第 33 頁。

18　錢穆:《八十憶雙親‧師友雜憶》,第 163 頁。

三、分道揚鑣

它畢竟是一些零碎的史料,僅用它來治史而將古典文獻一概拋棄、抹殺將會誤導後學,所以他在課堂上力勸學生不必因「不通龜甲文便覺不好」。

錢穆與傅斯年在治學上的分歧並不限於以上幾例。九一八事變後,尤其是華北事變後,民族危機的進一步加深促使了錢穆治學方向的轉變,促使他把研究的重點由先前崇尚考據轉移到對民族文化精神的探討上,轉移到「竟體觸及」中國歷史文化傳統這個「大問題」上,以考據起家的錢穆開始轉向對考據學風的批判。七七事變後,大片國土淪喪,空前嚴重的民族危機,激發了錢穆的民族憂患意識和文化擔當精神,在這樣的背景下,他徹底完成了治學方向的轉變,其標誌便是《國史大綱·引論》的發表。

〈引論〉是錢穆播遷西南後的「最用力之作」。在《國史大綱》出版前先發表在昆明版《中央日報》上,文中的主要觀點曾在西南聯大師生中引發揮了熱烈的討論。在文中,錢穆以鮮明的民族文化立場表明了自己的學問宗主,即關心民族文化的傳承,肩負起為中國文化託命的神聖責任。同時,他對於居於主流的新考據派,即〈引論〉所稱的「科學考訂派」批評尤力。他稱科學派「震於『科學方法』之美名,往往割裂史實,為局部窄狹之追究,以活的人事,換為死的材料。治史譬如治岩礦,治電力,既無以見前人整段之活動,亦於先民文化精神,漠然無所用其情。彼唯尚實證,誇創獲,號客觀,既無意於成體之全史,亦不論自己民族國家之文化成績」。《國史大綱·引論》對新考據派的批評,標誌著錢穆與該派正式分道揚鑣,同時也把他與該派領袖傅斯年在治學上的分歧和矛盾公開化,從此以後,兩人在1930年代前半期那種引為同道、討論問學的局面畫上了句號。

從錢穆對新考據派的批評中不難看出,他與傅斯年在治史理論和方法上主要存在如下幾方面的分歧:

其一,對歷史、歷史材料和歷史知識的不同理解。

在傅斯年的治史理論中,歷史、史料、史學這三個概念常常是混而不分

的。傅氏在《歷史語言研究所工作之旨趣》(以下簡稱《工作之旨趣》)中提出「近代的歷史學只是史料學」的著名命題,這實際上把歷史材料等同為客觀歷史本身,把歷史變成了史料考訂學。錢穆則對歷史、歷史材料、歷史知識這三個概念作了明確的區分和界定。他說:

歷史是什麼呢?我們可以說,歷史便是人生,歷史是我們全部的人生,就是全部人生的經驗。歷史本身,就是我們人生整個已往的經驗。至於這經驗,這已往的人生,經我們用文字記載,或因種種關係,保存有許多從前遺下的東西,使我們後代人,可以根據這些來瞭解,來回頭認識已往的經驗,已往的人生,這叫做歷史材料與歷史記載。我們憑這些材料和記載,來反看已往歷史的本身,再憑這樣所得來預測我們的將來,這叫做歷史知識。所以歷史該分三部分來講,一為歷史本身,一為歷史材料,一為我們所需要的歷史知識。[19]

在錢穆看來,歷史是人類過去發生的活動,具有不以人的主體意識為轉移的客觀性,歷史記載則是經過記載者主觀選擇、組織而成的,已有記載者的主觀痕跡滲入其中,「絕不能做到所謂純客觀的記載」。歷史知識是史家對歷史材料的解釋,由於時代不同,人們所需要的歷史知識各異,因而史家必須根據不同時代的需求對積存下來的歷史材料進行一番重新的選擇和解釋。所以錢穆力主把歷史材料與歷史知識相區別,強調歷史知識「貴能鑒古知今」,能「隨時代之變遷而與化俱新」。

從「史學本是史料學」的前提出發,傅斯年反對在史學研究中進行疏通和解釋,對史料的處理,主張「存而不補」、「證而不疏」。他說:「我們存而不補,這是我們對於材料的態度;我們證而不疏,這是我們處理材料的手段。材料之內使他發現無遺,材料之外我們一點也不越過去說。」[20] 錢穆認為歷

---

19 錢穆:《中國歷史精神》,第2頁。
20 傅斯年:《歷史語言研究所工作之旨趣》,歐陽哲生主編:《傅斯年全集》第三卷,第10頁。

三、分道揚鑣

史研究不僅僅在於排列和整理史料，更重要的應對材料進行疏通解釋，作價值判斷。為此他強調治史不應當以排比、整理史料、考定史料真偽為目的，而應對材料作解釋性的研究使之轉化為具有時代意義的歷史知識。所以，他的歷史研究不單採取了事實敘述的形式，更重要的是採取瞭解釋和分析的形式。

其二，探求史料的真實與追尋史料的意義。

史料學派主張透過客觀地處理材料以獲取歷史事實的真實，傅斯年在《工作旨趣》中聲稱：「一分材料出一分貨，十分材料出十分貨，沒有材料便不出貨」，「只是要把材料整理好，則事實自然顯明了」。錢穆則注重追求史料的意義，使之轉化為活的知識。為此他對史料考據派只重材料和方法提出了嚴厲批評：

近人治學，都知注重材料與方法。但做學問，當知先應有一番意義。意義不同，則所採用之材料與其運用材料之方法，亦將隨而不同。即如歷史，材料無窮，若使治史者沒有先決定一番意義，專一注重在方法上，專用一套方法來駕馭此無窮之材料，將使歷史研究漫無止境，而亦更無意義可言。[21]

這裡的所謂「意義」，相當於傳統史學中的「史意」（「史義」），即史家在從事著述時要有自己的思想和理念，要對歷史有自己的見解。錢穆認為歷史研究不僅應依據材料釐清歷史實情（「史情」），更應探求歷史實情背後所具有的一番意義（「史意」）；治史不僅應注重材料和方法，更應透過材料而把握其活的時代精神。在他看來，歷史學家唯有從材料的蒐集深入到意義的研究，才能對那個時代的歷史實情有一個真正透徹的認識和理解。所以，史家除蒐集史料、考訂史實外，更應以自己主觀性的見解穿透客觀性的史實，唯有主客互融、情理合一，才能形成一幅具有意義、可以說明的歷史圖像。這即是說，必須先在歷史研究的「意義」有所把握的前提之下，方能談得上研

21　錢穆：《中國歷史研究法·序》，第1頁。

錢穆與新考據派關係略論

究方法的講求以及史料批判的工作。[22] 如果一味抬高方法，只重材料，一切學問只變成一套方法、一堆材料，這樣去治史，恐難以達到治史的目的。所以他強調說：「我們該在材料上更深進研究其意義，工夫不專用在考據上，而更要在見解上。」[23]

其三，對博通與專精的理解。

傅斯年強調治史貴專，追求「窄而深」的專家之學。據錢穆回憶，1930年代他在北大任教時，有一專治明史極有成績的學生面告他：「孟真不許其上窺元代，下涉清世。」[24] 所以傅斯年主張先治斷代史，提倡微觀的精深研究。北大初期講中國通史，由多位能「作專題講演」的專家來講授，這種「拼盤式的講授不啻是在用斷代史的精神來講通史」[25]，這種講法即體現了傅斯年的意見。

錢穆主張博通與專精互濟，認為宏觀的通識和微觀的專精相生相成，不可或缺。他常言：「歷史學有如建築物的建構，由完整的圖案到一磚一瓦都不能缺少；甚至可以說一磚一瓦（專題研究）之缺失，或者不會影響整個建築物（史學）的安危及整體的運作；但整體圖案（通史、通識）的缺失，則必然影響整個建築物的安危及運作，非千萬塊精製的磚瓦所能補救。」[26] 所以他極為重視傳統史學的「會通」思想，把融會貫通的通識視為史家治史關乎全局的觀點和方法，由此提出了先「通」後「專」，以「通」馭「專」的治史方法。他說：「治史者當先務大體，先注意於全時期之各方面，而不必為某一時

22　參見黃俊傑：《三十年來史學方法論研究的回顧與前瞻》，賴澤涵主編：《三十年來中國人文及社會科之回顧與展望》，臺北東大圖書公司，1987 年版，第 183 頁。

23　錢穆：《中國史學名著》，第 113 頁。

24　錢穆：《八十憶雙親‧師友雜憶》，第 168 頁。

25　參見劉巍《中國學術之近代命運》，北京師範大學出版社，2013 年版，第 307 頁。

26　轉引自陳啟雲：《儒學與漢代歷史文化──陳啟雲文集（二）》「代序」，廣西師範大學出版社，2007 年版，第 1 頁。

期某些特項問而耗盡全部之精力。」[27] 故治史要端當「先從通史入門」,「以通治各史,自知有所別擇,然後庶幾可以會通條理而無大謬。能治通史,再成專家,庶可無偏礙不通之弊」。[28]

　　錢穆的史學理論體系大體形成於 1930 年代末,實以《國史大綱·引論》的發表為其標誌。他的史學理論主張實際上是在評述中國近代三大史學流派,特別是史學中的主流派——新考據派的基礎上構建起來的。從表面上看,以考據成名的錢穆自 1930 年進入北平學術界便躋身於中國史壇的主流之列,但實際上他的真正立場與當時的主流派史學的治史觀點又不盡相合,儘管那時他們在個人關係上還一度保持得相當不錯。三四十年代的中國史學界,主要是崇尚客觀的實證研究,當時史壇上的主流派——「科學考訂派」的治史方法,主要是取出乎其外的純客觀研究。而錢穆則認為歷史雖具有客觀實在性,但同時亦應被史家「主觀所考察而認取」。所以,他治史不僅重視客觀的實證研究,而且也重視史家內在的主觀理解在史學研究中作用,他追求的主客統一、情理合一的史學路向,與新考據派主客兩分的治史主張自然是相悖的,不會為他們所認同,他在《國史大綱·引論》中對該派不留情面的批評自然會引起他們的強烈抗議。

　　據錢穆晚年回憶,《國史大綱》出版後,張其昀在重慶向傅斯年詢問對此書的看法,傅氏當時的反應是「向不讀錢某書文一字」。又問及書中對中西史學比較、中西文化比較的看法,傅斯年嘲笑道:「錢某何得妄談世事,彼之世界知識,僅自《東方雜誌》得來。」[29] 1930 年代初,傅斯年把沒有大學文憑,

---

27　錢穆:《略論治史方法》(一)(該文作於 1936 年 9 月),收入《中國歷史研究法》,第 133 頁。

28　錢穆:《略論治史方法》(二)(該文作於 1936 年 9 月),收入《中國歷史研究法》,第 134 頁。

29　錢穆:《中國知識分子責任》,收入《世界局勢與中國文化》,臺北東大圖書公司,1977 年版,第 142 頁。

錢穆與新考據派關係略論

沒有留學背景的錢穆請進北大,對錢氏的學問推崇有加,顯示了博大的胸懷和雅量,在中國現代學術史上書寫了一段佳話。1940 年代初,他因錢穆不留情面的批評而憤怒不已,公開宣稱「錢某著作,我曾不寓目一字」。而錢穆對傅斯年情緒化的批評也有強烈反應:「彼之深斥於我,特以我《國史大綱》,於中國家民族歷史傳統多說了幾句公平話。彼之意氣激昂,鋒鋩峻銳有如此,亦使我警悚之至。」[30] 情緒上的憤激必然導致觀點上的偏激,錢穆與傅斯年的交惡與意氣之爭,就是一個明顯的例子。

1939 年秋,錢穆離開了西南聯大,從此再沒回來,錢穆的侄兒錢偉長在叔父逝世 10 週年之際寫了一篇懷念文章,對錢穆離開西南聯大有這樣一段敘述:

那時四叔在昆明,他和傅斯年有矛盾。傅斯年因為四叔在北平時和胡適唱對臺戲的問題一直對四叔有意見,他是看不起當時北大教授中幾個土生土長,沒有留學過的學者,如蒙文通就辭去了北京大學的職務。四叔也是一個連大學都沒有上過的教授,傅斯年對四叔橫加攻擊,一方面說錢穆抗戰後,一年多居敵區不到校,一方面還說他在宿舍裡丟了錢,錢穆有嫌疑。四叔一怒之下辭了職。[31]

歸納上文,約有四點:其一,傅斯年看不起沒有大學學歷的錢穆;其二,錢穆有拿錢的嫌疑;其三,錢穆回蘇州省親,一年多不到學校報到;其四,錢穆與傅斯年在北平時就有矛盾,在昆明時矛盾加劇。第一點沒有道理,如果傅斯年看不起錢穆,當年就不會主動邀請他加盟北大。第二點有些荒唐,沒有其他材料作支撐的話,根本不足取信。第三點有點道理,錢穆離開西南聯大前,已答應好友顧頡剛到成都齊魯大學國學研究所任職,可能在離校前

---

30 錢穆:《中國知識分子責任》,《世界局勢與中國文化》,第 142 頁。
31 錢偉長:《懷念先叔錢穆——錢穆賓四先叔逝世十週年憶養育之恩》,《錢偉長文選》第五卷,上海大學出版社,2004 年版,第 82 頁。錢偉長此段回記有幾處明顯誤記,此處引文已經作者校改,特作此說明。

三、分道揚鑣

沒和聯大校方打招呼,故校方因他一年省親未歸,解聘了他。第四點言之成理。錢穆在 1930 年代中期以後就與傅斯年存在矛盾,只是沒有公開爆發而已,矛盾的產生與兩人在學術上的分歧有關。錢穆對新考據派重建古史的工作曾一度寄予了厚望,但是新考據派僅以地下出土的材料相耀,而忽略古典文獻,不信古書,與他願望背道而馳時,他再也不能容忍、沉默了。在他看來,新考據派迷信地下出土的材料而將傳世文獻拋之腦後的做法,與疑古派一味疑古、否定載籍同樣有害,甚至是有過之而無不及,這必然會導致他對該派學風的批判。錢穆在 1937 年出版的《中國近三百年學術史》中借凌廷堪批評乾嘉漢學流弊之口說出一段大可玩味的話:「漢學本主以訓詁明義理,其極遂至以許慎掩周孔,此又當時漢學一大病也。今日治甲骨鐘鼎,流弊所極,亦有似之者。」[32] 在該書「自序」中,錢穆指出,今日「言政則一以西國為準繩」,「言學則仍守故紙叢碎為博實。苟有唱風教,崇師化,辨心術,核人才,不忘我故以求通之人倫政事,持論稍近宋明,則側目卻步,指為非類,其不詆訶而耶揄之,為賢矣!」筆鋒所向,直指勢力強大的主流史學陣營。可見,錢、傅二人因學術的分歧而產生的矛盾早已潛伏,在西南聯大時因《國史大綱·引論》的發表而加劇。錢穆晚年自述說:「自余離開聯大以後,左傾思想日益囂張。師生互為唱和。聞一多尤為跋扈,公開在報紙罵余為冥頑不靈。……凡聯大左傾諸教授,幾無不視余為公敵。」[33] 這種情況,雖然發生在他離開聯大之後,但也不難想像,在他未離開之前,就有不少反對者了。[34] 在這些反對者中,自然包括傅斯年在內。不管錢穆離開西南聯大是「一怒之下辭了職」,還是校方因他一年省親未歸不得已而解聘,傅斯年對他的排拒恐怕是其中的一個重要原因。

32　錢穆:《中國近三百年學術史》,第 508 頁。
33　錢穆:《八十憶雙親·師友雜憶合刊》,臺北東大圖書公司,1983 年版,第 232—233 頁。又見北京三聯書店《八十憶雙親·師友雜憶》,第 263 頁,三聯版此處略有刪減。
34　參見王晴佳:《錢穆與科學史學之離合關係》,《臺大歷史學報》第 26 期,2000 年 12 月。

錢穆與新考據派關係略論

抗戰勝利後，西南聯大完成了它的歷史使命。北大、清華、南開三校復員北遷。南京政府任命胡適為北大校長。由於胡適遠在美國未歸，由傅斯年代理校長之職，負責北大接收、復員和北遷工作。當時舊北大同人不在昆明者，都得到了傅斯年的信函邀請返回北平，錢穆卻不在受邀之列。

事實上，錢穆並不是不想重返北大執教。在西南聯大時，同事陳夢家勸他為青年一代撰寫一部中國通史教材，錢穆以流亡播遷之中，資料不全，恐難完成而加以婉拒。他說等日後平安返故都北平後，「乃試為之」。而且他在北大任教時購買的 5 萬冊書仍放置北平，託人保管，一直到抗戰勝利後都未南運蘇州家中，這說明他對北平這個文化古都、學術中心還是很看重的。由於抗戰中錢穆不斷對傅斯年一派作批判，傅斯年對於來自錢穆的攻擊自然不會高興，兩人之間的積怨加深，北大復校，錢穆不在受聘之列，個中的原因也就不難理解了。

好在此時的錢穆已名重學林，北大拒聘，自有其他高校爭聘。錢穆對學術界的門戶之見已有深刻體認，決定退居邊緣，「力避紛擾」。抗戰後的錢穆足跡不到京津平滬，最後隱居太湖之濱，以讀書、教書、著書自娛。

錢門弟子嚴耕望在談到他的老師錢穆與民國時期考證派主流大家的關係時說了這樣一段話令人深思的話：「先生以一個中學教員驟跨入大學任教授，而對於當時學術界當權者，毫無遜避意，勇悍的提出自己主張，與相抗衡。此種情形，只有顧頡剛先生的胸懷雅量能相容忍，一般人自難接受。好在先生講學深得學生歡迎，而北京大學自蔡元培先生以來又有容納異議的傳統；否則很難講得下去！後來離開西南聯大，據說仍與此點有關！此後先生聲望益高，超出等倫，更足招忌。所以學派對壘，也有人際關係，思之慨然！」[35]

35　嚴耕望：《錢穆賓四先生與我》，第 125 頁。

四、有若仇讎

　　1949 年，國民黨潰敗中國已成定局。在傅斯年的主持下，「搶救」中國學人去臺灣的計畫也在緊張地進行著。照理說，像錢穆這樣的著名學者應列入被「搶救」的名單之列。然而與錢穆積怨已深的傅斯年自然不會把他列入「搶救」之列，而錢穆也不會把被「搶救」的奢望寄託在傅斯年的身上。隨著史語所遷臺和傅斯年出任臺灣大學校長，錢穆去臺灣已無發展的空間。既不願留在中國，也不願作遷臺之想的錢穆，在人民解放軍渡江南進的前夜，南走香港，在「手空空，無一物」的艱難條件下白手起家，創辦了新亞書院。

　　新亞書院初創之時，為籌措辦學經費，錢穆常常奔走於香港與臺灣之間。1950 年冬，錢穆去臺北。一天晚上，行政院院長陳誠在官邸設宴招待他，據錢氏回憶，同座的僅有臺大校長傅斯年一人。這可能是抗戰勝利後錢、傅二人僅有的一次會面。由於錢穆與陳誠係初識，「是夕所談多由孟真與余暢論有關前清乾嘉學術方面事」[36]。此時的錢穆以弘揚宋學為己任，他與傅斯年對乾嘉漢學的理解已有本質的不同，兩人的所謂「暢論」，恐怕也是所同不勝其異。

　　1950 年 12 月 20 日，一代「學林霸才」傅斯年倒在了臺灣省議會廳的質詢會上。在後傅斯年時代，新考據派對錢穆的排拒並沒有因傅氏的去世而有絲毫減弱。1958 年，胡適從美返臺，出任中央研究院院長，該派對錢穆的排斥更勝於前。錢穆在致余協中的信中說：「臺北方面學術門戶之見太狹，總把弟當作化外人看待，而且還存有敵意。」[37] 在致徐復觀的信中也說「胡氏（胡適）之害在意見，傅氏（傅斯年）之害則在途轍」[38]，對胡適、傅斯年一派的

36　錢穆：《八十憶雙親·師友雜憶》，第 287 頁。
37　錢穆：〈致余協中書〉，《錢賓四先生全集》第 53 冊《素書樓余瀋》，臺北聯經出版事業公司，1998 年版，第 204 頁。
38　錢穆：〈致徐復觀書〉，《錢賓四先生全集》第 53 冊《素書樓余瀋》，第 331 頁。

錢穆與新考據派關係略論

不滿溢於言表。這也是他在傅斯年、胡適有生之年不願作遷臺之想的主要原因。錢穆辭新亞書院院長之職後，打算回臺定居，但仍然擔心臺灣主流學界對他的排拒。1964 年 7 月 31 日，他在致蕭政之的信中說：「穆流亡在此（指香港），衷心何嘗不一日關心國家民族之前途，苟無此心，亦何苦在此艱難奮鬥。至於在臺久居，在穆豈無此心，然臺灣學術界情形，吾弟寧豈不知？門戶深固，投身匪易，而晚近風氣尤堪痛心。穆縱遠避，而謾罵輕譏之辭尚時時流布，穆唯有置之不問不聞而止。若果來臺，豈能長此裝聾作啞，然試問又將如何作對付乎！」[39]

錢穆在致友人的信中表達出來的種種隱憂並非空穴來風，當時中央研究院和臺灣大學是胡適、傅斯年一派的地盤，錢穆幾無插足之地。他在致學生嚴耕望的信中就發出了「中央研究院無人可託」的無奈感嘆。錢穆在 1950 年代初曾兩度到臺大作學術講演，然而兩次講演都不是出自校方邀請。據施肇錫回憶，1950 年冬，錢穆第一次到臺大作學術講演。講演結束後，有一同學忽然向他說道：「奇怪！像錢先生這樣了不起的大師，學校當局為什麼不聘來文學院授課？至少也該正式邀他作幾次學術演講呀。」施肇錫聽後大發了一番感嘆：「錢先生這次來臺大講『陽明哲學』，乃出自文學院學生代表會的邀請。校方並未理會此事。其中的緣由，我雖知道得極清楚，但我不便說出來。因為這件事，我心中常常感到氣憤，我倒並不是為錢先生一個人抱不平，我只為一班自命追求真理的所謂『知識分子』悲哀——有時他們的胸襟比別人更狹小，更淺陋，他們的成見比別人更牢不可拔。」[40]

1950、1960 年代，臺灣史學界的治史理論和方法基本上是處在史料學派觀點的籠罩之下。杜維運說當時「考據學仍然是史學的主流，中央研究院歷史語言研究所可以說完全籠罩在考據風氣之下的，臺灣大學歷史系、歷史研

---

[39] 錢穆：〈致蕭政之書〉，《錢賓四先生全集》第 53 冊《素書樓余瀋》，第 296 頁。
[40] 施肇錫：《憶錢穆先生》，《人生》半月刊第 8 卷第 6 期，1954 年 8 月 1 日。

究所與考據有極深的淵源,學術著作的審察以及獎勵,也以其是否有考據份量作最重要的標準之一。這種考據學風,是自乾嘉時代留傳下來的,又加上德國 Ranke 學派的影響,於是雖然世變日深,而學人的心靈,卻大部分沉醉在考據上。」[41] 有人曾問長期在史語所任職的李方桂,錢穆為什麼沒有被吸收為史語所的成員,李的回答是:「他搞的歷史研究與我們不同,我們或多或少是根據史實搞歷史研究,他搞的是哲學,是從哲學觀點來談論歷史,因而跟我們搞的大不相同。」在談到錢穆與傅斯年的關係時說:「我想錢穆和傅斯年之間有些誤會,肯定有誤會。因為傅斯年的歷史觀點更重史實,而錢穆的歷史觀則是某種哲學化的歷史,所以他們彼此觀點各異。這就是傅斯年為什麼不特別賞識錢賓四之故。」[42]

李方桂(1902—1987)是著名的語言學家,長期在傅斯年主持的史語所語言組任職,1948 年當選為中央研究院第一屆院士。他與傅斯年的關係並不太融洽,與錢穆的交往卻相對較密。抗戰時,兩人曾同居華西壩。1960 年錢穆赴耶魯大學講學,兩人見過面,錢穆夫婦還專程到西雅圖李方桂家中拜訪,在李家住了兩週,關係非常親近。對錢穆治史並不存在著什麼偏見的李方桂對他的評價尚且如此,那些門戶之見甚深的新考據派大家對他的排拒便可想而知。

以新考據派大家、考古派的領袖李濟為例。當年傅斯年創建史語所時,分為歷史、語言、考古三組,由李氏出任考古組主任。傅斯年、胡適去世後,李濟曾做過史語所所長、中央研究院代理院長。這位中國現代考古學派的領袖恪守史語所「以事實決事實,不以後世理論決事實」的治學門徑,反

---

41 杜維運:《二次大戰以後中國的史學發展引言》,原載《思與言》第 11 卷第 4 期,1972 年。收入《思與言》雜誌社編:《史學與社會科學論集》,臺灣明文書局,1983 年版,第 51—52 頁。

42 李方桂著,王啟龍、鄧小詠譯,李林德校訂:《李方桂先生口述史》,清華大學出版社,2003 年版,第 81、84 頁。

錢穆與新考據派關係略論

對談思想、談價值，凡是從事實去導出思想、價值，或以思想、價值去評判事實，都在他的排斥之列。據徐復觀回憶，有一次，許多朋友在一塊兒吃飯，大家正在談笑風生的時候，李濟突然以輕蔑的口吻對他說：「徐先生研究中國的倫理道德，這在學問上算哪一門呢？」當時便引發揮了徐氏的強烈不滿和抗議。當徐復觀向他建議在中央研究院成立中國思想史研究所，為中國文化的研究開出一條活路時，也遭到他的斷然拒絕。李濟對錢穆的治史方法更不認同。1960年，錢穆在耶魯大學講學，其間應哈佛燕京學社的邀請，在哈佛東方研究院作「人與學」的學術講演，由著名華裔學者楊聯陞擔任翻譯。錢穆在講演中以歐陽脩為例，說明中國學術傳統以「人」為中心。歐陽脩一人兼通經史子集，為通人之學，與西方重專門學術不同。進而論及中國學問主通不主專，貴通人而不尚專家。演講時，李濟也恰好在座。這位「平時喜作青白眼」的考古派領袖對錢穆的講法深不以為然，當時的反應是「白眼時多，青眼時少」。第二天，李見到楊聯陞時，盛讚其翻譯口才，把錢穆演講詞中原有的「語病」都掩蓋過去了。多年以後，錢門弟子余英時記下了這段往事，說：「我記下這一段趣事並不是要算什麼舊帳，我是想以此說明當時臺北學術界主流對錢先生和新亞書院確有一種牢不可破的成見，李濟之先生不過表現得更為露骨而已。」[43]

最令錢穆反感和不滿的是，作為近代中國最高學術研究機構的中央研究院長期以來對他的排斥。1948年4月，中央研究院舉行第一次院士選舉，論學養成績與名氣，錢穆似應名列其中。但是在選出的81位院士中，人文組多達28人，卻無錢氏的名字。多年以後，錢穆還相當憤慨地對弟子嚴耕望說：「民國三十七年第一次選舉院士，當選者多到八十餘人，我難道不該預其數。」[44]對胡適、傅斯年一派控制的院士選舉仍耿耿於懷。1958年，胡適回

---

[43]　余英時：《猶記風吹水上鱗──錢穆與現代中國學術》，臺灣三民書局，1991年版，第195頁。

[44]　嚴耕望：《錢穆賓四先生與我》，第91頁。

四、有若仇讎

臺出任中央研究院院長,時在史語所任職的錢門弟子嚴耕望認為,「中研究」不能網羅全國著名學人,令他的老師獨樹一幟於院士團體之外,已不應該;別人擔任院長,事猶可諒,胡適為全國學術界領袖,如果仍不能注意此一問題,更屬遺憾。所以他勇敢地給胡適寫了一封長信,陳述其意見:

此次選舉,如無特殊困難,必當延攬錢賓四先生是也。錢先生治學方法與吾史語所一派固自異趣,識論亦時見偏激,然其在史學上之成就與在史學上之地位,自屬無可否認者。而道路傳言賓四先生與先生之間稍有隔閡,在此種情況下尤須首先延攬,以釋群疑而顯胸襟,此其時也。

後學久欲呈獻此議,唯曾受業於錢先生,故有所顧慮,而遲疑猶豫,未便具陳。然後學敬愛先生不在敬愛錢先生之下。而友朋傳言,先生對後學之獎譽,亦不遜於錢先生,故終不敢緘默而直陳之,當不見疑為錢先生作說客也,一笑。其實,站在錢先生之立場,愈孤立則愈光榮,唯站在先生之立場,則必須延攬,此唯一持異見之學人於一幟之下,始能象徵領袖群倫、團結一致耳。至於方法異同,議論相左,固不妨也。先生試思,以為然否?[45]

胡適對嚴耕望的建議,亦表同意,與在臺的幾位年長院士籌議提名,但少數有力人士門戶之見仍深,提名未獲多數透過。

對於此次院士選舉,錢穆在致學生余英時的信中也有反映。信稱:「此次中央研究院推選院士,臺北方面事先亦有人轉輾函告,窺其意似亦恐穆有堅拒絕接受之意,唯最後結果據聞乃提鄙名而未獲多數通過。穆對此事固唯有一笑置之。穆一向論學甚不喜門戶之見,唯為青年指點路徑,為社會闡發正論,見仁見智,自當直抒己見。……穆自問數十年來絕意入政界,此下亦將如是,歷年赴臺邀講演者多與政府有關,然如臺大、中研院豈聞有邀之講演之事乎?」又稱:「數月前嚴君耕望來信,亦甚道胡君對穆著書極表同意云

---

45 嚴耕望:〈致胡適函〉(1958年12月14日),今藏臺北中研院近代史研究所胡適紀念館,館藏號:HS-NK05-138-014。

云，其意似亦謂穆於胡君或有所誤會。實則穆之為學向來不為目前私人利害計，更豈有私人恩怨夾雜其間。」[46] 據余英時言，在當時中研院領導層中，對錢穆成見最淺的還是胡適，這說明當時的中央研究院對錢穆一類思想性學人的確有一種牢不可破的「成見」。

1966年夏，中央研究院舉行第七次院士會議，幾位年長院士同意提名錢穆為候選人。這時已在新亞書院任教的嚴耕望得史語所同人的信函，請他就近徵詢錢穆的意見。錢穆對中研院的長期排斥非常憤慨，拒絕接受提名。直到1968舉行第八次院士選舉，才得他的同意，以接近全票當選。嚴耕望稱他的老師當選院士，「對於中國史學界，尤其對於中央研究院，意義重大」，它「象徵中國學術界之團結，也一洗中研院排斥異己之形象」。[47]

在1950～1960年代，胡適、傅斯年一派對錢穆及其新亞學人的排擠確是事實。[48] 對當時錢穆未能當選中央研究院院士之事，即便是在文星論戰時期對錢穆極盡攻擊的李敖也為之抱不平：「臺大歷史系是『胡適型』的地盤，對『錢穆型』是隱含排擠的。在胡適有生之年，錢穆未能成為中央研究院院士，我始終認為對錢穆不公道。」雖然李敖對錢穆在理學方面的見解深不以為然，但他認為錢氏「在古典方面的樸學成就，卻比姚從吾等學人更該先入選成院士」。[49]

對於胡適、傅斯年一派對錢穆及其帶有思想性學人的排斥，當年與錢穆關係極為密切的徐復觀發出了憤怒的聲討。他說胡適、傅斯年一派所選的中

46　錢穆：〈致余英時書〉（1959年5月6日），《錢賓四先生全集》第53冊《素書樓余瀋》，第414—415頁。

47　嚴耕望：《錢穆賓四先生與我》，第90—91頁。

48　據許倬雲回憶，錢穆除了當選院士那天來過南港之外，從沒再來過。有一次蔣介石招待院士茶會，錢穆出席，李濟就藉故沒去，而由他代替出席。參見許倬雲：《家事、國事、天下事：許倬雲八十回顧》，香港中文大學出版社，2011年版，第481—482頁。

49　李敖：《「一朝眉羽成，鑽破亦在我」——我與錢穆的一段因緣》，收入氏著《白眼看臺獨》，中國友誼出版公司1993年版，第154—155頁。

四、有若仇讎

央研究院院士,在人文學科方面,只注重若干整理、校讎文獻的學者,「對於中國學問,真有研究而帶有思想性的學人,如方東美、錢穆、陳康、唐君毅、牟宗三諸氏,一概都採取排斥的態度」。[50] 徐氏認為,中研院對思想性學人的排斥所形成的門戶壁壘極大地妨礙和損傷了學術的發展,筆端常常噴湧著憤怒火焰的徐復觀在給中央研究院院長王世杰的信中尖銳地抨擊道:

學術不能避免派系之爭,但中央研究院不能落入一派一系之手,所以我們要求有一個向純學術開放的中央研究院,要求一個向學術獨立的方向努力的中央研究院。凡固守派系立場的人,都應離開中央研究院;凡在近十年沒有值得稱為著作刊行的人,取消他們評議員的資格和院士的資格。徹底改變院士的選舉方法,被提名的院士,應先向社會刊布其被提名的著作,先經過社會的考驗。

史語所以「反思想」為他們學派的重大標誌。他們在學術上還不能瞭解反思想即是反學術。他們不斷地以學術上的霸占,捍衛他們的幼稚無知。所以嚴格地說,他們沒有資格成為一個派系。

中央研究院應成立中國思想史研究所,以甦醒中國文化的靈魂。使孔、孟、程、朱、陸、王,能與「北京人」、「上洞老人」,同樣地能在自己國家的最高學術機構中,分占一席之地。凡在這一方面有研究成績的人,都應當加以羅致。[51]

從徐復觀憤怒的批評話語中不難看出,像錢穆一類從事思想性研究的學人與中央研究院在治學方法上的分歧之大、矛盾之深,用「有若仇讎」來形容彼此之間關係,恐怕並不為過。

---

50 徐復觀:《五十年來的中國學術文化》,胡曉明、王守雪編:《中國人的生命精神》,華東師範大學出版社,2004 年版,第 56 頁。
51 徐復觀:〈寫給中央研究院王院長世杰先生的一封公開信〉,收入《徐復觀全集》第 14 冊《論智識分子》,九州出版社,2014 年版,第 259 頁。

錢穆與新考據派關係略論

五、並非冰炭之不相容

　　對於傅斯年一派的長期排擠，錢穆並非沉默寡言，無動於衷。居港臺時期，他對科學考證派的批評有增無減。1955 年 8 月，錢穆在《新亞學報發刊辭》上對科學考證派的治學方法給予了尖銳批評：「此數十年來，所謂以科學方法整理國故，其最先旨義，亦將對中國已有傳統歷史文化，作徹底之解剖與檢查，以求重新估定一切價值。所懸對象，較之晚明清初，若更博大高深。而唯學無本源，識不周至。盤根錯節，置而不問。宏綱巨目，棄而不顧。尋其枝葉，較其銖兩。至今不逮五十年，流弊所極，孰為關心於學問之大體，孰為措意於民物之大倫？各據一隅，道術已裂。細碎相逐，乃至互不相通。僅日上窮碧落下黃泉，動手動腳找材料。其考據所得，縱謂盡科學方法之能事，縱謂達客觀精神之極詣，然無奈其內無邃深之旨義，外乏旁通之塗轍，則為考據而考據，其貌則是，其情已非，亦實有可資非難之疵病也。」[52] 鋒芒所向，直指科學考證派的為學宗旨。

　　新考據派以釐清歷史事實的真實為己任，此點亦深為錢穆所贊同。但錢氏認為，歷史研究絕不能僅僅停留在此一層面上，還應在求真的基礎上致用於現實。所以他強調治史不能與時代分疆劃立，應從現時代找問題，從過去時代中找答案，使研究能合之於當世。強調史學求真，這是錢穆與新考據派共同的地方。所不同的是，錢穆更強調史家要體認時代社會的脈動，把握時代精神。由此，他批評新考據派治史與時代脫節，「於身無益，於世無用」，「與當前現實無預」。就此而言，錢穆在求真的基礎上更強調史學的致用功能，較之新考據派真、用兩分的主張，其識見似乎更勝一籌。[53]

　　新考據派雖以求真為職志，但其治史旨趣也並非全然凝固不變。以傅斯年為例，九一八事變之前，傅氏恪守「薄致用而重求是」的學術精神，主張

---

[52] 錢穆：《發刊辭》，《新亞學報》1955 年第 1 期，第 2—3 頁。
[53] 參見陳勇《錢穆傳・史學目的論》一節，人民出版社，2001 年版，第 302—306 頁。

五、並非冰炭之不相容

求真、致用兩分,竭力強調純學術研究的重要性。九一八事變後,民族危機的嚴重,激發了他的民族意識和愛國熱情,他邀集學界同仁編寫《東北史綱》,根據歷史資料,運用民族學、語言學的理論,有力地駁斥了日本侵略者「滿蒙非中國領土」的謬論,證明東北自古以來就是中國的領土,並主張透過修史和編寫歷史教科書來啟發國人的民族意識,喚醒民眾的抗日熱情。這表明在民族危機嚴重之時,傅氏的治學立場也在發生轉變。三四十年代,傅斯年以不談仁義禮智而自豪,他在史語所《工作之旨趣》中宣稱:「把些傳統的或自造的『仁義禮智』和其他主觀,同歷史學和語言學混在一氣的人,絕對不是我們的同盟!」當他出任臺大校長後,規定以《孟子》及《史記》為大一國文教材,這也意味著過去無思想性的史料學派在學風上有了某種程度的轉向。可惜的是,這種轉向因傅氏中年猝死而中斷,五六十年臺灣史學界仍然承襲了中國時期史料學派的觀點和方法而持續發展。錢穆在評價傅斯年的治史理論時,似乎只注重了他「不變」的一面,而沒有看到他在不同時期的治史旨趣也有「變」的一面,所以在錢氏嚴厲的批評話語中,他對新考據派似乎缺乏一種「同情之理解」。

其實,錢穆與傅斯年的治史理論和方法並非處於截然對立的兩極,兩種學風是可以長短互補的。以錢門弟子嚴耕望的治學為例。嚴氏在武漢大學歷史系畢業後隨錢穆在成都齊魯大學國學研究所學習,在賴家園接受了其師三年的通識性的訓練和薰陶。1945 年,嚴耕望進入當時歷史考證學的中心史語所,受到了傅斯年的提攜和關照。在史語所二十年的潛心錘鍊下,他又以精於問題的考證而名著學界。嚴氏認為,在治史意趣和方法上,史語所雖與乃師所揭櫫的治學路徑異趣,但兩者正可長短互濟,先前隨其師所受的通識性訓練正可大派用場。嚴氏自言他進入史語所所寫的論著是先前的通識性訓練(得益於錢穆)和史語所的傳統兩種不同的風格糅合熔鑄而成,「一點一滴的精研問題,不失史語所的規範;但意境上,較為開闊,不限於一點一滴的

錢穆與新考據派關係略論

考證。所以每寫一部書，都注意到問題的廣闊面」。[54] 嚴耕望的話不無道理，因為「對任何一位專業研究者而言，深密的專題唯有建立在作者寬廣的架構上，方才容易顯示其意義。講究斷代、專題等細密研究的史語所，其實更需要具有通達的背景，點的細密才能顯現通盤的意義」。[55]

錢穆自《國史大綱·引論》開始，公開對傅斯年為首的主流派史學作批評。然而，錢氏的批評言語並非沒有可商榷之處。1941年，即《國史大綱》出版的第二年，周予同在〈五十年來中國新史學〉一文中有這樣一段評論：

> 對於史料派及考古派加以批評的，在現代學人間，還不大見到。就我所知的，只有錢穆。錢氏大概將這兩派合稱為考訂派。……錢氏站在「通史致用」的觀點，要求治史者「附隨一種對其本國已往歷史之溫情與敬意」，其出發點是情感的、公民的；考古派站在「考史明變」的觀點，希望治史者抱一種「無徵不信」的客觀的態度，其出發點是理智的、學究的。錢氏斥責他們為「以活的人事換為死的材料」，其實考古派也可以說自己是「將死的材料返為活的人事的記載，以便治史者引起對於本國已往歷史之溫情與敬意」。依個人的私見，這兩種見解並不是絕對對立的，考古派的研究方法雖比較瑣碎，研究的範圍雖比較狹窄，但這種為史學基礎打樁的苦工是值得讚頌的。錢氏說「治國史不必先存一揄揚誇大之私，亦不必抱一門戶立場之見，仍當於客觀中求實證，通覽全史而覓取其動態」。所謂「於客觀中求實證」，考古派學者不是很好的夥伴嗎？[56]

顯然，錢穆與傅斯年提倡的兩種不同風格的治史方法並非冰炭之不相容，兩者是可以互相借鑑、互為補充的。然而錢穆並沒有如周予同所希望的那樣，與新考據派結成「很好的夥伴」，而傅斯年最終也沒有把錢穆視為新考

54　嚴耕望：《錢穆賓四先生與我》，第128頁。

55　杜正勝：《史學的兩個觀點——沈剛伯與傅斯年》，《當代》第133期，1998年9月。又見氏著《新史學之路》，第173頁。

56　朱維錚編：《周予同經學史論著選集》，第553—554頁。

據派的「同盟」。自 1940 年代以來，兩人互相攻擊，關係形同水火，有若仇讎，其中夾雜著不少意氣之爭和門戶之見，這種現象的確可引發近現代學術界的深刻反思。

錢穆與新考據派關係略論

錢穆與《先秦諸子繫年》

　　錢穆早年以考據揚名學界,《先秦諸子繫年》則是他早年治考據學的代表作。該書「以諸子之書,還考諸子之事」,以古本《竹書紀年》訂《史記》之誤,不僅對先秦諸子的學術源流與生卒年代有了一個細緻的考證,重建了先秦諸子的學脈,而且也考訂了戰國時代的重要史實,澄清了不少懸而未決的問題,奠定了戰國史研究的基礎,至今仍是研究先秦諸子學術和戰國史的經典著作。

一、《先秦諸子繫年》的成書經過

　　晚清民初以來,學術界治諸子之學蔚然成風,開風氣之先者有章太炎、梁啟超、胡適等人。錢穆在 1928 年春完成的《國學概論》最後一章「最近期之學術思想」中說:「最先為餘杭章炳麟,以佛理及西說闡發諸子,於墨、莊、荀、韓諸家皆有創見。績溪胡適、新會梁啟超繼之,而子學遂風靡一世。」[1] 他本人早年治諸子學,也正是這一背景下的產物。

　　錢穆認為,研究先秦諸子的思想,應先考求諸子生卒行事先後,如果諸子的年代不明,其學術思想的淵源遞變,也就無從說起。所以,他早年的名作《先秦諸子繫年》(以下簡稱《繫年》),即是一部專門為諸子的生卒行事作考辨的考據著作。

　　據錢穆自道,《繫年》一書草創於 1923 年秋。當時他在無錫江蘇省立第

1　錢穆:《國學概論》,商務印書館,1997 年版,第 322—325 頁。

錢穆與《先秦諸子繫年》

三師範任教，為學生講《論語》，自編講義，成《論語要略》一書。該書第二章，對孔子生卒行事多有考訂。1924年秋，為三師學生講《孟子》，撰《孟子要略》，先為孟子傳，「考訂益富」。[2]

錢穆早年治諸子，疑《易傳》、《老子》，稱「《易》與《老子》之思想不明，則諸子學之體統不可說也」。[3]在考訂孔、孟生卒世年之前，已撰成《易傳辨偽》、《老子辨偽》二篇。《易傳辨偽》未刊出，《老子辨偽》後易名為《關於〈老子〉成書年代之一種考察》發表在《燕京學報》第8期上。《孟子要略》成書後，錢穆始專意治《易》，成易學三篇，其中一篇即辨《易傳》非孔子作。他晚年在《孔子傳》再版序中回憶說，抗戰時流轉西南，居成都北郊賴家園，此稿藏書架中，為蠹蟲所蛀，僅存每頁之前半，後半已全蝕盡，很難補寫。[4]1928年夏，錢穆應蘇州青年學術講演會的邀請，作《易經研究》一講演。講辭共分三部分，首先考察《易》的原始，專論《易》卦的起源及象數。次講《周易》上下篇，闡明《易》起於商周之際，旨在說明周得天下蓋由天命。第三部分講十翼非孔子作，提出10條理由加以論證，還從「道」、「天」、「鬼神」等範疇來論證易系裡的思想，大體上是遠於《論語》而近於老莊的。

先秦學術，孔墨孟莊荀韓諸家，皆有書可按，唯名家、陰陽家，記載散佚，最為難治。所以，錢穆在治《易》、《老》的同時，又兼治名家、陰陽學說，擬寫《先秦名學鉤沉》、《先秦陰陽學發微》兩書。1925年10月，錢穆埋頭整理在廈門集美學校所寫的公孫龍《白馬論注》舊稿，改寫成《公孫龍子新注》，又彙編《惠施歷物》與《辨者二十一事》等考辨惠施、公孫龍事蹟舊稿，匯成《惠施公孫龍》一書。惠施部分由惠施傳略、年表、惠施歷物和惠學鉤沉等組成，公孫龍部分包括公孫龍傳略、年表、年表跋、公孫龍子新解等內容，特別是公孫龍子新解一節頗多新意。錢穆後來在致胡適的信中稱

2　錢穆：《先秦諸子繫年·跋》，第621頁。
3　錢穆：《先秦諸子繫年·跋》，第622頁。
4　錢穆：《孔子傳·再版序》，生活·讀書·新知三聯書店，2002年版，第2頁。

一、《先秦諸子繫年》的成書經過

此書「乃逐年積稿，歷時數載，用心較細，所得較密。公孫子五篇新解，頗謂超昔賢以上」。[5]

1926年夏，錢穆在無錫三師為學生講「國學概論」，講義第二章即為先秦諸子，對諸子事蹟及其學術源流作了提要鉤玄的闡述。比如他在胡適「諸子不出於王官」的基礎上提出了「王官學與百家言對峙」之說，以儒墨為宗疏理諸子，把先秦諸子分為三期，就頗多創獲。此章內容集中反映了錢穆早年治諸子學的意見，雖然當時「限於聽受者之學力，未能罄其所見，著語不多」[6]，然而他治諸子學的大體意見，「略如所論」，一生未有多大改變。

錢穆早年喜墨學，早在無錫梅村縣立四小教書時，就撰有《讀墨闇解》、《墨經闇解》二文。此為他治墨學之始。1923年春，在廈門集美學校任教的錢穆對墨辯思想進行研究，寫成〈墨辯探源〉一文的上篇。1924年，他在無錫三師任教，因讀章太炎《名墨訾應考》各篇，有感於章氏墨學「非一人所能盡解」之言，遂對集美舊稿加以整理、增補，成〈墨辯探源〉一文，發表在當年《東方雜誌》21卷第8號上。錢穆在蘇州中學任教時，又寫有〈墨辯碎詁〉一文，對〈墨辯探源〉作補充。1929年，完成《墨子》一書，次年3月由商務印書館出版。該書是他早年研究墨學的總結，書中對墨家得名的由來，墨子的生卒年月，墨學的思想系譜別墨與《墨經》，以及許行、宋銒、尹文、惠施、公孫龍諸家與墨學的關係，墨學中絕的原因等問題皆有深入具體的討論。[7]

孔子死後，儒分為八，荀氏之儒即為八家之一。錢穆早年喜讀荀子書，認為荀卿重倡禮治之論，其論禮，即言「養」，又言「別」，又言「分」，與孔子僅言貴族禮、孟子僅言仕禮不同，其立意「特為博大精深」。又作「春申君封荀卿為蘭陵令辨」、「荀卿齊襄王時為稷下祭酒考」等五考，後均收入到《繫

5　錢穆：《致胡適書》，《錢賓四先生全集》第53冊《素書樓余瀋》，第193頁。
6　錢穆：《先秦諸子繫年·跋》，第622頁。
7　關於錢穆早年的墨學研究，可參見陳勇：《錢穆傳》，第52—58頁。

錢穆與《先秦諸子繫年》

年》中。1928 年,他在《求是學社社刊》第 1 期上發表〈荀子篇節考〉一文,對《荀子》一書錯節脫簡之訛多有訂正,指出該書「論〈性惡〉、〈天論〉、〈正名〉、〈正論〉、〈非十二子〉之類,是專篇造論之體也;〈大略〉、〈宥坐〉、〈修身〉、〈不苟〉之類,是雜綴集語之體也」。這是他早年考證荀子文本的一篇重要論文。[8] 錢氏自謂該文「有創見,言人所未言」[9],誠非虛語。

1930 年春,錢穆在蘇州續姻,從「家遭三喪」的悲痛中解脫出來。新婚後 10 日內寫《先秦諸子繫年‧自序》一篇,列於書首。至此,《繫年》一書大體完成。

1930 年秋,錢穆執教北平燕京大學,每週有三日暇,為「有生以來所未有」。所居朗潤園,環境寧靜,燕大藏書豐富,北平城學者雲集,相互討論問學的機會大增。在這樣一個良好的著述環境下,他「重翻陳稿」,以半年之力對舊稿加以增補修改,成「考辨」4 卷 160 餘篇,30 多萬字。又仿《史記‧十二諸侯年表》及《六國年表》體例,制「通表」4 份,與「考辨」4 捲起迄相應。表首列周王年次,並注西曆紀元,下載列國世次,取捨一與「考辨」相應,諸子生卒,各詳於其生卒之國,其出處行事亦各詳於其所在之國。故《繫年》實由「考辨」、「通表」二部分組成,「通表為綱,考辨為之目;通表如經,而考辨為之緯」。[10] 「通表」之後又作「附表」,有「列國世次年數異同表」、「戰國初中晚三期列國國勢盛衰轉移表」、「諸子生卒年世先後一覽表」三份,概括「通表」大意,以便讀者瀏覽。

《先秦諸子繫年》是錢穆早年也是他一生中最為重要的學術代表作,錢氏晚年曾對門下弟子余英時說,自己一生著書無數,「唯《諸子繫年》貢獻實

8 　參見陳開林:〈錢穆佚文荀子篇節考〉一文,《臨沂大學學報》2016 年第 4 期。錢穆晚年在《師友雜憶》中回憶此文最初發表在《原學》雜誌第 1 期上,當有誤。

9 　錢穆:《八十憶雙親‧師友雜憶》,第 144 頁。

10 　錢穆:《先秦諸子繫年‧通表例言》,第 512 頁。

一、《先秦諸子繫年》的成書經過

大,最為私心所愜」。[11] 不過,這部奠定錢氏在民國學術界一流學者地位的著作在出版時卻頗費周折。

如上所述,《繫年》一稿大致在錢穆進入燕大任教之前就已大體完成,出版前已得到瀏覽此稿的史學大家蒙文通、顧頡剛等人的擊節稱道。錢穆入燕大任教後,又對舊稿加以修訂增補。書成之後,由好友顧頡剛推薦給清華,申請列入「清華叢書」,如馮友蘭《中國哲學史》之例。當時列席審察此書的有馮友蘭、陳寅恪等三人。馮友蘭認為此書不宜作教本,若要出版,當變更體例,便人閱讀。陳寅恪則持相反的意見,認為《繫年》「作教本最佳」,並盛讚「自王靜安(國維)後未見此等著作矣」。[12] 由於審讀意見的分歧,錢著最終未獲透過。

錢穆轉入北大任教後,在北平圖書館珍藏書中得清人雷學淇所著《竹書紀年義證》家傳本,擇其相關者,一一補入《繫年》中。同時,也在為自己這部研究先秦諸子的用力之作的出版在多方奔走。1934 年暑期,錢穆離開北平回蘇州省親。8 月 9 日這天,他給商務印書館總經理王雲五寫了一封自薦信,擬將書稿交商務出版。信云:

雲五先生大鑒:

久慕高風,未接聲欬為憾。拙著《先秦諸子繫年》,屬稿五六載,稿成藏篋笥又有年。素仰貴館熱心文化,闡揚學術,不遺餘力,擬將此稿交貴館出版。倘蒙約期面晤,謹當攜稿前來,蘄聆教益。適之先生一函,並以奉閱。

順候

公祺

錢穆敬上 八月九日

回函請寄蘇州曹胡徐巷八十號

11　錢穆:《致余英時書》,《錢賓四先生全集》第 53 冊《素書樓余瀋》,第 413 頁。
12　錢穆:《八十憶雙親·師友雜憶》,第 160 頁。

錢穆與《先秦諸子繫年》

王雲五收信後很快回複錢穆，錢隨即攜帶《繫年》稿前往上海與王面談，談後即把書稿留在了商務。經過審讀後，當月 18 日，王雲五寫回信一函寄往蘇州錢宅：

賓四先生大鑒：

日前屈駕，暢領清誨，欣忭無既。承交示大著《先秦諸子繫年》一稿，拜讀甚佩。謹當接受以版稅辦法印行。出書後，依銷數照定價抽取版稅百分之十五為酬。茲遵囑將《通表稿》另郵掛號寄上，請校閱一過連同補稿一併擲下，以便付排，為盼。此書格式，擬照敝館《大學叢書》版式，五號字排。俟《通表稿》奉到，當發交敝京華印書局排版，俾來日可就近送請先生校對。

泐此奉布，順頌文祉。王雲五。（商務覆信虞字第 4573 號）[13]

商務印書館決定出版《繫年》後，錢穆自任校對，從頭逐字細讀書稿，改定疏謬者 10 餘處。1935 年 12 月，錢穆這部考訂先秦諸子的名著終於出版問世。從 1923 年秋他發意著《繫年》，至 1935 年底該書最終問世，前後花了 10 多年時間。

二、以古本《竹書紀年》訂《史記》之誤

自乾嘉以來，學者考證諸子，成績卓著，這為錢穆治諸子提供了有益的借鑑。但清人治諸子，也存在不少問題。在錢穆看來，這些問題歸納起來主要有三點：其一，各治一家，未能通貫，治墨者不能通於孟，治孟者不能通於荀；其二，詳其著顯，略其晦沉，於孔墨孟荀則考論不厭其密，於其他諸子則推求每嫌其疏；其三，依據史籍，不加細勘。《繫年》力糾前人治諸子之失，博徵典籍，以子證史，或諸子互證，或以《紀年》與《史記》、《國策》對勘，輯佚掇墜，辨偽發覆，上溯孔子生年，下訖李斯卒歲，上下 200 年的

13　轉引自肖民：《錢穆、〈先秦〉與「商務」——〈先秦諸子繫年〉出版的前前後後》，《出版廣角》2003 年第 8 期。

二、以古本《竹書紀年》訂《史記》之誤

學人生平、師友淵源、學術流變,無不「粲然條貫,秩然就緒」,實為他早年治諸子學的系統總結。

以古本《竹書紀年》訂《史記》之誤,是《繫年》一書的最大特色。歷來考論諸子年世,多據《史記·六國年表》,有的也參照《史記》其他篇目。而《史記》記載諸子及戰國史事實多錯誤,未可盡據。錢穆總結出《史記》記載多誤的 10 條規則:有誤以一王改元之年為後王之元年者;有一王兩諡,而誤分以為兩人者;有一君之年,誤移而之於他君者;亦有一君之事,誤移而之於他君者;有誤於一君之年,而未誤其並世之時者;有其事本不誤,以誤於彼而遂若其誤於此者;亦有似有據而實無據者;有史本有據,而輕率致誤者;亦有史本無據,而勉強為說以致誤者;亦有史公博采,所據異本,未能論定以歸一是者。[14] 錢穆認為不僅《史記》記諸子史實多誤,而且《史記》三家注對《史記》之誤未能辨偽發覆,實亦多誤。再加之傳抄失真致誤(如字形近而誤、脫落而誤、增衍而誤、顛倒而誤),竄易妄改增誤(後人改易而誤、竄亂而誤),後人曲說而致誤。各種誤因相加,「誤乃日滋」,「紛亂不可理」。後世治諸子者對於這些偽誤不加校勘、辨偽而引其說,其結果是誤上加誤。所以他不無感嘆地說:「偽之途不一端,非一一而辨之,則不足以考其年。」[15] 錢穆訂正《史記》之誤,所用之書是戰國時魏國的史書《竹書紀年》(以下簡稱《紀年》)。此書於晉武帝太康二年(281 年)在汲郡的戰國魏墓中發現,共 13 篇,敘述夏、商、西周、春秋、戰國史事。杜預等人,皆定其為魏襄王時魏國之史記。魏在戰國初年,為東方霸主,握中國樞紐,其載秦孝公前東方史實,遠勝《史記·六國年表》。晉唐間的學者,如束晳、杜預、臣瓚、司馬彪、劉知幾等都曾利用《紀年》提供的新材料糾正《史記》之失,取得了不少成果。[16] 魏塚原書,在兩宋之際佚失。《今本竹書紀年》二卷,

---

14 參見《先秦諸子繫年·自序》,第 5—7 頁。
15 錢穆:《先秦諸子繫年·自序》,第 21 頁。
16 參見邱鋒:《〈竹書紀年〉與晉唐間的史學》,《史學史研究》2013 年第 1 期。

錢穆與《先秦諸子繫年》

為後人搜輯，多有改亂，面目全非。《紀年》言三代事，如舜囚堯，益為啟誅，太甲殺伊尹，文丁殺季歷，共伯和干王位，均異於儒家記載，後人遂不信《紀年》，視為荒誕之書。唐人司馬貞著《史記索隱》，時採《紀年》其文，以著異同。清人考證此書，不下十數家，其中以雷學淇《考訂竹書紀年》、《竹書紀年義證》最為有名；近人治《紀年》，以朱右曾、王國維成就為最大。朱氏輯有《汲冢紀年存真》，王氏輯有《古本竹書紀年輯校》、《今本竹書紀年疏證》。至此《紀年》之真偽，始劃然明判，惜其考證未詳，古本《紀年》可信之價值，猶未能彰顯於世。

錢穆早年在無錫城中一小書攤購得朱右曾《汲冢紀年存真》一部，取以校王國維所校本，乃知王校也有不少錯誤，特撰《〈古本竹書紀年輯校〉補正》一文加以糾正，發表在1927年《史學與地學》第3期上，這是《繫年》中最早發表的一篇文字。進入北平任教後，他多方蒐集治《紀年》的專書，自言「於明代以下校刊《竹書紀年》，蒐羅殆盡」。[17] 錢穆治《紀年》，用力甚勤，呂思勉曾說：「近代治古本《竹書紀年》者，以錢君賓四、楊君寬正用力為最深。」[18] 誠非虛言。他在《繫年》中提出《竹書紀年》勝《史記》五條證據，並根據《紀年》訂《史記》記諸子年代、行事的偽誤，頗多學術創獲，當年陳寅恪在審查此稿時就有極高評價。楊樹達在1934年5月16日的日記中記道：「出席清華歷史系研究生姚薇元口試會。散後，偕陳寅恪至其家。寅恪言錢賓四（穆）《諸子繫年》極精湛。時代全據《紀年》訂《史記》之誤，心得極多，至可佩服。」[19]

《繫年》出版後，更是好評如潮。以朱希祖的評價為例：「閱《先秦諸子繫年》序。其書為北京大學史學系教授錢穆撰，統考戰國各國年代，頗多糾正《史記》謬誤，謂《竹書紀年》真為魏史，西周以前雖多臆測不可據，而戰

17　錢穆：《八十憶雙親·師友雜憶》，第188頁。
18　呂思勉：《呂思勉讀史札記》增訂本（中），上海古籍出版社，2005年版，第1005頁。
19　楊樹達：《積微翁回憶錄》，上海古籍出版社，1986年版，第82頁。

國時事年紀實最正確,其論頗有見地。蓋以《史記》各本紀、世家紀年,多與諸子所記時事繫年相牴牾,而以《竹書紀年》言之,則多密合,故不可以為偽書視之。他若《蘇秦考》謂《史記》、《戰國策》多本偽蘇秦、張儀之書,故蘇、張遊說各國之辭皆不足信,證據頗確實。」[20] 錢穆對自己據《紀年》訂《史記》之誤也頗顯自信,自言:「余為《先秦諸子繫年》,比論《史記》、《紀年》異同,自春秋以下,頗多考辨發明,為三百年來學者研治《紀年》所未逮。」[21]

三、對戰國史研究的貢獻

《先秦諸子繫年》雖然是一部考訂諸子生平、學術淵源的考證之作,其實是通貫春秋晚期經戰國至秦統一大約 350 年的學術、思想和政治的歷史,尤其是對戰國史的研究貢獻尤大。眾所周知,自秦皇焚書,諸侯各國史籍被毀,僅存秦國史官所記的《秦記》。但《秦記》記載簡略,「又不載日月,其文略不具」。[22] 特別是秦孝公以前,地處雍州西陲之地、經濟文化落後的秦國,不與中原諸國會盟,中原諸國皆以夷狄視之。故《秦記》所載中原諸國之事甚略,且不免殘缺多誤,年代紊亂,真偽混雜。清人顧炎武言及這段歷史時就有「史文闕軼,考古者為之茫昧」[23] 的感嘆。〈四庫全書董說七國考提要〉言:「春秋以前之制度有經傳可稽,秦漢以下之故事有史志可考,唯七

20　朱希祖:《朱希祖日記》(下冊),1939 年 2 月 12 日條,中華書局,2012 年版,第 1000 頁。
21　錢穆:〈略記清代研究竹書紀年諸家〉,原載天津《益世報·讀書週刊》第 75 期,1936 年 11 月 9 日,收入《錢賓四先生全集》第 22 冊《中國學術思想史論叢》(八),第 568—569 頁。
22　《史記》卷 15《六國年表》,中華書局,1959 年版,第 686 頁。
23　顧炎武著、張京華校釋:《日知錄校釋》卷 17《週末風俗》,岳麓書社,2011 年版,第 553 頁。

錢穆與《先秦諸子繫年》

雄雲攏,策士縱橫,中間一二百年典章製作,實蕩然不可復徵。」[24] 錢穆在《國史大綱》第五章〈軍國鬥爭之新局面——戰國始末〉中也說:「本時期的歷史記載,因秦廷焚書,全部毀滅。西漢中葉司馬遷為《史記》,已苦無憑。晉代(太康時)於汲縣古塚,發現竹書,內有《紀年》十五篇,實為未經秦火以前東方僅存之編年史,唯後亦散失。因此本時期史事,較之上期(春秋時代),有些處轉有不清楚之感。」[25]

經秦火一焚,史書缺佚,史實茫昧無稽,後世學者視戰國史的研究為畏途,即使是論及諸子百家之說,也僅及其思想學術。事實上,戰國史在中國歷史上占據著極其重要的位置,除諸子在學術思想上的創獲外,諸如封建制的結束,郡縣制的興起,軍國組織的肇創,中央集權的形成,田賦制度的變化等,在政治、社會、經濟、思想、文化各個方面都產生了重大變化的戰國時代,可以稱得上是中國歷史的一大轉折時期,此一時期的歷史無疑是中國歷史研究的重要課題。錢穆以前後 10 多年的時間,全副精力貫注於諸子生卒行事及戰國史的研究,撰成《繫年》一書,在很大程度上把中國歷史上這一重大轉型時期的空白給填補了。錢穆在《繫年·自序》中說:「余之此書,於先秦列國世系,多所考核。別為通表,明其先後。前史之誤,頗有糾正。而後諸子年世,亦若網在綱,條貫秩如矣。」在《國史大綱》記戰國始末一節中也有一段自注:「著者曾據《紀年》佚文,校訂《史記六國表》,增改詳定不下一二百處,因是戰國史事又大體可說。唯頗有與《史記》相異處,一切論證,詳著者所著《先秦諸子繫年》一書。此下論戰國大勢,即據此書立論,故與舊說頗不同。讀者欲究其詳,當參讀該書也。」[26]

《繫年》考訂戰國史實貢獻極大,可從是書卷三《蘇秦考》中得一說明。《史記》載:「蘇秦起閭閻,連六國從親,此其智有過人者。」錢穆認為《史

24　《四庫全書總目提要》卷 81《史部政書類一》。
25　錢穆:《國史大綱》(上冊),第 47—48 頁。
26　錢穆:《國史大綱》(上冊),第 48 頁。

三、對戰國史研究的貢獻

記》載蘇秦說七國辭,皆本《戰國策》,其辭多出自後人飾託,並非歷史實情,而此事又關係戰國史實甚大,不得不加以明辨,故作《蘇秦考》一篇,從當時列國強弱之情勢著眼對蘇秦主合縱、佩六國相印拒秦之說的真偽一一詳加考證。首先,錢穆以稱王的先後證明戰國初期的強國為數不止六國(中山、宋也曾稱王),而列國間霸權之轉移,乃是由梁的獨霸而漸至齊梁的東西分霸;秦之稱王在其得河西地後,而其得與齊梁三分霸權,乃在惠施、張儀相繼在梁用事而秦之反間術成功之後,至此時,梁、韓二國的太子入朝於秦,其勢力方折而居於秦人之下。但其時齊國的聲威遠在秦國之上,則在司馬遷所定蘇秦的年代以內,絕無六國合縱擯秦之必要,也絕無六國合縱擯秦之可能。其次,錢穆又從燕、趙二國的歷史著眼,說明在蘇秦時候,燕與秦一東一西,如風馬牛之不相及,自無事乎擯秦,亦不得而事秦;趙之國境在此時也還不曾與秦接壤,其國勢僅能自保,尚不足與東方各國爭雄,其逐漸強大乃在趙武靈王之後,而上距蘇秦之死已久,則《史記》中合縱之議起於燕、合縱主盟在於趙等說,又完全與史實不合,於是蘇秦佩六國相印合縱伐秦之說,便不攻自破。[27] 接著,錢穆又考察了張儀的活動,最初是為秦而離間魏、齊之相親,後來是為秦而離間楚、齊之相親,當時秦的外交策略,尚在力謀「折齊之羽翼,散齊之朋從,使轉而投於我。其時情勢,猶是齊為長而秦為亞。秦與齊爭則有之,秦欲進連衡之說,使山東諸侯相率西朝,尚未能也」。[28] 最後,錢氏在此考中總結道:

> 今要而論之,秦自孝公用商鞅變法,而東方齊梁爭霸,秦以其間乘機侵地,東至河。及惠王用張儀,魏已日衰,遂有齊秦爭長之勢。而張儀間齊楚,秦南廣地取漢中。然其時,猶齊為長而秦為亞。及昭襄王初年,秦楚屢戰屢和,而趙武靈崛起,以其間滅中山,為大國。及秦將白起亟敗韓魏,而

---

27 參見鄧恭三(廣銘):《評〈先秦諸子繫年〉》,《國聞週報》第13卷第13期,1936年,第40頁。
28 錢穆:《先秦諸子繫年》(上),第289頁。

錢穆與《先秦諸子繫年》

齊湣秦昭稱東西帝。其時則秦為長而齊為亞。樂毅起於燕，連趙破齊，湣王死，東方之霸國遂絕。唯秦獨強，破郢殘楚，及范雎相，而有秦、趙交鬥之局。至於長平之戰，邯鄲之圍，而後秦之氣焰披靡，達於燕齊東海之裔。夫而後東方策士，乃有合從連衡之紛論，而造說者乃以上附之蘇張。考其辭說，皆燕昭趙惠文後事。而後世言戰國事者莫之察，謂從衡之議果起於蘇張。遂若孝公用商鞅而國勢已震爍一世。東方諸國，當齊威梁惠時，已攪擾於縱橫之說。則戰國史實，為之大晦，當時列強興衰轉移之跡全泯。其失匪細，不可不詳辨也。[29]

可以說，《繫年》一書，不僅對先秦諸子的學術源流與生卒年代有了一個細緻的考證，重建了先秦諸子的學脈，而且也把隱晦了兩千年的戰國史的真相從種種霧障中發掘出來，奠定了戰國史的研究基礎。[30] 顧頡剛說：「錢穆先生的《先秦諸子繫年考辨》，雖名為先秦諸子的年代作考辨，而其中對古本《竹書紀年》的研究，於戰國史的貢獻特大。」[31] 糜文開也說：「賓四先生《先秦諸子繫年》最大的貢獻，非但把先秦諸子的年代都考訂了，而且改造了《史記》六國年表，使戰國史有了一個新的面目。」[32] 戰國史研究專家楊寬亦言：「《先秦諸子繫年》是錢穆早年最用力的名著，主要是考辨先秦諸子活動的年

29　錢穆：《先秦諸子繫年》（上），第 293 頁。
30　鄧廣銘稱《先秦諸子繫年》「貫串了戰國全代的史實而與諸子的書相互證發」，經過著者這一番嚴謹的考證和整理之後，「列國的世系，諸子的年世，學術的演變，各國與國際間前後形勢之轉移，在舊史中之向為昏昏者，全得而有了一個昭然的端緒和清晰的面目。《竹書紀年》、《戰國策》和《史記》中的情偽既已畢露，於是凡關於戰國時代的世家、列傳、表志等，無一不可據此重作」。所以，鄧氏認為該書名改為《戰國史考異》，「或許更為切當一些」。參見氏著《評〈先秦諸子繫年〉》一文。錢穆也自言《先秦諸子繫年》一書「最大貢獻在對古代歷史上，尤其是從《左傳》接上戰國史中間這一段」。參見氏著《中國史學名著》，第 32 頁。
31　顧頡剛：《當代中國史學》，第 95 頁。
32　糜文開：《賓四先生奮鬥史》，《人生》半月刊第 8 卷第 6 期，1954 年 8 月，第 10 頁。

代的。他為了正確斷定年代，依據《古本紀年》詳細糾正了《六國年表》的錯誤，不僅作了許多『考辨』，還把結論列為《通表》。『考辨』中曾考定戰國時代重要戰役和重大歷史事件的年代，從而闡釋戰國年間形勢的變化。也還附帶考證了一些重要史實，如〈戰國時宋都彭城考〉、〈淳于髡為人家奴考〉等，都有高明的見解。因此這部著作，實際上是對戰國史的考訂，作出了重要貢獻。」[33]

四、論諸子和先秦學術史的分期

　　錢穆認為，先秦諸子之學，皆源於儒，開諸子之先河者為孔子。墨子早年學儒者之業，受孔子之術，後來成為儒家的反對者，由此便形成了諸子學中最早的兩個學派。以後諸子之學，或源於儒，或源於墨。他在《國學概論》中論及先秦諸子思想淵源與流變時稱：「先秦學派，不出兩流：其傾向於貴族化者曰儒，其傾向於平民化者曰墨。儒者偏重政治，墨者偏重民生。法家主慶賞刑罰，源於儒；道家言反樸無治，源於墨。故一主禮，一非禮。一主仕進，一主隱退。一尚文學，一主勞作。此當時學術界分野之所在也。」[34] 在《繫年》中，他對這一觀點作了更進一步闡述：

　　先秦學術，唯儒墨兩派。墨啟於儒，儒原於故史。其他諸家，皆從儒墨生。要而言之，法原於儒，而道啟於墨。農家為墨道作介，陰陽為儒道通囿。名家乃墨之支裔，小說又名之別派。而諸家之學，交互融洽，又莫不有其旁通，有其曲達。[35]

　　錢穆在以儒墨為宗疏理諸子的基礎上，把先秦諸子的發展分為三期：孔墨之興為初期，討論的中心問題是貴族階級的生活究竟如何趨於正當。陳

33　楊寬：《戰國史》（增訂本），上海人民出版社，1998年版，第32頁。
34　錢穆：《國學概論》，第59頁。
35　錢穆：《先秦諸子繫年·自序》，第23頁。

錢穆與《先秦諸子繫年》

（仲）、許（行）、孟（子）、莊（子）為第二期，討論的中心是士階層自身對於貴族階級究竟應抱何種態度。老子、荀卿、韓非為第三期。錢穆認為老子反奢侈、歸真樸的思想，承墨翟、許行、莊周之遺緒，為戰國晚期的思想。第三期討論的中心是士階級的氣焰與擾動，如何使之漸歸平靜與消滅的問題。因此，初期的問題中心為「禮」，中期的問題中心為「仕」，末期的問題中心是「治」。在第三期解決「治」的問題上，法家承繼儒家的思想，道家則從墨家轉來，儒、墨的衝突集中表現為韓非的法治與老子無為之間的對立。

《繫年》對戰國時局、學風的變化與先秦學術史的分期也提出了富有價值的見解。錢穆認為，戰國時局有三變，晚周先秦之際，三家分晉，田氏代齊為一變；徐州相王，五國繼之，為再變；齊秦分帝，到秦滅六國，天下一統為三變。就學風而言，魏文西河為一起，轉而為齊威宣稷下之學為再起，散而之於秦趙，平原養賢，不韋招客為三起。

關於先秦學術史的分期，錢穆提出了四期說。首期盡於孔門，流為儒業，為先秦學術的萌芽期。二期當三家分晉，田氏代齊，起墨子，終吳起。此一時期，儒墨已分，九流未判，養士之風初開，游談之習日起，魏文一朝主其樞紐，此為先秦學術的醞釀期。三期起商君入秦，迄屈子沉湘。此期學者盛於齊、魏，祿勢握於游士。有白圭、惠施之相業，淳于、田駢之優遊，孟軻、宋鈃之歷駕，有張儀、犀首之縱橫，有許、陳之抗節，有莊周之高隱，風起雲湧，得時而駕，此為先秦學術的磅礴期。四期始春申、平原，迄呂不韋、韓李。稷下既散，公子養客，時君之祿，入於卿相之手，中原教化，遍於遠裔之邦。此時趙秦崛起，楚燕扶翼，七雄紛爭，主於斬伐。荀卿為之倡，韓非為之應。在野有老聃之書，在朝有李斯之政。而鄒衍之頡頏，呂韋之收攬，皆有汗漫兼容之勢，森羅並蓄之象。此為先秦學術的歸宿期。

錢穆對先秦學術的分期及其流變的論述，獨具慧眼，頗多卓見，而被他

的學生余英時譽為「考證、義理、辭章融化一體的極致」。[36]《先秦諸子繫年》雖是一部為諸子考年的著作，其實未嘗不可作為一部先秦學術史來讀。關於此點，學者何佑森這樣解讀道：

　　《諸子繫年》無疑是一部先秦學術史，這是錢先生自謙而沒有說出的話。今天我們讀諸子書，最重要而最基本的，必須先要認清古代學術發展的大勢，然後才能談到思想問題。……從學術史的角度看，《諸子繫年》的價值可以說是不讓古人。善讀此書的人，假使能對書中所考證的有關諸子生平、出處、師友的淵源，以及學術的流變先有一番通盤的認識，然後再讀諸子書，心中的領會自然與墨守一家之言的學者不同。今後治諸子學者，假使能以《諸子繫年》作為根底，著眼於學術的流變，拋棄專家之學的成見，邁向通儒之學的大道，相信將來必然會出現一部有益於中國文化的古代思想通史。[37]

據錢穆自道，他撰寫《繫年》的目的是為下一步寫作《先秦諸子學通論》作準備，可惜他後來學術興趣發生轉移，最終未能完成《通論》一著作，這對先秦學術史的研究而言當是一件憾事。

五、考證諸子的方法

　　錢穆早年以考據揚名史壇，《先秦諸子繫年》便是他早年從事考據學的代表作。所以在考證諸子的方法上，他深受中國傳統考據學的影響，比較熟練自如地運用考據學中的本證、旁證、理證等方法去考辨諸子的生卒年事。

　　關於本證。本證又稱內證、自證，是一種利用本書前後互證來考訂史實的方法。明末學者陳第在《毛詩古音考序》中稱「本證者，《詩》自相證也」，

---

[36] 余英時：《一生為故國招魂——敬悼錢賓四師》，《猶記風吹水上鱗——錢穆與現代中國學術》，第 24 頁。

[37] 何佑森：《錢賓四先生的學術》，見氏著《清代學術思潮——何佑森先生學術論文集》（下），臺大出版中心，2009 年版，第 474 頁。

錢穆與《先秦諸子繫年》

即以《詩經》前後互證;清初學者黃宗羲、萬斯大、毛奇齡等人提出「以經釋經」、「以經證經」,即利用經部文獻本身相互釋證。錢穆在《繫年》中以「諸子之書,還考諸子之事」,用《史記》「世家」與「年表」互核,即屬於典型的本證之法。《史記‧魯世家》載魯哀公以下列君年數,與〈六國表〉多異,錢穆以〈魯世家〉與六國表互核,知〈世家〉可信,魯表多誤,以此重訂魯平西元年為周顯王四十七年（西元前 322 年）,非周赧王元年（西元前 314 年）;卒在周赧王十二年（西元前 303 年）而非十九年（西元前 296 年）,也糾正了清人梁志繩《史記志疑》魯平公立時為周慎靚王五年（西元前 316 年）之誤,使其後樂克進辭、臧倉沮見之事在年代上也得到了合理的說明。

關於旁證。旁證,即利用他書論證本書之誤,即陳第在《毛詩古音考序》中所言「旁證者,採之他書也」。錢穆稱考據必羅列證據,又必辨其得失。而辨定得失,「則多有待於他書之旁證」。他在《繫年》中以《紀年》校《史記》,以諸子之書與《史記》、《戰國策》對勘,即屬此法。錢穆本《史記索引》所引《紀年》,合之當時情事,參伍鉤稽,知《紀年》可信,《史記》記載多疏,故釐訂《史記》誤亂,據之考辨其記載諸子年事的偽誤,他在《繫年》中提出《竹書紀年》勝《史紀》五條明證,並根據古本《紀年》訂《史紀》記諸子年代、行事的偽誤,頗多創獲。錢穆對自己的考證也深為自負,自言:「余以《紀年》校《史記》,知齊、梁世系之誤,重定齊威宣、梁惠襄之先後。而後知孟子初游齊,當齊威王時;游梁,見惠王、襄王;返齊,見宣王。以此求之,則匡章不孝,孟子與游之事,情節復顯。」[38]

關於理證。所謂理證,即是在缺少證據的條件下,以學理作為判定是非的根據。錢穆主張考證應從材料入手,「先尋事實」。他說:「考年者必先尋實事,實事有證,而其年自定。」[39] 但是,人們考證所憑藉的材料總是殘缺不

---

[38] 錢穆:《先秦諸子繫年‧自序》,第 22 頁。
[39] 錢穆:《先秦諸子繫年‧自序》,第 20 頁。

五、考證諸子的方法

全的記載，他們憑藉這些零碎不全的材料，希望復原的卻是整個歷史事實的真實。所以在文獻、證據不足的情況下，研究者也可依據事理進行推斷得出結論。在《繫年》中，錢穆考證老子其書晚出，多用理證之法。他首先根據《老子》書中所反映的思想內容加以考察，提出了「思想線索」的論證方法，其次從《老子》一書的文字、文句、文體等方面來加以推斷，認為《老子》之書「蓋斷在孔子後，當自莊周之學既盛，乃始有之」。（詳後）

孤證不信。考據學重證據，強調「語必博證，證必多例」，反對孤證單行。梁啟超在《清代學術概論》中把乾嘉考據學風的特點概括為十條，其中第一條是「凡立一義，必憑證據；無證據而以臆度者，在所必擯」；第三條是「孤證不為定說，其無反證者姑存之，得有續證則漸信之，遇有力之反證則棄之」。[40] 錢穆考訂諸子年世也十分強調這一原則，凡立一說，必旁搜博采，博求佐證，在廣徵博證的基礎上，「記其異同，推排其得失，次其先後，定其從違」[41]，反對孤證單行，無據輕斷。

同一問題如遇不同說法而又無直接反證，固然應「著其說以存疑」。但是，錢穆又認為對各種不同說法也可重新加解釋、分析，以便從中選擇出一種相對可信的說法。如孔子居魯年數，〈世家〉不詳，《歷聘紀年》主七年之說，而江永《鄉黨圖考》、狄子奇《孔子編年》、林春溥《孔門師弟年表後說》主一年之說。崔述則提出新說，認為「孔子歸魯，以理度之，當在定公既立之後。或至彼時去齊，或先去齊而復暫棲他國，迨定公立而後返魯，均未可知」。錢穆在〈孔子自齊返魯考〉中，依據〈孔子世家〉的材料反駁崔氏：「然考之〈世家〉云『齊大夫欲害孔子，景公曰吾老矣，弗能用也，孔子遂行，反乎魯』。則孔子之去齊，並不以定公而欲歸魯也。亦不見去齊後有暫棲他國之事。且其時孔子未仕於魯，亦不必定公立而後可歸。」錢穆認為崔述之說，

---

40 梁啟超：《清代學術概論》，朱維錚校注：《梁啟超論清學史二種》，第39頁。
41 錢穆：《先秦諸子繫年·自序》，第19頁。

錢穆與《先秦諸子繫年》

「純出推想,未足信」,今既他無可考,只有從諸說中選擇較近情理者,故雲「姑依江氏說」。[42]

六、局限與不足

《先秦諸子繫年》是錢穆早年也是他一生中最為重要的學術代表作,錢穆對自己積十餘年之功完成的著作也頗為自負,他在該書《自序》中稱自己「以諸子之書,還考諸子之事,為之羅往跡,推年歲,參伍以求,錯綜以觀,萬縷千緒,絲絲入扣,朗若列眉,斠可尋指」。在致胡適的信中也說:「拙著《諸子繫年》於諸子生卒出處及晚周先秦史事,自謂頗有董理,有清一代考《史記》,訂《紀年》,辨諸子,不下數十百家,自謂此書頗堪以判群紛而定一是,即如孔子行事,前人考論綦詳,至於江崔諸老,幾若無可復加。拙稿於孔子在衛宋諸節,頗謂足補諸儒考核所未備。」[43]該書出版後,在學術界聲譽鵲起,錢玄同稱此書「實為精密,突過胡、梁諸家也」。[44]顧頡剛把《繫年》譽為「不朽之作」,稱其「作得非常精煉,民國以來戰國史之第一部著作也」。[45]

但是由於直接材料的缺乏,錢穆治先秦諸子主要採取了博綜典籍、會通文獻的研究方法,他以《紀年》校《史記》、《國策》,「以諸子之書,還考諸子之事」,以其通貫的學術眼光和提綱挈領的綴聯能力,對諸子的生平事蹟、學術源流進行了近乎「天羅地網式」的互證,可謂是極盡博綜會通之能事,取得了超邁前人的卓越成就。[46]但這種只依重傳世文獻材料的「博綜會通」之

42　錢穆:《先秦諸子繫年》(上),第 11—12 頁。

43　錢穆:〈致胡適書〉,《錢賓四先生全集》第 53 冊《素書樓余瀋》,第 191 頁。

44　楊天石主編:《錢玄同日記》(整理本)下冊,1938 年 2 月 25 日條,北京大學出版社,2014 年版,第 1323 頁。

45　《顧頡剛日記》第四卷,第 249 頁。

46　參見杜正勝:《錢穆與二十世紀中國古代史學》,收入氏著《新史學之路》,第 223—

六、局限與不足

法，其局限性也是明顯的。這主要體現在：

其一，在考證方法上過多運用理證法。比如，錢穆考證老子成書年代問題時提出了「思想線索」論證法和文字、術語、文體的論證法，他說：「大凡一學說之興起，必有其思想之中心。此中心思想者，對其最近較前有力之思想，或為承受而闡發，或為反抗而排擊，必有歷史上之跡象可求。《老子》一書，開宗明義，其所論者，曰『道』曰『名』。今即此二字，就其思想之系統而探索其前後遞嬗轉變之線索，亦未始不足以考察其成書之年代。且一思想之傳布，必有所藉以發表其思想之工具。如其書中所用主要之術語，與其著書之體裁與作風，亦皆不能逃脫時代之背景，則亦足為考定書籍出世年代之一助也。」[47] 為此，錢穆在〈關於老子成書年代之一種考察〉、〈再論老子成書年代〉等文中，從時代背景、思想系統以及文字、文句、文體等方面對《老子》一書進行了考證，力證《老子》出莊周後，為戰國晚期的作品。

對於錢穆提出的「思想線索」論證法，主張老子「早出說」的胡適就深不以為然，他在1933年發表的《評論近人考據〈老子〉年代的方法》一文中反駁道：「從『思想系統』上，或『思想線索』上，證明《老子》之書不能出於春秋時代，應該移在戰國時期，梁啟超、錢穆、顧頡剛諸先生都曾有這種論證。這種方法可以說是我自己『始作俑』的，所以我自己應該負一部分責任。我現在很誠懇地對我的朋友們說，這個方法是很有危險性的，是不能免除主觀的成見的，是一把兩面鋒的劍可以兩邊割的。你的成見偏向東，這個方法可以幫助你向東；你的成見偏向西，這個方法可以幫助你向西。如果沒有嚴格的自覺的批評，這個方法的使用絕不會有證據的價值。」[48] 胡適的批評並非沒有道理。「思想線索」的論證方法，如果缺乏充分的歷史依據，「思

225頁。
47　錢穆：《老子辨》，中國書店，1988年版，第32頁。該書係據大華書局1935年版影印。
48　胡適：〈評論近人考據老子年代的方法〉，《胡適論學近著》第一集卷一，山東人民出版社，1998年版，第83頁。

錢穆與《先秦諸子繫年》

想線索」實不易言。這種方法的確難以排除研究者的主觀之見。這誠如胡適所言，它就像「一把兩面鋒」的雙刃劍，可以朝兩邊割的。[49] 杜正勝也言：「如果從文獻學來看，錢穆所條貫的『思想線索』是根據傳世的《老子》第一章開宗明義『道可道』與『名可名』而來的，如果根據馬王堆帛書『上德不德』作開宗明義，本章所攻擊的焦點只是『禮』，要找到合適的時代背景，老子所居的『思想線索』的位置，放在春秋末年豈不更合理嗎？」[50]

文字文體的論證方法同樣也有缺陷，胡適在批評馮友蘭、顧頡剛使用這一方法時說：「馮友蘭先生說《老子》的文體是『簡明之經體』，故應該是戰國時作品。但顧頡剛先生說『《老子》一書是用賦體寫出的；然而賦體固是戰國之末的新興文體呵！』同是一部書，馮先生側重那些格言式的簡明語句，就說他是『經體』；顧先生側重那些有韻的描寫形容的文字，就可以說他是『用賦體寫出來的』。單看這兩種不同的看法，我們就可明白這種文體標準的危險性了。」[51] 錢穆在〈再論老子成書年代〉一文中，試圖用「芻狗」一詞證明《老子》承自《莊子》，但反駁者提出，根據《莊子·天運》的記載可知，以「芻狗」供祭祀，是古代通行的制度和習慣。《莊子》一書可以用它，《老子》為什麼就不可以用它呢？[52]

錢穆在《繫年》卷2〈老子雜辨〉中對老子其人其事也作了具體考證，他考證的結論是戰國言老子，實為老萊子、太史儋、詹何三人，然而後人常常把三人混同一人。以老萊子誤太史儋，然後孔子所遇之丈人，遂一變而為周王室守藏史。又以環淵誤關令尹，然後太史儋出關入秦，遂有《道德經》五千言之著書。錢穆綜合考察了先秦古籍有關老子其人其事的傳說後指出，

49　參見陳勇：〈試論錢穆與胡適的交誼及其學術論爭〉，《史學史研究》2011年第3期。
50　杜正勝：《錢穆與二十世紀中國古代史學》，見氏著《新史學之路》，第227頁。
51　胡適：〈評論近人考據老子年代的方法〉，《胡適論學近著》第一集卷一，第88頁。
52　張福慶：〈對錢穆先生「從文章的體裁和修辭上考察老子成書年代」的意見〉，《古史辨》（六），第565—566頁。

六、局限與不足

孔子所見者，乃南方蓺草丈人，即《莊子·外物》中的「老萊子」，《論語》中的「荷蓧丈人」，神其事者為莊周。出關遊秦者，乃周室史官儋，而神其事者為屬秦人。著書談道，列名百家者，乃楚人詹何，而神其事者為晚周之小書俗說。混而為一人，合而為一傳，則始於司馬遷的《史記》。[53]

由於有關老子的直接材料少之又少，錢穆在考證老子生平事蹟時大多是依據了文字上音形的通轉和意義的互訓[54]，推論之處甚多，不免大膽假設有餘，小心求證不足。當年鄧廣銘讀到這一部分考辨文字時的感言是：「在全部考辨中，文章最長，曲折最多，而所下的假設也最為大膽的，是卷二中的老子辨。……證據來得如是其迂曲，結論下得如是其爽快，讀者至此當會感覺到著者的立說也不免於有些虛玄吧。」[55] 朱希祖讀到這一部分時也有「臆測附會之辭亦不能免，如以老子為老萊子，而又以老萊子為荷蓧丈人是也」的批評。[56]

在當年有關老子的論辯中，胡適提出在沒有尋得充分的證據之前，對老子其人其書應延長偵查的時間，「展緩判決」。他說：「懷疑的態度是值得提倡的，但在證據不充分時肯展緩判斷（Suspension ojudgement）的氣度是更

53　參見錢穆：《先秦諸子繫年》（上），第 221 頁。
54　錢穆認為司馬遷關於老子名耳、字聃、姓李氏的說法是無根據的，他引用《說文》等古籍進行釋證。《說文》：「聃，耳曼也。」《詩經·魯頌》毛傳：「曼，長也。」《莊子》書稱老聃，《呂氏春秋·不二篇》作「老耽」。《說文》云：「耽，耳大垂也。」漢《老子銘》：「聃然，老旄之貌也。」古人以耳大下垂為壽者之相，故高年壽者老子稱老聃、老耽。古籍中又有續耳、離耳。徐堅《初學記》引《韓詩》云：「離，長也。」《文選西京賦》云：「朱實離離。」薛注：「離離，實垂之貌。」耳垂在肩上，故稱離耳，又雲續耳，「續」字有引長之意。錢穆認為李耳即離耳，離李聲近。《莊子》記載孔子曾見了一位長耳朵的老者，但後人牽強附會，把離耳變成李耳，於是變老子名耳字聃姓李姓了。其實，老聃只不過是古代一位長耳朵的老者。
55　鄧恭三：《評〈先秦諸子繫年〉》，《國聞週報》第 13 卷第 13 期，1936 年，第 40—41 頁。
56　朱希祖：《朱希祖日記》下冊，1939 年 2 月 12 日條，第 1000 頁。

錢穆與《先秦諸子繫年》

值得提倡的」。[57] 胡氏「展緩判決」的意見在方法論上是值得重視的。1993年，在湖北荊門郭店戰國中期楚墓出土的竹簡中，有甲、乙、丙三組《老子》抄本，就推翻了錢穆《老子》成書於戰國晚期的說法。

其二，對新出土材料的忽視。自王國維倡導二重證據法以來，用地下出土的新材料來研究古史風靡學界，以傅斯年為首的新考據學派（或稱「史料學派」）用地下出土的考古材料（「直接材料」）來重建古史就是一例。錢穆雖然也贊同以地下出土的新材料與傳世文獻互證來研究古史，但是他卻過分重視了文獻材料，因而在一定程度上又忽視了地下出土的實物資料對於古史研究的重要性。由於過分重視文獻材料而忽略考古材料，他考證的某些結論也容易被地下出土的新材料所否定。比如《繫年》在〈孫武辨〉、〈田忌鄒忌孫臏考〉中否定孫武實有其人，《孫子兵法》的作者實為戰國時代的孫臏，就被山東臨沂銀雀山一號西漢墓出土的新材料所否定。儘管懷疑孫武其人其書並非自錢穆始，宋人葉適、陳振孫，清人全祖望、姚鼐等人早有所疑，錢穆是順著他們的考證而來的，這也說明從文獻考證文獻的方法還是存在不小局限性的。

錢門弟子余英時稱《先秦諸子繫年》「為諸子學與戰國史開一新紀元，貢獻之大與涉及方面之廣尤為考證史上所僅見。根據古本《竹書紀年》改訂《史記》之失更是久為學界所激賞。」[58] 在這樣大規模的考證中，由於資料的不足和推斷的失誤，自然不免有可以改正之處。此書自1935年由商務印書館出版，到1956年由香港大學出版社出修訂版時，便增訂了250條，約3萬餘言，占原書篇幅的十分之一。銀雀山漢墓、馬王堆漢墓、郭店楚簡等考古發現也提供了足以補充、糾正此書的新材料，但全書大體立論有據，考證精到，絕不因此等小節而動搖，研究先秦諸子和戰國史的學者必將從此書中大

57　胡適：《評論近人考據〈老子〉年代的方法》，《胡適論學近著》第一集卷一，第99頁。
58　余英時：《一生為故國招魂——敬悼錢賓四師》，《猶記風吹水上鱗——錢穆與現代中國學術》，第23頁。

受其惠。

七、餘論

在1949年以前，學術界對《先秦諸子繫年》中關於老子其人其書的考證雖有過不同意見，但總體評價甚高，交相稱讚，譽之為體大思精的「不朽之作」。1949年中國政權易手，不認同新政權的錢穆選擇了離開中國，客居香江興學。錢氏因「不食周粟」，而遭到了中共領袖毛澤東的點名批判。[59] 自1957年起，中國學術界展開了對錢穆史學的「清算」，1961年白壽彝先生發表《錢穆和考據學》一文，批評《繫年》抄襲清人的成果，圍繞著這些問題，引發了學界的筆戰。

1954年8月1日，香港《人生》半月刊8卷6期出版「慶祝錢賓四先生六十壽辰專刊」，余英時在專刊上發表了《郭沫若抄襲錢穆先生著作考——十批判書與先秦諸子繫年互校記》（上），7、8兩期又刊出了該文（中）、（下）兩部分，認定郭沫若《十批判書》大量抄襲了《繫年》的內容。1961年5月，白壽彝先生在《北京師範大學學報》第2期上發表了《錢穆和考據學》一文，認為《繫年·自序》提出的《竹書紀年》勝《史記》的五個明證，都是剽竊清人雷學淇《竹書紀年義證》的。由於白氏在批評錢穆治先秦諸子學時有不少地方拿郭沫若的研究成果作對照，不免引起余英時的聯想。1991年，余氏將〈郭沫若抄襲錢穆先生著作考〉收入到紀念乃師的集子《猶記風吹水上鱗——錢穆與現代中國學術》中，以原來的副標題為題，並為該文寫了跋語，聲稱：

---

[59] 1949年8月14日，毛澤東在《丟掉幻想，準備鬥爭》那篇著名的社論中點了胡適、傅斯年、錢穆三人的名。「為了侵略的必要，帝國主義給中國造成了數百萬區別於舊式文人或士大夫的新式的大小知識分子。對於這些人，帝國主義及其走狗中國的反對政府只能控制其中的一部分人，到了後來，只能控制其中的極少數人，例如胡適、傅斯年、錢穆之類，其他都不能控制了，他們走到了它的反面。」《毛澤東選集》第4卷，人民出版社，1967年版，第1422頁。

錢穆與《先秦諸子繫年》

郭沫若究竟讀過這篇文字沒有，不得而知。但是官方學術界似乎曾注意到它的存在，並且作出了間接的而又是針鋒相對的反應。幾年之後白壽彝在《歷史研究》（應為《北京師範大學學報》——引者）上發表了一篇《錢穆和考據學》，通篇都是用下流的暴力語言，把錢先生的一切著作，特別是考據著作，罵成一錢不值。此文後來收在他的《學步集》中。其中第四節《錢穆考據的剽竊和誣妄》專是罵《先秦諸子繫年》的，而且處處以吹捧郭沫若的《十批判書》作為對照。

白壽彝特別強調《繫年》是「剽竊」而成，又刻意把《繫年》的考據說成一無是處，而《十批判書》則處處精到，充滿創見。在我看來，這兩點似乎正是針對著我那篇〈郭沫若抄襲錢穆先生著作考〉而發。否則也未免太巧合了。[60]

余氏自信其推測「大概是雖不中，亦不遠」，不過據在白壽彝先生身邊工作的人言，白先生根本沒有看過余英時在1954年發表的那篇文章，因此他撰寫的《錢穆和考據學》就不可能是專門針對余文而作，余氏的聯想與推測的確缺乏證據的支持。[61]

如前所述，以古本《竹書紀年》訂《史記》之誤，是《繫年》一書的最大特色。據錢穆自述，《繫年·自序》寫於1930年春，當時他尚在蘇州中學任教，發現雷學淇《竹書紀年義證》家傳本則是在他任教北京大學之後。故《繫年·自序》提出的《紀年》勝《史記》的五個明證，應當是他早年精研《紀年》的結果。以《紀年》勝《史記》第四個明證為例，錢氏認為《史記》載魏惠王三十一年徙都大梁有誤，而應以《紀年》的記載為準，他透過具體研究得出這一結論後才讀到朱右曾《竹書紀年存真》，方知朱氏已先他辨之。不過朱氏

60　余英時：《〈十批判書〉與〈先秦諸子繫年〉互校記跋語》，氏著《猶記風吹水上鱗——錢穆與現代中國學術》，第133、136頁。

61　參見周文玖：《梁啟超、胡適、郭沫若史學特點之比較及其學術關聯》，《史學史研究》2011年第3期。

七、餘論

依據《水經注》將魏惠王徙都大梁定為六年,他則據《史記索隱》定在九年。再後來讀到雷學淇《介庵經說》,才發覺徙都大梁為魏惠王九年之說雷氏已先他而發。錢穆在《繫年》卷2中說:

> 余草《諸子繫年》稿粗定,乃博涉諸家考論《紀年》諸書以相參證,最後唯雷氏學淇《紀年義證》未得見。雷氏書亦能辨《紀年》真偽,當與朱氏、王氏《存真》、《輯校》同列,非陳氏《集證》以前諸賢之見矣。然余猶得讀其《介庵經說》,略窺一斑。其論孟子時事,蓋亦得失參半。粗具涯略,未盡精密。而論魏徙大梁,則其說猶在朱氏《存真》之前。朱氏之說,雷氏又復先言之。茲再抄錄,以見考古之事,雖若茫昧,而燭照所及,苟有真知,無不同明,有相視而笑,莫逆於心者,而亦所以志余之陋也。[62]

後來錢穆在北平圖書館珍藏書中得雷學淇《竹書紀年義證》家傳本40卷,「其議論與《經說》大同」,「復節錄十數條,散入諸篇,間加商訂。又越年,得見其《考訂》十四卷,議據略同,而不如《經說》、《義證》之詳」。[63] 可見,錢穆以《竹書紀年》校《史記》,從而找出《史記》在紀年上的錯誤,受過清代學者的啟發,尤其是得益於雷學淇《竹書紀年義證》甚多,確是實事,但如白壽彝先生所言,錢氏提出的《紀年》勝《史記》的五個所謂明證,「都是剽竊雷學淇《竹書紀年義證》的」,「不只是在論點上是剽竊《義證》的,並且在材料上也基本上是剽竊《義證》的」[64],則有失偏頗,與事實不合。這裡應當指出的是,白先生批評錢穆的文章是在當時清算資產階級史學的政治氣氛下寫成的,批評的言辭較為激烈是可以理解的。據知情人透露,白先生晚年對這篇批錢之作是不太滿意的,所以他在世時出版的《白壽彝史學論

---

62 錢穆:《先秦諸子繫年》卷2《魏徙大梁乃惠成王九年非三十一年辨》,第151頁。
63 錢穆:《先秦諸子繫年》卷2《魏徙大梁乃惠成王九年非三十一年辨》,第152頁。
64 白壽彝:《錢穆和考據學》,《學步集》,生活·讀書·新知三聯書店,1978年版,第291、292頁。

集》、《中國史學史論集》均未收錄此文。[65] 至於余英時把白先生這篇批評錢穆考據學的文章說成是「中共官方學術界」對〈郭沫若抄襲錢穆先生著作考〉作出的「間接的而又是針鋒相對的反應」，翟清福、耿清珩撰有專文回應，此處不再贅述。[66]

65　參見周文玖：《梁啟超、胡適、郭沫若史學特點之比較及其學術關聯》，《史學史研究》2011 年第 3 期。

66　參見翟清福、耿清珩：《一樁學術公案的真相——評余英時〈十批判書〉與〈先秦諸子繫年〉互校記》，《中國史研究》1996 年第 3 期。

錢穆與〈劉向歆父子年譜〉

一、寫作背景與學術貢獻

〈劉向歆父子年譜〉（以下簡稱〈年譜〉）是錢穆的成名之作，這是一篇解決晚清道、咸以來經學上今古文之爭、破今古門戶的力作，1930年6月發表在顧頡剛主編的《燕京學報》第7期上。

1929年顧頡剛與錢穆在蘇州初識時，顧氏稱自己北上燕京大學任教並兼任《燕京學報》的編輯工作，希望他能為學報撰稿。錢穆卻中山大學聘後，去信向顧頡剛解釋。此時顧任《燕京學報》編輯委員會主任，學報七、八兩期由他主編，故回信催錢氏為學報撰稿，錢穆於是寫成〈劉向歆父子年譜〉一文寄給了顧頡剛。

〈劉向歆父子年譜〉原名《劉向劉歆王莽年譜》，發表時由顧頡剛改為今名，這是錢穆轟動學術界的成名之作，也是中國近現代學術史上的不朽名作，它主要是針對康有為《新學偽經考》而作的。

1920、1930年代，支配當時中國學術界的是康有為的今文家說。康有為在《新學偽經考》中力主古文經為劉歆偽造，把晚清今文家說發揮到極致。其後崔適著《史記探源》、《春秋復始》、《五經釋要》等書，進一步發揮康說，崔適的弟子錢玄同在〈重印新學偽經考序〉中又加以附議補充，以申師說。從此，劉歆媚莽助篡、偽造群經風靡學術界，統治了近代的經學研究。五四以後的疑古史學多受康有為今文家說的影響，顧頡剛就是受到《新學

錢穆與〈劉向歆父子年譜〉

偽經考》的影響才由信古文轉向信今文的,他在廣州中山大學講經學時即主康說。[1] 1913 年錢穆在無錫盪口鴻模學校任教時,讀夏曾佑《中國歷史教科書》,已接觸到經學上今古文之爭。1922 年任後宅泰伯市立圖書館長時,因到杭州購書,得康有為《新學偽經考》石印本一冊。讀後而「心疑」,「深疾其牴牾」。這是他治兩漢經學今古文問題之始。其後,隨著學力的加深,他對兩漢經學今古文之爭有了更深入的認識,對晚清今文家言,特別是康有為的劉歆偽經說深不以為然。當顧頡剛向他約稿時,他決定把自己對這一問題的認識見諸文字,於是寫成〈劉向歆父子年譜〉一文,對康有為《新學偽經考》一書的主要觀點進行了全面批駁。

錢穆仿王國維〈太史公行年考〉的體例,以年譜的著作形式具體排列了劉向、劉歆父子生卒、任事年月及新莽朝政,用具體史事揭櫫《新學偽經考》不可通者有 28 處,凡康文曲解史實、抹殺證據之處,均一一「著其實事」,詳細論證了劉歆偽篡古文以媚莽不能成立。他駁斥康文的 28 條理由概括起來主要包括如下幾方面的內容。

其一,劉歆無遍造群經之時間。

劉向卒於漢成帝綏和元年(西元前 8 年),劉歆復領校五經在綏和二年,爭立古文經博士在漢哀帝建平元年(西元前 6 年),距劉向之死不到二年,距劉歆領校五經不過數月。劉歆偽造群經是在劉向未死前還是在劉向卒後?如果說劉歆遍偽群經在劉向生前,其父為何不知?如果說在其父死後二年,劉歆領校五經才幾個月,要在如此短的時間遍造群經,於時間上說不通。

其二,與劉歆同時或前後時代的人並未留下劉歆作偽的記載。

首先,與劉歆同在天祿閣校書的人無一人說劉歆造偽。與劉歆同在天祿閣校書的人有尹咸父子、班游、蘇竟和稍後的揚雄。尹咸父子,歆從其受

---

1 關於顧頡剛受晚清今文家說尤其是受康有為的影響,參見陳勇:〈和而不同:民國學術史上的錢穆與顧頡剛〉,《暨南學報》2013 年第 4 期。又參見陳勇:〈疑古與考信——錢穆評古史辨派的古史理論〉,《學術月刊》2000 年第 5 期。

學，與歆父劉向先已同受校書之命，名位皆出劉歆之上，沒有說劉歆偽造群經。班游校書，亦與劉向同時，漢廷賜以祕書之副，也沒有說劉歆造偽。蘇竟與劉歆同時校書，至東漢尚在，為人正派，「無一言及歆偽」，且深為推敬。揚雄校書天祿閣，即當年劉歆校書處。楊氏書多言古文，可知他親見中祕古籍。如果說劉歆「於諸經史恣意妄竄」，揚雄為何看不出偽跡；其次，東漢諸儒，未疑及劉歆造偽。東漢時校書東觀的班固、崔駰、張衡、蔡邕，未疑作偽。桓譚、杜林與劉歆同時，「皆通博洽聞之士」，下逮東漢，顯名朝廷，「於歆之遍偽諸經絕不一言」，這又是什麼道理？再次，深抑古文諸經的師丹、公孫祿、范升，皆與劉歆同時，他們反對古文經的理由是「非毀先帝所立」，攻擊劉歆「顛倒五經」、「改亂舊章」，並不認為這些經書為劉氏所偽。最後，被認為最有可能與劉歆共謀偽造是當時被王莽徵召入朝的「通逸經、古記、小學諸生數千人」，此數千人者遍於國中四方，「何無一人洩其詐」？自此不到二十年，光武中興漢室，此數千人生活在東漢之初，為什麼沒有一人言及劉歆作偽？

其三，關於劉歆媚莽助簒偽造《周官》之說。

錢穆認為，劉歆在爭立古文經時，王莽已去職，絕無簒漢之象，何來偽造經書以助莽簒漢。說劉欲偽造群經獻媚王莽，主要是指《周官》。康有為稱劉歆偽經，首於《周禮》，以佐莽簒。然《周官》乃晚出之書，方爭立諸經時，《周官》不在其內。媚莽助簒，符命為首。而符命源自災異，善言災異者，皆今文學家，如京房、翼奉、谷永、李尋之徒。又，周公居攝稱王，本諸《尚書》，亦為今文家說。劉歆既不造符命，也不言災異，又不說今文《尚書》，何益於簒位改制。《周官》乃是王莽得志後據以改制立政，不可以說是劉歆媚莽改造《周官》助簒。王莽據《周官》改制的內容，如井田、分州及爵位等級等早見於以前之古籍。井田見於《孟子》，分州見於《尚書》，爵位之等詳於〈王制〉、《公羊》。其他如郊祀天地，改易錢幣之類，莽朝改制，元成

錢穆與〈劉向歆父子年譜〉

哀平以下,多已有言之者,此皆有所本,劉歆何必再偽造此書,「以啟天下之疑」。再者,說劉歆偽造《周官》獻媚王莽,照理說王莽代漢後,應尊古文,抑今文。事實上,王莽當政後,今古兼采,當朝六經祭酒,講學大夫多出於今文諸儒,這又如何理解?

其四,關於劉歆偽造《左傳》諸經。

說劉歆在偽造《周禮》以前,已先偽造了《左傳》、《毛詩》、《古文尚書》、《逸禮》諸經。說劉歆偽造《周官》乃是為了媚莽助篡,那麼他偽造《左傳》諸經的目的又是什麼?錢穆認為,《左傳》傳授遠在劉歆之前,歆父劉向及其他諸儒,奏記述造,「引《左氏》者多矣」。西漢眭孟、路溫舒、張敞、翟方進、梅福、尹咸、何武、王舜、龔勝、杜鄴、張竦、揚雄等人皆引過《左傳》,像嚴彭祖、翼奉、京房、谷永那樣的今文學大家也兼治《左傳》。西漢師丹、公孫祿,東漢范升,諫立《左傳》諸經尤力,「並不為今古分家,又不言古文出歆偽」。[2] 甚至師丹在上漢哀帝的奏文中還引用《左傳》僖公九年「天威不違顏咫尺」之語。[3] 錢穆據《華陽國志》卷十引〈春秋穀梁傳敘〉云:「成帝時,議立三傳,博士巴郡胥君安,獨駁《左傳》不祖聖人。」認為反對者僅謂「『《左傳》不祖聖人』,並未謂古無其書,由歆偽撰也」。[4]

錢穆在〈年譜〉中還引用漢書〈張敞傳〉、〈儒林傳〉等材料具體論證了《春秋左氏傳》在西漢修習流傳的情況。《漢書·張敞傳》云敞上封事曰:「臣聞

2　錢穆:《劉向歆父子年譜·自序》,《兩漢經學今古文平議》,商務印書館,2001 年版,第 5 頁。

3　《漢書》卷 86《師丹傳》云:「上少在國,見成帝委政外家,王氏僭盛,常內邑邑。即位,多欲有所匡正。封拜丁、傅,奪王氏權。丹自以師傅居三公位,得信於上,上書言:『古者諒闇不言,聽於冢宰,三年無改於父之道。……臣聞天威不違顏咫尺,願陛下深思先帝所以建立陛下之意,且克己躬行以觀群下之從化。』」錢穆解釋道:「『天威』語見《左》僖九年傳,丹後雖抑劉歆建立《左氏》之議,然亦曾治其書,故引用及之。」錢穆:〈劉向歆父子年譜〉,《兩漢經學今古文平議》,第 74 頁。

4　錢穆:〈劉向歆父子年譜〉,《兩漢經學今古文平議》,第 81—82 頁。

公子季友有功於魯，大夫趙衰有功於晉，大夫田完有功於齊，皆疇其官邑，延及子孫。終後田氏篡齊，趙氏分晉，季氏顓魯。故仲尼作《春秋》，跡盛衰，譏世卿最甚。」〈張敞傳〉又云：「敞本治《春秋》，以經術自輔。」錢氏引《漢書‧儒林傳》解釋道：

漢興，北平侯張蒼，及梁太傅賈誼，京兆尹張敞，皆修《春秋左氏傳》。季友、趙衰、田完受封事，《公》、《穀》皆不著，敞治《春秋》，及見《左氏》審矣。敞又名能識古文字，《左氏》多古字，與其學合。譏世卿乃《公羊》義，敞引為說，當時通學本不分今古也。[5]

張敞借用季友、趙衰、田完受封事，勸漢宣帝應抑制霍氏的勢力，否則不免會再現「世卿」之禍。接著錢穆引用〈儒林傳〉說張蒼、賈誼、張敞三人「皆修《春秋左氏傳》」。然後說季友、趙衰、田完受封事的記載僅見於《左傳》，不見於《公羊》、《穀梁》。張敞用此三人的事蹟勸說宣帝，說明他讀過《左傳》，〈儒林傳〉說張敞「修《春秋左氏傳》」是正確的。張敞上封事在宣帝地節三年（西元前 67 年），此時劉向年 12，劉歆尚未出生，劉歆何以能假造他尚未出生時張敞就讀過的《春秋左氏傳》？且在張敞之前，漢初的張蒼、文帝時的賈誼就研修過此書，此二人比劉歆出生要早 100 多年，劉歆又如何假造出他們修習過的《春秋左氏傳》？[6]

錢穆又舉翟方進修習《左傳》的例子：

按〈翟方進傳〉：淳于長陰事發，下獄，方進奏劾紅陽侯王立，並及其黨友，奏中有云：「昔季孫行父有言曰：『見有善於君者，愛之若孝子之養父母也；見不善者，誅之若鷹鸇之逐鳥爵也。』」師古曰：『事見《左氏傳》。』《補注》，周壽昌曰：『案西漢文中無引《左氏》者，獨方進奏中引此數句，緣方進好為《左氏》學。〈韋賢傳〉中始見劉歆等引《左氏傳》，此尚在前也。』今按：路

5　錢穆：〈劉向歆父子年譜〉，《兩漢經學今古文平議》，第 14 頁。
6　參見廖伯源：〈談〈劉向歆父子年譜〉〉一文，臺北市立圖書館：《錢穆先生紀念館館刊》第 5 期，1997 年。

錢穆與〈劉向歆父子年譜〉

溫舒、張敞等引《左氏》尤在前,而方進之傳《左氏》,則有明證矣。必如康說,《漢書》全成歆手,則此亦歆所偽造以欺後世耶?[7]

可見,在漢哀帝建平元年(西元前6年)劉歆請立《左氏春秋》於學官之前,西漢公卿、學者在奏議中直接或間接引用《左傳》中的文句或史事不乏其例,說明在此之前《左傳》早已在民間和學者中間流布傳習,根本無須等到劉歆居中祕時再來偽造。

康有為認為《左傳》是劉歆媚莽助篡偽造的,一個重要的理由就是隱西元年《左傳》云:「元年春,王周正月,不書即位,攝也。」[8]康氏《偽經考》據此認為:「莽文居攝名義亦由歆。即此一言(《春秋》:隱公不言即位,攝也),歆之偽作《左氏春秋》書法,以證成莽篡,彰彰明矣。」[9]錢穆反駁道:「按:《禮記·文王世子》:『周公攝政踐阼而治』,《說苑·尊賢》:『周公攝天子位七年』。居攝之名,何必始於歆?歆請立《左氏》,尚在哀帝建平元年,豈預知十年後莽有居攝之局而先偽經文以為之地?」[10]顯然,康氏之說無據。

王莽代漢之際,碩學通儒都頌德勤勉,校書者也非劉歆一人,即便是有人偽造經書,也不必說偽經者必是劉歆。所以錢穆認為,既不存在劉歆在短短數月間偽造群經能欺騙其父,並能一手掩盡天下耳目之理,也無偽造群經媚莽助篡之說,這些純屬康有為出於「託古改制」的政治目的而有意編造出來的。他在《年譜·自序》中說:「余讀康氏書,深疾其牴牾,欲為疏通證明,因先編〈劉向歆父子年譜〉,著其實事。實事既列,虛說自消。元、成、哀、平、新莽之際,學術風尚之趨變,政治法度之因革,其跡可以觀。凡近世經生紛紛為今古文分家,又伸今文,抑古文,甚斥歆、莽,遍疑史實,皆可以

---

7 錢穆:《劉向歆父子所譜》,《兩漢經學今古文平議》,第 61—62 頁。
8 楊伯峻:《春秋左傳注》第一冊,中華書局,1981 年版,第 9 頁。
9 康有為:《新學偽經考》,姜義華、張榮華編校,中國人民大學出版社,2010 年版,第 142 頁。
10 錢穆:〈劉向歆父子年譜〉,《兩漢經學今古文平議》,第 125 頁。

一、寫作背景與學術貢獻

返。循是而上溯之晚周先秦，知今古分家之不實，十四博士之無根，六籍之不盡傳於孔門而多殘於秦火，庶乎可以脫經學之樊籠，發古人之真態矣。」[11]

〈年譜〉在學術上的具體貢獻主要體現在如下幾個方面。

其一，透過嚴密的考證批駁康有為《新學偽經考》許多帶有誤導傾向的武斷之說，澄清了不少古籍文獻中所載內容的真偽問題。關於此點，前已敘說，這裡再舉兩例。

康有為認為「五帝」中原本無少皞，後為劉歆所竄入。《逸周書·嘗麥解》云：「昔天之初，誕作二後，乃設建典，命赤帝分正二卿，命蚩尤於寓，少皞以臨四方。」又云：「乃命少皞清司馬鳥師以正五帝之官，故名曰『質』。」康有為據此斷言：「蚩尤為古之諸侯，而少皞與蚩尤為二卿，同受帝命，則少皞亦古之諸侯，與蚩尤同。非五帝，更非黃帝之子甚明。劉歆欲臆造三皇，變亂五帝之說，以與今文家為難，因躋黃帝於三皇，而以少皞補之。其造《世經》，以太皞帝、炎帝、黃帝、少皞帝、顓頊、帝嚳、唐帝、虞帝為次，隱喻三皇、五帝之說。又懼其說異於前人，不足取信，於是竄入《左傳》、《國語》之中。」[12] 顧頡剛也沿用康氏之說，「本來五德終始的系統裡是沒有少昊其人的，自從王莽、劉歆為要建設新的國本，重排這個系統，沒有法子排好，只得把少昊請了進去，在《左傳》中插入了偽史，於是漢火新土始得確定」。[13] 錢穆引用《漢書·魏相傳》中材料對康有為的觀點進行了反駁。《漢書·魏相傳》載魏相奏摺云：「東方之神太昊，乘『震』執規司春；南方之神炎帝，乘『離』執衡司夏；西方之神少昊，乘『兌』執矩司秋；北方之神顓頊，乘『坎』執權司冬；中央之神黃帝，乘『坤』、『艮』執繩司下土。茲五帝所司，各有時也。」[14] 錢穆引用此段材料指出「魏相此奏，明引少昊五帝」。魏相於宣帝

---

11 錢穆：《劉向歆父子年譜·自序》，《兩漢經學今古文平議》，第7頁。
12 康有為：《新學偽經考》，第35—36頁。
13 《古史辨》（五）顧頡剛「自序」，第17頁。
14 《漢書》卷74〈魏相傳〉，中華書局，1962年版，第3139頁。

錢穆與〈劉向歆父子年譜〉

神爵三年（西元前 59 年）已卒，後來的劉歆不可能篡改此奏文，[15] 可見將少昊列入五帝之中的做法並非始自劉歆。錢穆在後來所寫的〈評顧頡剛五德終始說下的政治和歷史〉一文中續有闡發，認為《世經》所說的五行相生、漢為火德、漢為堯後在劉歆之前早有人提出，比如五行相生至少在《淮南子》、《春秋繁露》已經出現，漢為火德在劉歆之前有甘忠可、谷永等人論及，漢為堯後之說至少可上溯到昭帝時眭孟，故云：「五行相生說自《呂覽》、《淮南》五方色帝而來，本有少昊，並非劉歆在後橫添」；「以漢為堯後，為火德，及主五行相生三說互推，知少昊加入古史系統絕不俟劉歆始，劉歆只把當時已有的傳說和意見加以寫定（或可說加以利用）」。[16]

康有為認為今文據古說皆言「四岳」，而「五嶽」一說乃劉歆所偽。他說：「考《爾雅‧訓詁》，以釋《毛詩》、《周官》為主。《釋山》則有『五嶽』，與《周官》合，與〈堯典〉、〈王制〉異。（自注：〈王制〉：『五嶽視三公』，後人校改之名也。）」、「蓋歆既遍偽群經，又欲以訓詁證之而作《爾雅》，心思巧密，城壘堅嚴，此所以欺紿百代者歟！然自此經學遂變為訓詁一派，破碎支離，則歆作俑也。」[17] 但錢穆指出，《漢書‧郊祀志》記載宣帝神爵元年（西元前 61 年）三月「制詔太常，令祀官以禮為歲事，自是五嶽四瀆皆有常禮。東嶽泰山於博，中嶽泰室於嵩高，南嶽灊山於灊，西嶽華山於華陰，北嶽常山於上曲陽」，「然據〈郊祀志〉，五嶽明見宣帝前，時《周禮》、《毛詩》皆未出，歆尚未生，必如康說，非《漢書》亦出歆偽，不足自圓」。[18]

其二，平實考察新莽代漢及其改制的歷史事實，指出新莽創制立法，皆遠有端緒，可以追溯到武、昭、宣、元、成時期，是西漢中後期學術風氣、政治理念自然演進的結果。

15　錢穆：〈劉向歆父子年譜〉，《兩漢經學今古文平議》，第 19-20 頁。
16　《古史辨》（五），第 629—630 頁。
17　康有為：《新學偽經考》，第 88 頁。
18　錢穆：〈劉向歆父子年譜〉，《兩漢經學今古文平議》，第 15 頁。

一、寫作背景與學術貢獻

　　漢初治尚恭儉，主無為之政，武帝始從事禮樂，以興太平，而不免於奢侈。王吉、貢禹乃以恭儉說禮樂。宣帝時王吉上書言事，「孔子曰『安上治民，莫善於禮』，非空言也。王者未制禮之時，引先王禮宜於今者而用之」。[19] 元帝初即位，貢禹上奏：「古者宮室有制，宮女不過九人，秣馬不過八匹……至高祖、孝文、孝景皇帝，循古節儉，宮女不過十餘，廄馬百餘匹。……後世爭為奢侈，轉轉益甚，臣下亦相放效……今大夫僭諸侯，諸侯僭天子，天子過天道，其日久矣。承衰救亂，矯復古化，在於陛下。」[20] 元帝據此下詔令太僕減食穀馬，水衡減食肉獸，省宜春下苑以與貧民。錢穆認為：「王、貢之徒乃以恭儉說禮樂。王吉不見用於宣帝，而元帝則尊信禹，遂開晚漢儒生復古一派。」[21] 武帝、宣帝用儒生，頗重文學，事粉飾。「元、成以下，乃言禮制，追古昔。此為漢儒學風一大變。莽、歆亦自王、貢來。」[22]

　　錢穆認為，王莽改制諸政實淵源於漢武帝。王莽禁止買賣田宅、奴婢，武帝時今文大師董仲舒言限民名田，亦主去奴婢，「莽政遠師其意也」。五均、六管之政，「大體武帝時已先行」。[23] 漢武時意在增國庫，而抑兼併、裁末業，則賈誼、晁錯、董仲舒皆以言之。「新莽之政，亦主抑兼併、裁末業，淵源晁、董。」[24] 在這裡，錢穆敏銳地注意到當時學風與新莽政治之關係，故云：「莽朝一切新政莫非其時學風群議所向，莽亦順此潮流，故為一時所推戴耳。」[25]

　　昭帝元鳳三年（西元前 78 年）正月，泰山有大石自立，上林苑枯柳復

19　《漢書》卷 72〈王吉傳〉，中華書局，1962 年版，第 3063 頁。
20　《漢書》卷 72〈貢禹傳〉，中華書局，1962 年版，第 3069—3070 頁。
21　錢穆：〈劉向歆父子年譜〉，《兩漢經學今古文平議》，第 28 頁。
22　錢穆：〈劉向歆父子年譜〉，《兩漢經學今古文平議》，第 29 頁。
23　參見錢穆：〈劉向歆父子年譜〉，《兩漢經學今古文平議》，第 133—135 頁。
24　錢穆：〈劉向歆父子年譜〉，《兩漢經學今古文平議》，第 137 頁。
25　錢穆：〈劉向歆父子年譜〉，《兩漢經學今古文平議》，第 94 頁。

錢穆與〈劉向歆父子年譜〉

生,眭孟推《春秋》之意,認為「當有從匹夫為天子者」,「先師董仲舒有言,雖有繼體守文之君,不害聖人之受命。漢家堯後,有傳國之運。漢帝宜誰差天下,求索賢人,禪以帝位,而退自封百里,如殷周二王後,以承順天命」。[26] 錢穆指出:「眭孟言漢為堯後,不述所本,以事屬當時共信,無煩引據也。其論禪讓,據《公羊》,猶明白。後莽自引為虞帝裔,以篡漢擬唐、虞,此已遠啟其先矣。」[27] 宣帝神爵二年(西元前 60 年),有司隸校尉蓋寬饒因上書言禪讓事而自刭北闕下,錢穆引《漢書·蓋寬饒傳》所載此事,然後下按語評論道:「自元鳳三年,眭弘以論禪讓誅,至是不二十年,當時學者敢於依古以違時政如是。又深信陰陽之運,五德轉移,本不抱後世帝王萬世一姓之見。莽之代漢,碩學通儒多頌功德勸進,雖云覬寵競媚,亦一時學風趨向,不獨一劉歆。歆何為不憚勞,必遍偽群經,篡今文聖統,乃得助莽為逆耶?」[28] 建始三年(西元前 30 年)十二月朔,日食地震同日俱發,成帝詔舉方正直言極諫之士,谷永待詔對策,言:「白氣起東方,賤人將興之表也;黃濁冒京師,王道微絕之應也。夫賤人當起而京師道微,二者已醜。」[29] 錢穆引谷永此言進而說道:「此亦隱寓漢家運數將終之意。當時據災異言占應,多持此說,宜莽之乘機而起也。下至竇融興河西,彼中智者猶謂:『自前世博物道術之士,穀子雲、夏賀良等,建明漢有再受命之符,言之久矣。』可見當時漢運中衰說之入人之深。」[30] 這說明漢運將終的觀念在當時早已流傳,無須劉歆媚莽篡漢時再來製造「符命」。

至於改官名以應古制,也非王莽新政時獨有。綏和元年(西元前 8 年)十二月,漢成帝用何武、翟方進之議罷刺史,置州牧。錢穆認為「何武、翟

---

26 《漢書》卷 75〈眭弘傳〉,中華書局,1964 年版,第 3154 頁。
27 錢穆:〈劉向歆父子年譜〉,《兩漢經學今古文平議》,第 11 頁。
28 錢穆:〈劉向歆父子年譜〉,《兩漢經學今古文平議》,第 18 頁。
29 《漢書》卷 85〈谷永傳〉,第 3452 頁。
30 錢穆:〈劉向歆父子年譜〉,《兩漢經學今古文平議》,第 41 頁。

方進皆治古文,通《左氏》。其學風蓋承王、韋而啟莽、歆。改易官名以慕古昔,亦新政先聲也」。[31] 哀帝元壽二年(西元前 1 年)五月,正三公官分職,錢穆言道:「三公官名,發於何武,廢於朱博,至是又復之。漢廷好古如此,不俟新朝矣。」[32]

據此錢穆認為,無論是政治還是學術,從漢武帝到王莽,從董仲舒到劉歆,只是一線的演進和生長,絕非像晚清今文學家所說,其間必有一番盛大的偽造和突異的解釋。所以他主張用自然的演變說取代劉歆造偽說,力主用歷史演進的原則和傳說的流變來加以解釋,不必用今文學說把大規模的作偽及急遽的改換來歸罪劉歆一人。故云:「新莽政制,自有來歷,不待劉歆之遍偽群經。」[33]

錢穆在〈年譜〉中力攻今文經學之非,當時就有人批評他「似未能離開古文家之立足點而批評康氏」。[34] 錢穆在後來的回憶中也說〈年譜〉發表後,時人「都疑余主古文家言」。[35] 實際上,錢穆此文並沒有站到古文經學的立場上來申古抑今,他的目的就是要破除晚清以來學術界的今古門戶之見。事實上,「清儒治學,始終未脫一門戶之見。其先則爭朱、王,其後則爭漢、宋。其於漢人,先則爭鄭玄、王肅,次復爭西漢、東漢,而今、古文之分疆,乃由此而起」。[36] 在錢穆看來,今文、古文都是清儒主觀構造的門戶,與歷史真相並不相符。他說:

晚清經師,有主今文者,亦有主古文者。主張今文經師之所說,既多不可信。而主張古文諸經師,其說亦同樣不可信,且更見其為疲軟而無力。此

31　錢穆:〈劉向歆父子年譜〉,《兩漢經學今古文平議》第 63 頁。
32　錢穆:〈劉向歆父子年譜〉,《兩漢經學今古文平議》第 89 頁。
33　錢穆:〈劉向歆父子年譜〉,《兩漢經學今古文平議》第 135 頁。
34　青松(劉節):〈評劉向歆父子年譜〉,《古史辨》(五),第 250 頁。
35　錢穆:《八十憶雙親·師友雜憶》,第 160 頁。
36　錢穆:《兩漢經學今古文平議·自序》,第 3—4 頁。

錢穆與〈劉向歆父子年譜〉

何故？蓋今文古文之分，本出晚清今文學者門戶之偏見，彼輩主張今文，遂為今文諸經建立門戶，而排斥古文諸經於此門戶之外。而主張古文諸經者，亦即以今文學家之門戶為門戶，而不過入主出奴之意見之相異而已。[37]

顯然，錢穆撰〈年譜〉的目的就是要「撤藩籬而破壁壘」，破除學術界今古門戶的成見。為了達到這一目的，他採用的方法很簡單，以史治經，所用的材料僅僅是一部《漢書》。因為他認為經學上的問題，同時即是史學上的問題，他「全據歷史記載，就於史學立場，而為經學顯真是」。[38]學者何佑森說：「〈向歆年譜〉解決了近代學術史上的一大疑案，而這部書根據的僅僅只是一部《漢書》。很多非有新資料不能著書立說的人，一定認為這是一件不可思議的事。一部《漢書》，人人可讀，未必人人會讀。一部古書，人人能讀，未必人人願讀。……現代一般治經學的，通常不講史學；治史學的人，通常不講經學。錢先生認為，經學上的問題，亦即是史學上的問題。〈向歆年譜〉依據《漢書》談《周官》、《左傳》，他所持的就是這個觀點。」[39]

二、學界反響

清末民初以來，今文學派壟斷學壇，劉歆偽造群經，幾成定論。相信康、崔今文家說的顧頡剛當年就言道：「說是社會上不知道吧，《新學偽經考》已刻了七次版子，《考信錄》也有五種版子，《史記探源》也有兩種版子，其鉛印的一種已三版：這種書實在是很普及的了；《偽經考》且因焚禁三次之故而使人更注意了。說是他們的學說不足信吧，卻也沒有人起來作大規模的反

37　錢穆：《兩漢經學今古文平議·自序》，第5—6頁。
38　錢穆：《兩漢經學今古文平議·自序》，第6頁。
39　何佑森：〈錢賓四先生的學術〉，《清代學術思潮——何佑森先生學術論文集》（下），第471—472頁。

二、學界反響

攻。」[40]甚至發出了「我輩得有論敵」之嘆。[41]錢穆〈劉向歆父子年譜〉的刊出,一掃清末民初風靡學術界的劉歆偽造群經說的不白之冤,打破了今文學派的壟斷,立即在學術界引發揮了巨大震動。青松(劉節)在評論這篇文章時稱它是「一篇傑作」,文中所列康有為《新學偽經考》不可通者二十八處「皆甚允當」,「是學術界上大快事」。[42] 孫次舟亦撰文稱「劉歆並無遍竄群籍之事,此自錢賓四先生刊布其〈劉向歆父子年譜〉,已大白於世。錢先生以史事證明劉歆無遍竄群籍之必要,無遍竄群籍之時間,頗足關康有為輩之口,使之無詞以自解。」[43] 錢穆在晚年的回憶中也自道,北平各大學原本開有經學史和經學通論一類的課程,皆主康有為今文家言,此文出,各校經學課皆在秋後停開。[44] 錢氏的自道也許不盡符合事實,因為〈年譜〉刊出後相信劉歆偽經說的仍大有人在[45],但〈年譜〉在當時的影響之大卻是一個不爭的事實。

〈劉向歆父子年譜〉刊出後,之所以在當時的學術界獲得如此廣泛的注意和重視,是因為民國以來,學術界深受康有為《新學偽經考》的影響,在當時的學者頭腦中幾乎都存在著古文經是否為劉歆偽造、《周禮》、《左傳》等古

---

40 顧頡剛:〈中國上古史研究課第二學期講義序目〉(1930年6月),《古史辨》(五),第256頁。
41 顧頡剛:〈致錢玄同〉,1930年8月6日。《顧頡剛書信集》卷一,第564頁。
42 青松(劉節):〈評劉向歆父子年譜〉,《古史辨》(五),第249、250頁。
43 孫次舟:〈左傳國語原非一書證〉,《責善》半月刊第1卷第4期(1940年),第3頁。
44 錢穆:《八十憶雙親‧師友雜憶》,第160頁。
45 比如錢穆當時就沒有說服顧頡剛、錢玄同。1930年7月31日,顧頡剛在致錢玄同的信中說:「錢穆先生之〈劉向歆父子年譜〉,正是激動我們重提今古文問題的好資料,我想蒐集材料,駁他一下,先生能助我否?」《顧頡剛書信集》卷一,第563頁。1935年1月20日錢玄同在致顧頡剛的信中也說:「今日對此問題,雖尚有錢賓四、胡適之、徐旭生諸君之反對劉(逢祿)、康(有為)、崔(適)諸君,亦正與晉古文《尚書》一案尚有毛奇齡、洪良品、王照諸君之反對梅、閻、惠諸君一樣。弟之愚見,則確信劉、康、崔諸君所考證者皆精當不易,故時於漢古文經是偽書之說,認為不必再討論了。現在要討論的是今文經之真偽問題。」該信附在《古史辨》第五冊最後。

錢穆與〈劉向歆父子年譜〉

籍是否是偽書的疑問。自〈年譜〉發表後,人們開始從《新學偽經考》的籠罩下解脫,使原來相信晚清今文家言的不少學者自此改變了態度。以胡適為例。胡適原本是相信今文家言的,他寫《中國哲學史大綱》時,因相信《左傳》為劉歆偽造,「避不敢引」。[46] 然而在讀到〈年譜〉後,改變了先前的看法,逐漸從今文家言中擺脫了出來。胡適在 1930 年 10 月 28 日的日記中寫道:

昨今兩日讀錢穆(賓四)先生的〈劉向歆父子年譜〉(《燕京學報》七)及顧頡剛的〈五德終始說下的政治和歷史〉(《清華學報》六·一)。

錢譜為一大著作,見解與體例都好。他不信《新學偽經考》,立二十八事不可通以駁之。

顧說一部分作於曾見《錢譜》之後,而墨守康有為、崔適之說,殊不可曉。[47]

胡氏之言在他的學生鄧廣銘的回憶中也得到了印證。1931 年春,鄧廣銘在北大旁聽胡適講授中國哲學史,講到西漢經生們的今文、古文兩派之爭時,胡氏特意提到了錢穆〈年譜〉一文,「說它是使當時學術界頗受震動的一篇文章,他本人和一些朋友,原也都是站在今文派一邊的人,讀了這篇〈年譜〉之後,大都改變了態度」。[48]

在〈年譜〉一文的影響下,胡適也主動加入到當時學界有關今古文問題的討論中來。1931 年 4 月 21 日,胡適致信錢穆:

我以為廖季平的《今古學考》的態度還可算是平允,但康有為的《偽經考》便走上了偏激的成見一路。崔觶甫(適)的《史記探源》更偏激了。現在

---

46 錢穆早年讀胡適《中國哲學史大綱》時,就敏銳地注意到胡著在討論春秋各家思想的時代背景時,只用《詩經》,不敢用《左傳》。在北大任教時,他曾當面問胡適原因何在。胡適的回答是:「君之〈劉向歆父子年譜〉未出,一時誤於今文家言,遂不敢信用《左傳》,此是當時之失。」見《八十憶雙親·師友雜憶》,第 165—166 頁。
47 胡適著、曹伯言整理:《胡適日記全編》第 5 冊,第 834 頁。
48 《鄧廣銘學述》,第 17 頁。

158

二、學界反響

應該回到廖平的原來主張,看看他『創為今古學之分以復西京之舊』是否可以成立。不先決此大問題,便是日日討論枝葉而忘卻本根了。[49]

其實,胡適在此之前,即在 3 月 31 日的日記中也表達了類似的意見:「廖平之《今古學考》(1886) 實『創為今古二派』,但他的主張實甚平允……康有為的《新學偽經考》(1891) 始走極端,實不能自圓其說,故不能說《史記》也經劉歆改竄了。」[50] 錢穆對胡適加入討論頗感興奮,他在 4 月 24 日的回信中說:「先生高興加入今古文問題的討論,尤所盼望。」隨後在信中陳述了自己的見解:

竊謂西京學術真相,當從六國先秦源頭上窺。晚清今文家承蘇州惠氏家法之說而來,後又屢變,實未得漢人之真。即以廖氏《今古學考》論,其書貌為謹嚴,實亦誕奇,與六譯館他書相差不遠。彼論今古學源於孔子,初年、晚年學說不同。穆詳究孔子一生,及其門弟子先後輩行,知其說全無根據。又以〈王制〉、《周禮》判分古今,其實西漢經學中心,其先為董氏公羊,其後爭點亦以左氏為烈。廖氏以禮制一端,劃今古鴻溝,早已是拔趙幟而立漢幟,非古人之真。[51]

胡適突破康有為、崔適「尊今抑古」之說後,回到廖平「平分古今」的立場上來,主要借助了錢穆〈年譜〉中的觀點。在錢穆看來,廖平以禮制的不同劃分今古二派,實非得古人之爭。言外之意,胡適贊同廖說,實際上仍未從今文家說的牢籠中擺脫出來。在胡適那裡的所謂「本根」之說,在錢穆這裡早已得到瞭解決,他是先擺脫了「平分古今」的束縛,故對「尊今抑古」之見就有了勢如破竹的勝算。[52] 錢穆最終是否說服胡適放棄廖平「平分古今」的主張,囿於材料,不敢妄斷,但在胡氏日漸脫離今文家言,相信古文經絕非

49　胡適:〈論秦時及周官書〉,《古史辨》(五),第 637 頁。
50　胡適著、曹伯言整理:《胡適日記全編》第 6 冊,第 105 頁。
51　錢穆:〈致胡適書〉,《錢賓四先生全集》第 53 冊《素書樓余瀋》,第 187 頁。
52　劉巍:〈劉向歆父子年譜的學術背景與初始反響〉,《歷史研究》,2001 年第 3 期。

錢穆與〈劉向歆父子年譜〉

劉歆作偽的問題上,錢穆的作用是顯而易見的。[53]

再以楊向奎為例。楊向奎曾是古史辨派的成員,受顧頡剛的影響,「喜今文家言」,但讀到〈年譜〉後看法大變,對康有為粗枝大葉的學風多有不滿,認為所謂劉歆遍偽《左傳》、《周禮》之說,不過是又一次的「託古改制」,於是花大量時間考證《左傳》、《周禮》不偽,在古史研究上與乃師分道揚鑣,與顧門另一弟子童書業「同室操戈矣」。[54]

總之,「二十世紀初期中國的古代史學處處瀰漫著今文學家的古史觀,以康有為《新學偽經考》和《孔子改制考》兩部書的基本概念為骨幹,相信漢代古文經典是劉歆偽造的,不足採信」,錢穆〈劉向歆父子年譜〉即是「針對這股學風而發」。[55]〈年譜〉以史實破經學,開闢了以史治經的新路徑,對近代經學史的研究,具有劃時代的貢獻,深得學術界的好評。林語堂認為〈年譜〉「最大的貢獻摧陷廓清道咸以來常州派的今文家,鞭辟入裡,使劉歆偽造《左傳》、《毛詩》、古文《尚書》、《逸禮》諸經之說,不攻自破。」[56]余英時指出:「清末康有為的《新學偽經考》支配了學術界一二十年之久,章炳麟、劉師培雖與之抗衡,卻連自己的門下也不能完全說服。所以錢玄同以章、劉弟子

---

53 參見陳勇:〈試論錢穆與胡適的交誼及其學術論爭〉,《史學史研究》2011年第3期。《錢玄同日記》1931年6月14日條載:「午後回孔德,晤建功及頡剛。頡剛說,頗有意於再興末次之今古文論戰,劉節必加入,適之將成敵黨。」(北京大學出版社2014年,第806頁)在劉歆偽造古文經這一問題上,胡適原本是支持學生顧頡剛的,但讀到〈年譜〉後看法大變,轉過來支持錢穆。可見,在胡適治學轉變的過程中,〈年譜〉的確發揮了十分重要的作用,這也是胡氏何以如此欣賞〈年譜〉的原因所在。

54 參見楊向奎:《論「古史辨派」》,收入《中華學術論文集》,中華書局,1981年版。又參見楊向奎:《論〈左傳〉之性質及其與〈國語〉之關係》、《〈周禮〉的內容分析及其成書時代》兩文,收入《繹史齋學術文集》,上海人民出版社,1983年版,第174—214、228—276頁。

55 杜正勝:《錢穆與二十世紀中國古代史學》,《新史學之路》,第216—217頁。

56 林語堂:〈談錢穆先生之經學〉,《華岡學報》第8期,1974年7月。收入朱傳譽主編:《錢穆傳記資料》,臺北天一出版社,1981年版,第39頁。

的身分而改拜崔適為師。顧頡剛也是先信古文經學而後從今文一派。錢先生〈劉向歆父子年譜〉出,此一爭論才告結束。」[57] 何祐森稱:「〈劉向歆父子年譜〉一書,不但結束了清代的今古文之爭,平息了經學家的門戶之見,同時也洗清了劉歆偽造經書的不白之冤。自從〈向歆年譜〉問世以後,近四十年來,凡是講經學的,都能兼通今古,治今文經的兼采古文,治古文經的兼治今文,讀書人已不再固執今古文經孰是孰非的觀念,已不復存在古文家如章炳麟,今文經學家如康有為之間的鴻溝。自劉歆偽經的問題解決以後,讀書人對兩千年相傳的古文經書,以及經書中的一切記載,開始有了堅定不移的信心。」[58] 學者馬先醒在 1971 年撰文更是盛讚〈年譜〉,認為這是民初六十年來秦漢史研究最有影響力的一篇論文,「六十年來論文中影響之大,無有過之者,允推獨步矣」。[59]

〈劉向歆父子年譜〉完稿於 1929 年「歲前一日」,文中的《自序》1930 年 3 月刊在南京中國史學會所編的《史學雜誌》第 2 卷第 1 期上,全文 1930 年 6 月發表在《燕京學報》第 7 期上。錢穆完成這篇文章時,身分不過是一位中學教師,而正是在這位中學教師手中,解決了經學史上今古文經的一個重大問題——劉歆是否媚莽助篡而偽造了群經,給晚清道、咸以來經學上激烈的今古文之爭作一了結,這不免令人嘖嘖稱奇。

三、仍待研究之問題

當然,〈劉向歆父子年譜〉的考證及其對康有為的批評也並非無懈可擊。

57　余英時:《一生為故國招魂——敬悼錢賓四師》,收入《猶記風吹水上鱗——錢穆與現代中國學術》,第 23 頁。
58　何祐森:《錢賓四先生的學術》,《清代學術思潮——何祐森先生學術論文集》(下),第 471 頁。
59　馬先醒:〈近六十年來國人對秦漢史的研究〉,臺北《史學匯刊》第 4 期,1971 年。

錢穆與〈劉向歆父子年譜〉

〈年譜〉刊出後不久,青松(劉節)在《大公報·文學副刊》上發表了一篇評論文章,對錢文的觀點提出了幾點批評意見,其中一條重要的商榷意見就是關於《左傳》、《周官》的成書年代問題。青松認為,康有為、崔適一輩今文學家「雖膠執今文,語多僻遠,而對於《周官》及《左氏傳》之疑難則確有見地」。〈年譜〉「於劉歆未造偽經之證據頗多,而對於《周官》及《左氏傳》之著作時代無具體意見,吾人認為其抨擊崔、康者仍未能中其要害也」。[60]

應當說,青松的批評是有一定道理的。關於《左傳》,錢穆找出了當時確有人引用了《左傳》的史實或文句,也只能表明該書是一部先秦舊籍,也沒有完全解決《左氏》究竟傳不傳經這一關鍵性問題。至於《左傳》與《國語》,究竟是一書,還是二書,錢穆在批駁康有為《左傳》是劉歆從《國語》裡割裂出來的觀點時給出了一個籠統性意見,稱:「《左氏》、《國語》明為二書,歆之引傳解經,亦獲睹中祕《左氏春秋》,見其事實詳備,可以發明孔子《春秋》之簡略,勝於《公》、《穀》虛言,故乃分年比附,用相證切。」[61] 由於未加具體論證,錢氏自己也不免信心不足,故又言「《左氏》、《國語》為一為二?此皆非一言可決」。[62]

宣帝初即位,大臣路溫舒上書,「言宜尚德緩刑」,文稱「齊有無知之禍,而桓公以興;晉有驪姬之難,而文公用伯」,又引古人之言「山藪藏疾,川

---

[60] 青松(劉節):〈評劉向歆父子年譜〉,《古史辨》(五),第 250、251 頁。

[61] 錢穆:〈劉向歆父子年譜〉,《兩漢經學今古文平議》,第 77 頁。

[62] 錢穆:《劉向歆父子年譜·自序》,《兩漢經學今古文平議》,第 5 頁。孫次舟認為錢穆〈年譜〉一文在劉歆未造偽經上證據頗多,但對於《左傳》與《國語》之問題尚未作詳密之詮解,故撰《左傳國語原非一書證》一文,認為劉歆既無改古本國語之事,而現行《國語》與《左傳》,其成書之體例既不相同,兩書言事,亦多歧異,即或所記之事相同,而字句亦頗有異,細加研核,兩書之本非一體,灼然甚明。認為康有為、錢玄同等人主《左傳》出於《國語》之說,皆無可信之價值。該文 1940 年在《責善》半月刊上 1 卷 4、6、7 期上刊出,對錢穆〈年譜〉論述不詳處做了重要補充。

澤納汙，瑾瑜匿惡，國君含垢」。[63] 錢穆認為前者「均本《左氏》」，後者「乃《左氏》載晉大夫伯宗辭。是溫舒曾治《左氏》也。」[64] 其實，「齊有無知之禍」的史實不獨《左傳》有，《穀梁傳》亦記此事：「齊公孫無知弒襄公，公子糾、公子小白不能存，出亡。齊人殺無知，而迎公子糾於魯。公子小白不讓公子糾，先入，又殺之於魯。」[65] 同樣，「晉有驪姬之難」一事，《公羊傳僖公十年》「晉里克弒其君卓子及其大夫荀息」條下所附之傳文及《穀梁傳僖公十年》「晉殺其大夫里克」條下所附之傳文均有涉及，故不得謂之「均本左氏」。至於說「山藪藏疾」四句話是出自《左傳》，那必須以《左傳》與《國語》是兩部書為前提的，否則認同康有為觀點的學者也可懷疑路溫舒所引用的會不會是尚未被析分的古本《國語》中的文句呢？

又，錢穆認為公羊學大師嚴彭祖「應兼通《左氏》」，理由是「《隋書·經籍志》有《春秋左氏圖》十卷，漢太子太傅嚴彭祖撰，新、舊《唐志》皆有嚴彭祖《春秋圖》七卷，即《隋志》所稱」。[66] 然《漢書·藝文志》中未有嚴彭祖著作的記載，《漢書·儒林傳》中關於嚴彭祖的敘述也未提及其有這一著作，故而《隋志》所提及的《春秋左氏圖》的作者有可能不是嚴彭祖，而是後人的偽託。況且《隋志》與新、舊《唐志》所記的書名與卷數也不相同。難怪錢穆自己也不得不承認「惜兩書皆不傳，無堪深論矣」。[67]

關於《周官》，錢穆雖提到出於「戰國晚世」，也未展開具體論證。因此，確定《左傳》、《周官》等古典文獻的成書年代，的確是深入討論經學今古文問題的一個必要條件。誠如錢穆在《兩漢經學今古文平議·自序》中所言：「清

---

63 《漢書》卷51〈路溫舒傳〉，第2368、2371頁。
64 錢穆：〈劉向歆父子年譜〉，《兩漢經學今古文平議》，第12頁。
65 範寧集解、楊士勛疏：《春秋穀梁傳注疏》卷5（莊公九年），北京大學出版社，2000年版，第87頁。
66 錢穆：〈劉向歆父子年譜〉，《兩漢經學今古文平議》，第24、25頁。
67 錢穆：〈劉向歆父子年譜〉，《兩漢經學今古文平議》，第25頁。

錢穆與〈劉向歆父子年譜〉

儒主張今文經學者,群斥古文諸經為偽書,尤要者則為《周官》與《左傳》。《左傳》遠有淵源,其書大部分應屬春秋時代之真實史料,此無可疑者。唯《周官》之為晚出偽書,則遠自漢、宋,已多疑辨。然其書果起何代,果與所謂古文經學者具何關係,此終不可以不論。」[68] 為了回答青松等人的質疑,在〈年譜〉發表的一年後,錢穆又寫下了《周官著作時代考》一長文,從祀典、刑法、田制、封建、軍制、外族、喪葬、音樂等方面詳加考證,從這些內容所反映出的時代特徵來確定其成書年代,力證何休「《周官》乃六國陰謀之書」一說較近情理。該文發表後在學術界也引發揮了極大反響。堅信《周禮》為劉歆偽造的錢玄同,讀了《時代考》後信心也不免發生動搖[69],而早年深受《新學偽經考》影響的顧頡剛,到晚年研究《周禮》時也改變了態度,斷定此書是戰國時齊國法家的作品,與劉歆、王莽無涉。[70] 當然,這已越出了本文討論的範圍,茲不贅述。

68　錢穆:《兩漢經學今古文平議·自序》,第5頁。
69　參見錢玄同〈重論經今古文學問題〉一文有關「《周禮》」一節的論述,《古史辨》(五),第46—47頁。
70　參見顧頡剛:〈周公制禮的傳說和周官一書的出現〉,《文史》第6輯,中華書局,1979年。

「不知宋學,則無以評漢宋之是非」
——錢穆與清代學術史研究

一、近代學者的清學史研究

  在中國學術發展的歷程中,清代學術具有承先啟後的特殊意義,古代學術在這裡結束,近代學術從這裡發端,這種轉折過渡的學術特徵所具有的獨特魅力,吸引了近代眾多的一流學者,如章太炎、劉師培、梁啟超、胡適、柳詒徵、錢穆等人對它的研究,成就斐然,在中國近代學術史上寫下了重要一頁。

  對清代學術的研究和總結並非自近代學者始,清人已有論及,著名者如江藩的《國朝漢學師承記》和唐鑒的《國朝學案小識》等。但江書僅迄乾嘉,又固守漢學壁壘,詳漢略宋,殊嫌不備;唐書止於道光,專重宋儒義理,排斥漢學,門戶、意氣之見甚深,談不上對清代學術作客觀、全面的總結。清代學術史真正作為一門學科的創立,則始於二十世紀初,開風氣之先者首推章太炎。章氏撰有〈清儒〉一文,對清代學術的發展演變作了提要鉤玄式的概括,該文以乾嘉漢學為清代學術的主流,最早提出了吳、皖分幟之說,可謂是近代總結清代學術史的開山之作。[1] 周予同稱:「要瞭解清代三百年學術史,一定要讀這篇〈清儒〉,它是清代學術的概論。」[2] 事實上,章氏這篇通論清代學術的文章對後來學者的研究影響甚大,劉師培、梁啟超等人的清學

---

[1] 〈清儒〉篇最早出現在 1904 年《訄書》重訂本中,1914 年章太炎著手修訂《訄書》,定名為《檢論》,《檢論·清儒》與《訄書·清儒》相比較,內容前後變化不大。

[2] 周予同:《中國經學史講義》,朱維錚編:《周予同經學史論著選集》(增訂本),第 836 頁。

「不知宋學，則無以評漢宋之是非」

史研究，都明顯地以它為繼續研究的起點。[3] 不過，章氏為清末古文經學大師，恪守古文家法，又囿於反滿之見，一些評論未必公允。[4]

繼章太炎之後研究清代學術史卓有成績者是劉師培。劉師培出身書香世家，被譽為清代揚州學派的殿軍。劉氏著有〈南北考證學不同論〉、〈近儒學術統系論〉、〈清儒得失論〉、〈近代漢學變遷論〉等文，對清代學術提出了許多富有價值的見解。比如劉氏把清代學術分為四期，漢學初興，「其徵實之功悉由懷疑而入」，以閻若璩、胡渭、毛奇齡為代表的「懷疑派」的崛起，標誌著清代漢學的形成，是為第一期。乾嘉中，以惠棟、戴震為代表的「徵實派」繼之而起，漢學如日中天，達到極盛，是為第二期。徵實之學既昌，疏證群經，闡發無餘，繼之者雖取精用弘，然精華已竭，只好轉相仿效，摭拾舊聞，不得不出於叢綴之一途，是為第三期。嘉道之際，有常州今文學派的崛起，以空言相演，虛而不能證之以實，漢學由此不振，是為第四期。[5] 這與梁啟超後來在《清代學術概論》中借用佛教用語把清代學術分為啟蒙（生）、全盛（住）、蛻分（異）、衰落（滅）四期大體相同。[6]

3　周予同說：「梁氏論述近三百年學術史，實在是從章太炎〈清儒〉那裡來的。」朱維錚編：《周予同經學史論著選集》（增訂本），第 837 頁。

4　比如章太炎在〈清儒〉篇用一句「清世理學之言，竭而無餘華」，便將清代理學排斥出研究的視野之外，就有失公允。

5　參見劉師培：《近代漢學變遷論》，《劉申叔遺書》，江蘇古籍出版社，1997 年版，第 1541 頁。

6　梁啟超根據佛法的生、住、異、滅的萬物流轉來比擬學術思潮，「佛說一切流轉相，例分四期，曰：生、住、異、滅。思潮之流轉也正然，例分四期：一、啟蒙期（生），二、全盛期（住），三、蛻分期（異），四、衰落期（滅）。無論何國何時代之思潮，其發展變遷，多循斯軌」。並逐一介紹每一期的特點：啟蒙期代表人物有顧炎武、胡渭、閻若璩，特點是一掃宋明理學的游談無根，在經籍辨偽中喚起「求真」的觀念、反空歸實，由明以復於宋，且漸復於漢、唐時期。全盛期代表人物有惠棟、戴震、段玉裁、王念孫、王引之等，稱之為「正統派」，其特點是承啟蒙期而來，「實事求是」、「無徵不信」，光大科學研究的精神而遺失了「經世致用」和「懷疑」特色，由宋以復漢時期。蛻分期（即衰落期）

一、近代學者的清學史研究

　　繼章太炎、劉師培之後對清代學術史研究最有成就者,當推梁啟超。1904 年,梁氏在《新民叢報》上發表〈近世之學術〉一文,分永曆康熙間、乾嘉間、最近世三節來梳理清代學術,這是他治清代學術史的發軔。[7] 不過這時的梁啟超對清代學術的總體評價不高,認為「有清一代之學術,大抵述而不作,學而不思,故可謂之為思想最衰時代」。[8] 這與他後來在《清代學術概論》「自序二」中,把清代考據學與先秦子學、兩漢經學及魏晉玄學、隋唐佛學、宋明理學並稱為中國五大學術思潮的評價截然不同。梁啟超晚年從政壇上退隱下來,致力於學術史研究,1920 年寫成的《清代學術概論》,是他晚年治清代學術史的綱領性著作。[9] 1923 年至 1925 年間,梁氏又完成了他晚年治清代學術史最負盛名的力作——《中國近三百年學術史》,集中體現了他在這一學術領域的研究水準。[10] 該書既從宏觀層面對有清一代近三百年

　　　代表人物有康有為、梁啟超,其特點是在考證派拘泥於名物訓詁,喪失了發展的活力,今文經學興起,「則所謂復古者,由東漢以復於西漢」,在正統派的蛻分與衰落中,今文經學者「抱啟蒙期『致用』的觀念,借經術以文飾其政論,頗失『為經學而治經學』之本意,故其業不倡,而轉成為歐西思想輸入之導引」。參見梁啟超:《清代學術概論》,朱維錚校注:《梁啟超論清學史二種》,復旦大學出版社 1985 年版,第 2—5 頁。這與劉師培的分期法有其相似。劉的清學史研究對梁有影響,但在梁氏相關清學史研究著作中對劉隻字不提,這恐怕與劉在政治上的失足、名聲不佳有關,梁不願意提及而已。

7　〈近世之學術〉是梁啟超《論中國學術思想變遷之大勢》中的一部分,1904 年 9 月到 12 月發表在《新民叢報》第 53—55、58 號上。

8　張品興主編:《梁啟超全集》第二冊,北京出版社,1999 年版,第 617 頁。

9　《清代學術概論》原本是梁啟超為蔣方震《歐洲文藝復興史》一書所作之序,後獨立成書,1920 年 11—12 月,以《前清一代思想界之蛻變》為題在《改造》第 3 卷第 3、4、5 期上連載。1921 年 2 月,在吸納了蔣方震、胡適、林志鈞的意見後,梁啟超對《前清一代思想界之蛻變》進行了補充修改,定為《清代學術概論——中國學術史第五種》,由商務印書館作為「共學社史學叢書」之一出版,並請蔣方震作序。後又有「萬有文庫」本、「大學叢書」本。1932 年林志鈞編《飲冰室合集》將此書收入專集之三十四,1954 年中華書局據此出版單行本。

10　《中國近三百年學術史》是梁啟超執教清華和南開所用的講義,撰寫於 1923 年冬至 1925

「不知宋學，則無以評漢宋之是非」

學術史作了整體的動態把握，又從微觀層面對這一時期學術代表人物的思想作了深入的個案分析，無論是對清代學術主流的把握，各個時期學術發展趨勢的分析，還是對清代不同時期學術人物思想的解剖和評價，都顯示了作者深厚的學術功底和卓越的識見，從而成為清代學術史這一研究領域「篳路藍縷，以啟山林」的大家重鎮。

作為清代學術史這一研究領域的開拓者之一，梁啟超對清代學術史的研究僅僅是一個開頭。從嚴格的意義上說，梁氏的《中國近三百年學術史》應當說是一未竟之作。因為他對清代中葉以後的學術史，僅有綜論而無說明，更無剖析。由於學術興趣的多變，梁氏完成此書後，便轉向先秦子學的研究，直到1929年逝世，他再也沒有涉足清代學術的研究，這不能不說是學術界一椿引以為憾的事情。[11] 然而梁啟超的這些遺憾最終由錢穆先生來完成了。

錢穆是繼梁啟超之後對清代學術史研究最有貢獻的一位學者。1925年錢穆在無錫第三師範校刊《弘毅月刊》上發表了〈焦氏學述〉一文，對乾嘉學者焦循的生平與思想進行闡述，這可能是他最早發表的一篇研究清代學術的文章。1928年3月，錢穆在《蘇中校刊》第2期上發表〈述清初諸儒之學〉一文，論述了顧、黃、王等學者的思想和氣節操行。在1928年春完成、1931年出版的《國學概論》第九章「清代考證學」中，他對清代學術也提出了自己的見解，如不能以經學考據來概括整個清代學術史，清代漢學開山應

年春，其中《清代政治之影響於學術者》刊載於1923年12月《晨報五週年紀念增刊》，《清代學者整理舊學之總成績》4章在1924年6—9月的《東方雜誌》上刊出。朱維錚在校注此書認為，「在作者生前，全書似未以完帙形式公開發表過」。1929年上海民智書局（一些研究者指出應為「民志書店」）出過單行本，1932年中華書局將該書收入《飲冰室合集》專集之七十五。

11　參見陳祖武：《梁啟超對清代學術史研究的貢獻》，收入氏著《清代學術拾零》，湖南人民出版社，1999年版，第314—315頁。

一、近代學者的清學史研究

以顧、黃二人並舉,並非顧炎武一人之力,吳學、皖學不同的治學風格和學術聯繫等,這些見解後來被採入了他的名著《中國近三百年學術史》中。[12] 當然,在錢穆跨入清代學術史研究的大門時,無疑受過他的前輩章太炎、劉師培、梁啟超、柳詒徵等人的影響。在他的早年著作《國學概論》中,曾引用過章太炎的〈清儒〉、劉師培的〈南北考證學不同論〉,多次徵引過梁啟超《清代學術概論》中的觀點以證其說。儘管後來他著《中國近三百年學術史》,在寫作主旨、研究內容和方法等方面與梁啟超大異其趣,然而以同樣的題目來研究同一時空的學術進程,這本身就是對梁氏所劃定的這一學術研究領域的認同。

　　1931 年秋,錢穆進入北京大學史學系任教,主講上古史、秦漢史(必修課)、中國近三百年學術史(選修課)。根據錢氏晚年回憶,他最早接觸梁啟超《中國近三百年學術史》一書的內容是在 1924 年的《東方雜誌》上。梁著〈清代學者整理舊學之總成績〉四章,1924 年在《東方雜誌》上刊出過,錢穆首先在該雜誌上拜讀了梁著的這一部分內容。梁著全書出版後,他曾在北平東安市場某一書肆購得了這部名著。梁氏此書以清代漢學為宋學的全面反動為基調來疏理清代學術史,多著眼於清代漢學與宋明理學的對立處。錢穆不贊同這一觀點,所以他在北大史學系特開此課,以闡發自己對清代學術的見解。由於此課程是在梁啟超死後不久續開,故備受學術界的矚目。當時他一面授課,一面編寫講義,前後五載,完成了《中國近三百年學術史》這部名著的寫作。錢著共分 14 章,上起黃宗羲、顧炎武、王夫之、顏元等晚明諸

12　比如錢穆在《國學概論》第九章「清代考證學」中稱:「余謂吳學務反宋,而轉陷尊古。皖學初本闡宋,後乃為評宋。吳以革命始而得承統,皖以承統始而達革命。」(《國學概論》,商務印書館 1997 年版,第 276 頁)。在《中國近三百年學術史》中也有類似的話:「以徽學與吳學較,則吳學實為急進,為趨新,走先一步,帶有革命之氣度。而徽學以地僻風淳,大體仍襲東林遺緒,初志尚在闡宋,尚在述朱,並不如吳學高瞻遠矚,劃分漢宋。」(《中國近三百年學術史》,第 321 頁)

「不知宋學,則無以評漢宋之是非」

遺老,下至晚清龔自珍、曾國藩、康有為,共敘述了51位學術人物的思想。1937年,由商務印書館出版發行。

抗戰軍興,錢穆流轉西南。1941年,在成都齊魯大學國學研究所擔任教職的錢穆接受重慶中央國立編譯館之託,負責編寫《清儒學案》一書。一年後書成,約四五十萬字,共編孫夏峰、黃梨洲等64個學案,著名歷史學家柳詒徵在《審查〈清儒學案〉報告書》中有「體裁宏峻,抉擇精嚴,允為名著」[13]的評價。可惜此書稿後來墜入長江,葬身魚腹,今只存序目一篇。

近人研究清代學術,由章太炎開其端,劉師培繼其後。繼章、劉之後卓有成就者,當推梁啟超、錢穆二人。尤其是錢穆後來居上而總其成。該書與梁啟超的同名著作和侯外廬的《中國近世思想學說史》[14]鼎足而立,並行於世,為清代學術史的研究奠定了基本格局。陳祖武對近人治清代學術史作了這樣一個簡明的總結:「近人治清代學術史,章太炎、梁任公、錢賓四三位大師,後先相繼,鼎足而立。太炎先生關除榛莽,開風氣之先聲,首倡之功,最可紀念。任公先生大刀闊斧,建樹尤多,所獲已掩前哲而上。賓四先生深入底蘊,精進不已,獨以深邃見識而得真髓。學如積薪,後來居上,以此而論章、梁、錢三位大師之清代學術史研究,承先啟後,繼往開來,總其成者無疑當屬錢賓四先生。……今日吾儕之治清代學術史者,無章、梁二先生之論著引路不可,不跟隨錢賓四先生之《中國近三百年學術史》深入開拓尤不可。」[15]這是一個十分中肯的評價。

---

13 轉引自《錢賓四先生全集》第22冊《中國學術思想史論叢》(八),第639頁。

14 侯外廬的《中國近世啟蒙思想史》寫於抗戰後期,運用馬克思主義的立場觀點方法來研究清代學術思想史。1945年6月由重慶三友書店出版,1947年改書名為《近代中國思想學術史》由上海生活書店再版。1955年侯氏把該書從明末到鴉片戰爭前的部分單獨修訂成書,改名為《中國早期啟蒙思想史》,列為他主編的《中國思想通史》的第五卷。該書對晚明清初至民國初年這三百年學術史的發展變遷及其啟蒙特點提出了許多新穎的見解,值得重視。

15 陳祖武:《清代學術拾零》,湖南人民出版社,1999年版,第340頁。羅志田在《道咸

二、清代漢學淵源於宋學

對於清代漢學的學術淵源及其與宋學的關係，近代學術界有一種流行的看法，認為清代漢學是對宋明理學的全面反動。此說以梁啟超等人為代表。梁氏在《清代學術概論》中就提出了「清學之出發點，在對於宋明理學一大反動」的主張，在《中國近三百年學術史》中，他又詳加闡述。在梁啟超看來，17世紀中葉以後，中國學術思想走上了一條與宋明學術完全不同的路徑。這條路徑一方面表現為一種反理學思潮（反對理學家空談心性，束書不觀），另一方面則發展為重實證的考據學。所以，他認為從明末到清季這三百年學術史的主潮是「厭倦主觀的冥想而傾向於客觀的考察」。據此，梁著把對宋明理學的反動視為清代漢學的本質，並把漢、宋對立這一思想貫穿全書。[16]

與梁啟超同聲相應的還有胡適，他在《戴東原的哲學·引論》中說：「中國近世哲學的遺風，起於北宋，盛於南宋，中興於明朝的中葉，到了清朝，忽然

『新學』與清代學術史研究——〈論中國近三百年學術史〉導讀》（《四川大學學報》2006年第5期）中引用陳祖武先生此段話後說：「該文收入陳先生1999年出版的著作中，那時陳先生進入清代學術史領域已20年，所論尚不及侯著（指侯外廬《中國近世思想學說史》）。差不多10年後，他有了新的認識，以為『侯外廬先生繼諸位大師而起，博采眾長，融為我有，復以其深厚的史學素養和理論功底，掩眾賢而上，將研究向前推進』。」羅氏此語恐不確。陳祖武先生1990年11月在《中國史研究動態》上發表了《錢穆與中國史學》一文，稱：「清代學術史，是本世紀初葉創辟的學術領域。風氣之開，雖非錢先生開始，但他與率先而行的章炳麟、梁啟超二先生齊名，同是開拓時期的大家重鎮。所著《中國近三百年學術史》，儘管書名與梁先生作品同，然而風格各異，並行而行。梁著篳路藍縷，高屋建瓴，錢著則剖析入微，精義連珠。兩先生之論著，與稍後侯外廬先生的《近世思想學說史》，若三足鼎立，為清代學術史研究奠定了基本格局。」

16　梁啟超在《中國近三百年學術史》「反動與先驅」一節中從五個方面列舉了明末清初以來的反理學思潮，最後得出結論：「後來清朝各方面的學術，都從此中（即對宋明理學的反動——引者）孕育而來。」參見朱維錚校注：《梁啟超論清學史二種》，第97—102頁。以下所引梁著《中國近三百年學術史》皆據此書。

「不知宋學，則無以評漢宋之是非」

消歇了。清朝初年，雖然緊接晚明，已截然成了一個新的時代了。自顧炎武以下，凡是第一流的人才，都趨向做學問的一條路上去了，哲學的門庭，大有冷落的景況。」[17]

錢穆不贊同梁啟超這一觀點。在他看來，宋明理學的傳統在清代並沒有中斷。不僅沒有中斷，而且對清代漢學仍然有甚深的影響。所以，他提出了清代漢學淵源於宋學，「不知宋學，則亦不能知漢學，更無以評漢宋之是非」的見解。錢穆在《中國近三百年學術史》「引論」中對此有一段精闢的論述：

治近代學術者當何自始？曰：必始於宋。何以當始於宋？曰：近世揭櫫漢學之名以與宋學敵，不知宋學，則無以評漢宋之是非。且言漢學淵源者，必溯諸晚明諸遺老。然其時如夏峰、梨洲、二曲、船山、桴亭、亭林、蒿庵、習齋，一世魁儒耆碩，靡不寢饋於宋學。繼此而降，如恕谷、望溪、穆堂、謝山乃至慎修諸人，皆於宋學有甚深契詣。而於時已及乾隆。漢學之名，始稍稍起。而漢學諸家之高下淺深，亦往往視其所得於宋學之高下淺深以為判。道咸以下，則漢宋兼采之說漸盛，抑且多尊宋貶漢，對乾嘉為平反者。故不識宋學，即無以識近代也。

梁啟超把宋學、漢學對為兩橛，主要是從反宋學著眼去談清代學術的，旨在強調清代學術在中國思想發展史上的創新意義。從清代學術本身而言，梁氏的「反動說」無疑有他的合理性。因為清代學術的主流為經學考據，重實證，以求是為宗，與晚明空疏的學風確有不同。從清初開始，學風由虛轉實，由主觀的推想變為客觀的考察，這的確是對宋明學術的一種反撥。[18] 錢

17　歐陽哲生編：《胡適文集》(7)，第 239 頁。
18　周國棟認為，余英時把梁啟超的「反動說」視為外緣說的觀點不甚合理，就清學本身而言，「反動說」似乎更為合理，他列出了這樣四條理由：(1) 梁啟超更強調清學是對明末道學的反動，雖然他也有反理學的說法，但他也注意到了清初諸儒對宋明之學的繼承；(2) 就清學本身而言，它與宋明之學總體上重尊德性而輕道問學，重德性之知而輕聞見之知相比，更重由道問學而尊德性，由聞見之知見德性之知，這很明顯是對宋明之學的

二、清代漢學淵源於宋學

穆清學淵源於宋學,「不識宋學,則亦不能知漢學,更無以評漢宋之是非」的主張,主要是從宋明理學的角度來談清代學術,重在強調宋明學術在清代的延續性和清代學風對宋明的繼承性。關於此點,朱維錚曾指出:「梁著《中國近三百年學術史》,實為他在《清代學術概論》中勾畫的清學主線作闡釋,那主線便是漢學『以復古為解放』,但宣稱直到今文學由漢學異端變為主流,才恢復了清初顧、黃、王、顏等提倡的真精神。錢著《中國近三百年學術史》,則顯然既不同意梁啟超二書的陳述,也不滿意章太炎所謂理學在清代已『竭而無餘華』的批評,而依據辛苦爬梳的個案材料,另行勾畫了一幅圖景,實際寫成的是『宋學』史,其書的學術價值也因此彰顯。」[19]就學術思想發展演變的一般過程言,錢穆的「繼承說」較梁啟超的「反動說」似乎更為合理一些。因為:

首先,梁啟超把清代學術史僅僅歸結為一經學考證史,並不全面。清代學術的主流毫無疑問是經學考證,但這卻不足以概括整個清代近三百年間的學術發展史。有清一代,不僅有盛極一時的漢學,與漢學相伴的還一直存在著追尋義理的宋學。即使是在漢學如日中天的乾嘉時代,這種學風依然存在並始終與考據學相頡頏。與考據學大師戴震大約同時的章學誠揭櫫史學經世的旗幟,發出了蒐羅遺逸、襞績補苴不足以言學的呼聲,便是對為考據而考據的乾嘉學風的抗議。而此時講求經世致用,追求微言大義的今文經學已在其內部醞釀發皇。到了晚清,伴隨著對乾嘉考據學風的反動,有常州公羊學

一種反撥;(3)明亡的確給了士大夫們極大刺激,自此後學風趨實,而清朝文網政策也的確禁錮了他們的思想,使他們不敢言真「理」而埋首於經學考據;(4)清學愈向後發展,以復古為解放的潮流愈明顯,信漢信古以排宋學,甚至如戴震的《孟子字義疏證》已走向反理學的路上去,尚古的風氣恰是對宋明理學的一種反動。參見周文:《兩種不同的學術史範式——梁啟超、錢穆〈中國近三百年學術史〉之比較》,《史學月刊》2000年第4期。

19 朱維錚:《求索真文明——晚清學術史論・題記》,上海古籍出版社,1996年版,第5—6頁。

「不知宋學，則無以評漢宋之是非」

派的崛起。到近代，康有為等人把該派的觀點發揮到極致，借經學談政治，掀發揮了轟轟烈烈的維新變法運動。這些學術思潮，的確是無法用考據學來取代的。錢穆早年就反對把有清一代的學術思想籠統地概括為考證學。他在早年著作《國學概論》第九章「清代考據學」中開篇就說：「言清代學術者，率盛誇其經學考據，固也。然此在乾、嘉以下則然耳。若夫清初諸儒，雖已啟考證之漸，其學術中心，固不在是，不得以經學考證限也。」[20] 到道咸之時，乾嘉漢學流弊重重，乾嘉諸儒的古訓、古禮之研究，「其終將路窮而思變」。於是「繼吳、皖而起者，有公羊今文之學」。到了清季，康有為「以今文《公羊》之說，倡為變法維新，天下靡然從風，而乾、嘉樸學亦自此絕矣」。[21]

其次，從學術思想的延續性和承傳性來看，後一個時代的思想與學術，不是憑空產生的，它總是要在前一個時代孕育生長，並從中可以找到它的萌芽。這表明一個時代的思想和學術不可能隨自己時代的消亡而突然消失得無影無蹤，它終究要以某種特定的方式保留下來，遺存在後一個時代中。這就是學術思想的前後繼承性和相互獨立性。錢穆在〈清儒學案序〉中指出：「抑學術之事，每轉而益進，途窮而必變。」所謂「每轉而益進」，指的是學術思想的繼承。前後時代的學術思想無論有多麼大的差別，但其中必然有內在的聯繫，必然有前後延續的成分。而「途窮必變」，則是指學術思想、方法的變革和創新。研究一個時代的學術思想，只看到前後時代的學術差別而看不到繼承，或僅著眼於前後的繼承而看不到前後時代學術的區別，都是失之片面的，正確的方法應是把二者結合起來進行全面考察。錢穆研究清代學術史，研究整個中國學術史、思想史，都隱含了這樣一種方法。他說兩漢經學，並不是蔑棄先秦諸子百家之說而另創所謂經學，而是包孕先秦百家而始為經學

20　錢穆：《國學概論》，第 246 頁。
21　錢穆：《國學概論》，第 310 頁。

二、清代漢學淵源於宋學

之新生。宋明理學,並不是蔑棄漢唐而另創一種新說,而是包孕兩漢隋唐之經學和魏晉以來流布中土之佛學而再生。清代學術也不例外。對清初諸儒而言,宋明理學是他們必不可少的知識資源,宋學對他們的影響自不待言。乾嘉諸老以考據為宗,但是他們從事考據的終極目的仍是「由聲音文字以求訓詁,由訓詁以尋義理」,宋明以來相傳八百年的理學道統,其精光浩氣,仍不可掩。而道、咸以來,隨著訓詁考據一途走向絕境,學者把眼光再次投注於宋明理學,漢宋調和、尊宋抑漢風靡學界,經世意識和宋學精神得到高揚,理學重新得以復興。所以錢穆認為,從明末清初到清末民初這三百年學術史的大流,論其精神,仍自沿續宋明理學一派而來。故云:「今自乾嘉上溯康雍,以及於明末諸遺老,自諸遺老上溯東林以及於陽明。更自陽明上溯朱、陸以及北宋之諸儒,求其學術之變遷而考合之於世事,則承先啟後,如繩秩然,自有條貫。」[22] 又云:「清代經學,亦依然沿續宋元以來,而不過切磋思索之益精益純而已。理學本包孕經學為再生,則清代乾嘉經學考據之盛,亦理學進展中應有之一節目,豈得據是而謂清代乃理學之衰世哉?」[23]

錢穆治學術史,善於把學術思潮的發展變遷置放到思想史本身的運動中加以分析,善於從中國自身的知識和思想資源中去尋找思想史發展的內在理路。他的這一觀點和研究方法,在近現代學術界並不是沒有贊同者。比如馮友蘭先生在1930年代前半期出版的《中國哲學史》一書中曾專闢「清代道學之繼續」一章來討論清代漢學與宋明理學的關係,認為清代漢學家表面上雖然表現為反道學,但他們所討論和關注的問題,實際上仍是宋明道學的繼續,與錢氏持有相同的見解。[24] 錢穆的學生余英時在其師「繼承說」的基礎上

22　錢穆:《中國近三百年學術史》,第20頁。
23　錢穆:〈清儒學案序〉,《中國學術思想史論叢》(八),第364—365頁。
24　馮友蘭認為,宋明人所講的理學與心學,在清代皆有繼續的傳述者。清代漢學家講義理之學,其所討論的問題,如理、氣、性、命等,仍是宋明道學家所提出的問題;他們所依據的經典,如《論語》、《孟子》、《大學》、《中庸》等,仍是宋明道學家所提出的四書。

「不知宋學，則無以評漢宋之是非」

進一步發揮，提出了「內在理路說」。[25] 余氏認為近現代學者在研究清代學術思想的演變時，多從「外緣」的角度來解釋，這集中體現為政治史觀的「反滿說」，經濟史觀的「市民階級說」，從而忽略了從思想史「內在」發展著眼去加以疏理解釋，因而在許多方面便解釋不通。他說：「宋明理學家和清代考證學家都是研究儒家經典的，他們無疑屬於同一研究傳統之內。他們不但處理著同樣的經典文獻，而且也面對著共同的問題——儒家原始經典中的『道』及其相關的主要觀念究竟何所指？這是儒學傳統內部的問題，自有其本身發展與轉變的內在要求，不必與外緣影響息息相關。」[26] 余氏的這些論斷，與錢穆的觀點有明顯的承繼關係。

三、錢穆論清代學術的發展演變及其學術貢獻

關於清代學術史的分期，錢穆在《前期清儒思想之新天地》中，從學術與政治的關係著眼，把清代學術史分為前後兩個時期。從順治入關到乾嘉時代為前期，清初諸儒承襲了宋明儒思想的積極治學傳統，在清初學術史上開拓了一片新天地。但到了乾嘉時期，學者在清廷刀鋸鼎鑊的淫威下走上了訓詁考據之路，畢生在叢碎故紙堆裡，追求安身立命之所。從道咸起至清廷覆滅為後期，在後期八十年中，一方面是清朝政治腐敗，另一方面則是西學東漸，兩者給晚清學術思想以極大的影響。在〈清儒學案序〉中，錢穆從理學

所以，清代漢學家所講義理之學，表面上雖為反道學，而實則系一部分道學之繼續發展。參見馮氏《中國哲學史》第十五章「清代道學之繼續」中「漢學與宋學」一節的論述。中華書局，1984年版，第974—975頁。

25　余英時治中國思想史以清代學術思想為重點，寫有《從宋明儒學的發展論清代學術思想》（1970年）、《清代學術思想的一個新解釋》（1975年）等重要論文，著有《方以智晚節考》（1972年）、《論戴震與章學誠》（1976年）兩書，對其師的觀點多有繼承、發揮。

26　余英時：《論戴震與章學誠——清代中期學術史研究》「增訂本自序」，生活·讀書·新知三聯書店，2005年版，第2—3頁。

的角度出發,把清代學術史分為晚明諸遺老、順康雍、乾嘉、道咸同光四個階段,並對四個階段不同的學術特徵作了歸納概括。錢穆的《中國近三百年學術史》,除第一章「引論」論述清代學術的源起及其與宋明學術的關係外,其餘十三章皆以各個時期學術發展史上的代表人物為題。各章所選擇的代表人物主要集中在明末清初、乾嘉、晚清三個時期,涵蓋了有清一代學術發展史上的經世思潮、經學考據和今文經學等各個層面。

1. 論清初諸儒之學

在清代近三百年的學術發展歷程中,錢穆特別推崇清初諸儒之學。他在1928年春完成的《國學概論》第九章中,扼要地勾畫出了明末清初群儒的思想:「推極吾心以言博學者,有黃梨洲」;「辨體用,辨理氣,而求致之於實功實事者,有陳乾初」;「不偏立宗主,左右採獲以為調和者,有孫夏峰、李二曲、陸桴亭」;「絕口不言心性,而標『知恥博文』為學的者,有顧亭林」;「黜陽明而復之橫渠、程、朱,尊事物德行之實,以糾心知覺念之虛妄者,有王船山」;「並宋明六百年理學而徹底反對之者,有顏習齋」。[27] 在錢穆看來,在清初諸儒中最有建樹的,當推黃梨洲(宗羲)、顧亭林(炎武)、王船山(夫之)、顏習齋(元)四家,所以他的《近三百年學術史》第2～5章著重對這四家的學術思想及其在清學史中的影響作了專門的研究和闡發。

顧炎武以「博學於文」、「行己有恥」為論學宗旨,「博學於文」主要是反對王學末流空談心性,束書不觀,《音學五書》、《日知錄》二書最能反映其博學之教。顧氏治學明流變,求佐證,不言心性,為後世考據學開一新途轍。但亭林治學以考據為手段,而非目的,其治學宗旨在於明道救世。錢穆指出,《音學五書》就是透過研究音韻來通曉經術,通曉經術就是為了明道,從而救世。他說:

27　參見錢穆《國學概論》第246—253頁。

「不知宋學，則無以評漢宋之是非」

　　治音韻為通經之鑰，而通經為明道之資。明道即所以救世，亭林之意如是。乾嘉考證學，即本此推衍，以考文、知音之工夫治經，即以治經工夫為明道，誠可謂得亭林宗傳。[28]

　　錢穆認為，顧炎武論史尤重風俗，重節義而輕文章。於東漢特斥蔡邕，於明末極詆李贄、鍾惺。主張區別流品，引獎厚重，倡耿介，貶鄉愿，尚廉恥，立名教，振清議，故曰：「匹夫之心，天下人之心也。而保天下者匹夫之賤與有責焉。」顧氏自謂撰寫《日知錄》一書，意在「撥亂滌汙，法古用夏，啟多聞於來學，待一治於後王」。顧氏門人潘耒為該書作序亦稱：「先生之學事關民生國命者，必窮源溯本，討論其所以然。……凡經義史學官方吏治財賦典禮輿地藝文之屬，一一疏通其源流，考正其謬誤。至於嘆禮教之衰遲，風俗之頹敗，則古稱先，規切時弊，尤為深切著明。」[29] 這些俱能體現顧氏的「行己」之教。然而亭林後學僅師其「博文」之訓，忘其「行己」之教，致使其經世明道的真精神不能彰顯於世。為此錢穆不無感嘆地說：

　　蓋天下之治亂，本之風俗，風俗之盛衰，由於一二賢知之士。天下興亡，匹夫固宜有責。亭林所唱行己之教，大體如是。然自亭林當身，已見稱狷介，於世不諧，及其身後，能領解其旨者益尠……三百年來，亭林終不免以多聞博學見推，是果為亭林之辱歟！亭林地下有知，客死之魂，不知又將於何歸依？今謂亭林乃清學開山，亦僅指其多聞博學，而忘其行己有恥之教者，豈不更可痛之甚耶！[30]

　　亭林此書（指《日知錄》），最所用意，如潘氏（潘耒）所稱述，實在第十三卷之論風俗，即上述所謂亭林行己之教者，既已不為後世重視。至其撥亂滌汙，博考治道，欲見諸行事，以躋斯世於治古之隆者，後儒亦捨棄

28　錢穆：《中國近三百年學術史》，第 134 頁。
29　錢穆：《中國近三百年學術史》，第 142 頁。
30　錢穆：《中國近三百年學術史》，第 130—131 頁。

不道。[31]

在清初四大家中，顧炎武「經學即理學」的主張對乾嘉考據學風影響至大，乾嘉時期的經學考據實由此而衍生。梁啟超在《中國近三百年學術史》中對顧炎武推崇有加，尊之為清代「漢學開山」。他說顧氏在清代學術界占有最重要的位置，其一在於開學風，排斥理氣性命之玄談，專從客觀方面研察事物條理。其二在於開治學方法，如勤搜資料，綜合研究，參驗耳目聞見以求實證，力戒雷同剿說，虛心改訂不護前失等。其三在於開學術門類，如參證經訓史蹟，講求音韻，說述地理，研究金石等。故亭林之學，氣象規模宏大，乾嘉諸老，無人能出其右。清代許多學術，都由他發其端，後人衍其緒，影響了整個清代學術的去向。[32] 所以梁啟超指出，亭林之學「對於晚明學風，表現出堂堂正正的革命態度，影響於此後二百年思想界者極大。所以論清代漢學開山之祖，舍亭林沒有第二個人」。[33]

錢穆並不否認顧炎武對乾嘉考據學風有極其重要的影響，並不否認顧炎武在清代學術史上的崇高地位。他說亭林「治學改採之方法，尤足為後人開無窮之門徑。故並世學者如梨洲，如船山，如夏峰，如習齋，如蒿庵，聲氣光烈，皆不足相肩並，而卒為乾嘉以下考證學派所群歸仰。……其意氣魄力，自足以領袖一代之風尚矣」。[34] 但與梁啟超所不同的是，錢穆對顧炎武治音韻學方法的源頭與「經學即理學」的思想淵源作了一番窮原竟委的考證和解釋。梁啟超認為顧炎武對音韻學的研究，所用的方法為顧氏自創，錢穆則認為顧炎武治古音承襲明人陳第遺緒。他說：

亭林之治音學，其用思從明其先後之流變而入，其立說在博求多方之證佐而定。此二者皆為以後乾嘉考證學最要法門。而其事實不始於亭林。亭林

31　錢穆：《中國近三百年學術史》，第 142 頁。
32　參見梁啟超：《中國近三百年學術史》，朱維錚《梁啟超論清學史二種》，第 163—165 頁。
33　梁啟超：《中國近三百年學術史》，朱維錚《梁啟超論清學史二種》，第 153 頁。
34　錢穆：《中國近三百年學術史》，第 146 頁。

「不知宋學，則無以評漢宋之是非」

之治古音，乃承明陳第季立之遺緒。[35]

為論證這一看法，錢穆將顧氏治音韻學與陳第進行比較：「陳氏有《毛詩古音考》、《屈宋古音義》，其書取徑即與亭林《詩本音》、《易本音》相似。陳氏《毛詩古音考序》，自謂『為考據列本證、旁證二條。本證者，《詩》自相證也。旁證者，採之他書也。二者俱無，則宛轉以審其音，參伍以諧其韻』。」[36] 由此得出結論：陳第據古求證之法已在顧炎武之前。同時，錢穆還糾正了梁啟超書中的一個錯誤，即「梁氏《學術概論》，誤以陳氏『本證、旁證』語為亭林自述，因謂亭林為漢學開山，證據既誤，斷案自敗。」[37] 錢穆進一步考證清儒考據學源頭應在明代中葉。他說：「楊慎用修治古音，猶在陳第前，而不如陳之精密。然亭林《唐韻正》，猶有取於楊氏《轉注古音略》之說。」[38] 他又引用四庫館臣和焦循之言來加強論證：

四庫提要子部雜家論方以智《通雅》云：明之中葉，以博洽著者稱楊慎，而陳耀文起而與爭。然慎好偽說以售欺，耀文好蔓引以求勝。次則焦竑，亦喜考證，而習與李贄遊，動輒牽綴佛書，傷於蕪雜。唯以智崛起崇禎中，考據精核，迥出其上。風氣既開，國初顧炎武、閻若璩、朱彝尊等沿波而起，始一掃懸揣之空談。此清廷館閣詞臣，序清儒考證之學，亦謂沿明中葉楊慎諸人而來，不自謂由清世開闢也。焦裡堂亦言之，南宋空衍理學，而漢儒訓詁之學幾即於廢。明末以來，稍復古學。在前若楊升庵，在後若毛大可云云。理堂在野，親值漢學極盛，推溯來歷，亦謂起明季，與四庫館臣之言相應。此自清儒正論，謂考證顧閻開山，其說起晚近，按實固無據也。[39]

---

35 錢穆：《中國近三百年學術史》，第 135 頁。
36 錢穆：《中國近三百年學術史》，第 135—136 頁。
37 錢穆：《中國近三百年學術史》，第 136 頁。
38 錢穆：《中國近三百年學術史》，第 136 頁。
39 錢穆：《中國近三百年學術史》，第 136 頁。將清儒考據學源頭推到明代中葉，柳詒徵也有類似的看法，他說：「近人尤盛稱其（指乾嘉學派——引者）治學之法，謂合於西洋之

三、錢穆論清代學術的發展演變及其學術貢獻

梁啟超把顧炎武視為清代漢學開山的另一個理由是顧氏提出了「經學即理學」的主張，他說：「『經學即理學』一語，則炎武所創學派之新旗幟也。有清一代學術，確在此旗幟下而獲一新生命。……此實四五百年來思想界之一大解放也。」[40] 錢穆則認為「經學即理學，舍經學安所得理學之說，亦非亭林首創」，清初錢謙益已開其先，而錢氏之說又源自明代的歸有光。他說：

震川專力古文，於經學未能自赴其所見。至牧齋亦以文史自負，然其述途轍，辨趣向，爭儒林、道學之分合，平反漢、宋經義之失得，則昭乎確乎其為震川之遺說也。梨洲文史之業，接踵牧齋，步趨未變。而亭林漫遊河、淮，於江左文史夙習，滌棄若盡，要其辨經學、理學，分漢、宋疆界，則終亦不能遠異於其鄉先生之緒論耳。近人既推亭林為漢學開山，以其力斥陽明良知之說，遂謂清初漢學之興，全出明末王學反動，夫豈盡然。[41]

錢穆最後得出結論是：「亭林治經學，所謂明流變，求左證，以開後世之途轍者，明人已導其先路。而亭林所以尊經之論，謂經學即理學，舍經學無理學可言，求以易前人之徽幟者，亦非亭林獨創。考證博雅之學之所由日盛，其事亦多端，唯亭林以峻絕之姿，為斬截之論，即謂經學即理學，因以明經即明道，而謂救世之道在是。」[42] 故其說遂為後世所矚目。

在錢穆看來，對乾嘉考據學風影響很大的並非顧炎武一人，在晚明諸遺老中，黃宗羲的影響就不小。此說在他早年著作《國學概論》中已有闡發，在《近三百年學術史》「梨洲經史之說」中亦詳加討論。黃氏著《易學象數論》六卷，已開胡渭等人辨河洛方位圖說之先聲。著《授書隨歷筆》一卷，實開

科學方法，實則蒐集證佐，定為條例，明代學者已開其端，非清人所得專美。」（柳詒徵：《中國文化史》，中國大百科全書出版社1988年版，第745頁）柳氏在論證時同樣也引了明人陳第《毛詩古音考序》中的材料，只是錢穆的論證較柳氏更加詳盡些。

40　梁啟超：《清代學術概論》，朱維錚《梁啟超論清學史二種》，第9頁。
41　錢穆：《中國近三百年學術史》，第139頁。
42　錢穆：《中國近三百年學術史》，第141頁。

「不知宋學，則無以評漢宋之是非」

閻若璩《古文尚書疏證》之先導。又究天文歷算之學，著《授時故》等書，俱在梅文鼎前。於史學，貢獻特大，為浙東史學的開創者。浙東史學自梨洲開其端，一傳為萬季野（斯同），再傳為全謝山（祖望），止於章實齋（學誠），遂與吳、皖漢學家以考證治古史者雙峰並峙，交相輝映。錢穆認為，黃宗羲為矯晚明王學空疏之弊，力主窮經以為根底，已為新時代學風開一新局，其影響後學，實不在顧亭林之下。後人言清代漢學，不提黃氏的影響，全以顧亭林「經學即理學」為截斷眾流，是因為顧氏之說符合漢學家的口味，而梨洲則以經史證性命，多言義理，不盡於考證一途，故不為漢學家所推重。錢穆認為，清代學術在乾嘉時期走入顧氏「經學即理學」一途，浙東精神未能彰顯於世，這實在是清代學術史上一件值得令人惋惜的事。[43] 所以他批評梁啟超把清代漢學開山歸於顧氏一人之力，為「失真之論」。

錢穆論清初學者，首列黃宗羲，足見他對黃氏的重視。關於黃的學術思想，他從黃宗羲的學術淵源，論王學、史學以及黃宗羲的政治理想等方面詳加討論。黃梨洲從學於劉蕺山（宗周），以發揮其師慎獨遺教為主。他把讀書與求心、博學與良知統一起來，對於矯正晚明王學末流空疏褊狹之弊，極有意義。錢氏指出黃宗羲已開清學之新風，是新時代學風的先驅。他說：「梨洲平日講學精神，早已創辟新局面，非復明人講心性理氣、講誠意慎獨之舊規。苟略其場面，求其底里，則梨洲固不失為新時代學風一先驅也。」、「梨洲自負得理學正統之傳，而其為學之務博綜與尚實證，則固畢生以之，不俟乎晚年之改悟。故論新時代學風之開先，梨洲之影響，實在此不在彼也。」[44]

43　在錢穆看來，對乾嘉考據學的影響，顧、黃二人貢獻尤大，若談清代漢學開山，應以顧、黃二人並舉。關於此點，清人江藩已有注意。錢氏在《中國近三百年學術史》中引用江藩的話說：「國朝諸儒究六經奧旨，與兩漢同風，梨洲、亭林二君實啟之。」參見《漢學師承記》卷 8 附跋。

44　錢穆：《中國近三百年學術史》，第 28—29 頁。

2. 論乾嘉考據之學

　　清代學術發展到乾嘉時代，拋棄了顧炎武、黃宗羲等晚明諸儒通經致用的思想，演變成為考據而考據，為學問而學問的學風。所以，清初經世致用的學術精神至乾嘉考據學風的興起而大變，其學術精神在考據而不在義理。乾嘉考據之學至吳人惠棟、皖人戴震已臻全盛，尊漢排宋，風靡學界。所以錢著第 6～10 章專論乾嘉考據之學。

　　清代學術以乾嘉考據學為主幹，這為治清學史學者所共認。然而由於地域不同、治學特點的相異，乾嘉考據學又可細分出不同的派別。乾嘉學者本身對此已有言及。在近代學者中，最早將乾嘉考據學分為吳、皖兩派並對兩派學術異同加以論述的首起於章太炎。他稱清儒「其成學箸系統者，自乾隆朝始。一自吳，一自皖南。吳始惠棟，其學好博而尊聞。皖南始江永、戴震，綜形名，任裁斷。此其所異也」。[45] 劉師培撰文亦稱：「東吳惠氏……執注說經，隨文演釋，富於引伸，寡於裁斷……掇次古誼，唯篤於信古。」[46]「江、戴之學，興於徽歙，所學長於比勘，博徵其材，約守其例，悉以心得為憑……可謂無徵不信者矣。」[47] 梁啟超在章、劉的基礎上進一步發揮，「正統派之中堅，在皖與吳。開吳者惠，開皖者戴。……惠、戴齊名，而惠尊聞好博，戴深刻斷制。惠僅『述者』，而戴則『作者』也。」[48] 認為吳派為學淹

45　章太炎：《訄書·清儒》（重訂本），《章太炎全集》（三），上海人民出版社，1984 版，第 156 頁。又見《檢論》卷 4〈清儒〉，《章太炎全集》（三），第 473 頁。

46　劉師培：〈南北考證學不同論〉，《劉申叔遺書》，江蘇古籍出版社，1997 年影印版，第 555 頁。

47　劉師培：《近代漢學變遷論》，《劉申叔遺書》，第 1541 頁。

48　梁啟超：《清代學術概論》，朱維錚：《梁啟超論清學史二種》，第 4 頁。梁啟超在《中國近三百年學術史》亦言：「漢學家所樂道的是『乾嘉諸老』。因為乾隆、嘉慶兩期，漢學思想正達於最高潮，學術界全部幾乎都被他占領。但漢學派中也可以分出兩個支派：一曰吳派，二曰皖派。吳派以惠定宇（棟）為中心，以信古為標幟，我們叫他做『純漢學』。皖派以戴東原（震）為中心，以求是為標幟，我們叫他做『考證學』。」朱維錚：《梁啟超

「不知宋學,則無以評漢宋之是非」

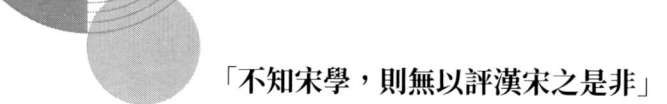

博,拘守家法,專宗漢說;皖派治學不僅淹博,且重「識斷」、「精審」[49],於是惠、戴之學中分乾嘉學術,遂成定論。自此以後,凡治清學史者,在論及乾嘉學術的派別劃分時,大都沿用此說。

吳、皖兩派分幟對立之說創立以來,學術界多遵章、梁之說,不免忽略了兩派之間的學術聯繫。錢穆在研究乾嘉學術時,不僅看到了吳、皖兩派的學術區別,更重要的是看到了兩派之間的學術聯繫及其相互影響,這體現了他治學的敏銳和識見精深之處。錢氏認為,蘇州惠學尊古宗漢,意在反宋,惠棟即有「宋儒之禍,甚於秦灰」之說。而皖南戴學卻「從尊宋述宋起腳」,初期志在闡朱述朱,與反宋復古的吳學宗旨不同。但自乾隆二十二年(1757年),戴震北遊後南歸,在揚州見到惠棟以後,其學大變,一反過去尊宋述朱轉而詆朱排宋,他說:

東原於乾隆丁丑(二十二年,東原年三十五)南遊揚州,識松崖(惠棟號)於鹽運使盧雅雨見曾署,自是客揚州者四年。東原論學宗旨,其時以後蓋始變,此可以集中《題惠定宇先生授經圖》一篇證之。……東原是文作於乾隆乙酉(三十年,東原年四十三,見〈年譜〉),而議論與前舉已大異。其先以康成程朱分說,謂於義理、制數互有得失者,今則並歸一途,所得盡在漢,所失盡在宋,義理統於故訓典制,不啻曰即故訓即典制而義理矣。是東原論學一轉而近於吳學惠派之證也。[50]

接著錢穆又詳引戴震為惠棟弟子余肖客序《古經解鉤沉》進一步論證了惠棟對戴震治學的影響,認為從序中內容觀之,「東原此數年論學,其深契乎惠氏故訓之說」。錢穆認為戴震著〈原善〉三篇,時間大約在他遊揚州識惠棟之後,其文言「理」,頗受惠氏《易微言》的影響。[51] 所以錢穆得出,「乾嘉以

論清學史二種》,第 115 頁。
49 梁啟超:《清代學術概論》,朱維錚《梁啟超論清學史二種》,第 31 頁。
50 錢穆:《中國近三百年學術史》,第 322—323 頁。
51 錢穆:《中國近三百年學術史》,第 325—327 頁。

三、錢穆論清代學術的發展演變及其學術貢獻

往詆宋之風,自東原起而愈甚,而東原論學之尊漢抑宋,則實有聞於蘇州惠氏之風而起也」。[52] 同時,錢氏還進一步提出了「惠主求古,戴主求是,並非異趨」的觀點,他說:

東原卒後,凌廷堪為作《事略狀》,謂「東原於揚州見元和惠棟,論學有合」,決非虛語。(自注:王昶為《東原墓誌銘》,亦謂「惠、戴見於揚州,交相推重」。)王鳴盛亦言:「方今學者,斷推惠、戴兩先生。惠君之治經求其古,戴君求其是,究之舍古亦無以為是。」(見洪榜:《東原行狀》。)謂「舍古無以為是」者,上之即亭林「捨經學無理學」之說,後之即東原求義理不得鑿空於古經外之論也。然則惠、戴論學,求其歸極,均之於六經,要非異趨矣。[53]

由此錢穆得出了「東原極推惠,而惠學者亦尊戴,吳皖非分幟」的結論。所以,錢著《近三百年學術史》以惠、戴論學有舍,交相推重為由,將二人同列一章,即體現了這種布局安排。

由於錢穆力主清學導源於宋學,重視宋明理學對清代學術的影響,所以其著作《近三百年學術史》在內容的安排上,特別注重發掘清儒對宋明理學問題的探討,即便是在漢學全盛的乾嘉時代,書中的編排布局亦是如此。錢著第八章以戴東原為題,而以江慎修(永)、惠定宇(棟)、程瑤田(易疇)附之。江、戴、程三人皆歙人,以江、程附戴,目的在於釐清戴學的學術淵源。錢穆指出,徽、歙之間,乃朱子故里,學者講學,多尊朱子,故尚朱述朱之風,數世不輟。對於皖學的淵源,錢穆在《國學概論》中作了這樣的分析:「徽州之學,成於江永、戴震。江之治學自禮入。其先徽、歙之間,多講紫陽之學,遠與梁溪、東林相通,(江)永蓋承其緒風。東原出而徽學遂大,一時學者多以治禮見稱。」在《近三百年學術史》中,錢氏作了更為詳盡的考

52　錢穆:《中國近三百年學術史》,第 322 頁。
53　錢穆:《中國近三百年學術史》,第 323—324 頁。

「不知宋學，則無以評漢宋之是非」

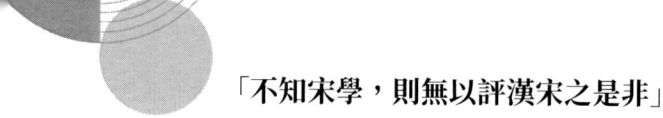

證：「考徽、歙間講學淵源，遠自無錫之東林。有汪知默、陳二典、胡淵、汪佑、吳慎、朱璜講朱子之學於紫陽書院，又因汪學聖以問學於東林之高世泰，實為徽州朱學正流，江永、汪紱皆汲其餘波。故江浙之間學者多從姚江出，而皖南則一遵舊統，以述朱為正。唯汪尚義解，其後少傳人，江尚考核，而其學遂大。」[54] 江氏之學傳至東原，形成皖學。錢穆述東原之學源於徽歙，戴學源出朱子，其用意主要落在宋學對戴氏的影響上。這說明皖學自紹宋入手，與吳學自攻宋起腳不同。戴氏晚年排詆宋儒，刻深有過顏李，所以章學誠力斥東原攻朱子之非，譏其「飲水忘源」。

在「戴學之流衍」中，錢穆論及段玉裁關於義理、考證之辨時，同樣注重對漢學家義理思想的發掘。他說：

東原以義理為考核之源，而懋堂以考核為義理之源，此非明背師說，乃正所以善會師說也。聖人製作，此義理為考核之源也；後人鑽研經籍，因明義理，此考核為義理之源也。懋堂之說，正是東原平日戒人鑿空以求義理之旨耳。而懋堂之所謂考核，其意並不專在名物字句間……是懋堂言考核並不主排宋也。[55]

懋堂畢生精力，萃其《說文解字注》一書，乃不自滿假，自居一藝，極推朱子，謂其本末兼賅，未嘗異孔子之教。此其度量意趣，誠深遠矣！[56]

錢著第十章以焦裡堂（循）、阮雲苔（元）、凌次仲（廷堪）為題而附之以許周生（宗彥）、方植之（東樹），也體現了這種安排。焦循、阮元、凌廷堪學尊東原，為考據名家，但錢穆看重的並不是他們在考據學上的成就，而是把眼光投注到他們對漢學流弊的反思和批評上。錢穆指出，焦氏之學「主用思以求通」，與當時名物訓詁逐字逐句的零碎考釋學風已有不同。阮元「頗主求義理，故漸成漢宋兼采之風」。而凌廷堪對當時漢學流弊多有不滿，有

54　錢穆：《中國近三百年學術史》第 309—310 頁。
55　錢穆：《中國近三百年學術史》第 366 頁。
56　錢穆：《中國近三百年學術史》第 367 頁。

「不通世務，不切時用」，「好罵宋儒，而高自標置」，「意氣日盛」[57] 等批評之語，實開近代抨擊乾嘉學風之先聲。焦、阮、凌三人皆為漢學考據大家，卻群起批評自己學派的短弊，從中亦可透顯出一個學術轉變的新時期即將來臨。故此章以考據學風的批評者許宗彥附於三人之後，又以攻擊乾嘉漢學最激烈的方東樹殿尾，無非是要向人們表露這樣一個訊息：乾嘉漢學發展到此時已流弊重重，逐漸失去了學術界的支持，「路窮而思變」，此後的學術路向必然要向漢宋兼采的方向發展演變。[58]

3. 論常州今文學派

考據學風瀰漫的乾嘉之際，公開站出來批評這種學風、樹反漢學旗幟的有史學家章學誠。章氏祭起「學術所以經世」的旗幟，高唱「六經皆史」之說，對乾嘉漢學埋首考據的瑣碎學風大加抨擊。到道、咸之際，隨著訓詁考證一途走向絕境，有追求微言大義的常州今文學派的異軍突起，湮滅了一千多年的西漢今文經學重新得以復興。錢穆指出，常州今文學派「起於莊氏（存與），立於劉（逢祿）、宋（翔鳳），而變於龔（自珍）、魏（源）」。所以錢著第 11 章以龔定庵（自珍）為題，附之以莊方耕（存與）、莊葆琛（述祖）、劉申受（逢祿）、宋於庭（翔鳳）、魏默深（源）、戴子高（望）、沈子敦（垚）、潘四農（德輿），對晚清最重要的學術思潮常州今文經學作了專門的論述。

常州之學由莊存與開其端，莊氏不專為漢宋箋注之學，著《春秋正辭》，旨在闡發《春秋》的微言大義。常州公羊學至莊存與的外甥劉逢祿、宋翔鳳時張大旗幟。常州言學，主微言大義，而通於天道人事，最終必然歸趨於論政，開此風氣之先者首推龔自珍。龔氏一反當時經學家媚古之習，而留情於當代之治教，於是盱衡世局，而首倡變法之論。魏源繼之，以「經術為

---

[57] 錢穆：《中國近三百年學術史》第 506—508 頁。
[58] 此處採納了路新生教授的研究成果，參見氏著《梁任公、錢賓四〈中國近三百年學術史〉合論》，臺北《孔孟學報》第 68 期，1994 年 9 月。

「不知宋學，則無以評漢宋之是非」

治術」，欲「貫經術、政事、文章於一」。至康有為時，以經學談政治，掀發揮了轟轟烈烈的維新變法運動，於是常州之學，終於掩脅晚清百年來之風氣而蔚為大觀。錢穆認為，常州今文經學初期，專言公羊，不及他經，此風至龔、魏時而大變，由信公羊轉而信今文，輕古經而重時政，而龔、魏之主張實承章學誠而來。在錢穆看來，乾嘉漢學揭櫫為學問而學問的旗幟，為學重在實事求是，而常州今文學派重在舍名物訓詁而追求微言大義，這已失去了漢學精神，乾嘉考據之學至此聲光不存。

清代今文經學極於康有為，所以錢穆對清代學術史的研究終於康氏。晚清的今文經學至龔、魏而蔚為大觀，到廖平、康有為時集其大成。特別是康有為繼承常州今文學派的觀點大加發揮，其著作《新學偽經考》、《孔子改制考》等，為現實的政治需要隨意解釋六經，取捨、改鑄歷史，其弊以至「顛倒史實而不顧」。錢氏稱：「康、廖之治經，皆先立一見，然後攬擾群書以就我，不啻六經皆我注腳矣，此可謂之考證學中之陸王。而考證遂陷絕境，不得不墜地而盡矣。」[59] 又稱：「當長素時，師友交遊，言考據如廖季平，言思想如譚復生，皆可謂橫掃無前，目無古人。廖氏之考據，廖氏已自推翻之；譚氏之持論，譚氏亦自違抗之。長素之於考據如廖，於思想如譚，更所謂橫掃無前者，然亦不能自持之於後。凡其自為矛盾衝突抵消以迄於滅盡，則三百年來學術，至是已告一結束，掃地赤立。」[60] 對於康有為所撰之《大同書》，錢穆的評價是：「要之長素此書，其成之於聞見雜博者，乃長素之時代；其成之於揚高鑿深者，乃長素之性度。三百年來學風，久務瑣碎考據，一旦轉途，蓽路藍縷，自無佳境。又兼之時代之劇變，種種炫耀惶惑於其外，而

---

[59] 錢穆：《中國近三百年學術史》，第 652 頁。錢氏此論頗得賀麟的贊同，賀氏在《五十年來的中國哲學》一書中評康說時引用錢穆這一觀點，稱康有為「平時著書立說，大都本『六經注我』的精神，摭拾經文以發揮他自己主觀的意見，他的《新學偽經考》一書，論者稱其為『考證學中之陸、王』（自注：錢穆《中國近三百年學術史》），洵屬切當」。

[60] 錢穆：《中國近三百年學術史》，第 688 頁。

長素又以好高矜奇之心理遇之,遂以成此侈張不實之論也。」[61]

在錢穆看來,晚清今文學家走的是「一條夾縫中之死路,既非乾嘉學派所理想,亦非浙東史學派之意見。考據義理,兩俱無當。心性身世,內外落空。既不能說是實事求是,亦不能說是經世致用。清儒到道咸以下,學術走入歧道,早無前程」。[62] 學術之事,「每轉而益進,途窮而必變」,此下的學術路徑必然有變,不能再循此三百年的老路走下去了。用錢氏的話說,「繼此以往,有待於後起之自為」。[63]

四、錢穆表彰「宋學」的原因

錢穆治清代學術史主要以張揚宋學精神為主旨,所以他在評價和判識清代學人學術思想的高下淺深時,就貫穿了一條是否有志經世、是否心繫天下安危的宋學精神為其評判標準。而錢氏屢屢道及的宋學、宋學精神,實際上就是宋明儒提倡的學貴經世明道,講求義理,以天下興亡為己任的精神。

錢穆在《近三百年學術史》「引論」中,對清代學術的源頭給予了具體解析,認為清初學術直接來源於晚明的東林學派。他說:「余觀明清之際,學者流風餘韻,猶往往沿東林。」[64] 錢氏之所以對東林學派情有所鍾,就是因為東林學者是真正有志經世、堅守氣節、重在實行的學者。東林講學大體包括兩個方面,一是矯挽晚明王學末流空談心性之弊,一是抨彈政治之現狀。他們對王學末流的批判開啟了清儒辨宋明理學的先河,而對當時政治的批評對清初諸儒的議政也產生了重要影響。特別是東林學人堅持於牢獄刀繩下的民族氣節和崇高的人格更是為清初諸儒所激賞。所以,東林學者的氣節操行和

61　錢穆:《中國近三百年學術史》,第 666 頁。
62　錢穆:《前期清儒思想之新天地》,《中國學術思想史論叢》(八),第 11 頁。
63　錢穆:《中國近三百年學術史》,第 688 頁。
64　錢穆:《中國近三百年學術史》,第 8 頁。

「不知宋學,則無以評漢宋之是非」

避虛歸實、重在實行的精神直接影響了清初諸儒。[65]

錢穆對清初諸儒評價甚高,認為清初諸儒之學勝於乾嘉經學考證,就是因為清初諸儒論學猶有宋學經世明道的精神。他在〈述清初諸儒之學〉中稱:「道德、經濟、學問兼而有之,唯清初諸儒而已。」[66] 這裡的所謂「經濟」,即經國濟世之學問。清初諸儒不僅篤學博文,更重要的是他們能將其學問措之世用,與王學末流空談心性、束書不觀和乾嘉學者不問世事、皓首窮經截然異趣。比如黃宗羲為王學蕺山一派傳人,但其論學,重實踐,重工夫,重實行,「既不蹈懸空探索本體,墜入渺茫之弊」,「又不致陷入猖狂一路,專任自然」。船山論學,「所長不僅在於顯真明體,而尤在其理惑與辨用焉」,所論政治、社會、人生種種問題,「皆能切中流俗病痛,有豁蒙披昧之功」。顧亭林以知恥博文相標榜,其論學宗旨在於明道、救世。呂留良闡揚朱子,其意在於「發揮民族精神以不屈膝仕外姓為主」,實非康雍以下諸儒仰窺朝廷意旨,以尊朱辟王為梯榮快捷者所能相比。而顏習齋論學之真精神在於,「不從心性義理分辨孔孟程朱,而從實事實行為之分辨」,力倡章句誦讀不足以為學,所常道者為兵、農、六藝、禮樂等有用之學。清初諸儒生活在國家顛覆,中原陸沉,創巨痛深,莫可告語的時代環境中,他們行己持躬,刻苦卓勵,堅貞不拔的氣概和厲實行、濟實用的學問,「足為百世所仰慕」。錢穆對清初諸儒這種不忘種姓,有志經世的精神和堅守民族氣節稱讚不已,因為從他們身上體現了宋明儒經世明道,以天下安危為己任的真精神。對此他情不由己地讚道:「每讀史至此六七君子者,而使人低徊嚮往於不能已。」[67]

65　錢穆稱:「東林精神,即在分黑白,明是非,肯做忤時抗俗事。不畏禍,不怕損名,不肯混同一色,不願為鄉愿。……流風未沫,及於清初,如顧亭林之耿介,李二曲之堅卓,其人格之峻,操持之高,皆東林之嗣響也。」《中國近三百年學術史》,第17—18頁。

66　錢穆:〈述清初諸儒之學〉,《錢賓四先生全集》第22冊《中國學術思想史論叢》(八),第1頁。

67　錢穆:〈述清初諸儒之學〉,《錢賓四先生全集》第22冊《中國學術思想史論叢》(八),

四、錢穆表彰「宋學」的原因

　　清初學術至乾嘉而大變,學者埋首書齋,專事考據,皓首窮經。這種優遊於太平祿食之境與清初諸儒不忘種姓、有志經世的精神意氣異趣。對此錢穆頗有感觸地說道:「清初諸老講學,尚拳拳不忘種姓之別,興亡之痛,家國之治亂,身世之進退。而乾嘉以往,則學者唯自限其心思於文字訓詁考訂之間,外此有弗敢問。學術思想之轉變,亦復遷移默運,使屈膝奴顏於異族淫威之下而不自知,是尤可悲而可畏之甚者也。」[68] 在錢氏看來,乾嘉諸老忘記了顧亭林等清初諸儒的「行己」之教,而專師其「博文」之訓,為學問而學問,已失去了宋明儒學貴經世明道,以天下為己任的真精神。他說:

　　蓋亭林論學,本懸二的:一曰明道,一曰救世。其為《日知錄》,又分三部,曰經術、治道、博文。後儒乃打歸一路,專守其「經學即理學」之議,以經術為明道。餘力所匯,則及博聞。至於研治道,講救世,則時異世易,繼響無人,而終於消沉焉。若論亭林本意,則顯然以講治道救世為主。故後之學亭林者,忘其「行己」之教,而師其「博文」之訓,已為得半而失半。又於其所以為博文者,棄其研治道、論救世,而專趨於講經術、務博聞,則半之中又失其半焉。[69]

　　錢穆認為清代經學由宋明理學發展而來,但是到了乾嘉時期,經學轉向一味訓詁考據,流弊漸生。「蓋亭林實能擺脫理學窠臼,而攝取理學精髓。若使此下經史之學能循此發展,則詢可為儒學開一新境。而惜乎學脈中斷,乃專走上考據訓詁一路,經學非經學,又何當於亭林所謂捨經學安所得理學之經學乎?」[70] 所以,他對這種逃避人生,喜為零碎考釋的學風大加抨擊,批評乾嘉學者不通學問大體,稱「學問之事,不盡於訓詁考釋,則所謂漢學

第 4 頁。
68　錢穆:《中國近三百年學術史》,第 72 頁。
69　錢穆:《中國近三百年學術史》,第 145 頁。
70　錢穆:《顧亭林學述》,《中國學術思想史論叢》(八),第 68 頁。

「不知宋學，則無以評漢宋之是非」

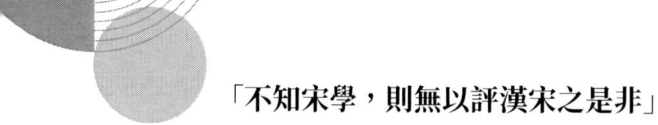

方法者，亦唯治學之一端，不足以竟學問之全體」。[71]「治學而專務為瑣屑之考據，無當於身心世故，則極其歸必趨於爭名而嗜利，而考據之風，亦且不可久。」[72]「乾嘉之盛斥宋明，而宋明未必非。」[73] 像這樣的批評之語，屢見於他治清代學術史的論著中。

錢穆在評價清代學術史時，以表彰宋學，批評漢學流弊為己任，這與他對當時學術界盛行的考據學風的反思和批判有關。1920 年代以來，在胡適「以科學方法整理國故」的口號聲中，掀發揮了一場聲勢浩大的新漢學運動。以傅斯年為首，以史語所為陣地，以整理和考辨史料為鵠的的「新考據派」，便是這場新漢學運動的產物。該派對三四十年代的中國學術界影響深遠，成為當時史壇上的「主流派」。錢穆早年以考據成名，其名作〈劉向歆父子年譜〉（1930）、《先秦諸子繫年》（1935）不但深受當時新考據派史學領袖胡適、傅斯年等人的激賞，還被他們引為同道中人。事實上，新考據派對錢氏在考據學上的成就也是承認、稱道的，錢穆對新考據派重建古史的工作也寄予了厚望。不過錢穆雖然以考據名家，他早年治史深受乾嘉考據方法的影響，但他卻並不讚許乾嘉史學。[74] 因為他認為「考據之終極，仍當以義理為歸宿」，不能單憑考據便認為盡了學術研究之能事，更不能沉溺於煩瑣考據而忘掉了學術經世的宗旨。他說乾嘉經學考據之大病，「正在持門戶之見過深，過分排斥宋儒，讀書專重訓詁考據，而忽略了義理」。[75] 而五四以來的新考據派則把乾嘉漢學為考據而考據的學風發揮到極致。在錢穆看來，新考據派最初本求

71　錢穆：《中國近三百年學術史》，第 402 頁。
72　錢穆：《中國近三百年學術史》，第 559 頁。
73　錢穆：《中國近三百年學術史》，第 525 頁。
74　據錢穆晚年回憶：「余本好宋明理學家言，而不喜清代乾嘉諸儒之為學。及余在大學任教，專談學術，少涉人事，幾乎絕無宋明書院精神。人又疑余喜治乾嘉學，則又一無可奈何之事矣。」《八十憶雙親·師友雜憶》，第 157 頁。
75　錢穆：《近百年來諸儒論讀書》，見《學籥》，第 82 頁。

四、錢穆表彰「宋學」的原因

擺脫乾嘉而轉向西方輸入學理,當他們步趨歐美,引進西方實證主義史學方法後,才發覺「歐美與乾嘉,精神蹊近,何其相似,乃重新落入乾嘉牢籠」,言學仍守故紙叢碎為博實。新考據派推崇乾嘉治學方法,專走訓詁考據之路,這是深受宋明學術思想影響的錢穆所不能贊同的,這就引發了他對該派學風的批判。他稱新考據派專事考據,畢生在故紙堆裡馳騁心力是「不得大體,而流於瑣碎」,「於身無益,於世無補」。事實上,自1930年代以來,學術界不少學者對新考據派煩瑣的考據學風提出了批評。1933年11月8日,張孟劬在給夏承燾的信中說:「今考據破碎之弊,甚於空疏,且使人之精神,日益移外,無保聚收斂以為之基,循此以往,將有天才絕孕之患。」[76] 而另一部分不失傳統士人精神的學者,則祭起學術經世的旗幟欲以救世,宋明學術精神再一次得到高揚,錢穆可謂是這一部分學者的代表。與錢氏聲氣相通、引為同調者在當時還有陳寅恪、馮友蘭等學者。陳寅恪曾說:「吾國近年之學術,如考古歷史文藝及思想史等,以世局激盪及外緣熏習之故,咸有顯著之變遷,將來所止之境,今固未敢斷論。唯可一言蔽之曰,宋代學術之復興,或新宋學之建立是已。」[77] 而馮友蘭則明確指出他撰寫《中國哲學史》的目的就在於昂揚宋儒「為天地立心,為生民立命,為往聖繼絕學,為萬世開太平」的精神。

錢穆推崇宋儒,表彰宋儒以天下為己任的精神,這還與當時受國難的刺激有關。錢氏的《中國近三百年學術史》寫於九一八事變之後,當時日本侵占東三省大好河山,步步進逼華北。1935年,日軍策動「華北自治」,偌大的華北五省,「已經不能安放一張平靜的書桌了」。當時在北平任教的錢穆,目睹日寇猖獗,痛心疾首,「斯編初講,正值九一八事變驟起。五載以來,身

---

[76] 轉引自王汎森:《民國的新史學及其批評者》,羅志田編:《二十世紀的中國與學術·史學卷》(上),山東人民出版社,2001年版,第108頁。

[77] 陳寅恪:《鄧廣銘宋史職官志考證序》,《金明館叢稿二編》,生活·讀書·新知三聯書店,2001年版,第277頁。

「不知宋學，則無以評漢宋之是非」

處故都，不啻邊塞，大難目擊，別有會心」。[78] 馮友蘭在當時也發出了與錢氏同樣沉重、激憤的呼聲。他在《中國哲學史》自序（二）中說：「此第二篇稿最後校改時，故都正在危急之中。身處其境，乃真知古人銅駝荊棘之語之悲也。值此存亡絕繼之交，吾人重思吾先哲之思想，其感覺當如人疾痛之見父母也。吾先哲之思想，有不必無錯誤者，然『為天地立心，為生民立命，為往聖繼絕學，為萬世開太平』，乃吾一切先哲著書立說之宗旨。無論其派別為何，而其言之字裡行間，皆有此精神之瀰漫，則善讀者可覺而知也。」[79] 錢穆出生在甲午戰敗、臺灣割讓日本之年，他的一生與中國甲午戰敗以來的時代憂患相終始，一生的著述講演無不是「在不斷的國難之鼓勵與指導下困心衡慮而得」，無不從「對國家民族之一腔熱忱中來」。面對日寇的步步侵逼，具有強烈民族憂患意識和強烈民族情感的錢穆憤慨尤深，在撰述中自然會有所流露。他在《近三百年學術史》中特嚴夷夏之防，高揚以天下為己任的宋學精神，表彰清初諸儒不忘種姓的民族氣節和操行，即寓有他反抗外來侵略的寫作意圖。當年楊樹達在讀錢著時就有「注重實踐，嚴夷夏之防，所見甚正」[80] 的評價。而三十年代的中國學術界尚崇乾嘉考據之學，「薄致用而重求是」，「言學則仍守故紙叢碎為博實」，貶抑宋學，「持論稍近宋、明，則側目卻步，指為非類」。在錢穆看來，這種學風尤其有害，特別是在日寇步步進逼，侵奪我大好山河之時，這種不問世事、埋首書齋的考據學風不利於鼓勵民眾團結起來，抵抗侵略。[81] 所謂「大難目擊，別有會心」，就是要弘揚宋學

78　錢穆：《中國近三百年學術史·自序》，第 4 頁。

79　馮友蘭：《中國哲學史·自序二》，2000 年版。

80　楊樹達：《積微翁回憶錄》，上海古籍出版社，1986 年版，第 204 頁。

81　事實上，由於受國難的刺激，一些專事考據的學者也在自我反省，轉變學風。如史學家陳垣 1943 年 11 月 24 日在《致方豪》的信中說：「從前專重考據，服膺嘉定錢氏；事變後頗趨重實用，推尊崑山顧氏。近又進一步，頗提倡有意義之史學。故前兩年講《日知錄》，今年講《鮚埼亭集》，亦欲以正人心，端士習，不徒為精密之考證而已。」陳樂素、陳智超編校：《陳垣史學論著選》，上海人民出版社，1981 年版，第 624 頁。

精神來救世濟民。所以，弘揚學貴經世，以天下興亡為念的宋學精神，成為錢穆治清代學術史的意旨所在。

五、錢穆論清學史可商榷之處

1. 對乾嘉漢學及戴震思想的評價

清代學術的主幹是乾嘉漢學，乾嘉學者對中國古代文獻的整理，貢獻極大。梁啟超在論乾嘉漢學時，除敘述戴震、惠棟學術外，還談到了戴門後學段玉裁、王念孫、王引之等人貢獻，指出他們「最能光大其業」，對乾嘉漢學作了相當深入的分析與總結。錢穆以發掘清代理學、弘揚宋學為己任，對乾嘉漢學評價不高。但是，不能因為發掘理學就菲薄漢學，厚此薄彼的做法就存在很大的問題。錢穆在《近三百年學術史》中將惠棟附於戴震之後，是出於惠學對戴震的影響，此點尚可理解。但是其在〈清儒學案序〉中列有64個學案，竟然沒有惠棟，這就有點令人難以理解了。

在乾嘉樸學譜系中，嘉定錢大昕在考史、金石、輿地等方面成就卓著，其學術地位非同一般，然而在錢穆清學史著述中卻甚少提及。在《近三百年學術史》第八章中，錢穆在論戴震學術時附帶述及錢氏，「竹汀之學，所涉甚廣，而識力不高，持論唯循惠、戴藩籬」。[82] 對其學術成就評價不高。在〈清儒學案序〉中言錢氏之學：「方惠戴之學，盛行吳皖，而嘉定錢大昕竹汀，崛起婁東，其學無所不擅，而尤邃於史，一門群從互為師友，學術之盛，照映當代。然竹汀持論大體，頗亦鄙薄宋儒，不能出東原之範圍。」[83] 論述的著眼點還是落在錢大昕「鄙薄宋儒」上。錢穆在〈清儒學案序〉中自言：「本編取捨權衡，絕不敢存門戶之見，或漢或宋，或朱或陸，一體採擷，異同互

82　錢穆：《中國近三百年學術史》，第332頁。
83　錢穆：〈清儒學案序〉，《中國學術思想史論叢》（八），第382頁。

「不知宋學，則無以評漢宋之是非」

見，見仁見智，俟之讀者。」[84] 然而在其具體的研究中，他卻因持理學的立場，乾嘉時代許多有成就的考據學家未被收錄。可見，他對乾嘉漢學的評價表現出了相當的成見。

錢穆把戴震論學分前後兩個時期（東原論學之第一期、第二期），見解精到，對戴氏在考據學上的成就多有稱讚，把戴震與章學誠譽為「乾嘉最高兩大師」。[85] 錢穆認可作為考據學大師的戴震，卻不認可作為思想家的戴震，對東原論義理頗多批評。他借用章學誠批戴之言，稱：

乾隆三十八年章戴相遇寧波道署時，東原議論已變，漸詆程朱，而為《緒言》猶不爾，故實齋譏其筆舌分用，又斥之為點也。……然則戴之踐履，遠遜宋人，乃其所以求異於釋老耶？是則辟釋老者，固便於言是行非者耶。此則戴之癥結，不可為諱。戴氏筆之於書，多精深謹嚴，至騰之於口，則醜罵程朱，詆侮董韓，自許孟子後之一人，可謂無忌憚矣。[86]

浙東源於陸王，浙西傳自朱子，真知學者莫不實事求是，不爭門戶，故實齋能賞東原。而東原以朱學傳統反攻朱子，故實齋譏之，謂其飲水忘源也。[87]

時漢學家為實齋稱許者，無如戴東原，曰：「近日言學問者，戴東原氏實為之最，以其實有見於古人大體，非徒矜考訂而求博雅也。」然東原詆排朱子，實齋譏之，謂其「飲水忘源，慧有餘而識不足」。（此即聰明有餘，真識不足之意也。）是東原亦未為知道，未為深知夫學術之流別也。[88]

不僅如此，錢穆還緊緊抓住《水經注》校本戴襲趙一案，認為經王國維、

84　錢穆：〈清儒學案序〉，《中國學術思想史論叢》（八），第 370 頁。
85　錢穆：《中國近三百年學術史》，第 475 頁。
86　錢穆：《中國近三百年學術史》，第 333 頁。
87　錢穆：《中國近三百年學術史》，第 389 頁。
88　錢穆：《中國近三百年學術史》，第 407 頁。

孟森等人的考訂，戴襲趙已成定讞，以此來表達對戴東原「心術」的不滿。[89] 由於錢穆尊崇朱子，對東原後期批宋攻朱深致不滿，故對戴震的評價偏低，片面之處甚多。

2. 對晚清今文經學特別是對康有為思想的評價

晚清今文學派批評乾嘉漢學，揭櫫為學貴在經世致用，這與錢穆批評漢學流弊，高揚宋學精神的旨意相同。照理說，他對晚清今文思潮應有較高的評價，然而事實卻恰好相反。錢穆稱道咸之際興起的常州之學，「其實則清代漢學之旁衍歧趨，不足為達道。而考據既陷絕境，一時無大智承其弊而導之變，傍徨回惑之際，乃湊而偶泊焉。其始則為《公羊》，又轉而為今文，而常州之學，乃足以掩脅晚清百年來之風氣而震盪搖撼之。卒之學術治道，同趨澌滅，無救厄運，則由乎其先之非有深心巨眼宏旨大端以導夫先路，而特任其自為波激風靡以極乎其所自至故也」。[90] 又說：「晚清今文一派，大抵菲薄考據，而仍以考據成業。然心已粗，氣已浮，猶不如一心尊尚考據者所得猶較踏實。其先特為考據之反動，其終匯於考據之頹流。」[91]

錢穆稱晚清今文經學為清代漢學考據的「旁衍歧趨」，今文學者「大抵菲

89　參見錢穆：《中國近三百年學術史》，第 322、334、531—532 頁。

90　錢穆：《中國近三百年學術史》第 525 頁。

91　錢穆：《中國近三百年學術史》，第 532 頁。錢穆對清代今文學家的考據批評尤力，他說：「乾嘉之盛斥宋明，宋明未必非；道咸之轉而不滿於乾嘉，因以推尊莊氏，莊氏亦未必是。莊氏為學，既不屑於考據，故不能如乾嘉之篤實，又不能效宋明先儒尋求義理於語言文字之表，而徒牽綴古經籍以為說，又往往比附以漢儒之迂怪，故其學乃有蘇州惠氏好誕之風而益肆。」（《中國近三百年學術史》，第 525 頁）批評劉逢祿著作：「申受乃舉何氏『三科九旨』為聖人微言大義所在，特著《春秋論》上、下篇，極論《春秋》之有書法，上篇針對錢竹汀《潛研堂集》春秋論而加駁難。錢氏文例證堅明，而劉氏非之，此如莊方耕不斥古文尚書，實同為考證學之反動。近人乃認晚清今文學為清代經學考證最後最精之結果，則尤誤也。」（《中國近三百年學術史》，第 528 頁）

「不知宋學,則無以評漢宋之是非」

薄考據仍以考據成業」,這從事實的層面講,大體是不錯的。因為晚清今文學者的治學方法的確是沿考據一路而來,即便是今文經學的集大成者康有為,他撰《新學偽經考》也是在披著考據的外衣下進行的。但是,有一點尤需明白,在晚清今文學者眼中,考據是手段,是形式,而不是目的,他們是透過考據這種形式為其政治目的張目,即以考證之名,而行學術干政之實,其著眼點在政治而非學術一邊。易言之,是真用結合,還是棄真求用,晚清今文學派顯然選擇了後者。錢穆本是主張真用結合的學者,但在評價晚清今文思潮時,他卻僅僅站在「求真」的立場上加以審視批評,似乎又退到了以古文攻今文的立場,不免忽略了晚清今文思潮崛起的時代背景及其他們在社會政治層面的貢獻。這一點,在評說康有為的思想上表現得尤為明顯。

康有為撰《新學偽經考》稱古文經盡出劉歆偽造,目的是要為新莽王朝代漢製造輿論。錢穆從學術求真的層面上對其說繩之以學理,稱康說多主觀武斷處,這無疑是非常正確的。但是,單純從學術層面上去批評康說,並不全面。因為康有為是政治改良家,並非單純一學問家或思想家,其書是在借經學談政治,目的在於為維新變法鳴鑼開道,其價值主要在政治而非學術一邊。因此,評價康有為的思想,不能脫離當時的時代背景。錢穆在這些方面似乎甚少注意。梁啟超在評價乃師的思想時,則多從社會政治效果方面著眼加以評說。他說康有為《新學偽經考》影響有二:「第一,清學正統派之立腳點,根本動搖;第二,一切古書,皆須重新檢查估價,此實思想界之一大颶風也。」[92] 又評《孔子改制考》、《大同書》兩書「有為第二部著述,曰《孔子改制考》。其第三部著述,曰《大同書》。若以《新學偽經考》比颶風,則此二書者,其火山大噴火也,其大地震也。」[93] 事實上,評價康有為的思想,應把求真與致用、學術與政治兩者結合起來,才能作出符合實際的評價。

---

92 梁啟超:《清代學術概論》,朱維錚校注:《梁啟超論清學史二種》,第64頁。
93 梁啟超:《清代學術概論》,朱維錚校注:《梁啟超論清學史二種》,第64頁。

五、錢穆論清學史可商榷之處

錢、梁二人或從學術層面著眼,或從社會政治效果入手,皆非全面,時人對錢氏評價康說就有「特見其表面,未見其精神」的批評。[94]

3.「例不載生人」的撰述原則的缺陷

談晚清學術史,餘杭章太炎是一個饒不開的重要人物。梁啟超在《清代學術概論》中把章氏列為清學蛻分期、衰落期的代表人物而大加表彰。他說:「在此清學蛻分和衰落期中,有一人焉能為正統派大張其軍者,曰:餘杭章炳麟。」[95] 儘管梁氏批評章太炎「謹守家法之結習甚深,故門戶之見,時不能免,如治小學排斥鐘鼎文龜甲文,治經學排斥『今文派』,其言常不免過當」[96],但對章太炎在清末學術史上的貢獻還是給予了極高的評價。錢穆早年深受國粹派學人思想的影響,在《國學概論》中多次徵引章太炎論清學史的論著闡發己見,然而在撰寫《中國近三百年學術史》中,他卻信奉「例不載生人」的撰述原則,在書中對清末學術界有重大影響的章太炎隻字不提。等到章太炎去世後,他才撰《餘杭章氏別學記》一文來闡發章氏的學術及思想。[97] 錢穆信奉「例不載生人」的撰述原則引發了他的好友賀麟對他的批評。賀麟說:

中國傳統的著述家有一個錯誤、不健全的態度:就是他們對於同時代的人的思想學術,不願有所批評陳述。他們以為評述同時代的人的著作,容易陷於標榜與詆毀——標榜那與我感情相得、利害相同的人,詆毀那與我感情不洽、利害相違的人。他們要等著同時代的人死去之後,然後再加評論,這叫做「蓋棺論定」。記得有一位著《中國近三百年學術史》的朋友——錢穆

94　參見趙豐田:《讀錢著〈康有為學術述評〉》,《大公報·史地週刊》,1937 年 1 月 29 日。

95　梁啟超:《清代學術概論》,朱維錚校注:《梁啟超論清學史二種》,第 77 頁。

96　梁啟超:《清代學術概論》,朱維錚校注:《梁啟超論清學史二種》,第 78—79 頁。

97　1936 年 11 月 26 日,錢穆應燕京大學歷史學會的邀請作章太炎學術思想一演講,後易名為《餘杭章氏別學記》,1937 年 6 月 10 日發表在天津《大公報》上。

「不知宋學，則無以評漢宋之是非」

先生，在他這書中對於那時尚活著的章太炎一字不提，雖然他與章太炎並無私交，而那時章氏年已老邁，他在中國學術史上的地位已相當確定。一直到他這書業已出版後，章太炎才逝世。於是他等著章氏逝世以後，方特別著一篇長文，講述章氏在中國學術史上的貢獻。這種態度我認為是不妥的、不健全的。第一，這種態渡假定著述家評述時人只有標榜與詆毀兩途，沒有其他合理的持中平正的路途，如同情的瞭解，客觀的欣賞，善意的批評等等，這未免自貶著述家的品格。殊不知，評論時人，抱超然的無關利害的態度雖較之評論古人為難，卻應勉力予以提倡鼓勵的。第二，堅執「蓋棺論定」之說，亦嫌失之狹隘偏執，因為有許多人未蓋棺而論已定。又有許多人已蓋棺了千百年，而議論紛紜，猶不能定。若偏執「蓋棺論定」之說，誤認對於同時代的活著的人，社會上絕無確定的公論，根本否認「輿論」、「時論」的公正性，尤屬偏激。且評論之公不公，定不定，須視其評論之出發，是否基於理性，有無證據，絕不應以生理方面的死或活為標準。第三，這種不評述時人的著作的態度，大有妨害學術思想的進步。因為一個著作經人評述之後，可以多引起世人的注意，促進學術思想的自由交換流通。而著述者本人經過評述者的批評或鼓勵後，也可以使他加以改進和愈益努力。所以評述時人著作，實有鼓舞玉成，使學術空氣濃厚並進步的好處。尤其我們應瞭解著作家的心理，他的著作出版後，他不怕別人的批評或攻擊，他最怕的是他的著作如石沉大海，無人理會。所以評論時人的著作，不怕率直無忌，公開批評指斥，而最切戒的，是不寫成文字公開評論，而但於背後說長論短，私自發出些偏狹嫉刻、不負責任的詆毀。[98]

4. 論晚清學術較少談到西學的影響

鴉片戰爭後，西力東漸，中國開始了艱難的近代化歷程。在西方學術文

---

[98] 賀麟：《當代中國哲學原序》，收入《五十年來的中國哲學》，商務印書館，2002年版，第2—3頁。

五、錢穆論清學史可商榷之處

化的強烈震盪、衝擊下，中國學術開始了由傳統向近代的轉型。所以，談晚清學術，西學是不可不提的。梁啟超在《中國近三百年學術史》中論明末五大「反動」時就談到了歐洲歷算學的輸入，在《清代學術概論》中對晚清西方思想之輸入皆有論述。[99] 錢穆論清代學術也曾言及西學，他說：

自明末歐洲歷算學輸入，迄於清初，宣城梅氏兄弟，文鼎、文鼐、文鼏以曆學震爍一時，文鼎所詣尤深博，著書八十餘種，盛行於世。歙人有楊光先，論歷斥湯若望，力排西法，並駁西教士利瑪竇等地圓諸說，著書稱《不得已》，專攻西學，自命孟子，嗣以閏月失推論死，亦為守舊者所推。是當時徽宣之間，好治天算格致之學，其來已舊。[100]

只可惜像這樣談西學輸入和自然科學的內容在錢氏《近三百年學術史》中所占的比重微乎其微，甚至可以忽略不計。錢穆談晚清學術較少談到西學的影響，遭到了一些學者的批評。汪榮祖曾言：「錢穆雖晚於任公一世代，思想則似乎早任公一代，故絕不提 16 世紀以來西學之衝擊與反動。」又說：「西力東漸，乃康有為及其同時代有識之士無可迴避的挑戰，故探討晚清學術思想必不能不細考西方因素，而西方因素正是錢穆論晚清學術史之最大盲點。」[101] 問題在於，錢穆不是不知西學輸入對晚清學術的影響，但是在他的著述中就是避而不談，有時更是有意迴避，背後的原因大可玩味。限於篇幅，此處不再論及。

另外，清人崔述用畢生精力完成《考信錄》一書，成為中國古代疑古思潮的集大成之作，同時對近現代的疑古思潮也有重要影響，顧頡剛的「古史辨」就是承此風而起的。然而對近現代中國學洋術有如此重要影響的人物，在錢穆的《近三百年學術史》中竟未占一席之地。錢氏在書中第四章「馬驌傳略」一節中，在論及馬氏學術時附帶提及崔述，僅用「大名崔述東壁，為

99　參見梁啟超：《清代學術概論》，朱維錚校注：《梁啟超論清學史二種》，第 79—80 頁。
100　錢穆：《中國近三百年學術史》，第 310 頁。
101　汪榮祖：《史學九章》，生活・讀書・新知三聯書店，2006 年版，第 152、164 頁。

「不知宋學，則無以評漢宋之是非」

古史《考信錄》，亦多有從宛斯（馬驌）所謂事同文異，文同人異處著眼者」[102] 寥寥三十餘字加以述及。作為一部反映中國近三百年學術總體發展的學術專著，錢穆在書中竟漏列崔述，這不能不令人感到遺憾。[103]

102　錢穆：《中國近三百年學術史》，第 156 頁。
103　關於這方面的論述可參閱路新生：《錢穆〈中國近三百年學術史〉中幾個值得商榷的問題》一文，《歷史教學問題》2001 年第 3 期。其實，錢穆此書所論列的清代學者漏列不少，有論者評論此書「蓋漏略之學者太多，實不足以表彰一代學者之全也」。甚至認為書名可徑名為《清儒名家學案》，似更妥當。參見劉天行：《評〈中國近三百年學術史〉》，昆明《迎頭趕》半月刊，1941 年第 9 期。

錢穆與中國文化史研究
——以《中國文化史導論》為考察重點

《中國文化史導論》是錢穆撰寫的第一部系統闡述他對中國文化看法的著作，也是他一生中重要的學術代表作之一。本文不擬對錢氏這部著作作全面評述，僅就其中的一些重要問題，如中國文化發展的地理背景、中國文化史的分期、中國文化的融合精神、中西文化兩類型說以及中西文化會通融合問題作一些具體的探討和分析。

一、轉向文化研究的原因

《中國文化史導論》（以下簡稱《導論》）最早是 1948 年由上海正中書局出版的，但書中的內容卻是在 1940 年代上半期寫成的，亦即寫於抗日戰爭時期。

1941 年 8 月，張其昀、張蔭麟等人在遷徙到貴州遵義的浙江大學創辦了《思想與時代》雜誌（月刊），公開打出「一以發揚傳統文化之精神，一以吸收西方科技之新知，欲上承南高、東大諸教授創辦《學衡》雜誌之宗旨，以救世而濟民」[1]的旗幟。該雜誌內容包括哲學、科學、政治、文學、教育、史地等項，而特重時代思潮與民族復興之關係，是抗戰時期很有學術水準的期刊，為其撰稿者多為當時的學界名流，錢穆就是其中主要撰稿者之一。他的《古代觀念與古代生活》，即《導論》第三章，刊載於《思想與時代》第 23 期

---

[1] 〈鄞縣張曉峰先生其昀行狀〉，臺灣《傳記文學》第 47 卷第 3 期（總第 280 期），1985年 9 月。

錢穆與中國文化史研究

上（1943年）。《古代學術與古代文字》、《新社會與新經濟》、《新民族與新宗教之再融合》、《個性伸展與文藝高潮》、《宋以下中國文化之趨勢》、《東西接觸與中國文化之新趨勢》，即《導論》第四章、第六章、第七章、第八章、第九章、第十章，分別刊於《思想與時代》第27期（1943年）、28期（1943年）、29期（1943年）、30期（1944年）、31期（1944年）、32期（1944年）上。錢穆在《導論弁言》中稱《導論》各篇寫於1941年，一些研究者也說《導論》初撰於民國三十年（1941年），曾陸續刊於《思想與時代》雜誌[2]，似不確。從《導論》各篇刊於《思想與時代》雜誌的時間來推算，該書大致當形成於1943—1944年間。[3]

錢穆為《思想與時代》雜誌撰稿，啟發了他對民族文化問題的進一步思考，是他學問研究方向發生轉變的一個轉折點，即是他由歷史研究轉向文化研究的標誌。他在〈紀念張曉峰吾友〉中稱：

> 余自《國史大綱》以前所為，乃屬歷史性論文。僅為古人伸冤，作不平鳴，如是而已。以後造論著書，多屬文化性，提倡復興中國文化，或作中西文化比較，其開始轉機，則當自為《思想與時代》撰文始。此下遂有《中國文化史導論》一書，該書後由正中書局出版。是則余一人生平學問思想，先

2　羅義俊：《錢賓四先生傳略》，江蘇無錫縣政協編：《錢穆紀念文集》，第287頁。

3　錢穆為《思想與時代》雜誌撰稿始於1941年。他的〈兩種人生觀之交替與中和〉即發表在該雜誌第1期上。錢氏自言為《思想與時代》撰稿，是其「入蜀以來在思想與撰述上一新轉變。」《中國文化史導論》最早一篇〈古代觀念與古代生活〉刊於《思想與時代》雜誌第23期上（1943年）。在此之前，他已在該雜誌上發表了18篇文章。似乎錢穆在晚年的回憶中把為《思想與時代》雜誌的撰稿時間與《中國文化史導論》各篇的寫作年代弄混了。又，據《吳宓日記》1945年10月5日條載：「下午錢穆來，出示其近著《中國文化史簡編》，及全書英文譯稿，命為校閱一過。宓厭苦之，允為擇可疑處對勘云云。」《日記》中所言的《中國文化史簡編》即為錢穆後來出版的《中國文化史導論》，可見該書在1945年已全部完成。

一、轉向文化研究的原因

後轉折一大要點所在。[4]

　　1940年代初,錢穆之所以從歷史研究轉入文化研究,多從文化的層面來思考民族和國家的出路問題,不是偶然的。日寇入侵,大好河山淪喪,中華民族面臨著亡國滅種的危險。空前嚴重的民族危機,引發了人們對民族文化精神的關注。在錢穆看來,要拯救國家,喚醒民眾,凝聚力量抵抗侵略,最重要的手段就是要弘揚民族文化,振奮民族精神,因此他便轉向中國文化研究,希望透過對民族文化的研究去尋找抗戰救國的文化資源。而對近代以來,特別是五四新文化運動以來反傳統思想的批判,則是他轉入文化研究的現實動因。

　　自鴉片戰爭中國國門被槍炮轟開以來,中西文化的劇烈衝突就一直困擾著全體中國人,特別是富有強烈憂患意識的中國幾代知識分子。這誠如錢穆所言:「東西文化孰得孰失,孰優孰劣,此一問題圍困住近一百年來之全中國人,余之一生亦被困在此一問題內。……余之用心,亦全在此一問題上。」[5] 面對西方文化的挑戰,中國文化究竟何去何從?怎樣去衡估中西文化的優劣短長?這是當時中國知識分子十分關注的問題。鴉片戰爭以後,特別是五四新文化運動以來,一部分知識分子把傳統文化看成中國走上近代化、現代化的障礙,認為中國要實現近代化、現代化,就必須與傳統決裂,全盤西化。在1920年代至1940年代的中國學術界,這股全盤西化思潮應當說是很有市場的。錢穆在晚年自述他1940年代初之所以由歷史研究轉向文化研究,乃「中國之社會潮流有以啟之」。[6] 這裡所謂「社會潮流」,實際上是指流行於當時學術界的全盤反傳統思潮。

　　錢穆對近百年來學術界流行的西化思潮作過比較深刻的分析。他說近百

4　錢穆:〈紀念張曉峰吾友〉,臺灣《傳記文學》第47卷第6期,1985年12月。又收入《八十憶雙親・師友雜憶》(新校本),九州出版社,2012年版,第352頁。

5　錢穆:《八十憶雙親・師友雜憶》,第46頁。

6　錢穆:《八十憶雙親・師友雜憶》,第362頁。

錢穆與中國文化史研究

年來不斷有兩條相反的潮流在相激相蕩：一條是潛伏在下層的「伏流」，那就是中華民族由於五千年來文化傳統的積累，遭受到西方殖民帝國主義的長期壓迫，而不斷尋求掙扎的那種自覺自尊的激情，這條「伏流」表現著中國民族文化意義的潛在要求；另一條是顯露在上層的「逆流」，那就是中國知識分子及其統治階層對自己歷史文化極端蔑視、排拒的自卑心理和無限向外的依託精神，它集中體現為對中國固有文化的自我否定和故意摧殘。正因為在民族復興意識強烈要求的主潮浮層，有一股對自己文化傳統極度輕蔑、厭棄的「逆流」在作指導，從而釀成了近代中國文化的悲劇。因此，中國人自己看輕自己的文化傳統，自己對本民族的文化失去信心，這便是中國的最大危機，也是中國文化發展的最大隱憂和最大病害。而這種自卑媚外的文化心態，又障蔽著國人對傳統文化的正確認識。

當五四新文化運動如揭地狂飆席捲中國大地之時，錢穆正在江南無錫、蘇州等地中小學任教。他雖然「蟄居鄉村」，但對當時學術界的中西文化論戰也頗為關注，對思想界心慕西化的反傳統思潮深為不滿。他晚年曾回憶說：「余幼孤失學，弱冠即依鄉鎮小學教讀為生。然於當時新文化運動，一字、一句、一言一辭，亦曾悉心以求。乃反而尋之古籍，始知主張新文化運動者，實於自己舊文化認識不真。」[7] 在紀念老友張其昀的文章中，他說 20 年代對北方《新青年》和南方《學衡》兩雜誌的文章，皆悉心拜讀，但內心卻是贊同學衡派「昌明國粹，融化新知」的文化主張的。[8] 在 1928 年寫成的《國學概論》中，錢穆對民初以來的全盤西化思想給予了批評，認為全盤否定自己的文化傳統，實是孟子所謂「失其本心」。在 1940 年出版的《國史大綱》中，錢穆對把中國今日之貧窮落後通通諉卸古人的歷史虛無主義思想給予了尖銳的批評，他在〈引論〉中痛切地指出：「凡此皆晚近中國之病，而尤莫病於士大夫

---

[7] 錢穆：《從中國歷史來看中國民族性及中國文化·序二》，香港中文大學出版社，1979 年版，第 4 頁。

[8] 參見錢穆〈紀念張曉峰吾友〉一文，載臺灣《傳記文學》第 47 卷第 6 期，1985 年 12 月。

一、轉向文化研究的原因

之無識,乃不見其為病……轉而疑及我全民族數千年文化本原,而唯求全變故常以為快。」

錢穆並不否認中國文化演進到近代衰頹不振、病痛百出這一事實。面對著西方文化的強勁挑戰,它必須要進行一番徹底的調整與更新。但是,調整和更新卻不能自外生成,它必須要體認和依憑中國文化內部自身的機制。因為「一民族文化之傳統,皆由其民族自身遞傳數世、數十世、數百世血液所澆灌,精肉所培壅,而始得開此民族文化之花,結此民族文化之果,非可以自外巧取偷竊可得」。[9] 所以,錢穆非常重視中國文化內部的自我調整與更新,在《國史大綱·引論》中,他把這種調整、更新稱之為「更生之變」。他說:「所謂更生之變者,非徒於外面為塗飾模擬、矯揉造作之謂,乃國家民族內部自身一種新生命力之發舒與生長。」[10] 為此他主張中國近代文化的種種病痛應用中國文化內部自身的力量來醫治,應對自己的民族文化抱有堅定的信心,而不是與傳統決裂,「盡廢故常」。錢先生晚年自述說,抗日軍興,避地昆明,各種思潮紛起,「中國家民族四五千年之歷史傳統文化精義,乃絕不見有獨立自主之望。此後治學,似當先於國家民族文化大體有所認識,有所把捉,始能由源尋委,由本達末,於各項學問有入門,有出路。余之一知半解,乃始有轉向於文化學之研究」。[11] 可見,對蔑己媚外、菲薄傳統的民族虛無主義思想的批判是促使錢穆在 1940 年代初轉向文化研究的又一個重要原因。

抗戰時期,錢穆對中國文化的研究以及對中西文化異同的比較還反映在《國史大綱》(1940 年)、《文化與教育》(1943 年)、《政學私言》(1945 年)等著作中。他大力闡揚中國文化的價值,批評自我蔑視本民族文化傳統的謬誤,堅信「我民族國家之前途,仍將於我先民文化所貽自身內部獲得其生

---

9 錢穆:《國史大綱·引論》,上海商務印書館,1940 年版,第 27 頁。
10 錢穆:《國史大綱·引論》,第 26 頁。
11 錢穆:《八十憶雙親·師友雜憶》,第 362 頁。

機」。[12] 顯然,抗戰時期錢穆對中國文化的研究,是以昂揚民族精神為主要內容的,強烈的民族意識是他這一時期文化思想的靈魂。在歐風美雨浸染下的文化氛圍裡,在崇洋蔑己、全盤西化甚囂塵上的時代思潮中,錢穆轉向文化研究,自覺以闡揚中華文化為己任,這對於培育國人的民族自信心,凝聚民族向心力,重鑄新的民族精神,確有其貢獻。臺灣學者韋政通言:「在抗日時期,對弘揚傳統文化,發揚民族精神,錢先生居功甚偉。」[13] 嚴耕望也言抗戰時期錢穆的著述講演,「一以中華文化民族意識為中心論旨,激勵民族感情,振奮軍民士氣,故群情嚮往,聲譽益隆,遍及軍政社會各階層,非復僅為黌宇講壇一學人。國家多難,書生報國,此為典範,更非一般史家所能並論」。[14]

二、論中國文化發展的地理背景

人類創造歷史文化的活動總是在一定的空間中進行的,從這個意義上講,地理環境是人類社會生存的基礎,是人類創造歷史文化的舞台,人類文化精神的鑄造與民族性格的形成與他們所處的地理環境休戚相關。基於這一理解,錢穆在《導論》中,首先從地理背景著眼對中國文化的起源、發展作了考察。

人類文化的最先開始,其居住地,均依賴河水的灌溉,好使農業易於產生。世界上的四大文明古國,莫不依賴於河流而產生。埃及古文明產生於尼羅河流域,印度文化產生於印度河、恆河流域,巴比倫文化起源於幼發拉底河和底格里斯河流域。中國文化產生於黃河,黃河流域是中國文化最重要的發源地。總體上講,這些話大體上是不錯的,不過錢穆對這種籠統的說法並

---

12 錢穆:《國史大綱·引論》,第 28 頁。
13 韋政通:《儒家與現代中國》,上海人民出版社,1990 年版,第 183 頁。
14 嚴耕望:《錢穆賓四先生與我》,第 21 頁。

二、論中國文化發展的地理背景

不贊同,他作了更為具體細緻的解說。他說準確地說,中國文化的發生並不依賴於黃河主流本身,它所依靠的是黃河的各條支流。每一個支流兩岸及其流進黃河時兩水相交的那個角落,才是古代中國文化的真正搖籃。兩水相交而形成的三角地帶,在中國古書上稱「汭」,即兩水環抱之內的意思,用現代的語言講就是三角地帶。

根據這一理論,錢穆對中國古文化的發源地作了具體的解說。他說唐虞文化發生在今山西省的西南部,黃河大曲的東岸及北岸,汾水兩岸及其流入黃河的三角地帶。夏文化發源於今河南省的西部,黃河大曲的南岸,伊水、洛水兩岸及其流入黃河的三角地帶。周文化則起源於今陝西省的東部,黃河大曲的西岸,渭水兩岸及其流入黃河的三角地帶。這些三角地帶土地肥美,交通便利,很早就形成了一個文化共同體。以上是就中國古代西部文化系統發生過程而言的。中國古代東部文化系統主要是指殷商文化。商人遷到殷(今河南安陽附近)後,在此定居下來,這裡有漳水、洹水流入黃河。漳水和洹水流入黃河所形成的那個三角地帶,便是殷商文化的發源地。

中國文化的發生地,有著眾多的河流和複雜的水系。這些河流、水系,按其大小又可分成不同等級。黃河、長江為第一級,漢水、淮水、濟水、遼河等為第二級,渭水、涇水、洛水、汾水、漳水、洹水等為第三級,此下還可細分為第四、第五等水系。中國古代的農耕文化,首先在眾多的小水繫上醞釀、發展,漸漸擴大蔓延,瀰漫到整個大水系。在這片複雜而廣闊的地面上,到處都是可資農耕的灌溉區,各小水系間又相對隔絕獨立,直到此區域內的文化積累發展到相當程度,便進入到大水系中參加更大區域的文化活動。因此,中國文化一開始便容易進入到一個大局面中。相比較而言,其他三大文明古國皆在一個小地面上產生,古埃及、巴比倫的地形單一,只有一個水系,一個平原;印度地形複雜,但其最早發展也只限於北部的印度河、恆河流域,河流不大,支流不多,其文化的生長、發展亦受到限制。

錢穆與中國文化史研究

　　從氣候上看，埃及、巴比倫、印度全都近在熱帶，全在北緯 30 度左右，物產豐富，衣食易給。中國地處北溫帶的較北地帶，在北緯 35 度左右，其氣候對農業生產而言是偏差的，而且降水也不豐沛、充足，在氣候、物產等條件方面均不如其他幾個文明古國好。這樣的氣候條件使中國人一開始便在一種勤奮耐勞的情況下創造了自己獨特的文化。

　　中國古文化主要是在北溫帶平原農耕地帶產生、發展起來的，它一開始就在一個複雜而又廣大的地面上展開。這種特殊的地理環境使中國文化自始即走上了一條獨立發展的路徑，對中華民族的民族性格和文化精神的影響既深且巨。錢穆從以下三個方面作了具體論證。

　　第一，中國文化自始即在一個廣大協和的環境下產生生長，故容易培養起社會管理方面的組織才幹和維繫各個地區的團結，使中國人很早就迅速完成了國家的統一。

　　第二，由於中國文化由一大平面向心凝結而成，故對外族的抵抗力特別強，使國家能夠免遭摧殘而保持本民族文化的獨立發展。幾千年來，中國文化一線綿延，傳承不輟，歷久彌新，足資證明。

　　第三，中國文化因在較苦瘠而廣大的地面上產生，因而不斷有新刺激和新發展的驅動力，而在文化生長的過程中，社會內部也始終能保持一種勤奮與樸素的美德，使文化有新精力，不易腐化。

　　錢穆認為，就世界人類文化以往成績而論，只有西方歐洲文化和東方中國文化這兩大系統，算得上源遠流長，直到現在，仍然為人類文化兩大主幹。為此，他在《導論》中對中西文化的類型、宇宙觀、人生觀、思維行為方式以及學術上的種種相異作了比較。錢穆在分析中西文化的個性差異和特點時，仍是從地理環境著眼進行考察的。他說中國文化是典型的中國農耕文化，由於安守田土、依時而行的生活方式促使農耕民族注重向內看，但求安足，不求富強，故文化能自本自根，一線綿延。西方文化屬於典型的海洋商

業文化，注重空間的拓展和武力的征服，流動進取，無限向外，特見其侵略性（詳後）。

在 1940 年代，錢穆研究中國文化，比較中西文化的一個顯著特點就是從地理環境方面著眼立論。1941 年，他應華西大學文化講座的邀請作《中國文化與中國青年》的演講，稱中西文化之所以分道揚鑣，各異其趣，「乃天地自然之機局，而非一二人之私智所得而操縱」。[15] 為了進一步論證中西文化之異根源於地理環境的不同，錢穆還具體分析了中西文化轉動演進的趨向。他認為歐洲文化自古及今的演進圖式為希臘→羅馬→西、葡、荷、比、英、德、法→蘇聯，乃是不斷由平趨高，由暖轉涼，由小地面移向曠大處。由於它逆流而上，所以全部歐洲文化，「乃若精神瀰漫，不斷有奮進邁上之慨」。[16] 而中國文化則由北方黃河流域推拓到南方的長江流域，再拓展到更南方的珠江流域，呈現出由高寒曠大處滑向低溫稠小處的趨勢，所以中國文化缺乏奮發向上的進取精神，趨向於安定守成。但他又指出，中國疆域廣袤，迴旋的餘地甚大，各地區文化的盛衰興落，無害於大系統文化的層出翻新。

從地理環境方面來考察和解說中西文化個性差異形成的原因，不無識見。因為各個民族都是在各自不同的自然環境下生存和發展，由此便形成了建立在民族心理基礎之上的民族文化差異。從這個意義上而言，錢穆提出的由地理環境而決定生活方式的不同，由生活方式的不同而決定文化精神相異的觀點，確有內在合理的因素，它以一種新的視角，拓展了時人解釋中西文化之異的思路。但是，把地理環境看成一個民族歷史文化形成的決定性因素卻是片面的，因為人類社會的發展和文化類型的形成，並不是由地理環境單獨決定的，它還要受各種社會條件，尤其是物質資料生產方式的制約。這即是說，地理環境雖然對文化類型、民族性格、文化精神的形成有重要影響，

---

15 錢穆：《文化與教育》，第 106 頁。
16 錢穆：《政學私言》，重慶商務印書館，1945 年版，第 146 頁。

但是影響文化產生和發展的最終決定因素不是外部的地理環境,而是物質資料生產方式的變化和發展,是社會政治、經濟的變化和發展。同時,錢穆把中西民族性格、文化精神的相異說成直接根源於自然環境的差別,也是失之片面的,因為自然環境與民族性格、文化精神的鑄造並不是這樣一個直接而簡單的關係。

三、論中國文化史的分期

錢穆認為,中國學術思想最燦爛的時期是先秦;政治、社會最理想安定的時代,莫過於漢唐;而文學藝術的普遍發達,則是在唐代以後。所以他把中國文化的演進分為四期:秦以前為第一期,秦以後至唐為第二期,唐以後至晚清為第三期,現在則處在第四期。

第一期:先秦時代——宗教與哲學時期。

錢穆認為,先秦時代,中國人把對人生的理想和信念確立下來,這個理想和信念就是天下太平、世界大同,這是中國文化演進的大方針,也是中國文化的終極目標之所在。此一時期,中國文化又完成了民族融合和國家凝成這兩大事業(分唐虞時代的禪讓制、夏商時代的王朝傳統制、西周時代的封建制、春秋時代的聯盟制、戰國時代的郡縣制五個階段而完成),同時還完成了學術、文字、觀念、生活等方面的建設,為此後中國文化的進一步發展奠定了基礎,此後的中國文化就是循著這一條路徑而發展的。所以,《導論》第2～4章專論先秦文化。錢穆認為先秦時代,與西方的「宗教與哲學時代」近似,故借用此名。不過他所說的「宗教與哲學」,含義已發生變化,它實際上是指人們對人生的理想和信念的追求。

第二期：漢唐時代——政治與經濟時期。

錢穆認為，秦漢隋唐，中國文化的最大成就主要體現在政治和社會組織方面，具體表現為大一統的政治和平等的社會之達成。秦漢時期，特別是漢武帝時代，政治上所取得的最大成就就是大一統政治的形成和文治政府的創建。經濟上，主張財富平衡，重農抑商，控制經濟，不使社會有大貧大富，此一政策為以後各朝所沿用。所以他認為秦漢時代，中國文化已完成了第一基礎，即政治社會方面一切人事制度的基礎。魏晉南北朝時期，就社會秩序與政治制度而論，的確為中國歷史上一中衰期，但就學術思想和新民族、新宗教的再融合而言，此一時期非但不比兩漢遜色，而且是「猶有過之」。從文化史的角度來看這一時代，中國文化並沒有因國家的分裂、政治的動盪而倒退，它依然充滿活力，在向前發展。到了隋唐盛世，文藝美術與個性伸展得到了充分的展現，中國文化完成了第二個基礎，即在文學藝術方面一切人文創造的基礎。如上兩個基礎的完成，構成了中國文化史上的兩大主幹，以後的中國文化全由此二者支撐。所以，《導論》第5～8章專論秦漢魏晉隋唐文化。

第三期：宋元明清時代——文學與藝術時期。

在錢穆看來，宋元明清時期中國文化的最大特點體現在文學和藝術的長足發展上。文學藝術偏向現實人生，又能代表一部分共同的宗教性能。所以中國在宋以後，一般人都走上了生活享受和生活體味的路子，在日常生活上尋求一種富於人生哲學的幸福與安慰。而中國的文學藝術，在那個時代，則盡了它最大的責任和貢獻。《導論》第九章以「宗教再澄清、民族再融合與社會文化之再普及與再深入」為題，對這一時期的文化特徵作了深入的剖析。

第四期：最近將來時期——科學與工業時期。

晚清以來，西學東漸，發生了大規模的中西文化衝突。在以「富強」為目的的西方商業文化的強力衝擊下，以「安足靜定」為特徵的中國農耕文化不免顯得相形見絀。在錢穆看來，中國傳統文化中缺少的是西方的近代科學，所以他主張在中國農耕文化這個不能遺棄的「根」上附上一個工業、商業，在中國固有的理想之下，吸收西方的近代科學，使中國農耕文化在原來的基礎上吐故納新。所以這一時期，科學在理論方面必然將發揮實現第一時期的理想與信念，科學在實用方面必然受第二時期政治與經濟理論的控制與督導。換言之，以中國文化為本去融通西學，這才是最近將來中國文化的前途和希望之所在。

四、論中國文化的融合精神

錢穆認為，中國文化是一種包容性和同化力很強的文化，早在春秋戰國時期，便形成了融合會通的文化精神。在《導論》中，他從民族融合和文化融合等方面對中國文化的融合精神作了具體論證。

關於民族融合。中國文化由中華民族所獨創，中華民族在古代有許多族系，經過長時期的接觸融合而逐漸形成。錢穆以河流為例作了這樣一個比喻，中華民族如同一大水系，乃由一大主幹逐段納入許多支流小水而匯成一大流的。在他看來，中國歷史上的民族融合經過了四個時期。第一期：從上古迄於先秦，這是中華民族融合統一的最先基業之完成。在此期內，中華民族即以華夏族為主幹，而納入許多別的部族，如古史所稱的東夷、西戎、南蠻、北狄之類，而融和成一個更大的中華民族，這便是秦漢時代的中國人了。因民族融合的成功，而有秦漢時代之全盛。第二期：自秦漢迄於南北朝。在此期內，中華民族的大流裡，又融入了許多新流，如匈奴、鮮卑、氐、

四、論中國文化的融合精神

羌等民族,進一步融成一個更新更大的中華民族,這便是隋唐時代的中國人了。又因民族融合的成功,而有隋唐時代之全盛。第三期:自隋唐迄於元末。在此期內,尤其是在隋唐以後,又在中華民族裡匯入許多新流,如契丹、女真、蒙古之類,而再進一步形成明代之中國人。第三次民族融合的成功,促成了明代全盛時期的到來。第四期:自清人入關直到現在,在中華民族裡又繼續融和了許多新流,如滿洲、藏、回、苗等。此種融合趨勢,迄今尚未完成。這一次民族融合的成功,無疑將是中國又一個全盛時期到來的先兆。

錢穆指出,以上四個階段的劃分僅是粗略的劃分,中國歷史上的民族融合總的趨勢是常在不斷吸收、不斷融合和不斷擴大和更新中。同時它的主幹大流,永遠存在,並不為它繼續不斷地所容納的新流所吞滅或沖散。「我們可以說,中國民族是稟有堅強的持續性,而同時又具有偉大的同化力的。這大半要歸功於其民族之德性與其文化之內涵。」[17]那麼中華民族不斷融合、擴大、更新的原因何在呢?在這裡,錢穆把民族觀念與文化觀念聯繫起來考察,提出了文化高於種族的論斷。錢穆指出,民族創造出文化,而文化又融凝此民族,因而中國人的民族觀念與文化觀念又是密切相連的,在中國人的民族觀念中,不以狹義的血統界線自封自限,而是以文化為其標準。他說:「在中國人觀念中,本沒有很深的民族界線,他們看重文化,遠過於看重血統。只有文化高低,沒有血統異同。中國史上之所謂異民族,即無異於指著一種生活方式與文化意味不同的人民集團而言。」[18]

關於文化融合。錢穆說:「中國人的文化觀念,是深於民族觀念的。換言之,即是文化界線深於民族界線的。但這並不是說中國人對自己的文化自高自大,對外來文化深閉固拒。中國文化雖則由其獨立創造,其四周雖則沒有可以為他借鏡或取法的相等文化供作參考,但中國人傳統的文化觀念,終是

17　錢穆:《中國文化史導論》,第 23 頁。
18　錢穆:《中國文化史導論》,第 133 頁。

錢穆與中國文化史研究

極為宏闊而適於世界性的，不局促於一民族或一國家。換言之，民族界線或國家疆域，妨害或阻隔不住中國人傳統文化觀念的一種宏通的世界意味。」[19]這即是說，中國文化並不是一個封閉性的文化體系，而是一個開放性的文化體系，是一種包容性和同化力很強的文化，它對外來異質文化並不是以一種深閉固拒態度去加以排斥，而是以一種海納百川的胸襟去加以融合會通，表現出了「有容乃大」的文化氣魄。錢穆在《導論》中以中國文化消融印度佛學為例對中國文化的包容性和同化力作了具體的分析。

東漢魏晉南北朝隋唐時期，是中國接觸吸納印度佛教文化的時期。東漢初年，主張出世的佛學東傳，與主張入世的中國文化相牴觸。兩種文化經過一番接觸、衝突後，印度佛學逐漸為中國文化所接納。魏晉六朝時期，是中國文化消融印度佛學最重要的時期，當時中國人對印度文化那種公開而懇切、謙虛而清明的態度，對異國僧人的敬意，以及西行求法的熱忱、虔誠，便體現了中國文化的開放性和博大胸襟。隋唐時期，印度佛學在中國文化園地上生根結果，完全成了中國化的宗教。特別是禪宗的興起和興盛，佛教教理更是中國化，中國人把佛教教理完全應用到實際人生的倫常日用方面來，再不是印度原來的佛教了。錢穆認為，佛教的中國化表明這一個事實：「在中國史上，既沒有不可泯滅的民族界線，同時亦沒有不相容忍的宗教戰爭。魏晉南北朝時代民族新分子之羼雜，只引發揮了中國社會秩序之新調整；宗教新信仰之傳入，只擴大了中國思想領域之新疆界。在中國文化史裡，只見有吸收、融合、擴大，不見有分裂、鬥爭與消滅。」[20]

文化固然有衝突和變異，但中國文化的主要精神則表現為它的融合性。印度佛學的精華，全在中國。回教自唐宋以來，也成為中國文化的一部分。

19　錢穆：《中國文化史導論》，第148—149頁。錢氏在《國史大綱》中也有類似論述，他說：「中國人的民族觀念，其內裡常包有極深厚的文化意義。能接受中國文化的，中國人常願一視同仁，胞與為懷。」《國史大綱》下冊，第596頁。

20　錢穆：《中國文化史導論》，第151—152頁。

中華民族隋唐以前與印度接觸，隋唐以後與波斯、阿拉伯文化接觸，中國人莫不虛心接納亞洲其他民族文化的優點而熔為一爐。近百年來，在西方殖民者刺刀、槍炮的伴隨下，西學東漸。中國人對西方文化同樣虛心接受，只要有可以消融於中國傳統文化下的西方思想與文物制度，中國人無不樂於取法。可見，中國人對自己的文化傳統十分自信和愛護，但對外來異質文化並非深固閉拒，而是樂於融合、肯於接納。與西方文化相比較而言，中國文化的調和力量強，而西方文化則更重衝突與鬥爭。中國文化的一個重要特徵，即在於能調和，使衝突之各方兼容並包，共存並處。為此，錢穆在《導論》中強調說：

中國人對外族異質文化，常抱一種活潑廣大的興趣，常願接受而消化之，把外面的新材料，來營養自己的舊傳統。中國人常抱著一個「天人合一」的大理想，覺得外面一切異樣的新鮮的所見所值，都可以融合協調，和凝為一。這是中國文化精神最主要的一個特性。[21]

五、中西文化兩類型說的提出

《中國文化史導論》是錢穆第一部系統闡述他對中國文化看法的著作。該書雖然主要是討論中國文化，然而也多方面涉及中西文化的異同及其比較問題。錢穆在《導論》修訂版序言中指出：「本書雖主要在專論中國方面，實亦兼論及中西文化異同問題。迄今四十六年來，余對中西文化問題之商榷討論屢有著作，而大體論點並無越出本書所提主要綱宗之外。」可見《導論》一書，不僅僅是錢穆討論中國文化的著作，而且也是闡述他對中西文化基本看法的力作。仔細閱讀全書不難看出，錢穆在《導論》中對中西文化異同的比較和闡釋實際上又是建立在中西文化兩類型說的基礎之上的。

21　錢穆：《中國文化史導論》，第 205 頁。

錢穆與中國文化史研究

　　錢穆系統闡述中西文化兩類型理論主要見於他 1952 年出版的《文化學大義》一書中。不過這一理論在《導論》中就業已形成。錢穆認為人類文化，窮其根源，最先是由於自然環境的不同，尤其是氣候、物產的相異，而影響其生活方式，再由生活方式的不同而引生出種種觀念、信仰、興趣、行為習慣、智慧發展方向乃至心理上、性格上的種種不同。由此種種不同，而引發出文化精神的截然相異。基於這一理解，錢穆在《導論》中把人類文化分為農耕文化、游牧文化和商業文化三種類型。這三種文化就其文化的內涵和特徵言，實際上又可並歸為農耕文化和游牧商業文化兩大類型。錢穆認為中國文化在文化類型上屬於典型的中國農耕文化。他說中國文化植根於農村，是在黃河流域這塊土地上以農業為基礎而發展起來的。由於農耕民族與耕地相連，其生活方式是安守田土，依時而行。因此，在農業社會中生長的民族，「一向注重向內看」，不求空間擴展，「唯望時間之綿延」，其文化以固守本土、安定守成、質樸厚重、沉著穩健、崇尚和平為其特徵。與「但求安足」的中國農耕文化相反，西方文化則屬於典型的「唯求富強」的商業文化。這種文化與發源於草原高原地帶、逐水草而居的游牧文化一樣，起源於「內不足」。這種「內不足」的經濟狀態促使他們不斷地向外尋求、征服，以「吸收外面來營養自己」，因此商業文化比較注意空間的拓展和武力的征服，有強烈的戰勝欲和克服欲，其文化以流動進取，崇尚競爭，內部團結，富有戰鬥性、侵略性和財富觀念為其特徵。[22]

　　在錢穆看來，中西文化的根本差異即在於農耕文化與商業文化之不同，中西文化的其他不同特點都是在這一根本差異的基礎上衍生和發展起來的。比如在宇宙觀上，由於中國文化是在平原農耕地帶產生和發展起來的，為了在土地上發展生產，就必須要處理好人與自然的關係，即人與天的關係。因此長期在農耕文化氛圍中生長的中國人常常把人與自然視為和諧的一體，主

22　詳見《中國文化史導論》第 14—16 頁的相關論述。

張人與天地萬物融合貫通。由於中國文化主張天人交貫,「求循人以達天」,於是又形成了順乎自然、行乎自然的人生觀,這集中表現為中國人希望自覺地尊崇自然,順應自然,力求將人生投入大自然中,與天地萬物協調共存,生息相處。錢穆認為,中國人的人生觀是有情的人生觀,它扣緊人生實際,不主從宇宙大全體探尋其形上真理,再迂迴來指導人生,而是直接面對人生實際,指導人生。就儒家言則為道德人生(自然的道德化),道家則言藝術人生(人生的藝術化),皆與近代西方文化表現出來的權力觀、功利觀迥然有別。[23] 顯然,在錢穆眼中,中國文化所講的自然,是生命化、精神化的自然,人生是自然化、藝術化的人生,自然建立在人生中,人生又包蘊在自然中,表達自然即為表達人生,因此中國文化演進的趨向和途轍必然是「一種天人合一的人生之藝術化」。[24]

與中國文化天人合一的宇宙觀、順乎自然的有情人生觀相反,西方文化「注重向外看」,比較偏向於先向外探尋自然,因而他們看世界時,主體(人)與客體(宇宙)總是處於兩體對立的狀態,「其內心深處,無論其為世界觀或人生觀,皆有一種強烈之對立感。其對自然則為天人對立,對人類則為敵我對立,因此而形成其哲學心理上之必然理論則為內外對立」。[25] 所以,西方文化在宇宙觀、人生觀方面明顯表現出了天人對立、役使天地的傾向。

再如就學術而言,西方學術重區分,學術貴分門別類,宗教、科學、哲學、文化、藝術等皆各自獨立發展。比如近代西方科學、藝術、宗教分而為三,而宗教與科學則對為兩極。中國學術則重融通,一切學問皆會通合一,融為一體。中國傳統學術分經、史、子、集四部,但中國學術並不因學分四

---

23 錢穆稱:「中國人生徹頭徹尾乃人本位,亦即人情本位之一種藝術與道德。儒家居正面,道家轉居反面,乃為儒家補偏而救弊。然皆不主張欲,故亦絕不採個人主義之功利觀與權力觀,此則其大較也。」《晚學盲言》(下),第 399 頁。
24 詳見《中國文化史導論》第四章《文藝美術與個性伸展》的有關論述。
25 錢穆:《中國文化史導論·弁言》,第 2—3 頁,又參見《導論》第 18—19 頁的有關論述。

錢穆與中國文化史研究

部而隔斷,而是主張將四部之學相融貫通,「總天下詩書禮樂而會於一手」。與此相連,中國學術又形成了尚通不尚專的學術精神,學術以會通為極致,主張學問先通後專,重通人而不尚專家。故與西方學術相比較,中國傳統學術的意義與價值,主要在於「通」而不在於「專」,在其「合」處,而不在其「分」處。[26]

中西文化的根本差異即在於農耕文化與商業文化之相異,由此而形成了中西文化在宇宙觀、人生觀、思維方式和學術等方面的不同。由此,錢穆得出了「中西雙方的人生觀念、文化精神和歷史大流,有些處是完全各走了一條不同的路」的結論。[27] 錢穆的這一結論實際上是針對全盤西化論的主張而提出來的。西化論者在比較中西文化異同時,只看到了中國固有文化與西方文化的時代落差,過分注重和強調了人類文化發展的共同趨向,忽略了對民族文化個性差異的分析,因而認為中西文化的差異是「古今之異」,是中國文化比西方文化落後了整整一個時代。這種觀點無疑是在西方文化強烈震盪衝擊下自卑情結鬱發的一種文化心態,它集中體現了對自己固有文化有意識或潛意識的蔑棄和排拒。錢穆透過中西文化異同的比較,得出了與之完全相反的結論。他認為中西文化之異並非時間上的「古今之異」,恰恰相反,中西文化的根本差異在於文化類型的不同,在於農耕文化與商業文化的相異。換一句話說,中西文化並不是「古」(中國)與「今」(西方)的關係,而是中外之別,是兩種文化體系的不同。既然中西文化是兩種根本不同的文化,它們的淵源和發展道路各不相同,我們絕不可捨己之田而藝人之地,「襲取他人(西方)之格套,強我以必就其範圍」。[28]

在錢穆看來,這個世界除了盛極一時的西方文化外,還有許多不同體系、不同傳統、各具特色的其他文化的存在。所謂世界文化,無非就是這個

26　參見《中國文化史導論》第 224—226 頁的論述。
27　錢穆:《中國文化史導論》,第 20 頁。
28　錢穆:《政學私言》,第 106 頁。

五、中西文化兩類型說的提出

世界上各地區、各民族文化的總和,它必須要以承認世界各地區豐富多彩的民族文化的存在為前提條件。所以,他極力強調和張揚文化的民族個性,認為文化「貴在能就其個性來釋回增美」。鑒於此,錢穆在比較中西文化異同時,多從中西文化各自的民族性著眼進行比較,進而強調世界上各種不同體系的文化各自具有其獨特的個性和價值,這樣便肯定了世界文化發展的多樣性、民族性以及中國文化不同於西方文化的特殊價值。這實際上堅持了文化發展的多元論,是對西方文化中心說和全盤西化論的一種回應和反動,旨在以此來維護中國傳統文化的基本價值。

既然中西文化是兩種根本不同的文化,它們各自具有平等的、獨特的價值,那麼就絕不能簡單地把西方的價值取向、思維、行為方式和所經歷的道路看成人類文化唯一正常的模式去衡量和評估其他文明。從這種文化發展的多元觀出發,錢穆極力反對用西方的概念來硬套和強解中國的學術思想,反對以西方文化的一元發展模式來衡定和取捨中國文化,力主站在中國自己的文化立場上,用中國人自己的視角去觀察和研究中國文化,在中國的文化大流裡來認識中國人自己的人生觀念和文化精神。錢穆在《導論》中說:「我們要瞭解中國文化和中國歷史,我們先應該習得中國人的觀點,再循之推尋。否則若從另一觀點來觀察和批評中國史和中國文化,則終必有搔不著痛癢之苦。」[29] 這裡實際上涉及到如何對待中國文化的態度和比較中西文化的方法問題。在錢穆看來,中西文化是屬於自成體系、各有偏重、各具特色的兩大文化體系,這兩大文化的演進並非直線上升或下降,而是常循波浪式的曲線前進。因此,應把這兩種不同類型的文化放到整個人類歷史發展的全程中去

29　錢穆在《中國文化史導論》第一章中也講道:「我們若把希臘的自由觀念和羅馬帝國以及基督教會的一種組織和聯合力量來看中國史,便得不到隱藏在中國史內面深處的意義與價值。我們必先瞭解中國人生觀念和其文化精神,再來看中國歷史,自可認識和評判其特殊的意義與價值了。但反過來說,我們也正要在中國的文化大流裡來認識中國人的人生觀念和其文化精神。」

錢穆與中國文化史研究

衡定評估，道其短長。切勿橫切某一個時期，單就眼前作評判定律。錢穆並不否認近二三百年來，西方文化主宰世界，執世界文化之牛耳這一事實。但是，在大規模的西學東漸之前，我們的祖先也曾創造了足以垂諸萬世的古代文明，「中西兩大文化之成績，我固未見絀於彼也」。[30] 只有到了 19 世紀開始以後，西方近代科學突飛猛進，而此時的中國才相形見絀，逐步落後。如果把中西兩大文化置放到整個人類歷史發展的長河中去衡估，應當說雙方各有優劣短長，「有時東方光輝上進，西方黯淡墜落；有時西方光輝上進，東方黯淡墜落」。「我們不該橫切這短短的兩百年來衡量全過程，而說中國文化根本要不得，便該全盤接受西方化。」為此他強調指出，比較中西文化，我們正確的態度和方法是「應在歷史進程中之全時期中，求其體段，尋其態勢，看他如何配搭組織，再看他如何動進向前，庶乎對於整個文化精神有較客觀、較平允之估計與認識」。[31]

錢穆強調中西文化是各具特色、自成體系的兩大文化系統，旨在揭櫫文化的民族性。中西文化分途發展的兩類型說的提出並非自錢穆始，自鴉片戰爭中國國門被西方列強轟開以來，近代學人就不斷有人提及。梁漱溟在《東西文化及其哲學》一書中就作了比較全面、系統的論述。但與梁漱溟等人所不同的是，錢穆研究文化採取的是歷史考察的方法而非哲學方法。錢穆是歷史學家，他是由歷史研究轉向文化研究的，所以他極力強調研究文化，不單要用哲學的眼光，更需要用歷史的眼光。因為在他看來，文化既然是一個民族生活的總體，它應當是具體的、有血有肉的，僅用哲學概念、範疇去概括一個豐富多彩、不斷變化的文化實體，往往容易使研究者忽視文化的複雜性、具體性，而陷入抽象的思辨之中。[32] 所以錢穆十分注意用歷史實證的

30　錢穆：《國史大綱》下冊，商務印書館，1940 年版，第 625 頁。
31　錢穆：《中國文化史導論》「弁言」，第 6—7 頁。
32　錢穆對近代學人多從哲學著眼去考察和研究文化提出了尖銳批評。他說：「近人討論文化，多從哲學著眼，但哲學亦待歷史作解釋批評。真要具體認識文化，莫如根據歷史。

方法去研究和闡釋中國文化，從政治、經濟、學術思想、文學藝術、道德宗教、社會風俗等各個方面來探究中國文化的具體表現，在中國歷史的發展進程中來指陳中國文化的真相。在《導論》中，自始至終都貫穿著這種「歷史實證」的研究方法。可以說，運用「歷史實證」的方法來研究和闡釋中國文化，這正是錢穆的文化研究不同於其他學人的一大特色所在。

六、固守傳統與融會中西

抗戰時期，一些對錢穆的文化主張持批評意見的學者把他當成復古主義代表而加以批評，他們所持的一個重要理由就是錢穆全盤肯定傳統，拒斥西方文化。其實，這種批評並不全面。事實上，抗戰時期的錢穆並不是一個固守傳統、全盤讚美傳統的復古主義者，他也有融會中西文化思想，而且這一思想比他其他任何時期態度更為鮮明、積極。《中國文化史導論》第十章《中西接觸與文化更新》，實際上主要是談中西文化融合問題的。他在書中指出，西學東漸後，中國人當前遇到了兩大問題：

第一，如何趕快學到歐、美文化的富強力量，好把自己國家和民族的地位支撐住。

第二，是如何學到了歐、美西方富強力量，而不把自己傳統文化以安足為終極理想的農業文化之精神斫喪或戕伐了。換言之，即是如何再吸收融和西方文化而使中國傳統文化更光輝與更充實。

若第一問題不解決，中國的國家民族將根本不存在；若第二問題不解決，則中國國家民族雖得存在，而中國傳統文化則仍將失其存在。[33]

1941年，錢穆在《思想與時代》雜誌創刊號上發表的〈兩種人生觀之交

忽略了歷史，文化真面目無從認識，而哲學亦成一番空論。」見《中國學術通義》，第133頁。
33　錢穆：《中國文化史導論》，第204—205頁。

錢穆與中國文化史研究

替與中和〉一文中也表達出了與《導論》類似的見解。他說：

東方中華文化偏在歷史與藝術的右半圈，而西方歐洲文化則偏在宗教與科學的左半圈。若為人類此後新文化著想，東方人似應從西方純科學的基礎上來學科學，卻不必提倡個人的功利主義。西方人則似應瞭解東方文化之人生意味中來解決其已往兩種人生觀的反覆與衝突。如是庶可交融互益。[34]

顯然，抗戰時期錢穆對西方文化並非採取排拒態度，他是主張融合中西文化的。從如上記載看來，他主張學習西方文化，實際上主要是學習西方的近代科學。錢穆認為說中國傳統文化系統中沒有科學的地位，這是一句冤枉話，不符合歷史實情。中國人並不缺乏科學智慧，而且中國人在科學技術方面也有卓越成就，中國自春秋、戰國時即有發達的醫學、數學、音律學、天文學。但是，他又如實承認，科學在中國文化結構中所占的地位並不高。誠如他在《導論》中所言：「中國傳統文化，雖說未嘗沒有科學，究竟其地位不甚高。就中國全部機構言之，科學占的是不頂重要的部位，這亦是事實。」[35]

中國傳統文化雖不缺乏創造發明，但是為什麼沒有發展出像近代西方那樣的自然科學呢？錢穆在《導論》中也作了比較深入的分析。在他看來，中國人對物常不喜從外面作分析，而長於把捉物性直入其內裡，故中國人力主人生與自然相融貫通，好談「盡物之性」，而不喜談「物質構造」。因此，中國人所談的利用自然，在西方人眼中，是知其然而不知其所以然，尚未達到理性分析的境界。正因為中國人的觀念中不重分析，不重理論的解釋和說明，一切發明，只變成像是技術般的在社會傳布，缺乏學理的解釋與再探討，造成自然科學的不發達。而西方文化則相反。西方文化比較偏重於先向外探究自然，在對外界自然有所認識、瞭解之後，再回過頭來衡量人生的意義與價值。在西方人眼中，人是超然於自然界之外的，有絕對支配和統治

34　錢穆：《文化與教育》，第47頁。
35　錢穆：《中國文化史導論》，第214頁。

六、固守傳統與融會中西

自然界的力量。因此西方文化主張戰勝自然、征服自然。這種把宇宙自然看作人類對立面而加以役使和征服的思想，必然會導致西方自然科學的高度發達，形成外在超越的科學型文化精神。錢穆指出：「西方文化乃自然本位者（此即指其外傾），故愛從自然世界中來尋求建立人文世界之一切理論與根據。故科學發明，在西方文化體系中必然要引生極大的激動。」[36] 而這種役使自然的制天、馭天觀念也必然推動西方人對權力的崇拜和對外在物質利益的追求，形成追求物質利益的功利主義價值觀和以個人主義為中心的人生信條。因此，「西方文化總會在外面客觀化，在外在的物質上表現出它的精神來」。[37]

中國傳統文化缺乏科學，沒有發展出像西方那樣的近代科學，但並不意味著中國文化就排斥科學，反對科學，就不需要科學。相反，中國文化不僅需要吸收西方的近代科學來充實自己，而且吸收了西方近代科學，也不會損傷中國文化原有的生機與活力。因為中國文化並非深固閉拒，它是一種包容性、消化力很強的開放型的文化體系，它對外來的異質文化總是以一種博大的胸懷加以吸收和融合。對此，錢穆在《導論》中作了許多非常精彩的分析：

中國固有文化傳統，將絕不以近代西方科學之傳入發達而受損。因為中國傳統文化，一向是高興接受外來新元素而仍可無害其原有的舊組織的。這不僅在中國國民性之寬大，實亦由中國傳統文化特有的「中和」性格，使其可以多方面的吸收與融合。（《導論》第221頁）

中國文化是一向偏重在人文科學的，他注重具體的綜括，不注重抽象地推概。唯其注重綜括，所以常留著餘地，好容新的事象與新的物變之隨時參加。中國人一向心習之長處在此，所以能寬廓，能圓融，能吸收，能變通。若我們認為人文科學演進可以利用自然科學，可以駕馭自然科學，則中國傳

36　錢穆《文化學大義》，臺灣正中書局，1952年版，第73頁。
37　錢穆：《中國歷史精神》，第151頁。

錢穆與中國文化史研究

統文化中可以容得進近代西方之科學文明，這是不成問題的。不僅可以容受，應該還能融化能開新。這是我們對於面臨的最近中國新文化時期之前途的希望。（《導論》第228頁）

顯然，在錢穆看來，中國傳統文化較之西方，其短處在自然科學，其長處在人文政教，並不是中國傳統文化精神與近代西方科學根本不相融。他希望現代的中國人能像宋儒消融佛學那樣去消融西學，用西方文化之長來補中國文化之短。所以，他認定西方近代科學對中國文化傳統理想實有充實恢宏之作用。從這個意義講，錢穆認為中國文化裡「盡可以滲進西方文化來，使中國文化更充實、更光輝。並不如一般人想法，保守了中國固有之舊，即不能吸收西方現代之新。」[38] 顯然，在抗戰時期，錢穆並不反對向西方文化學習，相反他對西方文化，特別是為中國文化所缺乏的西方近代科學，還是虛懷接受的。

錢穆自1950年代居港臺以來，仍然有會通中西文化的思想。他曾多次指出，當前世界人類前途，其命運所繫，「實大有賴於東西方兩大文化體系之綜合與調和這一番大工作之成功或失敗」，「東方人如何學習西方而能保留得東方，如何能將東西雙方之文化傳統獲得某種結合而從此再有更高之躍進」，「這是當前人類在發展文化前途一大課題」。[39] 錢氏這裡所謂自覺地綜合與調和東西兩大文化體系，實質上仍然是1940年代所主張的把近代西方科學與中國傳統文化相結合的繼續。他說中國的「心性之學」，明體達用，但「格物之學則終較西方現代科學之所得為淺。故西方現代科學傳入中國，正與中國傳統文化有相得益彰之妙，而並有水乳交融之趣。格物之學與格心之學相會通，現代科學精神與中國傳統道德精神相會通，正是中國學術界此下應努

38　錢穆：《中國文化中的中庸之道》，收入《中國文化十二講》，臺北東大圖書公司，1988年版，第111頁。

39　錢穆：《世界局勢與中國文化》，第229頁。

力嚮往之一境,亦是求中國文化進展所必應有之一種努力」。[40] 不過從 1950 年代起,錢穆主張學習西方近代科學與 1940 年代相比,確實又有一定程度的變化。在 1940 年代,他對學習西方的近代科學抱有極大的熱忱,會通西學的態度是堅定的。但 1950 年代以來,錢穆雖然也不反對學習西方的近代科學,但是他更強調科學應受道德主宰和制約。錢穆認為西方文化最大的弊端,就在於過分強調物質經濟,認為靠科技便可征服世界,主宰一切。兩次世界大戰,特別是第二次世界大戰,給如日中天的西方文化敲響了警鐘,表明西方文化急需有一番「去腐生新」的必要,應對自己的文化作重新的認識和評價。錢穆承認科學在人類文化中的重要作用,但他反對科學萬能,科學至上,認為物質人生不能代表人類文化的全部,科學技術並不是解決一切問題的萬應靈藥。他主張一切物質生活,更當有一種精神生活主宰,人類「絕不當由機器來領導,而終必以人道為領導」。[41] 而中國文化傳統的主要特徵,「即在於重視人勝過於重視物,中國人從不曾把經濟條件看作社會中主要的條件」,因此中國這種特重人文精神、道德精神的文化,對西方社會迷失於偏物的歧路,可起著「去腐生新」、振衰救弊的作用。

當然,道德並非人生唯一的內容,錢穆也承認中國文化絕不抹殺一切物質人生只重道德,中國文化也講「開物成務」、「格物致知」,也有「利用、厚生」之道,但「利用」必須要以「正德」為前提,「一切物質表現都推本歸趨於道德」。在錢穆看來,物質與科學、知識與權力僅僅是生命的工具,而不是生命的本身,只有人的道德精神,才是人的真生命,才是歷史文化的真生命。他說中國文化精神之特殊,「在其偏重於道德精神之一端」,中國文化「向來之所貴,則曰道德精神。人文社會之有道德,亦猶如自然世界之有科學」,認為中國文化之所以歷久彌堅,挺立不倒,正是這種道德精神長期永生與不

40　錢穆:《中國文化與科學》,《世界局勢與中國文化》,第 316 頁。
41　錢穆:《晚學盲言》(上),第 8 頁。

斷復活的結果。「中國文化綿延,實乃此項道德精神之綿延;文化光昌,實乃此項道德精神之光昌。」[42] 所以,他極力強調科學、機器應服從於人文與道德,主張在人文精神、道德精神的框架內去發展科學。顯然,從1950年代起,錢穆主張學習西方科學與1940年代的主張在態度上有了明顯的變化。在1940年代,他認為中國「太貧太弱」,除非學到西方人的科學方法,中國終將無法自存。甚至更激進地提出:「此下的中國,必需急激的西方化。換辭言之,即是急激的自然科學化。」[43] 而自1950年代起,他則著重強調道德精神、人文精神的作用,強調科學應受制於道德。

自1950年代以來,錢穆主張科學應服從於人文與道德,主張在人文精神、道德精神的框架內去發展科學,這種主張和看法應當說是對現代科技高度發達的社會中所出現的種種問題的回應和思考。第二次世界大戰以來,西方文化由於科學技術的高度發展,在物質經濟方面突飛猛進而使其他文化相形見絀。但是西方工具理性的過度膨脹和現代工業文明對人性的肢解,給人類也帶來了真實而嚴重的威脅:環境汙染,核威脅,能源危機,家庭解體,人與人、人與社會、人與自然處於尖銳的對立。錢穆敏銳地看到西方的現代化並沒有帶來相應的道德、理想的提升,相反物質的進步與精神上的墜落恰好是成正比的。因而他對當今西方和現代中國瀰漫的唯科學主義給予了尖銳的抨擊,斥責過分強調工具理性的唯科學主義對人類本質的曲解和人生價值的忽視。錢穆認為中國文化重人禽之別,重義利之分,尚和平,不尚鬥爭,論是非,不論古今,主張天人交貫,注重人與自然、人與社會的和諧,這些都是優於西方文化的。中國文化中的這些思想,「足以啟示將來世界人類一條新生路」,「必為當前人類文化新趨勢展示一方向」。因此,錢穆十分看重中國文化的道德精神、人文精神,極力彰顯人的生命存在和天人合一的思想貢獻

---

[42] 錢穆:《中國文化叢談》,第239頁。
[43] 錢穆:《中國文化史導論》,第212頁。

六、固守傳統與融會中西

給全人類,借此去挽救西方,拯救人類。所以他說復興中國文化,不僅可以救中國,還可以救世界、救人類,為世界人類文化開其新生。

錢穆認為統一的、大同性的世界文化在今天已開始濫觴,而這種同一性的人類新文化,無非就是世界上各個民族文化的集合體,它必須以承認世界各地區的民族文化為前提條件。因此,人們應用平等的心態理智、客觀地去分析世界各國、各地區民族文化的優劣短長,應對目前人類文化作一番整體的反思和檢討。由此,他對世界未來文化未來路向作了這樣的預測:「最近的將來,世界人類必然將有一個文化的新生,必然將重來一次新的文藝復興。」將來人類的新文化,「其最高企向,就其鞭辟近裡言,就其平實真切言,決然為道德的、藝術的,而非宗教的與哲學的」,未來世界文化的發展趨向將是「歷史的、文化的、人文科學的、天人合一的長期人生與整個宇宙的協調動進」。[44] 而中國文化的長處正在於注重德性修養,主張天人合德,重視人文政教,故要「挽回世界頹勢,為將來人類文化開闢新途徑,東方文化精神實有值得提倡闡發之必要」。此下的中國「不僅仍當以民族傳統民族精神為自己的立國之體,並當以此精神貢獻全世界,作為此下世界新趨勢唯一重要之指針」。對此錢穆滿懷希望地指出,處在病痛中的西方文化應當讓位於東方文明,中國文化領導世界前進應當「當仁不讓」。

應當說,錢穆對現代西方文化弊端的分析和批判是深刻的,他的一些議論的確切中了現代社會的弊病。中國傳統文化思想對進入後現代社會的西方固然有補偏救弊之功,但能否便得出世界文化必定要走中國之路的結論呢?是否復興中國文化便可以解決當今社會的一切問題?可為世界人類文化開其新生?在這裡,錢穆顯然又誇大了中國傳統文化的基本價值。但是,不管錢穆對西方文化的審視、批判和對未來文化取向的預測有這樣或那樣的不足,但他卻提醒我們:在現代工業文明高度發達、唯科學主義思潮泛濫的時代,

---

44 錢穆:《文化學大義》,第 130、104 頁。

人們不應當忘記道德理想、人文關懷，不應當忘記人類自身安身立命的終極價值。可見，他對現代資本主義工業文明弊端的批評，對科學消極作用的憂慮，對世界未來文化中儒學主體地位的張揚，對世界文化趨向的關切，表現了一位具有高度文化責任感的學者對人類文化命運的深刻關注和思考，表現了一代學者的睿智和理想。

美國學者狄白瑞在論及錢穆的學術貢獻時說：「錢穆最大的貢獻，就是維護中國傳統文化的觀點以對付西方的影響。」[45] 錢穆畢生以弘揚中國傳統文化為職志，他認同傳統，維護傳統，關心中國文化的傳承，這是不成問題的。但是他對於中國文化也並不是全盤肯定，而是擇善而從，在肯認傳統的同時又不乏批判意識。錢穆在《導論》中對儒學缺點的分析，便是典型的一例。錢穆認為儒學為中國文化之中心，為中華文化之主脈，但是他對儒家思想也不是無條件地全盤讚揚，也沒有把孔子抬到「通天教主」的地位。他在《導論》中說孔子一派的儒家思想，也有它的缺點，集中體現在三個方面：

第一，是他們太看重人生，容易偏向人類中心、人類本位而忽略了四圍的物界與自然。

第二，是他們太看重現實政治，容易使他們偏向社會上層而忽略了社會下層；常偏向於大群體制而忽略了小我自由。

第三，因他們太看重社會大群的文化生活，因此使他們容易偏陷於外面的虛華與浮文，而忽略了內部的素樸與真實。[46]

早在1925年出版的《論語要略》中，錢穆就明確指出，孔子學說是二千四百多年前那個時代的產物，他的思想和學說深深地打上了他那個時代的烙印，不可能處處能與現代生活相適應。[47] 顯然，這種對儒家學說採取歷

45　狄白瑞著、李弘祺譯：《中國的自由傳統》，香港中文大學出版社，1983年版，第131頁。
46　錢穆：《中國文化導論》，第84頁。
47　錢穆稱：「孔子為二千四百年以前之人物，孔子學說思想為二千四百年以前之學說思想⋯⋯事過境遷，已不復適用於今日，而不足以資崇奉。」、「孔子一偉大之學者也⋯⋯

史的分析態度是正確的。同時,錢穆主張學習西學,但是吸納和消融西學,必須應以本民族文化為主體,必須應保持本民族文化的主體性,這種看法尤其值得我們重視和肯定。

唯以時代之相去既遠,在孔子當時學術界之情形,既與今絕不類,則孔子之言,自多不合於今日。」參見氏著《論語要略》,商務印書館,1925 年版,第 16—17、133 頁等處的論述。

錢穆與中國政治制度史研究
—— 以「傳統政治非專制論」為考察中心

　　錢穆對中國傳統政治的研究見解獨到，得出了自秦以來中國傳統政治並非專制的結論。此一觀點在學界頗多質疑和批評。其實，在研究錢穆對中國傳統政治的看法時起碼應注意這樣一些問題：錢穆的「非專制論」是在什麼背景下提出來的？主要是針對近現代哪一派思想主張而言的？面對各方面的批評、責難，他為何一以貫之地堅持下去而不變初衷？依據儒家理念建立起來的科舉制、臺諫制、封駁制、銓選制是助長了君權，還是限制了君權？中國傳統政治是否僅可用「專制黑暗」一語來加以概括？這種觀點是否有將傳統政治的理解簡單化、片面化之嫌？錢穆對中國傳統政治的研究是否有合理的因素？如果有，怎樣去發掘、整合，作出合理的解釋？他對傳統政治理解的失誤又在何處？怎樣去加以分析？在此基礎上，才能對錢穆研究中國傳統政治所包含的合理因素及其失誤作出客觀的敘述和評說。

一、「非專制論」的提出及其內容

　　錢穆對中國傳統政治的關注始於青年時代。他在《師友雜憶》中回憶說：「余幼孤失學，年十八，即為鄉村小學教師。每讀報章雜誌，及當時新著作，竊疑其譴責古人往事過偏過激。按之舊籍，知其不然。如謂中國自秦以下盡屬帝王專制，而余讀四史及《通鑒》，歷朝帝王盡有嘉言懿行，又豈專制二字所能概括。進而讀《通典》、《通考》，見各項傳統制度更多超於國人詬病之上

錢穆與中國政治制度史研究

者。」[1]可見，青年時期的錢穆對學術界流行的自秦以來中國傳統政治是帝王專制的說法頗不以為然，產生了想要對之加以匡正的念頭。1932年，在北京大學史學系任教的錢穆，提出開「中國政治制度史」的選修課，遭到了系方的阻難。系方的意見是中國秦以下政治是君主專制，今已進入民國時代，以前的政治不必再研究。在錢穆的再三要求下，課雖開了，但歷史系學生無一人選課，選課的全是法學院政治系的學生。[2]錢穆之所以要堅持開設此課，是因為他對中國傳統政治的看法與當時主流學界所持的意見大異，他認為中國傳統政治有它自身的特點，並非「專制黑暗」一語所能概括。所以，他在講課中提出自秦以來的傳統政治並非專制的見解。這是錢穆首次闡發他對傳統政治的看法，1952年他在香港自印出版了《中國歷代政治得失》一書，實際上就是他當年在北大講授「此課一簡編」。[3]

抗戰時期，錢穆流轉西南，他對中國傳統政治理解有了進一步的深入。在1940年出版的《國史大綱》中，他對中國傳統政治進行了全面、系統的闡發，對傳統政治專制論的見解大加批駁。他說：「談者好以專制政體為中國政治詬病，不知中國自秦以來，立國規模，廣土眾民，乃非一姓一家之力所能專制。」[4]這一見解在馬一浮的復性書院，以及在西南後方的各地演講中，在他的著作《文化與教育》、《政學私言》等書中，也有淋漓盡致的展現。

1941年7月，錢穆在重慶國民政府教育部史地教育委員會會議上作「革命教育與國史教育」一演講，他在講詞中稱：

我常聽人說，中國自秦以來二千年的政體，是一個君主專制黑暗的政體。這明明是一句歷史的敘述，但卻絕不是歷史的真相。中國自秦漢以下二千年，只可說是一個君主一統的政府，卻絕不是一個君主專制的政府。就

---

1 錢穆：《八十憶雙親·師友雜憶》，第361—362頁。
2 錢穆：《八十憶雙親·師友雜憶》，第169頁。
3 錢穆：《八十憶雙親·師友雜憶》，第170頁。
4 錢穆：《國史大綱·引論》，第12頁。

一、「非專制論」的提出及其內容

政府組織政權分配的大體上說,只有明太祖廢止宰相以下最近明清兩代六百年,似乎跡近君主專制,但尚絕對說不上黑暗。人才的選拔,官吏的升降,刑罰的處決,賦稅的徵收,依然都有客觀的規定,絕非帝王私意所能輕易動搖。如此般的政權,豈可斷言其是君主專制。[5]

1950年,錢穆在香港《民主評論》第2卷11—12期上發表了〈中國傳統政治〉一長文,他在文中說:

中國秦以後的傳統政治,顯然常保留一個君職與臣職的劃分。換言之,即是君權與臣權的劃分,亦可說是王室與政府的劃分。皇帝為王室領袖,宰相為政府首腦。皇帝不能獨裁,宰相同樣地不能獨裁。而近代的中國學者,偏要說中國的傳統政治是專制是獨裁。而這些堅決主張的人,同時卻對中國傳統政治,對中國歷史上明白記載的制度與事蹟,從不肯細心研究一番。……他們必要替中國傳統政治裝上「專制」二字,正如必要為中國社會安上「封建」二字一般,這只是近代中國人的偏見和固執,絕不能說這是中國以往歷史之真相。[6]

1978年10月,錢穆赴香港新亞書院「錢賓四先生學術文化講座」,作「從中國歷史看中國民族性及中國文化」的演講。他在講演中仍力申前說:

我想定要照西方觀念來講中國的傳統政治,只可說是君主立憲,而絕非君主專制。君主專制這一種政治制度是違反我們中國人的國民性的。中國這樣大,政治上一日萬機,怎麼可由一人來專制?中國人不貪利,不爭權,守本分,好閒暇,這是中國人的人生藝術,又誰肯來做一個吃辛吃苦的專制皇帝呢?我認為帝王專制不合中國人的內心要求,中國人不喜歡這種政治。[7]

由上不難看出,傳統政治非專制論是錢穆畢生堅持的觀點,從該觀點的

---

5 錢穆:《文化與教育》,第115頁。
6 此節錄該文大意,見《國史新論》,第83、89頁。
7 此節錄該演講詞第三講「中國人的行為」而成。詳見《從中國歷史看中國民族性及中國文化》,第54、57、60頁。

提出，直到晚年，他為中國傳統政治進行辯護的言辭就一直沒有停止過。縱觀錢氏的論述，他對中國傳統政治的具體解說主要包含如下幾方面的內容。

其一，傳統政治是民主政治。

錢穆認為，中國傳統政治的關鍵在於選拔賢能。自秦漢以來的地方察舉制、徵辟制，自隋唐以來的科舉考試制，都是為政府選拔賢能而設。政府從民間挑選其賢能而組成，既經過公開考試，又分配其數額於全國各地，從宰相以下，大小百官，都來自民間，既非王室宗親，亦非特殊的貴族或軍人階級。政府由民眾組織，政府的意見即代表民眾的意見，政府與民眾實際上已經融為一體，錢穆把它稱為「政民一體」。既然中國傳統政治以「政民一體」為尚，這種政體當屬「民主政體」，錢氏把它稱為「中國式的民主政治」。他說：「中國傳統政治既非君主專制，又非貴族政體，同時亦非階級專政。中國傳統政體，自當屬於一種民主政體。」、「普遍以秦漢時代乃中國君主專制政體之創立，今我則謂秦漢時代乃中國古代民主思想與民主精神之發揚與成熟。」[8]

在錢穆看來，現代西方民主政治來源於「民眾之契約」，政府乃君主與貴族的私人物品，國會代表民意監督政府，政府與民眾之間是相互對立的，國會是兩者對立的產物。所以西方政制是以一種「政民對立」的「契約」形式出現的，由國會代表民意監督政府，民眾只有間接監督行政的權力，故是一種「間接民權」。而在中國傳統政治中，政府由民眾組成，民眾與政府合一，政府的意見即為民眾的意見，因此沒有必要再另外設一個與西方國會類似的監督機關來監督政府，故是一種「直接民權」。所以錢穆認為：「若以中國傳統政制無國會，便謂中國傳統政治無民權，此實皮相之見耳。」[9]

8　錢穆：《中國民主精神》，《文化與教育》，第 137—138 頁。
9　錢穆：《中國傳統政治與五權憲法》，《政學私言》，第 5 頁。

其二，傳統政治是士人政治。

錢穆認為，中國社會之所以能形成「政民一體」，其關鍵原因即在於有「士」。他說中國社會是一個由士、農、工、商組成的「四民社會」，而「士」的地位最有特色，是這個社會的中堅和領導力量。錢穆認為中國傳統社會的「士」不是一般的知識分子，士在文化傳統上有著特殊意義與價值。「志於道」是傳統社會士人最根本的特徵，士人領導社會政治不僅僅是依靠知識，更是依靠學術來領導政治，以道統來駕馭政統。錢穆指出，中國傳統政治，從賢不從眾，主質不主量，故由四方的優秀分子「士」，共同造成中央政府。因此，自漢代以後的政府，既非貴族政府，也非軍人政府、商人政府，而是一個「崇尚文治的政府」，即「士人政府」。士人來自社會，代表社會，造成消融社會階級溝通政府和社會的職能。既然政府由受人民信託的士人組成，社會由士人來領導和控制，因此這種政治是「士人政治」或「賢能政治」。他說：「中國傳統政治，實乃一種士人政治。換言之，亦可謂之賢能政治，因士人即比較屬於民眾中之賢能也。有帝王，乃表示其國家之統一；而政府則由士人組成，此即表示政府之民主。因政府既非貴族政權，又非軍人政權與富人政權，更非帝王一人所專制，則此種政治，自必名之為民主政治矣。」[10]

其三，中國傳統政治是「法重於人」。

學界一般的看法是西方重法治，中國尚人治，錢穆則持相反的意見，認為崇尚法治是中國傳統政治的一大特色。錢穆指出，中國古代存在著完善的「法治」，國家依據嚴密的法律制度運行。他舉秦漢以來制度為例說：「自秦漢以來……如賦稅、如兵役、如法律、如職官、如選舉、如考試，何一不有明確精詳之規定，何一不恪遵嚴守至於百年之外而不變。秦隴之與吳越，燕冀之與閩嶠，其間川泉陵谷異變，風氣土產異宜，人物材性異秀，俗尚禮樂異

10　錢穆：《中國政治與中國文化》，《世界局勢與中國文化》，第 247 頁。

教，於此而求定之一統，向心凝結而無解體之虞，則非法治不為功。中國之所以得長治久安於一中央統一政府之下者，亦唯此法治之功。」[11] 在錢穆看來，中國人並不是苦於法律的不健全，而是苦於法網之過密。所以他一再強調：「中國政治，實在一向是偏重於法治的，即制度化的。」[12]「中國傳統政治，一向是重職權分劃，重法不重人。」[13]

其四，王室與政府的劃分。

錢穆認為，自秦以來雖然有一個高懸於政府之上的君主——皇帝的存在，但皇帝僅是國家的元首，象徵著國家的統一，並不具有實權，實際政權則操縱在政府領袖宰相手中。皇帝是王室領袖，宰相是政府首腦，王室與政府是分開的。故言：「自秦以來，中央最高首領為天子，而實際負行政之責者為丞相。以字義言，丞相皆副貳之意，丞相即副天子也。天子世襲，而丞相不世襲，天子為全國共戴之首領，不能因負政治責任而輕易調換。……丞相乃以副貳天子而身當其衝。最好固為君相皆賢，否則天子以世襲不必賢，而丞相足以彌其缺憾。縱使君相不皆賢，而丞相可以易置，如是則一代政治不致遽壞。」[14]

錢穆指出，宰相作為政府的領袖，負實際的行政責任，這在中國傳統政治架構中具有十分重要的意義，以相權節制君權，即以政府節制王室，君權與相權之間有相互制衡的力量，這是一種良法美制，是歷史的常態；而王室以私意宰割政府，侵奪政府權力，則屬於歷史的變態。所以他宣稱有宰相制度，帝王就不可能一人大權獨攬，「有丞相即非『君主獨裁』，即非『專制』」，

11　錢穆：《人治與法治》，《政學私言》，第 76—77 頁。
12　錢穆：《中國歷代政治得失》，九州出版社，2012 年版，第 171 頁。
13　錢穆：〈中國傳統政治〉（1950 年），收入《國史新論》，第 112 頁。
14　錢穆：《國史大綱》（上冊），第 101 頁。

一、「非專制論」的提出及其內容

「判劃政、權,分屬君、相,實中國政治自秦以下一種重要之進向也」。[15]

錢穆認為中國雖無近代西方意義上的國會、內閣制,但中國古代的宰相制、監察制、封駁制、臺諫制也有節制君權、彌縫君權的作用。他說談政論政者,往往以中國有王室,無國會,為傳統政治之病。然而「正為其缺乏一國會,故能逼出考試與銓敘制度。正為其有一世襲之王室,故能逼出監察與審駁制度」[16],絕不能因傳統政治中有王室無國會而將傳統政治全盤否定。

基於如上理解,錢穆堅決反對用「專制」二字來概括中國的傳統政治,得出了自秦以來中國兩千年政治並非專制的結論。錢氏的這一見解一提出,即刻在學術界引起軒然大波,遭到眾多學者的批評和質疑。馬克思主義學者胡繩以沈友谷、范蒲靭為筆名連續發表多篇文章對錢穆的觀點提出批評,認為中國秦漢以來的政治並非專制政治這一論斷並不是學術研究上的一種「新」見解,而是從根本上「歪曲了歷史的真相」,喪失了起碼的學術的態度和精神,其目的在於「攀龍附鳳」,為當時國民黨政權的專制統治歌功頌德。[17] 自由主義學者胡適稱錢氏這一見解,「多帶反動意味,保守的趨勢甚明,而擁護集權的態度亦頗明顯」。[18] 蔡尚思在《中國傳統思想總批判補編》中專列「錢穆的復古論」一節批評錢氏「中國式的民主」,蕭公權在《中國君主政體的實質》、張友漁在《民主運動和復古傾向》中也針對錢穆的觀點進行了批評。蕭公權在剖析了中國君主政體的形成和實質後指出:「秦漢到明清二千年中的政體,雖因君主有昏明,國家有盛衰,而在效用上小有變動,然而其根本精神

---

15 錢穆:《國史大綱》(上冊),第 101 頁。
16 錢穆:《中國傳統政治與五權憲法》,《政學私言》,第 10 頁。
17 參見沈友谷(胡繩):《評錢穆著〈文化與教育〉》,《群眾週刊》第 9 卷第 3、4 期,1944 年 2 月。范蒲靭(胡繩)《論歷史研究和現實問題的關聯——從錢穆先生的〈國史大綱引論〉中評歷史研究中的復古傾向》,《大學》(成都),1944 年第 3 卷第 11—12 期;沈友谷:《歷史能夠證明中國不需要民主麼?》,《群眾週刊》第 10 卷第 1 期,1945 年 1 月。
18 胡適著、曹伯言整理:《胡適日記全編》(7),第 539—540 頁。

和原則卻始終一貫。必須等到辛亥革命，然後才隨著新建的民主政體而歸於消滅。」[19]

　　錢穆的這一主張，同樣受到了來自中國文化保守主義陣營內部的尖銳批評。現代新儒家代表人之一張君勱，讀完錢穆在《民主評論》上發表的〈中國傳統政治〉一文後深不以為然，認為錢氏為當代史學名家，其非專制的見解若果流行，必將極大影響今後國人對中國政治思想的看法，於是在《自由鐘》雜誌上陸續發表了一系列評論文章，共計36篇，最後匯成了30多萬言《中國專制君主政制之評議——錢著〈中國傳統政治〉商榷》一書，從錢著的邏輯方法、專制君主、宰相、三省、臺諫、銓選、地方自治、政黨、法治與人治、安定與革政10個方面對錢文的主要觀點一一加以批駁。1970年代末，錢穆重返新亞書院講學，再次重申了他的非專制說，立即遭到了港臺新儒家另一位代表人物徐復觀的猛烈抨擊。他在《良知的迷惘——錢穆先生的史學》中尖銳地指出：

　　我和錢先生有相同之處，都是要把歷史中好的一面發掘出來。但錢先生所發掘的二千年的專制並不是專制，因而我們應當安住於歷史傳統政制之中，不必妄想什麼民主。而我所發掘的卻是以各種方式反抗專制，緩和專制，在專制中注入若干開明的因素，在專制下如何多保留一線民族生機的聖賢之心，隱逸之節，偉大史學家、文學家面對人們的嗚咽呻吟，及志士仁人、忠臣義士，在專制中所流的血與淚。因而認為在專制下的血河淚海，不激發出民主自由來，便永不會停止。[20]

　　徐復觀在文中甚至稱錢穆「假史學之名，以期達到維護專制之實」，其批

19　蕭公權：《中國君主政體的實質》，收入氏著《憲政與民主》，清華大學出版社，2006年版，第79頁。該文寫於1945年，主要是針對錢穆《中國傳統政治與儒家思想》（《思想與時代》1941年第3期）一文作批評的。

20　徐復觀：《良知的迷惘——錢穆先生的史學》，收入蕭欣義編：《儒家政治思想與民主自由人權》，臺北八十年代出版社，1979年版，第182頁。

二、「歷史意見」與「時代意見」

評的言辭是何等的尖銳和激烈。錢穆與現代新儒家對中國傳統政治的理解截然不同，他們的分歧主要也在這裡。

二、「歷史意見」與「時代意見」

錢穆的中國傳統政治非專制論，在學術界頗多非議，但仍為其終生所堅持，不曾有任何改變。錢穆的「非專制論」是在什麼背景下提出來的？主要是針對近現代哪一派思想主張而言的？錢穆面對各方面的批評、責難，為什麼一直堅持下去而不變初衷？依據儒家理念建立起來的科舉制、臺諫制、封駁制、銓選制、宰相制是助長了君權，還是限制了君權？中國傳統政治是否僅可用「專制黑暗」一語來加以概括？這種觀點是否有將傳統政治的理解簡單化、片面化之嫌？錢穆對中國傳統政治的研究是否有合理的因素？如果有，這些合理的因素又是什麼？怎樣去發掘、整合，作出合理的解釋？他對傳統政治理解的失誤又在何處？怎樣去加以分析？對於這些問題，簡單採取「非此即彼」的兩極對立方法去加以定性、判識，似不足取，應對之作全面具體的分析。

錢穆的中國傳統政治非專制論，實際上主要是針對近代維新派史學，特別是梁啟超的主張而言的。對中國傳統政治的批判並不始於梁啟超，明末清初的思想家就有激烈的批評。黃宗羲稱天下之大害，「君而已矣」；[21] 唐甄稱「自秦以來，凡為帝王者皆賊也」。[22] 那位在刑場上高呼「有心殺賊，無力回天」的維新派鬥士譚嗣同在《仁學》中痛斥「二千年來之政，秦政也，皆大盜也；二千年來之學，荀學也，皆鄉愿也」[23]，無異判了傳統政治的死刑。但是，從理論上對傳統政治進行全面批判，有體系地提出專制學說的，當推近

21　黃宗羲：《明夷待訪錄》，《黃宗羲全集》第一冊，浙江古籍出版社，1985年版，第3頁。
22　唐甄著、注釋組注：《潛書注》下篇《室語》，四川人民出版社，1984年版，第530頁。
23　譚嗣同：《仁學》，《譚嗣同全集》卷一，生活‧讀書‧新知三聯書店，1954年版，第54頁。

錢穆與中國政治制度史研究

代著名的維新派思想家梁啟超。他在〈擬討專制政體檄〉中，列舉了專制政體十大罪狀，在《中國積弱溯源論》中，歷數了「私天下」給中國帶來的無窮禍患。他把帝王視為「民賊」，認為中國「數千年民賊，既以國家為彼一姓之私產，於是凡百經營，凡百措置，皆為保護己之私產而設，此實中國數千年來政術之總根源也」！[24] 梁氏稱二十四史乃帝王之家譜，「無有一書為國民而作者」，提出了「史界革命」的口號。所以，錢穆在《國史大綱·引論》中稱，清末有志功業之士，「所渴望改革，厥在政體。故彼輩論史，則曰中國自秦以來二千年，皆專制黑暗政體之歷史也。彼輩謂二十四史乃帝王之家譜，彼輩於一切史實，皆以專制黑暗一語抹殺。彼輩對當前病症，一切歸罪於二千年來之專制」。

中國君主專制政體經梁啟超等維新派思想家的大力宣傳之後，深入人心，即便是二十世紀中國的文化保守主義者，也承認這一事實。比如港臺新儒家就承認中國歷史文化中缺乏西方近代的民主制度，中國過去歷史中除早期的貴族封建政治外，自秦以後即為君主制度。在君主專制政體下，政治上最高之權源，在君而不在民，由此而使中國政治本身發生了許多不能解決的問題，以致中國之政治歷史，「長顯為一治一亂的循環之局。欲突破此循環之唯一道路，則只有繫於民主政治制度之建立」。[25] 所以他們對兩千年的君主專制政體進行了比較深刻的批判，希望將近代西方意義上的民主政治融入到中國文化傳統中去，肯定現代中國社會必當以民主政治為依歸。介於「政治與學術之間」的第二代新儒家的代表人物徐復觀把對中國政治文化的剖析重點放到反專制上，對中國二千多年的專制政體進行了猛烈的批判，即為典型

---

24 梁啟超：《中國積弱溯源論》，見張品興主編：《梁啟超全集》第二卷《瓜分危言》，第420頁。
25 牟宗三、徐復觀、張君勱、唐君毅：《中國文化與世界——我們對中國學術研究及中國文化與世界文化前途之共同認識》，收入《唐君毅全集》卷四，臺灣學生書局，1991年版，第38—39頁。

二、「歷史意見」與「時代意見」

的一例。

在錢穆看來,梁啟超把秦漢以來二千年的傳統政治視為帝王專制,主要是為他維新變法的政治主張服務的。在梁氏的理論中,蘊含著這樣一種歷史認知:西方政體發展(君主專制→君主立憲→民主立憲,或神權→皇權→民權)是世界各國都要經歷的普遍模式,因此中國也必然要循著西方政體發展的軌跡前進。帝王專制是一種政治制度,只要我們向西方學習,只要維新變法,改革制度即可以達到這一目的。因此,在梁啟超的用法中,專制一詞並非用來客觀地描述一種政體,而是帶有了強烈的價值判斷。而梁氏之說後來又為革命黨排滿反滿所利用,孫中山稱專制是「惡劣政治的根本」。在革命黨的宣傳下,專制之說遂風靡全國。[26] 錢穆認為,「專制」二字,不足以概括秦以來二千來的中國政治。這「專制」二字,用在提倡革命,推翻滿清政權時,作為一種宣傳鼓動的口號,是有它一時之利的。但是,在推翻清政權後,這種宣傳的口號就應該功成身退了。然而事實卻正好相反,傳統政治專制論為更多的激進思想家所接受。到了五四新文化運動時期,一些激進派思想家由批判傳統政治而疑及傳統文化之全部,這就有百害而無一利了。錢穆說:「以後滿清是推翻了,不過連我們中國的全部歷史文化也同樣推翻了。這因當時人誤認為滿清的政治制度便完全是秦始皇以來的中國舊傳統。又誤以為此種制度可以一言蔽之曰帝王專制。於是因對滿清政權之不滿意,而影響到對歷史上傳統政治也一齊不滿意。因對於歷史上的傳統政治不滿意,而影響到對全部歷史文化傳統不滿意。」[27] 所以,錢穆一再宣稱用君主專制來概括中國的傳統政治,是「昧於歷史情實」,不符合歷史真相。

錢穆認為,任何一種制度,絕不會絕對有利而無弊,也不會絕對有弊而無利。所謂得失,即根據其實際利弊而判定;所謂利弊,則是指其在當時所

---

26 參見甘懷真:《皇帝制度是否為專制》,臺北市立圖書館《錢穆先生紀念館館刊》第 4 期(1996 年),第 42 頁。
27 錢穆:《中國歷代政治得失》,第 165 頁。

錢穆與中國政治制度史研究

發生的實際影響而覺出。因此，要講某一代制度的得失，必須要知道在此項制度實施時期有關各方意見的反映。他把這種意見稱為「歷史意見」，即指在那制度實施時代的人們所切身感受而發出的意見。這種意見，比較真實而客觀。待時代久了，該項制度早已消失而不存在，而後代人單憑後代人自己所處的環境和需要來批評歷史上以往的各項制度，那只能是一種「時代意見」。錢穆認為評價中國的傳統政治，應將「歷史意見」和「時代意見」相結合，不能只依據時代意見而忽略了歷史意見。他說：

> 時代意見並非是全不合真理，但我們不該單憑時代意見來抹殺已往的歷史意見。即如我們此刻所處的時代，已是需要民主政治的時代了，我們不能再要一個皇帝，這是不必再說的。但我們也不該單憑我們當前的時代意見來一筆抹殺歷史，認為從有歷史以來，便不該有一個皇帝，皇帝總是要不得，一切歷史上的政治制度，只要有了一個皇帝，便是壞政治。[28]

對於錢穆提出的「歷史意見」和「時代意見」的分別，徐復觀並不贊同。1966年8月，徐復觀把先前寫的文章《明代內閣制度與張江陵（居正）的權、奸問題》經修改後發表在《民主評論》上，對錢穆在《中國歷代政治得失》一書中談明代政治時對張居正地位的評價提出嚴厲批評，提出「中國專制政治到明代而發展到高峰，錢先生的高論，實質上是認為明代的專制還不夠，然則中國的歷史到底要走向何處」[29]的質問。認為錢穆把明代大政治家張居正視為「權臣、奸相」有維護專制王權之嫌，並公開要求錢氏對這些問題做出回應。錢穆在答辯文字中回應徐氏的質疑，再次重申了「歷史意見」和「時代意見」的分別：

> 若論到整部中國史裡的君權和相權，此乃中國政治制度史裡主要一項目，我和徐先生看法卻有好些不同處，而且是常涉到根本上的不同處。……

28　錢穆：《中國歷代政治得失·前言》，第3頁。
29　徐復觀：《明代內閣制度與張江陵（居正）的權、奸問題》，見氏著《中國思想史論集》「附錄三」，上海書店出版社，2004年版，第238頁。

二、「歷史意見」與「時代意見」

我總認為歷史應就歷史之客觀來講。若自己標舉一個理論,那是談理論,不是談歷史。若針切著歷史,那又是談時代,不是談歷史。這並不是說歷史經過,全符不上理論,全切不到時代。只是用心立說,應該各有一立場。……有時代意見即成為大理論,徐先生似乎有些像是站在近代歐美民主政治的時代意見之大理論下來衡評全部中國的政治史。我絕不是有意菲薄近代民主政治的人,只認為論史該客觀,不該和時代意見相雜揉。這一點,我占的地位,遠不如徐先生有勢又有力。[30]

在錢穆看來,徐復觀在研究中國傳統政治時比較注重「時代意見」,注重史家與時代經驗、意識的互動。錢氏雖然承認史家的時代經驗、時代意識有助於提升其認識的水準,但是過分強調「時代經驗」的引導而忽視了「歷史意見」,不免有以「今」度「古」之嫌。而作為論辯的另一方徐復觀,則不會作如是觀。他反駁道:

錢先生又提出「歷史意見」的問題,歷史中,一時謬誤的意見,常能在歷史的經過中得到澄清、糾正,中國過去之所以特別重視歷史,正因為歷史能提供是非的判斷以保證,盡可以盡宗教中因果報應所能盡的責任,張江陵的情形,正是一個顯著的例子。……但歷史家若缺乏時代意識,則不僅他對歷史是非的判斷,無補於當時,並且因缺乏打開歷史的鑰匙,對歷史上的是非,因之也無從把握。[31]

錢穆對中國傳統政治的解說自有他的合理處。比如,科舉考試制是中國傳統政治一柱石,此項制度發展到明清時代,的確是弊端叢叢。當時的八股取士,使不少知識分子埋首書齋,皓首窮經,把數不盡的才智浪費到經學考

---

30 錢穆:《明代內閣制度與張江陵(居正)的權、奸問題·附跋》,《民主評論》第17卷第8期,1966年8月,第9頁。該函又以《答徐君書》為題收入《錢賓四先生全集》第31冊《中國歷代政治得失》「附錄」中。
31 徐復觀:《明代內閣制度與張江陵(居正)的權、奸問題》,見氏著《中國思想史論集》「附錄三」,第228—229頁。

錢穆與中國政治制度史研究

據之中,忽視了對科學技術的研究。也正是在這時,中國文化才與西方文化拉開了距離。但是,不可否認,科舉制度在實行中,特別是在唐宋時期,也的確選拔出了不少出類拔萃的優秀人才,為國家的繁榮、文化的昌盛作出過貢獻。事實上,中國古代的科舉制度對西方近代文官制度的產生就有很大的影響。西方學者普遍認為,西方的文官制度源自中國古代的科舉選拔制。孫中山在1921年所作「五權憲法」的演講中也說:「考試制度在英國實行最早,美國實行考試不過是二三十年。現在各國的考試制度差不多都是學英國的。窮流溯源,英國的考試制度原來還是從中國學過去的。」[32] 所以,我們不能因為科舉制在實踐過程中發生過種種流弊而將其一概否定。

再如,就傳統政治中的宰相制而言,雖然宰相制並不如錢穆所說的起那樣大的作用,但宰相制自秦建立後,對君權的制衡作用多少還是存在的。蕭公權對錢穆的「非專制論」持批評態度,但他也承認中國歷代都有限制君權膨脹的方法,蕭氏提出的「制度的限制」一項,就包括錢穆所稱道的宰相制。自秦以後,皇權與相權爭鬥不斷。到明太祖洪武十三年(1380年),廢中書省,罷丞相,權分六部,自秦漢以來延續了1500多年的宰相制,隋唐以來延續了700多年的三省制在歷史上壽終正寢,君權和相權的長期爭鬥最終以極端的方式解決。從君權與相權爭鬥史中也不難看出,相權的制君作用也是存在的。唐朝行五花判事制,皇帝詔令、制敕不經宰相副署,不得發出,就明顯有限制君權的意味。[33] 張君勱在〈錢著中國傳統政治商榷〉中對錢穆的觀點逐條加以批駁,但對這一條,他也不得不承認「此自為吾國政治上之善

---

[32] 中山大學歷史系孫中山研究室、廣東省社科院歷史研究所、中國社科院近代史研究所中華民國史研究室合編:《孫中山全集》第五卷,中華書局,1985年版,第511頁。

[33] 錢穆在〈中國傳統政治〉一文中說:「唐代宰相是委員制,最高議事機關稱政事堂。一切政府法令,須用皇帝詔書名義頒布者,事先由政事堂開會議決,送進皇宮劃一敕字,然後由政事堂蓋印中書門下之章發下。沒有政事堂蓋印,即算不得詔書,在法律上沒有合法地位。」收入《國史新論》,第85頁。

二、「歷史意見」與「時代意見」

制」。[34] 自從朱元璋洪武廢相,從政體上說,再也不存在牽制或分割皇權的其他權力因素了。即便是否認中國傳統政治是君主專制的錢穆也承認,中國傳統政治發展到明代發生了逆轉、惡化,承認明清兩代為君主獨裁。所以他的通史著作《國史大綱》第 36 章即以〈傳統政治復興下之君主獨裁〉為標題。他在《思想與時代》月刊第 3 期發表的《中國傳統政治與儒家思想》(1941 年)中也說明代「廢宰相,設內閣,政府大權,輳於王室,遂開晚近六百年君主獨裁之新局」,滿清「踵明祖私意而加厲,又增設軍機處,於是中國乃有皇帝而無大臣」。[35]

　　錢穆認為,明清的政治制度誠為皇帝專制,若謂中國自古已然則非事實,歷史地理學家張其昀與他持有類似的見解。和錢穆一樣,張其昀也反對把中國古代政治籠統地稱為專制政治。他說:「中國古代雖有君主,然除明初及清代外,不能籠統地稱之為專制政治。」[36] 張氏認為,中國古代有「宮中府中」之稱,「宮中」指王室,「府中」指政府。王室的元首為「天子」,天子是民族統一的象徵,是國民全體的代表,政府的領袖為宰相。「宮中為政權之所寄託,府中則為治權之所寄託。天子代表政權,宰相代表治權。政權可以節制治權,而不能侵犯治權。天子與丞相分領了兩大系統,於是政治機構乃能敏活推進。」[37] 張氏還認為,中國雖然沒有西方式的國會,但是有自己的選舉制度,那就是科舉制度。他把科舉制度稱為「中國式的議會」,這與錢穆的主張不謀而合。

　　錢穆對中國傳統政治的研究啟示我們,中國傳統政治有其自身發展的特

34　張君勱:《中國專制君主政制之評議——錢著〈中國傳統政治〉商榷》,臺北弘文館出版社,1986 年版,第 564 頁。

35　《政學私言》,第 103 頁。

36　張其昀:《五權憲法的歷史背景》,收入氏著《民族思想》,臺北正中書局,1951 年版,第 110 頁。

37　張其昀:《五權憲法的歷史背景》,收入氏著《民族思想》,第 108 頁。

錢穆與中國政治制度史研究

點和演進途轍,絕不能因為傳統政治裡有王室、君主而無近代西方意義上的立憲、國會制度便把它一概視為專制獨裁,漆黑一團。如果傳統政治果真如維新派所說的那樣專制黑暗,一無是處,是形成國家一切災禍的總根源,那麼為什麼它能在中國歷史的舞台上長存兩千年之久?有如此巨大的支配力和影響力?這種觀點是否有將傳統政治簡單化、片面化之嫌?從這個意義上而言,錢穆的傳統政治非專制的命題的確可以引發學術界反思常論,既可為今後研究中國傳統政治提供一個新的視角,也可把這一研究課題進一步引向深入。

三、對傳統政治弊端的剖析

錢穆肯定中國傳統政治,這是不成問題的。但是,他對傳統政治並非只是牧歌式的讚揚,對其弊端也曾作過諸多的考察和分析。

1941年10月,錢穆發表了《中國傳統政治與儒家思想》一文,稱中國傳統政治有二弊三病,這二弊是:(1)由於鄙斥霸術,不務富強兼併,乃時為強鄰蠻族所乘;(2)民眾不獲直按預政,士大夫學術不常昌,乃時有獨夫篡竊,肆其賊志。三病為:明太祖廢宰相,設內閣,政府大權,轄於王室,造成傳統政治的惡化;明代中葉的八股取士,摧殘人才;明清兩代大興文字獄,學者怵於淫威,相率埋首考據,不問世事。[38] 1942年,錢穆在成都中英中美文化協會作「中國民主精神」一演講,提出中國傳統政治有四個缺點:其一,王權時時越限;其二,士大夫易於腐化;其三,下層社會對於政治,不易發生興趣;其四,王室凌駕於政府之上。[39]

在1950年發表的〈中國傳統政治〉一文中,錢穆提出傳統政治在本質上有二大缺點:第一,是它太注重於職權分配的細密化。好處在於人人有職,

---

38　參見《政學私言》,第103頁。
39　錢穆:《中國民主精神》,《文化與教育》,第148—149頁。

三、對傳統政治弊端的剖析

造成政治上的長期穩定,缺點是使政事不能活潑推進,易於停頓麻痺化。第二,是太看重法制的凝固性與同一性。全國在同一制度的規定下,往往長期維持到一兩百年,以後逐漸趨向敷衍文飾虛偽而腐化,終於到達不可收拾之境地。[40] 關於制度繁密化的弊端,錢穆在《中國歷代政治得失》中也作了深刻地剖析,認為:「中國的政治制度,相沿日久,一天天的繁密化。一個制度出了毛病,再訂一個制度來防制它,於是有些卻變成了病上加病。制度愈繁密,人才愈束縛。這一趨勢,卻使中國政治有『後不如前』之感。」[41]

錢穆不僅對傳統政治的弊端作過深刻的解剖,而且對研究傳統政治的方法也作過有見地的分析。他認為梁啟超等人把秦漢以來的中國傳統政治視為君主專制、帝王專制,在研究方法上或明或暗地有西方的政治理論在背後作依據。西方政治制度演進的途轍是由君主專制演進到君主立憲,再由君主立憲演進到民主立憲。或者說由神權演進到王權,再由王權演進到民權。在錢穆看來,中國的政治理論,並不以「主權」為重點,因此根本上並沒有主權在上帝抑或在君主那樣的爭辯。若硬把中國政治史也分成神權時代與君權時代,不免有牽強附會之嫌。至於認為中國以往政治只是君主專制,說不到民權,同樣是誤用西方的政治理論和現成名詞硬套中國,「不能貼切歷史客觀事實之真相」。

錢穆認為,中西政治制度,各有其演進途轍和發展路徑,我們在討論某一項制度時,固然應重視時代性、普遍性,同時又應重視其地域性、國別性和特殊性。在這一國家、這一地區,該項制度獲得成立而推行有利,但在另一國家、另一地區,則未必盡然。我們講中國歷史上的各項制度更應重視中國歷史的特殊性。

錢穆是一個具有強烈經世意識的學者,他關注傳統政治,研究傳統政

---

40 參見《國史新論》,第110頁。
41 錢穆:《中國歷代政治得失》,第170—171頁。

錢穆與中國政治制度史研究

治,其最終目的就是要為當今中國的政治發展指示一條路徑。錢氏指出,中國政治是一獨特的活的生命,是「國家民族全部歷史文化之表現」,將來新中國的前途,必將由新政治開出,而新政治「必須從本民族文化之傳統精神來求得」,絕不可鏟根削跡,把數千年傳統政治理論及其精神全部毀棄,赤地新建,另造爐灶。錢穆並不否認西方的民主政治,也不否認民主政治是當今中國所需要,因為民主政治,既為世界潮流所歸趨,又是中國傳統政治最高理想和終極目標之所依向,只有民主政治,始可適應形勢,符合國情。但是,他又強調中國今日所需要的民主政治,乃是一種適合自己國情的民主政治,而不是一味模仿抄襲外國。[42] 所以中國當今的政治,既要採取西方的新潮流,同時又要配合中國的舊傳統,自己按照時代的要求,另創一套新的政治制度。用錢氏的話說:「於舊機構中發現新生命,再澆沃以當前世界之新潮流,注射以當前世界之新精神,使之煥然一新,豈非當前中國政治一出路。」[43] 基於此理解,錢穆特別重視和欣賞孫中山的五權憲法,因為在五權憲法中,既有西方三權分立的政治理論,同時又保留了中國傳統政治中的考試和監察制度,「只有孫總理的三民主義,努力把中國將來的新政治與已往歷史的傳統,連根接脈」[44],只有三民主義,「對中國已往自己文化,傳統歷史教訓,則主保持與發揚」[45]。像這樣極盡讚美的言辭,在錢氏的著述中屢有道及。

錢穆研究中國傳統政治時,把眼光特別投注在中國傳統政治制度的特殊性上,極力強調中國傳統政治有它自身存在的價值。他說:「文化與歷史之特徵,曰連綿、曰持續,唯其連綿與持續,故以形成個性而見為不可移易。唯

42　錢穆在《中國歷代政治得失》「序」中說:「我認為政治制度,必然得自根自生。縱使有些可以從國外移來,也必然先與其本國傳統,有一番融合媾通,才能真實發生相當的作用。否則無生命的政治,無配合的制度,決然無法長成。」

43　錢穆:《中國傳統政治與五權憲法》,《政學私言》,第 9 頁。

44　錢穆:《革命教育與國史教育》,《文化與教育》,第 117 頁。

45　錢穆:《國史大綱》(下冊),第 643 頁。

其有個性而不可移易,故亦謂之有生命、有精神。一民族文化與歷史之生命與精神,皆由其民族所處特殊之環境,所遭特殊之問題,所用特殊之努力,所得特殊之成績,而成一種特殊之機構。一民族所自有之政治制度,亦包融於其民族之全部文化機構中而自有其歷史性。所謂歷史性者,正謂其依事實上問題之繼續而演進。問題則依地域、人事種種實際情況而各異(因此,各民族各自有其連綿的努力,與其特殊的創建)。一民族政治制度之真革新,在能就其自有問題得新解決,辟新路徑。不管自身問題,強效他人創制,冒昧推行,此乃一種假革命,以與自己歷史文化生命無關,終不可久。」[46] 他在《中國歷史精神》一書中也強調說:「中國政治將來的新出路,絕不全是美國式,也絕不全是蘇俄式,跟在人家後面跑,永遠不會有出路。我們定要能採取各國之長,配合自己國家實情,創造出一個適合於中國自己理論的政治。」[47] 這種看法,對西化論者完全照搬西方政治不啻為當頭棒喝,無疑是值得我們深思和肯定的。

四、「掩其不善而著其善」

我們說錢穆對傳統政治的解說有其合理性,並不意味著我們就贊同他的中國傳統政治非專制的觀點。事實上,中國傳統政治的最大弊害就在於它的專制性。在中國傳統政治制度中,君主以下設宰相制、三省制、文官制等,這些都是從君主制中孳生、流衍出來的。錢穆認為,漢唐時期,宰相權重,相權可以抗衡君權,實際情況並非如此。誠然,宰相秉承天子,助理萬機,一人之下,萬人之上,當有一定權力。但是國家大政方針的最後決定權,卻掌握在君主一人之手,就連宰相的生死黜陟,也取決於皇帝的好惡。漢武帝設內朝牽制外朝,外朝宰相自殺者有李蔡、莊青翟,下獄而死者有趙周、公

---

[46] 錢穆:《國史大綱》(下冊),第641頁。
[47] 錢穆:《中國歷史精神》,第36頁。

錢穆與中國政治制度史研究

孫賀,腰斬者有劉屈氂,搞得人人自危,以至朝臣個個不願當宰相。在臣君關係上,君尊臣卑,乃是一個不爭的事實。人臣之生死,皆取決於君主一時之喜怒,這樣的事例不勝枚舉。秦始皇統一天下,有呂不韋徙蜀自殺。漢高祖威加海內,殺黥布,誅彭越,除韓信,開國功臣蕭何投之獄中,張良願棄人間事,欲效赤松子游。太尉周勃誅諸呂,迎代王(文帝),立大功,受上賞,處尊位,最後仍不脫牢獄之災。唐太宗平時倚李勣為長城,臨死之前,遺詔太子,「如勣不受,當殺之」。明太祖朱元璋興胡藍大獄,誅殺功臣良將,較前代尤為慘酷。錢穆大談漢唐相權可制約君權,反駁者如蕭公權認為,自兩漢以來,雖有多種限制君主權力的辦法,如宗教的限制、法律的限制、制度的限制,但就二千年中的大勢來看,這些限制的效力事實上並不久遠重大,不足以搖動專制政體的根本。[48] 余英時在〈「君尊臣卑」下的君權與相權〉一文中也說:「君權是絕對的(absolute)、最後的(ultimate);相權是孳生的(derivative),它直接來自皇帝。」[49]

錢穆對中國傳統政治弊端的分析不乏深刻之處,他甚至認識到民眾不能直接參政,對政治不易發生興趣,「時有獨夫篡竊,肆其賊志」,政治「易於停頓麻痺化」,「逐漸趨向敷衍文飾虛偽而腐化」。他也不否認中國歷史上「有一個跡近專制的王室」,稱明太祖廢相,為「傳統政治之惡化」,清代「中國乃有皇帝而無大臣」。這些對傳統政治弊端的分析、解剖無疑是深刻的,它體現了一位歷史學家對中國傳統政治的深刻關注和思考。但是,這裡還應當看到,他的這種分析、解剖還是有限度的。[50] 他雖然稱明太祖廢相造成了中

---

[48] 參見蕭公權《中國君主政體的實質》一文第四部分「中國限制君權的制度」、第五部分「限制君權制度的實際效力」。

[49] 余英時:《「君尊臣卑」下的君權與相權——〈反智論與中國政治傳統〉餘論》,收入氏著:《歷史與思想》,臺北聯經出版事業公司,1987 年版,第 50 頁。

[50] 錢穆對中國傳統政治弊端的論述,具體可參見翁有為《錢穆政治思想研究》一文,《史學月刊》1994 年第 4 期。

四、「掩其不善而著其善」

國傳統政治的惡化,但同時又為明代政治作辯護。他說明代雖廢宰相,但又設內閣大學士,此舉不獨為天子「襄理文墨」,亦與天子「造膝密議」,也多少帶有制君分權的意味,不能說明代政治便是一人專制,更談不上所謂「黑暗」。錢穆認為,清代政治比明代更為獨裁,可以稱得上是專制黑暗了。不過他又指出,清代政權是「部落政權」(即政權掌握在某一個部族手中),而非「士人政權」,不能代表漢唐以來中國傳統政治的大趨勢,「若說他們是專制,則該是部族專制,而仍非皇帝專制」。[51] 可見,錢穆在研究中國傳統政治時,最不願觸及傳統政治專制性這一問題。為了對抗日益強大的西化潮流,他極力發掘、整合傳統政治好的一面,全力表彰傳統政治,對傳統政治的弊端,特別是它的專制性一面,又缺乏客觀、冷靜的思考,不脫「掩其不善而著其善」之嫌。張君勱用西方資產階級民主政治理論對錢氏著力表彰和美化傳統政治的觀點提出了批評。張氏指出,自秦開創大一統局面以來,中國的傳統政治就是君主專制,在君主制度下,「無人民主權之規定,無國會之監督,無三權分立之牽制」,致使君主權力不受限制,才形成了專制性這一特點。而錢穆論中國傳統政治,略去君主制度之本身,而大談什麼宰相制、三省制、文官制,恰好犯了本末倒置之病。對此張氏批評道:「宰相、三省、文官等制,皆由君主制中之所流衍而出,其制度之忽彼忽此,其人之忽黜忽陟,皆由君主一人之好惡為之,不能與今日西方國家之內閣制與文官制相提並論。錢先生以為君主專制之名不適用於中國君主,試考秦、漢、唐、宋歷史,自秦始皇以下逮洪憲帝制,何一而非以一人之意獨斷獨行,視天下為一家私產乎?其間雖有賢明之主與昏庸之主之分,其以天下為一家之私,如出一轍。」[52] 張氏的批評,應當說是中肯的。

錢穆表彰中國傳統政治自有他的道理。中國傳統政治中確有一些好的東

51　錢穆:《中國歷代政治得失》,第 143 頁。
52　張君勱:《中國專制君主政制之評議——錢著〈中國傳統政治〉商榷》,第 18 頁。

錢穆與中國政治制度史研究

西，比如儒家的政治理想與政治模式是王道德治，聖君賢相，孟子就有反暴政、反君主家天下的民本思想。中國古代君主的權力並非絕對的無所限制，代表社會知識分子在政府中之力量的宰相制，諫諍君主的御史制，以及提拔知識分子從政的徵辟制、選舉制、科舉制等皆有制衡和規範君權的作用。[53] 不過對於這種制衡君權的作用，也不宜無限誇大。唐行三省制，皇帝詔敕的頒布需經政府的相關程式，其效力乃至合法性方能顯現，這自是「吾國政治上之善制」。但有此「善制」是一回事，是否真正執行又是另外一回事。在唐代，「斜封墨敕」、「內旨」、「中旨」不經宰相副署之事時有發生，說明即便有此理想之制度，但往往難以真正得以實現，這表明相權對君權的制約還是很有限度的。

這裡還需指出的是，錢穆極力宣傳非專制論，也與現實因素的刺激有關。張君勱認為錢氏之所以極力表彰傳統政治，是因為「民國當局，習於君主專制時代遺下之權奸風氣，名為民主，而實行專制，雖屢經試驗，終成紛亂不已之政局。錢先生失望之餘，乃激而返求諸歷史，且表彰傳統政治，並

---

[53] 錢穆主要是從儒家對君權的限制著眼來解說中國傳統政治的。余英時對其師的「非專制論」作了這樣的解讀：「據我反覆推究的結果，我以為錢先生所強調的其實是說：儒家的終極政治理論與其說是助長君權，毋寧說是限制君權。基於儒家理論而建立的科舉、諫議、封駁等制度都有透過『士』權以爭『民』權的涵義。他特別重視孫中山在西方三權之外再增設『考試』和『監察』二權，以上接中國的傳統政治。這正是由於他深信儒家的政治理論有一個合理的內核，可以與現代的民主相銜接。這是一個屬於整體判斷的大問題，自然不能沒有見仁見智之異。錢先生由於針對流行的『君主專制』說作反駁，行文之間難免引起誤會，好像他斷定傳統的儒家政治即是『民主』。有些爭議便這樣引發的。但是如果不以辭害意，我們不妨說：錢先生認為在儒家思想的指導之下，中國行政官吏的選拔早已透過科舉制度而建立了客觀而公開的標準，既非任何一個特權階級（如貴族與富人）所能把持，也不是皇帝所能任意指派的。在這個意義上，他自然無法接受『封建』或『專制』那種過於簡化的論斷。」應當說，余氏的解釋大體是符合他老師本意的。參見余英時：《錢穆與新儒家》一文，收入氏著《猶記風吹水上鱗——錢穆與現代中國學術》，第50—51頁。

四、「掩其不善而著其善」

『取於人以為善』之古訓而忘之，尚以為古代制度中，猶有可以補救民國以來政治之過失者」。[54] 在張君勱看來，中國傳統政治最大病害，即為君主專制。這是由於君主為權力之根源，其權力無由限制，而國家缺乏一部成文憲法以範圍君主權力，致使君主恣行其所欲。而隨君主而存在的封建、外戚、宦官，於是得以操縱中國之政治，導致政治少上軌道。張君勱認為，傳統政治固然有一些好的東西，不能一概抹殺，但否定傳統政治專制性這一最大弊端則是他根本無法認同的，所以他稱錢穆的非專制說是「倒退鐘錶時間之舉，吾人所不敢附和，而不能不與之明辨」。[55] 錢穆〈中國傳統政治〉一文不到 2 萬字，竟引發揮了他著文 30 餘萬言的批評，個中原因也就不難理解了。

---

[54] 張君勱：《中國專制君主政制之評議——錢著〈中國傳統政治〉商榷》，第 83 頁。
[55] 張君勱：《中國專制君主政制之評議——錢著〈中國傳統政治〉商榷》，第 83 頁。

錢穆與中國政治制度史研究

錢穆與近現代史家交往述略

　　同時代學者相互之間的情感交往與學術交流，是學術研究的一個重要方面。錢穆的一生與二十世紀的中國同行，差不多可以說是二十世紀中國學術的全部見證人。在錢穆一生的學術歷程中，他與當時的著名學者皆有交往，這其中包括「新漢學運動」的領袖胡適，古史辨派的主將顧頡剛，史料學派的舵手傅斯年，學衡派的靈魂人物柳詒徵、吳宓，著名歷史學家陳寅恪、呂思勉、蒙文通、張蔭麟、張其昀、繆鳳林，著名哲學史家湯用彤，哲學家馮友蘭、賀麟，現代新儒家的代表人物張君勱、梁漱溟、熊十力、唐君毅、徐復觀、牟宗三⋯⋯本篇主要選取與錢穆治史理念大體相近的幾位著名史家柳詒徵、呂思勉、陳寅恪、張蔭麟、湯用彤為研究對象，透過他們的交往及其論學的敘述，展現他們各具特色的治史風格和共同的文化理想，希望能加深對錢穆治學特徵和為學宗旨的理解，為全面認識二十世紀的中國學術史、史學史提供一個多元的觀察角度。

一、錢穆與柳詒徵

　　柳詒徵（1880～1956），字翼謀，號知非，晚號劬堂，江蘇鎮江人。早年曾隨其師繆荃孫東渡日本考察教育，歸國後任教於南京兩江師範學堂、南京高等師範學校（以下簡稱「南高師」）、東南大學（以下簡稱「東大」），後來長期主持江蘇省立圖書館。

　　當柳詒徵早年講學南雍、名重東南之時，錢穆正在蘇南無錫、蘇州一帶

錢穆與近現代史家交往述略

的中小學擔任教職。錢穆的好友施之勉是柳詒徵的學生,畢業於南高師;他在無錫第三師範任教時,一校同事大多畢業於南高師和東南大學,故對柳詒徵的為人和治學也時有所聞。

就現有的材料來看,錢穆評價柳詒徵的文字最早見於他早年著作《國學概論》中。是書完成於 1928 年春,在該書最後一章「最近期之學術思想」中,他在敘述民初以來諸子學的復興時引述了柳詒徵 1921 年發表在《史地學報》創刊號上〈論近人講諸子之學者之失〉一文。柳氏在文中指名道姓地批評了章太炎、梁啟超、胡適三人研究諸子之失,指出三人研究諸子,雖標榜客觀,實「多偏於主觀,逞其意見,削足適履,往往為莫須有之談」。[1] 故對章太炎《諸子學略說》、胡適《諸子不出王官論》、梁啟超《中國古代思潮》諸篇所論,「歷加駁難」。錢穆在評論這篇文章時稱柳氏之言,「頗足以矯時弊」。不過他在肯定柳文的同時又大有保留,對章、梁、胡三家的諸子學研究也有積極的評價,說:「清儒尊孔崇經之風,實自三人之說而變。學術思想之途,因此而廣。啟蒙發凡,其說多疏,亦無足怪。論其轉移風氣之力,則亦猶清初之亭林、梨洲諸家也。」[2]

1922 年 1 月,《學衡》雜誌創刊,《發刊詞》即出自柳詒徵之手。在發刊詞中,柳氏把《學衡》的創刊宗旨概括為誦述中西先哲之精言以翼學,解析世宙名著之共性以郵思,籀繹之作必趨雅文以崇文,平心而言不事謾罵以培俗,揭櫫真理不趨眾好五項。在《學衡》第三期上,又刊出了《學衡簡章》,把該雜誌的宗旨更為精簡的概括為:「論究學術,闡求真理,昌明國粹,融化新知。以中正之眼光,行批評之職事。無偏無黨,不激不隨。」在《學衡》刊發的文章中,有不少批評五四新文化運動的內容,如攻擊胡適的「文學革命」,抨擊新文化運動的反孔,批評古史辨學者的疑古過頭,由此在南方形成

1　柳詒徵:〈論近人講諸子之學者之失〉,《史地學報》1921 年第 1 期。
2　錢穆:《國學概論》,第 325 頁。

一、錢穆與柳詒徵

了以東南大學為中心，以《學衡》雜誌為陣地，以批評新文化運動激進思想為內容，與北大新青年派相抗衡的力量，這就是在五四新文化運動後期崛起於思想文化界的學衡派。

學衡派是作為新文化運動的批評者而活躍在當時的思想文化舞台上的，對於學衡派與新青年派的文化主張，錢穆早年也多有注意，對《學衡》、《新青年》兩雜誌，皆「披誦殷勤」。錢穆在紀唸好友張其昀的文章中回憶道：

民國初年以來，陳獨秀、胡適之諸人，先後任教於北平北京大學，創辦《新青年》雜誌，提倡新文化運動，轟傳全國。而北京大學則為新文化運動之大本營所在。

民國十年間，南京中央大學（應為東南大學，北伐勝利後改名為中央大學——引者）諸教授起與抗衡。宿學名儒如柳詒徵翼謀，留美英俊如吳宓雨僧等，相與結合，創辦《學衡》雜誌，與陳、胡對壘。

余家貧，幼年即為鄉村小學教師，不獲升大學。先則有志升北京大學，嗣又起念進中央大學，皆不能如意以達。乃於《新青年》、《學衡》兩雜誌，則披誦殷勤，備稔雙方持論之相異。[3]

誠如錢穆在文中所言，1920年代的中國學術界，確實存在著學分南北、南北對壘之勢。在這場南學與北學的對峙中，學衡派的靈魂人物毫無疑問應是南方學界耆宿柳詒徵。柳氏的學生張其昀在紀念乃師的文章中稱：「民國八年（1919）以後，新文化運動風靡一時，而以南京高等師範為中心的學者們，卻能儼然以繼承中國學統，發揚中國文化為己任。……世人對北大、南高有南北對峙的看法。柳師領袖群倫，形成了中流砥柱的力量。」[4] 錢基博在《國學文選類纂》「總敘」中也說：「丹徒柳詒徵，不徇眾好，以為古人古書，不可輕疑；又得美國留學生胡先驌、梅光迪、吳宓輩以自輔，刊《學衡》

3　錢穆：〈紀念張曉峰吾友〉，《傳記文學》，第47卷第6期（總第283期），1985年12月。又收入《八十憶雙親師友雜憶》（新校本）「附錄四」，九州出版社，2012年版，第349頁。

4　張其昀：《吾師柳翼謀先生》，《傳記文學》第12卷第2期，1968年2月，第40頁。

錢穆與近現代史家交往述略

雜誌,盛言人文教育,以排難胡適過重知識論之弊。一時之反北大派者歸望焉。」[5]

柳詒徵年長錢穆15歲,對錢而言,柳是前輩學者。在1920、1930年代,兩人是否有直接交往,由於材料所限,難以確知。不過錢穆與柳氏的學生,以治中國通史聞名的繆鳳林,以專精中國歷史地理而享譽學界的張其昀之間的交往卻十分密切。30年代錢穆任教北大時,兩人曾先後北上拜訪。錢穆晚年在《師友雜憶》中回憶,繆鳳林赴北平時,住在他家,兩人同遊盧溝橋,「坐橋上石獅兩旁,縱論史事,歷時不倦」。

據柳詒徵《劬堂日記》記載,錢、柳二人在抗戰時期的西南有一段交往。1941年,錢穆在成都齊魯大學國學研究所任教時,受教育部國立編譯館的委託負責編寫《清儒學案》。當時,蔣介石有意提倡宋明理學家言,命編譯館主編宋元明清四朝學案。宋元明三朝學案可就黃宗羲、全祖望的《明儒學案》、《宋元學案》刪節而成,唯有清代,雖有唐鑒的《國朝學案小識》15卷,但該書止於道光,「未及其全」。近人徐世昌所輯《清儒學案》208卷,止於清末,最為詳備。然該書出於眾手,未見別擇,被後世譏為「龐雜無類」。所以,編譯館決定重編《清儒學案》,將編寫的重任委託給錢穆。錢氏對清代學術素有研究,在此之前,已出版了研究清代學術史的名著《中國近三百年學術史》,在梁啟超同名著作基礎上精進開拓,貢獻良多。日本學者島田虔次稱「能與《明儒學案》、《宋元學案》相頡頏者,當數錢穆的《中國近三百年學術史》」。所以,由錢穆來編寫《清儒學案》,當是恰當的人選。

錢穆接受編寫任務後,全副精力投入編寫中。他先讀清人諸家文集,作詳盡的資料蒐集。又託友人代為收購清代關學遺書20種左右,有清一代關學材料,「網羅略盡」。勤讀李二曲集,採其言行撰一新年譜,所花精力尤

---

[5] 錢基博著、曹毓英選編:《錢基博學術論著選》,華中師範大學出版社,1997年版,第18頁。

多。又遍覽四川省立圖書館所藏江西寧都七子之書,「於程山獨多會悟」。對於蘇州汪大紳以下,彭尺木、羅臺山各家集,也提要鉤玄,「頗費苦思」。錢穆稱《學案》一書的編寫,以這幾篇最有價值。全書約四五十萬字,共編孫夏峰、黃梨洲等 64 個學案,一代學林中人,大多網羅其中。而此書的審稿者,正是柳詒徵。近代學者研究清代學術,成績卓著,柳氏即為其中之一,他在著作《中國文化史》第三編「近世文化史」中,專列四章來討論清代學術,闡發精微,新見迭出,錢穆晚年撰《柳詒徵》一文,對書中所論清代學術的精彩創辟處作了專門的摘錄。所以,由柳氏來審察錢穆的這部書稿,可謂得其人選。

　　1943 年,錢穆應張其昀的邀請,赴浙江大學講學。2 月 15 日,錢穆自成都赴貴州遵義。23 日,柳詒徵也專程從重慶趕來會晤錢穆,民國時期兩位著名歷史學家終於在滇北這座古城相會。自 25 日起,柳詒徵逐日審閱錢著《清儒學案》稿,後寫成《審查〈清儒學案〉報告書》,對錢著有「體裁宏峻,抉擇精嚴,允為名著」[6]的評價。在《審察報告書》中,柳詒徵對錢稿也提出了若干商榷性意見,如建議將此稿第一編從孫夏峰至費燕峰 14 學案移入《明儒學案》,以符合晚明諸儒惓惓故國之思。此意見在遵義會面已轉達給作者,得到了錢穆的贊同。又提出添入安溪、望溪、白田、艮峰、存之、靈峰諸人,清代諸儒辨析宋明諸儒《語錄》,未及詳檢宋明兩編,宜應綜合校閱。

　　《清儒學案》約四五十萬字,字字皆親手抄寫。由於當時處抗戰中,生活艱苦,沒有再找人另抄副本,直接將手稿寄到重慶中央國立編譯館。抗戰勝利時,此稿尚未付印,全稿裝箱,由編譯館雇江輪載返南京。不料箱置船頭,墜落江中,葬身魚腹。全書除「序目」一篇在寄稿前已刊於四川省立圖書館所編的《圖書集刊》第 3 期上外,全稿竟佚。錢穆後來打算重新撰寫,

---

[6]　柳詒徵:《審查〈清儒學案〉報告書》,收入《錢賓四先生全集》第 22 冊《中國學術史論叢》(八),第 639 頁。

錢穆與近現代史家交往述略

「然已無此精力,無此興趣矣」。假如錢氏此稿不失,當可為清代學術史這一研究領域增添又一有力之著作。這當是清學史研究的一大憾事。然而這一遺憾在柳詒徵的《日記》中得到了一定程度的彌補。柳氏在審訂錢稿期間,曾摘抄原書,間加批語,至今保存在他的日記中,前後長達 12 頁之多。從柳詒徵的摘抄中,我們也不難窺見錢穆這部書稿的一鱗片爪,其材料彌資珍貴。

柳詒徵的名著《中國文化史》、《史學要義》,頗為錢穆所欣賞。《中國文化史》是柳詒徵在南高師、東南大學講授中國文化史時編寫的講義,胡適稱此書對文化史這一領域的研究有「開山之功」,錢穆把此書譽為「名世之作」[7],梁漱溟因讀此書「深受啟迪」而有《中國文化要義》一書的寫作。錢穆對《中國文化史》論宋明學術、清代學術頗多推崇。與民初以來的新派學者菲薄宋學相反,柳詒徵對宋儒義理心性之學特別重視,極力表彰宋學經國濟世的思想,此點尤為錢穆所激賞。柳詒徵對新派學者推尊乾嘉漢學不以為然,稱:「世尊乾、嘉諸儒者,以其以漢儒之家法治經學也。然吾謂乾、嘉諸儒所獨到者,實非經學,而為考史之學。」[8] 錢穆也有類似的見解,他說乾嘉時代自稱其經學為漢學,其實漢儒經學,用心在治平實事上,乾嘉經學用心在訓詁考據上,遠不相侔,故乾嘉漢學,「最其所至,實亦不過為考史之學之一部」。[9]

柳詒徵論清學與宋明學術之異,以及晚明清初諸儒之學時稱:「清代學術與宋、明異者,有一要點,即宋、明儒專講為人之道,而清代諸儒則只講讀書之法(此指乾嘉學派而言)。唯明末清初之學者,則兼講為人與讀書,矯明人之空疏,而濟之以實學。凡諸魁傑皆欲以其學大有造於世,故其風氣與明異,亦與清異。其後文網日密,士無敢談法制經濟,唯可講求古書,盡萃

---

7   羅時實:《南雝憶舊錄之二》,《中外雜誌》7 卷 6 期,1970 年 6 月。引自柳曾符、柳佳編:《劬堂學記》,上海書店出版社,2002 年版,第 309 頁。
8   柳詒徵:《中國文化史》下冊,中國大百科全書出版社,1988 年版,第 747 頁。
9   錢穆:《國學概論》,第 315 頁。

一、錢穆與柳詒徵

其才力聰明於校勘訓詁，雖歸本於清初諸儒，實非諸儒之本意也。」[10] 錢穆在 1928 年發表的〈述清初諸儒之學〉一文中稱，清初諸儒「上承宋明理學之緒，下啟乾嘉樸學之端。有理學家之躬行實踐，而無其空疏；有樸學家之博文廣覽，而無其瑣碎。宋明諸儒，專重為人之道，而乾嘉諸儒則只講讀書之法。道德、經濟、學問，兼而有之，唯清初諸儒而已」。[11] 柳詒徵說近人盛稱乾嘉學派的治學之法，「謂合於西洋之科學方法，實則蒐集證佐，定為條例，明代學者已開其端，非清人所得專美」。[12] 錢穆亦說：「亭林治經學，所謂明流變，求左證，以開後世之途轍者，明人已導其先路。」[13] 在這些論述中，錢穆的觀點不僅與柳詒徵相同，就是遣詞造句也大體相似。柳詒徵的《中國文化史》1925 年 10 月在《學衡》46 期上開始連載，至 1929 年 11 月刊出的 72 期上連載完畢。錢穆早年對《學衡》雜誌「披誦殷勤」，在該雜誌上連載的《中國文化史》他一定拜讀過，而且在其早年著作《國學概論》第九章「清代考證學」、第十章「最近期之學術思想」也直接引述過柳氏此書的內容。不難想像，柳詒徵論清代學術對錢穆當有一定影響。

《史學要義》是柳詒徵的史學代表作，該書是他在抗戰後期為重慶中央大學研究生講授史學原理的講義彙編而成，分為史原、史權、史統、史聯、史德、史識、史義、史例、史術、史化 10 篇，是對中國傳統史學理論的系統總結，1948 年由上海中華書局出版。熊十力稱此書「博而能約，密而不碎，真不朽之作也」。[14] 柳門弟子張其昀把此書與劉知幾的《史通》、章學誠的《文史通義》相提並論，譽為「一部空前的名著」。柳詒徵在《史學要義》中特別

---

10 柳詒徵：《中國文化史》下冊，第 722 頁。
11 錢穆：〈述清初諸儒之學〉，收入《錢賓四先生全集》第 22 冊《中國學術史論叢》（八），第 1 頁。
12 柳詒徵：《中國文化史》下冊，第 745 頁。
13 錢穆：《中國近三百年學術史》，第 141 頁。
14 柳詒徵：《國史要義·題辭》，華東師範大學出版社，2000 年版，第 1 頁。

錢穆與近現代史家交往述略

強調「禮」在中國歷史、中國文化中的核心地位，他說：「史官掌全國乃至累世相傳之政書，故後世之史，皆述一代全國之政事。而尤有一中心主幹，為史法、史例所出，即禮是也。……故禮者，吾國數千年全史之核心也。」又說：「吾國以禮為核心之史，則凡英雄宗教物質社會依時代之演變者，一切皆有以御之，而歸之於人之理性，非苟然為史已也。」[15]柳氏「言史一本於禮」[16]深得錢穆的推崇，他晚年寫有《柳詒徵》一文，即引柳氏論禮為吾國核心之史這一論斷，稱：「柳氏之學，尤長於史，有《史學要義》一書，謂：『禮者，吾國數千年全史之核心。社會變遷，人事舛牾，史官所持之禮，僅能為事外之論評。而賴此一脈之傳，維繫世教，元兇巨慝有所畏，正人君子有所宗。雖社會多晦盲否塞之時，而史書自有其正大光明之域。』」[17]如同柳詒徵一樣，錢穆也非常重視「禮」在中國歷史、中國文化的核心作用，認為要理解中國的歷史文化，必須要理解「禮」這個核心概念。他曾對來訪的西方學者說：「在西方語言中沒有『禮』的同義詞，它是整個中國人世界裡一切習俗行為的準則。……『禮』是一個家庭的準則，管理著生死婚嫁等一切家務和外事。同樣，『禮』也是一個政府的準則，統轄著一切內務和外交，比如政府與人民之間的關係，徵兵、簽訂和約和繼承權位等等。要理解中國文化非如此不可。」又說：「中國文化中還有一個西方沒有的概念，那就是『族』，你可以說是『家』。在家裡『禮』得到傳播。但我們一定要區分『家庭』與『家族』。透過家族，社會關係準則從家庭成員延伸到親戚。只有『禮』被遵守時，包括雙方家庭所有親戚的『家族』才能存在。換言之，當『禮』被延伸的時候，家族就形成了，『禮』的適應用範圍再擴大成『民族』。中國之所以成為民族，就是因為『禮』為全中國人民樹立了社會關係的準則。……中國的核心思想

15　柳詒徵：《國史要義》，第9、12、13頁。

16　此為熊十力語，熊氏在致柳詒徵的信中說：「公精於禮，言史一本之禮，是獨到處。」見柳詒徵《國史要義·題辭》，第1頁。

17　錢穆：《柳詒徵》，《錢賓四先生全集》第23冊《中國學術思想史論叢》（九），第201頁。

一、錢穆與柳詒徵

就是『禮』。」[18]

　　柳詒徵與錢穆以史學名家，都以倡導民族文化史觀而馳名二十世紀的中國學術界。柳詒徵《中國文化史》以六經諸史為經而緯以百家，凡典章、政治、教育、文藝、社會、風俗，以至經濟生活、物產建築、圖畫雕刻之類，皆就民族全體之精神表現，廣搜列舉，「以求人類演進之通則，以明吾民獨造之真際」。出於對民族文化的真誠熱愛，該書關注的重點多傾向於中國歷史輝煌的一面，以「表彰國光為己任」。錢穆在抗戰時期，大力弘揚民族文化，其著述講演也以民族意識為中心論旨。誠如學者許倬雲所言：「抗戰軍興，錢穆先生在警報聲中，講授國史，其貫注的精神，也是民族史觀。是以《國史大綱》對於中國文化的優美之處，發揚闡釋，甚多卓見。」[19]

　　在捍衛和弘揚中國文化方面，柳詒徵與錢穆的立場是一致的。錢穆認為，要對中國過去的歷史文化作一個客觀、公正的評價，一個基本的前提就是回過頭去釐清中國歷史文化的真相，應用理性求知的方法對自己固有文化的基本價值作一番重新的檢討和評價。如果這個根本的方法論問題不加以解決，那麼一切鑿空之論，猶如隔靴搔癢，終究無助於問題的解決。所以他說：「我們要解決我們自己的問題，該回頭來先認識自己。若要認識自己，則該用沉靜的理智來看看自己以往的歷史文化。」[20] 在他看來，柳詒徵對中國文化的最大貢獻在於他力圖守住中國過去的文化傳統，所以他發出了「開新之前，必先守舊」的疾呼。1971年，錢穆發表了一篇紀念柳詒徵的文章，把他作為新文化運動反傳統思潮自覺的對立面、反抗面而加以表彰、稱讚。他說：

　　當民國十年前後，學術界掀了新文化運動之大浪潮，以北京大學為大本營，以《新青年》雜誌為總喉舌。登高而呼，四野響應。所揭櫫以相號召者，

18　鄧爾麟著、藍樺譯：《錢穆與七房橋的世界》，第8—9頁。
19　許倬雲：《臺灣史學五十年序言——也是一番反省》，王晴佳：《臺灣史學五十年（1950—2000）：傳承、方法、趨向》，臺北麥田出版2002年，vii。
20　錢穆：《中國歷史精神》，第17頁。

錢穆與近現代史家交往述略

舉其要旨,為「禮教吃人」,為「非孝」,為「打倒孔家店」,為「線裝書扔毛廁裡」,為「廢止漢字」,為「羅馬字拼音」,為「全盤西化」。其他驚眾駭俗之談,挾一世以奔赴恐後者,不遑枚舉。時則有南京東南大學諸教授持相反議論,刊行《學衡》雜誌,起與抗衡。其中執筆之士,尤為一時注目者,則為丹徒柳詒徵翼謀。因學衡社同人,亦多游美留學生歸國,唯柳氏獨以耆儒宿學廁其間,故益以傾動視聽也。[21]

在錢穆看來,柳詒徵講學南雍,雖也有「俊彥群湊」,隱然為一方重鎮,然而當時北方學者發動的新文化運動聲勢方張,雖有柳氏諸人奮起抗衡,但「砥柱之屹立,終無以障洪流之奔騰」。此後反傳統思潮一浪高過一浪,最終導致中國傳統文化本源的喪失,對此錢穆發出了「痛定思痛」的長嘆。他說今日重讀柳氏之書,重溫柳氏「守先待後」的文化主張,對思想界的反傳統思潮不啻當頭棒喝,對柳詒徵維護和保守中國文化傳統所作出的傑出貢獻表示了極大的敬意。

二、錢穆與呂思勉

在近年來民國學術地圖的繪製中,不少學者推尊「史學二陳」(陳寅恪、陳垣)。在「二陳」中,陳寅恪的地位尤為顯赫,被目為民國學術界的「龍頭老大」,「現代史學的第一人」。也有學者提出,中國現代史家中最傑出的有四人,那就是「二陳」再加呂思勉和錢穆,稱為「現代史學四大家」。[22] 在這四大家中,呂思勉和錢穆是一對師生,呂是錢的老師,錢則是呂早年任

21　錢穆:《柳詒徵》,《錢賓四先生全集》第 23 冊《中國學術思想史論叢》(九),第 199 頁。
22　此為嚴耕望的提法。他說:「民國以來,中國史學界名家輩出……論方面廣闊,述作宏富,且能深入為文者,我常推重呂思勉誠之先生、陳垣援庵先生、陳寅恪先生與錢穆賓四先生為前輩史學四大家,風格各異,而造旨均深。」參見氏著:《錢穆賓四先生與我·序言》,臺灣商務印書館,1992 年版,第 1—2 頁。

二、錢穆與呂思勉

教常州府中學堂的學生，兩人皆以治學廣博、著述宏富、精研中國通史而名播學界。

呂思勉（1884—1957），字誠之，江蘇武進（今常州市）人。早年曾受學於近代史學巨擘屠寄，勤治歷史、地理。他一生以閱讀正史為「日課」，曾把二十四史從頭到尾讀過三遍，在二十世紀中國史學家中可以稱得上是最博學的人了。1905 年，呂思勉在常州溪山小學堂任教，開始了長達半個世紀的教書生涯，著名語言學家、清華國學研究院四大導師之一的趙元任便是他這一時期的學生。

1907 年秋，常州知府許星璧、士紳惲祖祁等人創辦常州府中學堂，用屠寄的長子屠寬為監督（校長）。屠寬上任後，立即聘請他父親的高足呂思勉到校任教。當時在蘇州東吳大學教國文、歷史的呂思勉，因不習慣教會大學的環境辭職歸常州，很快便接受了聘請。這年冬，錢穆的哥哥錢摯從盪口果育小學畢業，報考常州府中學堂，時在果育小學讀三年級的錢穆也隨兄長報名應考，結果兄弟二人皆被錄取。哥哥入師範班，弟弟入中學班，分別是兩班中年齡最小的學生，而給他們上課的呂思勉則是該校最年輕的教師，年僅 25 歲。

呂思勉年紀雖輕，但知識廣博，23 歲那年已將二十四史通讀過一遍，國學功底深厚。他上課時，從不看講稿，盡在講臺上來往行走，口中娓娓道來，但無一言半句閒言羼入，而且時有鴻議創論，深得同學們的喜愛和推崇。

呂思勉在常州府中學堂教歷史、地理兩門課。錢穆在《師友雜憶》中曾詳細地回憶過當年呂思勉給他們上地理課的情形：「誠之師上地理課，必帶一上海商務印書館所印中國大地圖。先將各頁拆開，講一省，擇取一圖。先在附帶一小黑板上畫一十字形，然後繪此一省之四至界線，說明此一省之位置。再在界內繪山脈，次及河流湖澤。說明山水自然地理後，再加注都市城

錢穆與近現代史家交往述略

鎮關卡及交通道路等。一省講完，小黑板上所繪地圖，五色粉筆繽紛皆是。聽者如身歷其境，永不忘懷。」錢穆後來喜治歷史、輿地之學，在考證古史地名上卓有成就，呂思勉早年對他影響當有較大的關係。

有一次地理考試，呂思勉出了四道題目，每題 25 分，其中第三題是敘述吉林省長白山的地勢軍情。錢穆對這道題目很感興趣，首先作答，下筆後思如泉湧，欲罷不能，直到交卷時，才發覺自己只答完了一題。考試結束後，呂思勉在辦公室批閱試卷，有幾位同學趴在窗外偷看，剛好輪到批改錢穆的那份試卷。呂思勉閱完試卷後，正在卷後寫批語。本來這種考卷不必發回，只需批一分數就行了，然而老師的批語，寫了一張又一張。錢穆只答了一題，最後竟然得了 75 分，足見呂思勉對錢穆的欣賞了。

呂思勉在常州府中學堂執教二年多後，便應其師屠寄之召赴南通國文專修館任教，不過他與錢穆的師生情並沒有因他的離去而中斷，以後錢穆多次向老師寫信求教，虛心問學，呂思勉對這位天賦極佳的學生也另眼相待，時有關心和鼓勵。錢穆自 18 歲起，便在蘇南一帶的中小學任教，長達 18 年之久。此時的呂思勉已經成名，在學術界地位日隆。但他對錢穆的關心依舊，對他也時有提攜。1928 年春，錢穆完成了他早年的重要著作《國學概論》。此書是他在無錫三師、蘇州中學教授「國學概論」一課的講義，敘述了上至春秋孔子、下至民國初期的學術思想，後由呂思勉推薦給上海商務印書館，於 1931 年出版。該書是一本學習中國學術思想史的入門讀物，出版後廣受稱讚，著名歷史學家金毓黻在 1931 年 8 月 30 日的《日記》中讚道：「時人錢穆著《國學概論》，取材既富，摘詞亦雅，近頃罕見之作也。」[23] 後來又用「分條擘理，執簡馭繁，直湊單微，百讀不厭」[24] 十六字加以褒揚，足見此書的魅力所在了。

---

[23] 金毓黻：《靜晤室日記》卷 60，遼瀋書社，1993 年版，第 2646 頁。
[24] 金毓黻：《靜晤室日記》卷 93，第 3976—3977 頁。

二、錢穆與呂思勉

　　抗戰全面爆發後不久，上海淪陷，租界成為「孤島」，呂思勉任教的光華大學在租界內借宿舍繼續上課。自此，呂思勉寄居租界，在「孤島」上生活了四年多時間。1940 年，從西南後方回蘇州省親的錢穆來上海拜訪呂思勉。當時他的通史著作《國史大綱》已寫成，交商務印書館上海印刷廠付印。錢穆告訴商務印書館總經理王雲五，光華大學教授呂思勉是他的老師，可將書稿的最後校樣送其過目審讀。為了書稿之事，在蘇州侍母的錢穆又親自赴滬上拜見老師。當時呂思勉住法租界霞飛路（今淮海路）蘭村 16 號，錢穆對老師說，《國史大綱》剛完稿，即將付印，書中恐多錯誤，「盼師作最後一校」。如遇疏誤處，請師在書稿上直接改正。

　　錢穆之所以要他的老師為《國史大綱》「作最後一校」，是因為呂思勉是當時中國治中國通史的大家。呂思勉一生寫有兩部通史，第一部是《白話本國史》，這是中國第一部用白話體寫成的中國通史著作，1923 年 9 月由上海商務印書館出版。在此之前，雖有夏曾佑的《最新中學中國歷史教科書》（後易名為《中國古代史》）、劉師培的《中國歷史教科書》，但夏書止於隋朝，劉書僅寫到西周，都是未完成之作。而《白話本國史》上起遠古，下至民國十一年（1922 年）華盛頓會議，首尾完整，貫通古今，是當時最為完整的一部通史著作。顧頡剛在《當代中國史學》中稱：「編著中國通史的人，最易犯的毛病，是條列史實，缺乏見解，其書無異為變相的《綱鑑輯覽》或《綱鑑易知錄》之類，極為枯燥。及呂思勉先生出，有鑒於此，乃以豐富的史識和流暢的筆調來寫通史，方為通史寫作開一個新的紀元。」[25]《白話本國史》自初版發行後，不斷再版，成為二三十年代發行量最大的一部通史，被不少大學用作教本。在「孤島」時期，呂思勉又完成另一部通史著作《呂著中國通史》的寫作，在學術界產生了廣泛的影響。錢穆喜治通史，1930 年代中期他在北大主講中國通史，編寫講義，除受過夏曾佑的影響外，也受到他的老師

25　顧頡剛：《當代中國史學》，第 77 頁。

錢穆與近現代史家交往述略

呂思勉的影響，他把《國史大綱》送師作最後一校，不是偶然的。

有一次，錢穆從蘇州赴滬拜見老師，呂思勉告訴他，商務印書館每天送來的清樣在六七十頁以上，催他速校，第二天便派人前來取稿，無法細讀內容，只改了一些錯字。當然，這自是他老師的謙詞。事實上，經過呂思勉的最後校讀，書中的錯誤也大為減少。1972年錢穆在給學生嚴耕望的一封信中說：「排樣經呂師誠之思勉通體代校，迄今重讀，差誤不多。」[26] 呂思勉對他學生寫的這部通史著作也有極高的評價，稱讚書中「論南北經濟一節。又謂書中敘魏晉屯田以下，迄唐之租庸調，其間演變，古今治史者，無一人詳道其所以然。此書所論誠千載隻眼也」。[27] 錢穆在晚年的《師友雜憶》中飽含深情地回憶說，幾十年來，沒有一個人能像呂師那樣評論《國史大綱》的，對乃師「特加賞識之恩」，常存於心，未曾忘懷。

錢穆在蘇州侍母一年，其間每隔一兩月必去滬上拜訪老師。呂思勉所住法租界霞飛路蘭村寓所不寬，「一廳容三桌」，近窗右側一長方桌，是他寫作著述的地方。書桌兩邊八個抽屜藏滿卡片，動筆寫作時，資料皆取之卡片。錢穆到呂思勉的寓所後，或坐師桌旁，或移兩椅到窗外廳廊中坐談。每次見面必長談半日或竟日，歷三四日始歸。一年中，如此相晤，大約有六七次。

呂思勉還邀請錢穆到光華大學做學術講演。據錢門弟子胡嘉回憶，錢穆來滬時，光華大學「正遷在漢口路證券大樓上課，呂先生曾請錢先生來校講學。有一次講後，我請呂、錢二先生和童丕繩（書業）、楊寬正（寬）等，在四馬路會賓樓晚餐，繼續暢談，在座的恰好都是顧頡剛先生發起的禹貢學會會員」。[28]

受老友顧頡剛的委託，錢穆在蘇州省親期間為內遷到成都的齊魯大學編《齊魯學報》。錢穆請其師協助編寫，呂思勉把自己所寫的重要論文，如《秦

26　錢穆：《致嚴耕望書》，《錢賓四先生全集》第53冊《素書樓餘瀋》，第391頁。
27　錢穆：《八十憶雙親·師友雜憶》，1998年版，第61頁。
28　胡嘉：《錢師音容如在》，江蘇無錫縣政協編：《錢穆紀念文集》，第84頁。

二、錢穆與呂思勉

漢移民論》、《漢人嘗產雜論》、《道教起源雜考》等皆交給錢穆在該刊上發表。《齊魯學報》共編有二期,由上海開明書店出版發行,這是當時「孤島」時期一份很有學術份量的文史研究刊物。

呂思勉一生寫有四部斷代史,分別是《先秦史》、《秦漢史》、《兩晉南北朝史》和《隋唐五代史》。而呂思勉從事斷代史的撰述,也和錢穆有一定的關係。錢穆的《國史大綱》出版後,深得學界好評,一時有通史名家之譽,上海開明書店曾約他撰寫「國史長編」。錢穆認為他的老師呂思勉遍讀正史,學問廣博,是撰寫「長編」的最佳人選。在徵得其師的同意後,他向開明書店推薦呂思勉代替自己。呂思勉的第一部斷代史著作《先秦史》,1941年由開明書店出版發行。

錢穆的學生嚴耕望認為,在二十世紀出版的各種中國通史教材中,仍以錢穆的《國史大綱》為最佳。但他又指出,在閱讀錢著時尚須輔以呂思勉的幾部斷代史著作效果才能更好。在嚴耕望看來,錢書才氣磅礡,筆力勁悍,有一貫的體系,一貫的精神,可謂是一部近乎「圓而神」的著作,講者可以拿他作一條貫串的線索。呂書周贍綿密,材料詳實,考證精到,可謂是一部近乎「方以智」的著作,所以,講者可以拿他作為錢書之輔,以濟錢書的疏闊。同時,呂書徵引原始材料非常詳備,最便於講授者從中擷取作參考之用。

錢穆從蘇州回到西南後方後,痛感日寇侵逼,河山淪喪,愛國救世之心,不能自拔,於是直論世事,評衡時局,為抗日救國奔走呼號,不遺餘力,其著述講演,皆以弘揚民族文化,昂揚民族精神為宗旨,體現了知識分子以天下興亡為己任的時代責任感和文化擔當精神。而處於「孤島」時期的呂思勉,也表現出了強烈的民族意識和高昂的愛國熱情。八一三事變後,呂思勉之所以來到「孤島」而不返老家常州,是因為常州城門口有日本兵把守,行人進出城門,要向日本兵行禮鞠躬,所以他堅絕不肯回去。汪偽政權的報

錢穆與近現代史家交往述略

刊曾以優厚的稿酬向他約稿，也遭到了他的嚴詞拒絕。在「孤島」時期，他用各種筆名寫出了許多洋溢民族正氣、揭露日寇暴行的文章。比如，他用「淡言」的筆名寫了一篇名為〈狗吠〉的雜文，刊在 1940 年的《青年月刊》上。該文以辛辣的筆調痛斥敵偽的暴行，諷刺日寇的武士道精神，並斷言為虎作倀的漢奸絕沒有好下場。在《呂著中國通史》最後一章「革命途中的中國」中，他宣稱今日中國革命前途的重要問題是「不在對內而在對外」，「非努力打退侵略的惡勢力，決無可以自存之理」。呂思勉的這些激揚民族正氣的文章、著作贏得到人們的廣泛尊敬。誠如范泉在《回憶「孤島」時期的文藝戰友們》一文所言：

誰都不會相信：一位年老體弱，成天鑽研古史的著名歷史學家呂思勉先生，竟在「孤島」時期變得那樣年輕，用「野貓」、「六庸」一類的筆名，寫下了一系列富有文藝氣息的文章，如〈武士的悲哀〉、〈眼前的奇蹟〉等，為中國民族伸張了浩然的正氣。……他為了抗戰勝利，不計酬勞，默默地奮筆疾書。他那旺盛的寫作熱情，使我深深體會到：這不是在寫作，這是在戰鬥。[29]

1941 年 12 月 8 日，太平洋戰爭爆發，上海租界淪陷。為了不做亡國奴，呂思勉毅然決定回老家常州鄉下教書。臨別前，學校師生合影留念，他在照片上方寫下「一片冰心」四字，互勉堅守氣節。回到常州後，他在游擊區所在的湖塘橋青雲中學和板上鎮輔華中學任教。1943 年，呂思勉辭去教職後，在家中專心於《兩晉南北朝史》的撰寫。該書寫於抗戰後期，他在書中歌頌抗魏義民，表彰陳武帝擊退北齊保存華夏文化之功績，譽為「六朝英主」，著意激揚民族大義。

「孤島」淪陷後，呂思勉返回故鄉，入城門時有日軍崗哨，行人要脫帽。他不肯向日寇低頭，於是不再戴帽，發誓「必光復乃戴」。1945 年 8 月抗戰

---

[29] 轉引自張耕華：《人類的祥瑞——呂思勉傳》，華東師範大學出版社，1998 年版，第 192—193 頁。

二、錢穆與呂思勉

勝利，國土重光，光華大學復校，呂思勉重回上海，買一頂六合帽，於當年 12 月 30 日戴帽昂首歸故鄉。

抗戰勝利後，錢穆因患胃病仍留成都任教，1946 年夏返蘇州，居新橋耦園。10 月，呂思勉到蘇州，與錢穆、顧頡剛等人同遊耦園、拙政園。錢穆在無錫江南大學任教期間，曾同施之勉一道赴常州拜訪呂思勉。據呂思勉的學生李永圻回憶，一天下午三時許，錢穆與施之勉來到老師的住所十子街故居，「當時我和師母在家，老師則去西廟溝某茶館喝茶下棋，師母便叫我去茶館通告老師。老師回來後，非常高興，晚餐時，還特地去菜館裡叫了菜。飯後，師生一起在書房裡暢談，那一晚一直談到深夜。錢穆其時胃病新愈，人很消瘦，而雙目炯炯有神，對自己的見解，堅信不疑，有一種罕見的力量在，令人永遠難忘。他談鋒甚健，論古說今，議論風發，金聲玉音，滿室生輝」。[30] 第二天一早，呂思勉親自領學生去訪常州府中學堂舊址，故地重遊，師生倆回憶發揮了當年教書、讀書的情景，心情特別高興。常州府中學堂民國後改名為常州第五中學，呂思勉叫錢穆為該校學生作演講，錢穆欣然應命，在學校一廣場上諄諄告誡那些青年學子：

此學校四十年前一老師長，帶領其四十年前一老學生，命其在此演講。房屋建築物質方面已大變，而人事方面，四十年前一對老師生，則情緒如昨，照樣在諸君之目前。此誠在學校歷史上一稀邁難遇之盛事。今日此一四十年前老學生之講辭，乃求不啻如其四十年前老師長之口中吐出。今日餘之講辭，深望在場四十年後之新學生記取，亦渴望在旁四十年之老師長教正。學校百年樹人，其精神即在此。[31]

此時的錢穆，望重學林，其學術地位已不在乃師之下，而句句以學生自居，對其師尊重和推崇的虔誠之心展現無遺。講演完畢後，呂思勉還興致勃

30　引自張耕華：《史學大師呂思勉》，上海教育出版社，2000 年版，第 175 頁。
31　錢穆：《八十憶雙親·師友雜憶》，第 62 頁。

錢穆與近現代史家交往述略

勃地帶錢穆去街坊品嚐常州土特食品,師生情誼深厚,可見一斑。

在中國現代史壇上,呂思勉與錢穆都精於考證,以治通史名家,師生之間在學問上互有影響。比如,在評價古史辨派的古史理論和方法上,兩人就有不少相同的見解。早在古史辨運動興起之前,學術界圍繞著井田的有無問題展開了一場討論,胡適稱古代中國並沒有均產的井田制,「井田的均產制乃是戰國時代的烏托邦」,是孟子「託古改制」想像杜撰出來的。胡漢民、廖仲愷、朱執信等人則認為《孟子》一書所記是可信的史實,不能輕疑。呂思勉也參加了這場討論,他在1920年8月的《建設》雜誌上發表了《論貨幣與井田——給廖仲愷、朱執信的公開信》,對胡適完全否定井田制的存在深不以為然,指出「曾經推行天下,綿歷千載之井田,自然無有;而行之一時一地之井田,則不能謂其無有也」。認為全盤懷疑古代的歷史記載,「未免武斷」。近代以來,疑古之風盛行,不少學者懷疑先秦秦漢的古籍為偽造。比如,近人都認為現存的《尉繚子》、《六韜》是偽書,呂思勉則認為兩書「皆多存古制,必非後人所能偽」。又如,《周官》一書,疑古派學者多視為劉歆偽造,呂思勉則認為「《周官》為古代政典……蓋戰國時學者所述。欲考戰國時制者,獨賴此書之存」。[32] 對於古史辨學者深為推崇的《崔東壁遺書》,呂思勉也深不以為然,稱「《崔東壁遺書》,近人盛稱其有疑古之功,此特門徑偶然相合,其實崔氏考據之學,並無足稱」,「崔氏所疑,實甚淺顯」。[33] 對於古史辨學者懷疑先秦兩漢經子典籍記載之真實性,呂思勉也提出了批評:「近二十年來,所謂『疑古』之風大盛,學者每訾古書之不可信,其實古書自有其讀法,今之疑古者,每援後世書籍之體例,訾議古書,適見其鹵莽滅裂也。」[34]

1941年,呂思勉與顧頡剛的學生、古史辨派的後勁童書業合編《古史

---

32 呂思勉:《先秦史》,上海古籍出版社,2005年版,第11頁。
33 呂思勉:《讀〈崔東壁遺書〉》(1934年),《呂思勉論學叢稿》,上海古籍出版社,2006年版,第708頁。
34 呂思勉:《先秦史》,第6頁。

二、錢穆與呂思勉

辨》第七冊,書中三分之一的內容由其親自校閱,而且還把自己全部講古史的論文送入該冊發表。不過,呂思勉本人並不屬於古史辨派這一陣營,他治古史的理論也與該派的主張大不相同。他在《古史辨》第七冊「自序一」中提出古史既有「層累造成」的一面,同時又未嘗沒有「逐漸剝蝕」的一面。在後來所著的《中國史籍讀法》中,他更明確指出,「讀古書的,於近人所謂『層累的造成』之外,又須兼『逐漸的剝落』一義言之,方為完備」,主張疑古、考古、釋古三者並重。錢穆在《國史大綱》第一編「上古三代之部」中,針對顧頡剛「古史層累造成說」提出了「古史層累遺失說」,認為古史固然有「層累造成」的一面,同時也有「層累遺失」的一面,層累造成的偽古史固應破壞,而層累遺失的真古史尤應探索。呂思勉「古史逐漸剝落說」與錢穆「古史層累遺失說」大體相近,錢穆的《國史大綱》成書於1939年6月,又是經過其師作最後的校訂,我們推測在這一問題上,呂思勉的觀點極有可能是受了學生錢穆的影響。

又如,在治古史地理的理論和方法上,兩人也有不少相同的見解。錢穆喜治古史地理,尤重古史地名的考證,寫過〈周初地理考〉、〈古三苗疆域考〉、〈楚辭地名考〉、〈黃帝故事地望考〉、〈秦三十六郡考〉等考證古史地名文章,並在長期的研究實踐中形成了一套研治古史地名的理論與方法。他說:「治古史的應該看重考地的工作。而考論古史地名尤關重要的一點,即萬勿輕易把秦以後的地望來推說秦以前的地名,而應該就秦以前的舊籍,從其內證上,來建立更自然的解釋,來重新審定更合當時實際的地理形勢。」[35] 呂思勉也有類似的見解,他說:「在歷史上,地理形式不必和現在相同,把現在的地理情形,去解釋史事,就要陷於誤謬了。所以治史學者,對於歷史地理,不能不有相當的知識。其中最重要的,就是要知道各時代地面上的

---

[35] 錢穆:〈提議編纂古史地名索引〉,《禹貢》第1卷第8期(1934年)。又見氏著《古史地理論叢》,臺北東大圖書公司,1982年版,第282頁。

錢穆與近現代史家交往述略

情形和現在不同的，因以推知其時的地理及於其時人類的影響和現在的不同。」[36]1931 年，錢穆在《燕京學報》第 10 期上發表〈周初地理考〉一文，認為周人起於冀州，在大河之東。后稷封邰，公劉居豳，皆今晉地。及太王避狄居岐山，始渡河西進。這與傳統說法周人起源於今陝西西部涇、渭上流，其勢力自西東漸完全相反。錢氏此說首先得到了其師呂思勉的贊同和採納，他在《先秦史》第八章「周先世事蹟」中說：

邰舊說謂今陝西武功縣，豳為今豳縣，岐為今岐山縣，錢穆〈周初地理考〉謂邰即臺駘之地，居汾、涑之域也。……汾即邰，亦即豳。然則公劉舊邑，實在山西；大王逾梁山，當在今韓城；岐山亦當距梁山不遠也。予案虞、夏之間，吾族以避水患，西遷河、洛，更渡河而入河東，說已見前。山西之地，三面皆山，唯自蒲津渡河入渭域為平坦，錢氏之言，衡以地理情勢，固無不合矣。[37]

錢穆考證齊桓公西征白狄，「涉流沙」，「流沙」一名，一見便似遠在甘肅塞外，其實古代中中國地河道有不少以流沙命名的，齊桓公所涉流沙實在山西（太行山以西）。考證《楚辭》所言洞庭在江北而不在江南，屈原沉「湘」，乃漢水之別稱，非為洞庭之湘水。呂思勉對此也頗表贊同，說「錢氏以流沙為水名，似奇而實確矣」，「錢氏之論，可謂極精」。[38]「錢賓四有《戰國時洞庭在江北不在江南辯》，其說甚諦。此是戰國前事，至秦、漢，則其說漸移於今之洞庭。」[39]1940 年，錢穆隱居蘇州藕園寫《史記地名考》，曾專程到上海就一些古史地名問題向呂思勉請教，並提出有意要寫一本關於治古史地理方面的書，呂思勉對錢穆的這項研究計劃非常贊同，鼓勵有加，認為「這是極

---

36 呂思勉：《歷史研究法》，收入《呂著史學與史籍》，華東師範大學出版社，2002 年版，第 30 頁。
37 呂思勉：《先秦史》，第 111 頁。
38 呂思勉：《呂思勉讀史札記》增訂本（上），上海古籍出版社，2005 年版，第 68 頁。
39 呂思勉：《呂思勉讀史札記》增訂本（上），第 73 頁。

二、錢穆與呂思勉

緊要極好的事情」。[40]

呂思勉與錢穆在治學上有諸多相通處,但歧異的地方也不少。比如,在對待今古文經學的問題上,錢穆曾多次向其師請教問學,兩人「往返長函幾達十數次」。呂思勉在經學上,是一位今文學大師,謹守常州今文學派前輩的觀點。他在一篇文章中說:「自武進莊氏、劉氏,以至最近南海康氏、井研廖氏,則破壞莽、歆所造古文經,以復孔子學說之舊也。今後學者之任務,則在就今文家言,判決孰為古代之真事實,孰為孔子之所託,如此,則孔子之學說與古代之事實,皆可煥然大明。」[41] 又說康有為《新學偽經考》一書,「於重要事實,考辨甚詳……讀之,不啻讀一詳博之兩漢經學史也」。[42] 錢穆不信古文經為劉歆偽造,其成名作〈劉向歆父子年譜〉主要是批駁康有為《新學偽經考》的。所以,在劉歆是否偽經這一問題上,他曾多次寫信向其師「加以質疑問難」,雙方「各累數萬字」。呂思勉在最後一封回信中說:「君學可比朱子,余則如象山,盡可有此異同。」[43] 當然,呂思勉的觀點後來發生了較大改變,由「謹守常州今文學派前輩的觀點」到主張「今古文之貫通運用」,完成了由今文學派立場向「今古貫通」的經學轉換。[44]

再如在通史的寫法上,呂思勉主張以社會經濟的發展為主線,錢穆則強調以政治制度為「主腦」。《呂著中國通史》是呂思勉撰寫的第二部中國通史著作,該書內容的編排次序是:先社會經濟制度,次政治制度,最後是學術文化。呂思勉治史多把目光投注在社會經濟方面,在他所撰寫的通史和各種斷代史中,這方面的內容所占的篇幅極大,這與錢穆治史多注意政治、文化

40　呂思勉:《歷史研究法》,《呂著史學與史籍》,第 30 頁。
41　呂思勉:《答程鷺於書》,《呂思勉論學叢稿》,上海古籍出版社,2006 年版,第 675 頁。
42　呂思勉:《經子解題》,華東師大出版社,1995 年版,第 7 頁。
43　錢穆:《八十憶雙親·師友雜憶》,第 61 頁。
44　參見王剛:《呂思勉學術體系中的經學問題》,收入陳勇、謝維揚主編:《中國傳統學術的近代轉型》,上海人民出版社,2011 年版,第 119—127 頁。

錢穆與近現代史家交往述略

有所不同。錢穆稱通史的撰寫「首曰政治制度，次曰學術思想，又次曰社會經濟」。所以在他的通史著作《國史大綱》中，多以「上層之結頂」的政治制度和「中層之幹柱」的學術思想為主要內容，不免忽略了作為「最下層之基礎」的社會經濟方面的內容。在這一問題上，他的老師也有批評之語。呂思勉在 1946 年寫的一篇長文《從章太炎說到康長素梁任公》中說：「現存的學者中，我覺得錢賓四先生氣像頗有可觀；唯覺他太重視了政治方面，而於社會方面畸輕，規模微嫌狹隘而已。」[45]

呂思勉與錢穆對唯物史觀和馬克思主義的理解也截然異趣。呂思勉自述一生思想有三變，「成童時，最信康（有為）梁（啟超）之說」，「篤信而想望者，為大同之境及張三世之說」。17 歲以後，「服膺法家」，尤其是法家中「術家」之說，「以為凡事皆當藉政治之力改良之」。47 歲，受老同學馬精忠的提示，多讀馬列之書，服膺唯物史觀。[46]1943 年，60 歲的呂思勉在給女兒呂翼仁所寫的長詩中就有「聖哉馬克思，觀變識終始」之句，表達了對馬克思的崇敬和仰慕之情。在第二年所寫的《歷史研究法》中，呂思勉公開宣稱「馬克思以經濟為社會的基礎之說，不可以不知道」，並稱「以物質為基礎，以經濟現象為社會最重要的條件，而把他種現象，看作依附於其上的上層建築，對於史事的瞭解，實在是有很大幫助的」。[47] 錢穆早年在無錫鄉間小學任教時就接觸到了馬克思主義學說，與他的老師呂思勉所不同的是，他把馬克思主義唯物史觀理解為經濟決定論和階級鬥爭論而大加批評。在《國史大綱》中，他對馬克思主義階級鬥爭理論和中國歷史上的農民起義和農民革命多有攻擊。師生二人對馬克思主義學說的不同態度，也決定了 1949 年中國政權易幟之時的不同選擇。

---

[45] 《呂思勉論學叢稿》，上海古籍出版社，2006 年版，第 406 頁。

[46] 參見呂思勉：《自述》，俞振基編著：《蒿廬問學記：呂思勉的生平與學術》，生活‧讀書‧新知三聯書店，1996 年版，第 223—224 頁。

[47] 呂思勉：《歷史研究法》，《呂著史學與史籍》，第 32 頁。

二、錢穆與呂思勉

　　1949年春，錢穆離開無錫南下廣州之前，專程到滬上看望呂思勉，這是師生之間的最後一次見面。50年代初，錢穆主持新亞書院時，師生之間仍有好幾次書信往來，呂思勉勸學生回中國教書講學，對流寓海外的錢穆關心依舊。但錢穆拒絕了老師的好意，他在給呂思勉的一封回信中說：

　　老師一生勞瘁，無一日之餘閒，現在年事已高，我做學生的不能為您盡一點孝心，不能為老師掃掃地，鋪鋪床，每想到此，心中總感到非常遺憾。老師勸我滬港兩地自由來往，這是我做不到的。回來雖無刀鑊之刑，但須革心洗面，重新做人，這是學生萬萬做不到的。學生對中國文化薄有所窺，但不願違背自己的主張……願傚法明末朱舜水流寓日本傳播中國文化，也很希望在南國傳播中國文化之一脈。[48]

　　呂思勉治史精勤，自言「性好考證」，自23歲以後「即專意治史」。一生著有二部通史、四部斷代史、五部專門史（《中國民族史》、《中國制度史》、《先秦學術概論》、《理學綱要》、《宋代文學》），以及大量的富有學術見解的史學札記（《燕石札記》、《燕石續札》等）。然而在近現代中國史學界，他的聲名和學術地位遠不及他的學生錢穆和「史學二陳」那樣顯赫，對此嚴耕望在《通貫的斷代史家——呂思勉》一文中作了如下分析。

　　其一，近代史學風尚，偏向尖端發展，一方面是擴大新領域，一方面是追求新境界。這種時尚，重視仄而專的深入研究與提出新問題，發揮新意見，對於博通周贍但不夠深密的學人就不免忽視。呂思勉屬於博贍一途，故不免為一般學人所忽視和低估。

　　其二，近代史學研究特別注重新史料的運用，包括發掘不常被引用的舊史料，把是否徵引新材料作為衡量史著的重要尺度，而呂思勉的重要著作主要取材於正史，並不去刻意徵引罕見的史料，這也使一般人低估了他

48　此信在「文革」中毀失，信中內容據呂思勉的學生李永圻回憶而來，信的最後一句是：「臨穎不勝故國神馳」，署名「梁隱」。參見張耕華：《人類的祥瑞——呂思勉傳》，第264頁。

錢穆與近現代史家交往述略

的論著。

其三，呂思勉生活的時代，第一流大學多在北平，學術中心也在北平。前輩史學家能享大名，聲著海內者，莫不在北平著名大學任教。呂思勉長期任教於上海光華大學，上海非學術中心，光華尤非一般學人所重視，再加上呂思勉是一個埋頭枯守，默默耕耘，不求聞達的學人，致使其人其書不被時人特別看重。

呂思勉生前的學術聲名雖不如二陳一錢三位顯赫，但他實際上的學術成就絕不在他們三人之下。嚴耕望認為，僅就呂思勉四部斷代史而言，每部書前半部綜述這一時代的政治發展概況，後半部就社會、經濟、政制、學術、宗教各個方面分別論述。前半部有如舊體紀事本末，較易完成；後半部雖類似正史諸志，而實則不同。除政制外，多無所憑藉，無所因襲，所列章節雖尚不無漏略，但大體已很周匝賅備，皆采正史，拆解其材料，依照自己的組織系統加以凝聚組合，成為一部嶄新的歷史著作。其內容雖不能說周贍密匝，已達到無憾無憾的境界；但以一人之力能如此面面俱到，而且徵引繁富，扎實不苟，章節編排，篇幅有度，無任性繁簡之病，更無虛浮矜誇之病。此等成就，實不易達。尤其是以一人之完成四部斷代史，此等魄力與毅力，實在令人驚服。在前輩成名史學家中，除呂思勉外，恐怕都難做得到。嚴耕望的評價是符合事實的。

呂思勉一生有不少弟子，如戰國史專家楊寬，魏晉隋唐史專家唐長孺，唐史專家黃永年，文獻學專家胡道靜等。在眾弟子中，似乎只有錢穆最近乃師，師生二人皆走博通周贍之路，在通史、斷代史研究上有極高的造詣。誠如一些論者所言：「在現代中國史學，兼有中國通史和斷代史著作的史學家，可謂寥若辰星，而呂思勉與錢賓四師弟兩人都耀列其間」，「維繫了師生傳承的中國文化傳統和中國史學學脈」。[49]

49　羅義俊：《中國史學的學脈——呂思勉與錢賓四》，《歷史教學問題》1998 年第 1 期。

三、錢穆與陳寅恪

　　陳寅恪（1890～1969），江西修水人，出身名門世家。祖父陳寶箴為晚清重臣，曾在湖南啟用維新派人士推行新政，使湖南成為當時全國 18 個省中最富朝氣的一省。其父陳三立（1852—1937），號散原，光緒年間進士，是同光體詩派的領袖。1902 年春，13 歲的陳寅恪隨兄長陳衡恪東渡扶桑，遊學日本。以後又負笈歐美，就讀於德國柏林大學、瑞士蘇黎士大學、法國巴黎大學、美國哈佛大學。陳寅恪出身書香世家，自幼接受傳統國學的薰陶，舊學功底厚實，又長期遊學域外，對西方學術廣泛涉獵，通曉十餘國語言，學問廣博，被吳宓譽為「全中國最博學之人」。1926 年，陳寅恪受聘清華，是清華國學研究院四大導師之一。國學研究院停辦後，他受聘於清華大學歷史系、中文系，是該校文學院中唯一一位合聘教授，清華的一些教授都慕名前去聽課，被譽為「教授中的教授」。

　　錢穆在北大任教之初，住西城潘宅（潘佑蓀家），以後遷到二道橋受璧胡同。有一段時間，錢穆的家眷南歸蘇州，他隻身一人在校。好友湯用彤恐其「飲食不便」，故割其前院一書齋供其居住。湯用彤與陳寅恪繫留學哈佛的同學，當時湯在北大哲學系開「東漢魏晉南北朝佛教史」，陳在清華中文系開「佛經翻譯文學」，兩人對佛教典籍皆有精深的研究，陳寅恪常進城到南池子湯家拜訪，寓居湯宅的錢穆因此而結識了陳寅恪，三人常在錢穆所居的前院書齋聚談，這是錢、陳二人認識之始。

　　陳寅恪在清華歷史系主講「魏晉南北朝史專題」和「隋唐史專題」兩課程，住清華園中。陳氏生活作息時間頗有規律，其寓所門上下午常掛「休息敬謝來客」一牌，相見頗不容易。錢穆也在清華兼課，講授「秦漢史」。據他的侄兒，當時在清華讀書的錢偉長回憶，錢穆每週星期四上完課後，在清華工字廳住一夜，第二天下午方返北大紅樓上課。錢上課之餘，也不時到陳

錢穆與近現代史家交往述略

宅聚談。兩人皆穿長袍，北平的冬天非常寒冷，陳寅恪常在棉袍外再穿一皮袍，有時還在皮袍外加一青布馬褂。錢穆對陳寅恪的學問非常佩服，而且在穿作中也仿效陳氏。據他回憶：「余本穿長袍，寅恪亦常穿長袍，冬季加披一棉袍或皮袍，或一馬褂，或一長背心，不穿西式外套，余亦效之。」[50]

錢穆早年治諸子學，早在蘇州中學任教時，就完成了他早年最重要的學術著作《先秦諸子繫年》（以下簡稱《繫年》）初稿的寫作。進入燕大、北大任教後，他又利用北平城豐富的藏書，對舊稿加以修訂、增補。書成之後，由顧頡剛推薦給清華，申請列入《清華叢書》。當時列席審察此書的有陳寅恪、馮友蘭等三人。馮友蘭認為此書當改變體裁，便人閱讀，陳寅恪的審讀意見恰好相反，認為《繫年》「作教本最佳」，盛讚「自王靜安（國維）後未見此等著作矣」。由於審讀意見的分歧，錢著最終沒獲得透過。陳寅恪對這一結果相當不滿，多次在不同場合中稱讚錢著。朱自清在1933年3月4日的日記中記道：「晚（葉）公超宴客，座有寅恪。……談錢賓四《諸子繫年》稿，謂作教本最佳，其中前人諸說皆經提要收入，而新見亦多。最重要者說明《史記‧六國表》但據《秦紀》，不可信。《竹書紀年》系魏史，與秦之不通於上國者不同。諸子與《紀年》合，而《史記》年代多誤。謂縱橫之說，以為較晚於《史記》所載，此一大發明。」[51]

馮友蘭反對出版錢著的正面理由是《繫年》的體裁不便閱讀。《繫年》是一部考證諸子年代、行事的考據之作，在哲學家馮友蘭看來，作教本最好採用章節體例，使用通識性的語言文字，考據性的文字不免有冗長、繁瑣之弊，故作教本當改變體例。陳寅恪是史學家，是二十世紀中國著名的考據學大師，他強調治學重證據，凡立一說，必旁搜博采，博求證據。《繫年》的考證方法與他的治史理念相通，所以在審讀錢著時，自然引發揮了他強烈的

50　錢穆：《八十憶雙親‧師友雜憶》，第180頁。
51　《朱自清日記》，《朱自清全集》第十卷，江蘇教育出版社，1997年版，第202頁。

三、錢穆與陳寅恪

共鳴。這是陳特別欣賞《繫年》的原因所在。

陳寅恪稱讚《繫年》的考證工夫，甚至認為錢著「作教本最佳」，這體現了一位歷史學家的偏愛和治史眼光。當錢穆由早年的考據轉向義理的探尋，多寫通識性的論著時，他對陳寅恪的考據文字也漸有批評。他晚年對門下弟子說，陳寅恪「文不如王（國維），冗沓而多枝節，每一篇若能刪去其十之三四，始為可誦。且多臨深為高，故作搖曳，此大非論學文字所宜」。[52] 這些評論，自是後話。

七七事變後，北平淪陷，陳寅恪的父親散原老人終日憂憤，不食而逝。陳寅恪料理好父親的喪事後，於11月3日帶領全家離開北平到天津。在天津小住期間，遇到了錢穆、湯用彤等人。以後錢穆乘船南下，繞道香港赴長沙臨時大學；陳寅恪則由青島乘火車經濟南、鄭州、漢口，轉至長沙。由於路途耽誤了時間，他們到達長沙時，得知臨時大學移遷昆明，陳寅恪隨後帶領全家南行，從香港赴滇。當行至香港時，已近舊曆年底，陳寅恪的夫人唐篔因旅途勞累心臟病發作，滯留香港，他則隻身取道安南、海防，於1938年4月8日到達西南聯大文學院所在地蒙自上課。

陳寅恪在西南聯大講「兩晉南北朝史」，錢穆仍教「中國通史」。對於兩人的講課風采，當年在西南聯大歷史系讀書的何兆武有如下兩段回憶：

當時教中國通史的是錢穆先生，《國史大綱》就是他講課的講稿。和其他大多數老師不同，錢先生講課總是充滿了感情，往往慷慨激越，聽者為之動容。據說上個世紀末特賴齊克（Treischke）在柏林大學講授歷史，經常吸引大量的聽眾，對德國民族主義熱情的高漲，發揮了很大的鼓舞作用。我的想像裡，或許錢先生講課庶幾近之。據說抗戰前，錢先生和胡適、陶希聖在北大講課都是吸引了大批聽眾的，雖然這個盛況我因尚是個中學生，未能目睹。錢先生講史有他自己的一套理論體系，加之以他所特有的激情，常常確

---

[52] 錢穆：《致余英時書》，《錢賓四先生全集》第53冊《素書樓余瀋》，第428頁。

實是很動人的。

　　陳寅恪先生當時已是名滿天下的學術泰，使我們初入茅廬（西南聯大的校舍是茅草蓋的）的新人（freshman）也禁不住要去旁聽，一仰風采。陳先生開的是高年級的專業課，新人還沒有資格選課。陳先生經常身著一襲布長衫，望之如一位徇徇然的學者，一點看不出是曾經喝過一二十年洋水的人。陳先生授課總是攜一布包的書，隨時翻檢；但他引用材料時卻從不真正查閱書籍，都是脫口而出，歷歷如數家珍。[53]

　　陳寅恪是史家，也是詩人。在授課之餘，也寫了不少感懷之詩。其〈蒙自南湖詩云：

景物居然似舊京，荷花海子憶昇平。
橋邊鬢影還明滅，樓外笙歌雜醉醒。
南渡自應思往事，北歸端恐待來生。
黃河難塞黃金盡，日著人間幾萬程。[54]

轉徙西南間的顛沛流離之苦，親人臥病香江不能相見的思念之情，增添了陳寅恪對北平時期安定生活的懷念，詩中所言的「舊京」，即指抗戰前陳氏從事教學、著述的北平城。從 1926 年 7 月受聘清華國學研究院，到 1937 年 11 月逃離北平的 11 年間，是陳寅恪一生中生活安定、心情愉快、讀書著述環境俱佳、學問突飛猛進的黃金時期。據統計，陳寅恪一生著文約百篇，這一時期即多達 54 篇，占一半左右。正當他一心向學、著述有成之時，日本人的入侵卻打斷了這一切，八年來的流轉亂離生活拖垮了他的身體，怎不令他感慨萬端。錢穆與陳寅恪也有相同的感慨。他回憶抗戰前北平城人文薈萃、學者雲集的情景時深情地說，這些學者學有專長，意有專情，埋首學問，著述有成，循此發展，積之有年，「或可醞釀出一番新風氣來，為此下開一新局

---

[53] 何兆武：《歷史理性批判散論·自序》，湖南教育出版社，1994 年版，第 7 頁。
[54] 陳寅恪：《陳寅恪集·詩集》，第 24 頁。

三、錢穆與陳寅恪

面」。[55] 不料日寇侵逼，戰端四起，北平學術界聲光頓息。八年抗戰，雖然驅逐強寇，重光疆土，但是學術界神耗氣竭，光彩無存，故常有不堪回首，「天不佑我中華」之嘆。

1938 年秋後，文學院從蒙自遷回昆明，陳寅恪住在中央研究院史語所租賃的靜花巷青園學舍三樓上，錢穆則卜居宜良岩泉寺，每週三日去昆明上課，三日則在山中撰寫《國史大綱》。寒假到了，陳寅恪和湯用彤一道來山中拜訪，在岩泉寺的樓上住了一個晚上，兩人曾在院中石橋上臨池而坐，陳寅恪說：「如此寂靜之境，誠所難遇，兄在此寫作真大佳事。然使我一人住此，非得神經病不可。」[56] 陳寅恪兼史家與詩人於一身，天性涵具詩人氣質，而錢穆則是一個耐得住寂寞的苦學者，當初賀麟、湯用彤送他到岩泉寺時也有此問，「君一人獨居，能耐此寂寞否」，錢穆的回答是，「居此正好一心寫吾書，寂寞不耐亦得耐」。從陳寅恪的這一席話中，也可見兩人不同的性情。

《國史大綱》出版前，錢穆先撰有「引論」一篇，發表在昆明版的《中央日報》上。該文是他流轉西南以來的「最用力之作」，也是闡發他史學思想的代表作，文中的主要觀點在當時西南聯大師生中引發揮了熱烈的討論。錢穆宣稱：「欲其國民對國家有深厚之愛情，必先使其國民對國家以往歷史有深厚的認識。欲其國民對國家當前有真實之改進，必先使其國民對國家以往歷史有真實之瞭解。」[57] 此一思想與陳寅恪「在史實中求史識」，總結歷史教訓而為當下現實作借鑑和參照的見解相通，所以「引論」的觀點自然引發揮了他深深的共鳴，他對來訪的張其昀推薦了該文，稱這是一篇值得一讀的「大文章」。

1940 年 6 月，《國史大綱》由商務印書館正式出版。錢穆寫信給陳寅恪，請直告書中的錯誤，他回信稱書中的引文未註明出處，難以查檢，錢穆也以

55　錢穆：《八十憶雙親・師友雜憶》，第 181 頁。
56　錢穆：《八十憶雙親・師友雜憶》，第 223 頁。
57　錢穆：《國史大綱・引論》，第 3 頁。

錢穆與近現代史家交往述略

此為憾。1972 年，錢穆擬對舊著重新加以修訂，決定依陳氏之言，將書中材料出處一一加以增補，寫信給弟子嚴耕望徵求意見。嚴耕望認為，此書以通識見長，與考證之作不同。考證之作，重在實證，必須一字一句明其來歷；通識之作，尤其是通史，重在綜合，重視章節布局，提出整體意見。就一個時代言，須綜觀全局，作扼要說明；就前後時代言，須原始察終，通變古今，不在一事一物的點滴考證。另外，有一些重大問題，只能憑藉作者的才智和深厚學養，提出簡要的慧解，很難在有限的篇幅中原原本本地加以證明，只有讓看書多、程度深的讀者，循此慧解的線索，自己體會，獲得瞭解。這些地方，一點一滴的考證方法，幾難有用武之地，何能事事註明出處。於是致書其師：「陳（寅恪）先生從考證法度指出此類小弱點，不足介意。若今日再逐句尋出處，費大事而就小功，殊不值得。與其在這些小處著墨，不如在大處加工，完成一部通體融會的通史讀本。」[58] 錢穆最終採納了嚴耕望的意見，修訂後的《國史大綱》在材料上仍未註明出處。

陳寅恪流轉西南，傷及雙目。為治眼病，他應英國牛津大學之聘，於 1941 年春赴香港，準備轉赴英倫。但當時歐戰正熾，地中海已完全不能通航，只好暫居香江，等待赴英的機會。不料年底太平洋戰爭爆發，香港被日軍攻占，赴英計劃徹底落空。在困居香港期間，有舊日學生來訪，稱奉命請陳到當時淪陷區的廣州或上海任教，並擬撥港幣 40 萬交其籌建東方文化學院，為其嚴詞拒絕。1942 年 5 月 5 日，陳寅恪一家逃出香港，取道廣州灣返回廣西內地。「萬國弋兵一葉舟，故丘歸死不夷猶」[59]，這是陳寅恪當年乘船過廣州灣時吟出的詩句，他在〈陳述遼史補注序〉中也說：「寅恪僑寓香港，值太平洋之戰，扶疾入國，歸正首丘。」[60] 這些皆表現了他崇高的民族氣節和愛國熱情。

58　嚴耕望：《錢穆賓四先生與我》，第 100 頁。
59　陳寅恪：《陳寅恪集·詩集》，第 32 頁。
60　陳寅恪：《金明館叢稿二編》，生活·讀書·新知三聯書店，2001 年版，第 264 頁。

三、錢穆與陳寅恪

陳寅恪返回內地後,以部聘教授的名義在桂林廣西大學法商學院任教,講授「唐代政治史」。1943年夏,戰火逼近湖南,長沙等地吃緊,迫於形勢,陳寅恪全家從桂林出發,經宜山、貴陽、重慶,於年底到達成都,任教燕京大學。

燕京大學原在陝西街上課,陳寅恪一家住在學校租賃的民房中,後來燕大借華西大學校舍上課,陳氏一家遷到華西壩廣益宿舍內,從此生活安定了下來。錢穆自1943年秋受聘於華西大學文學院,錢、陳二人在華西壩比鄰而居,故得以經常見面。據楊向奎回憶:「我和陳先生只有一面之識,那是在1944年的暑假中,當我從外地來到成都,住在華西壩,和當時任教於燕京大學的陳寅恪先生、任教於華西大學的錢賓四先生都是比鄰而居。我和錢先生幾乎每天見面,總是在晚飯後,我去看他,他就和我在華西壩的一個廣場上散步談天,同時我也曾經去看望陳先生。我和陳先生本不相識,看他,一方面表示我的仰慕之情,一方面打算向他請教有關隋唐史中的若干問題,因為當時我正在教這一門課。」[61]

錢、陳二人同居華西壩,見面的機會較多,但當時兩人皆在病中,錢患胃病,臥床不起;陳患眼疾,幾近失明。有一天,臥病中的錢穆偶然讀到30年代初胡適所寫的《神會和尚遺集》,認為其說「隨便」,不能令人信服,不禁操筆為文,寫下《神會與壇經》一長文,對胡適的「新說」(《壇經》為神會所作)加以批評。陳寅恪精於佛經研究,當時他本想向陳請教,討論這一問題,但想到兩人俱在病中,因而放棄了這一想法。錢穆在晚年的回憶中憶及此事,稱未能與之討論,「迄今以為憾」。

1940年春,陳寅恪赴重慶參加中央研究院評議會,在夜宴中見到領導抗戰的最高領袖蔣介石,「深覺其人不足有為,有負厥職」,故吟出了「食蛤那

---

[61] 楊向奎:《憶陳寅恪先生》,張杰、楊燕麗選編:《追憶陳寅恪》,社會科學文獻出版社,1999年版,第340頁。

錢穆與近現代史家交往述略

知天下事,看花愁近最高樓」[62]的詩句。抗戰期間,錢穆也多次受蔣介石的召見、賜宴,並三次赴陪都重慶,在復興關為國民黨中央訓練團講課。最後一次赴復興關講課時,錢穆與馮友蘭、蕭公權、蕭叔瑜同住一室,在元旦的那天早晨,蔣介石還親臨其住所看望,問寒問暖,令他感動不已。以抗戰領袖的身分關心文化學術,蔣對錢有「知遇之恩」,他在政治上真心擁蔣,把民族復興的重任寄託在蔣介石的身上。兩人對蔣介石的不同態度,在一定程度上也決定了1949年的去留。

1948年底,解放軍包圍了北平城。在圍城期間,南京政府「搶救」北平學人的計劃也在緊張實施著,陳寅恪便是被列入重點「搶救」的學人之一。

國民黨「搶救」北平學人的計畫具體由蔣經國、陳雪屏、傅斯年等人負責實施。在圍城之初,曾任過北大教授的陳雪屏,受教育部委託多次請陳寅恪乘專機與他一道南下,為其拒絕。有人認為陳不願意離開北平,恐與事實不盡相符。浦江清在《清華園日記》中記道:

十二月十二日晨九時,訪問寅恪先生。上次我為了系中同人提出添聘孫蜀丞事,特地去看他,徵詢他的意見。陳先生說,此刻時局很危,不宜在此時提出。他雖然雙目失明,如果有機會,他願意即刻離開。⋯⋯他不反對共產主義,但他不贊成俄國式共產主義。我告訴他,都是中國人,中國共產黨人未必就是俄國共產黨人。學校是一個團體,假如多數人不離開,可保安全,並且可避免損失和遭受破壞。他認為我的看法是幻想。

浦江清又告陳雪屏來北平,似為搶救若干教授學者,給予便利以南行,唯人數必有限制,極少數。陳先生如有行意,可通知梅公(梅貽琦)。陳謂他早已知道此消息,並已洽梅公云云。他謝我特為通知的好意,並且勸我也可去梅公處登記。上次他談,認為清華在南方還是要慢慢設立的,雖然不一定

---

62 陳寅恪:《陳寅恪集·詩集》,第30頁。

三、錢穆與陳寅恪

再用清華大學名義。[63]

1948年12月15日，國民黨派專機接北大校長胡適南下，揭開了「搶救學人」計劃的序幕，與胡適同機離開的有陳寅恪一家。陳寅恪解釋說先前不願坐陳雪屏的專機走，是因為陳是國民黨青年部長，是官僚，他不願坐國民黨的飛機離開。胡適是北大校長，是學人，跟他一起走，走得心安理得。

當馮友蘭等清華學人正在為護校作努力之時，聽說陳寅恪不辭而別，盡室南下，頗感詫異。後來馮氏對陳寅恪的「突走」作了這樣的解釋：

靜安先生與寅恪先生為研究、瞭解中國傳統文化之兩大學者，一則自沉，一則突走，其意一也。靜安先生聞國民革命軍將至北京，以為花落而春意亡矣，不忍見春之亡，故自沉於水，一瞑不視也。寅恪先生見解放軍已至北京，亦以為花落而春意亡矣，故突然出走，常往不返也。其義亦一也。一者何？仁也。愛國家，愛民族，愛文化，此不忍見之心所由生也。不忍，即仁也。孔子門人問於孔子曰：伯夷、叔齊怨乎？孔子問答說：求仁而得仁，又何怨。靜安先生、寅恪先生即當代文化上之夷叔也。[64]

陳寅恪在南京住了一夜，第二天便離京（南京）赴滬，住在他表弟俞大綱家。1949年1月16日，陳氏一家乘海輪「秋瑾號」離滬，三天后到達廣州，任教嶺南大學。

陳寅恪晚年棲身嶺表，並非突發奇想，而是經過了一番深思熟慮。經過抗戰八年的顛沛流離，拖垮了他的身體。復員回到清華後，身體每況愈下，醫生建議他到南方暖和之地去休養。1948年夏，嶺南大學校長陳序經來北平，曾向陳寅恪發出了邀請。陳序經曾做過西南聯大法學院院長，與陳寅恪是舊友。當時北平城尚遠離戰火，他沒有立即答應嶺大之聘。陳寅恪離

---

63 浦江清：《清華園日記·西行日記》（增訂本），生活·讀書·新知三聯書店，1999年版，第246—247頁。

64 馮友蘭：《懷念陳寅恪先生》，張杰、楊燕麗選編：《追憶陳寅恪》，社會科學文獻出版社，1999年版，第28頁。

錢穆與近現代史家交往述略

開北平後,在上海待了整整一月,其間有足夠的時間考慮今後的去留問題。他經過考慮後,主動致信陳序經,接受了嶺南大學之聘,從此棲身嶺表達二十年。

當陳寅恪在嶺南大學任教不久,錢穆也接受了華僑大學之聘,由無錫來到了廣州。居穗期間,錢穆曾兩次專程去嶺南大學訪陳寅恪。一次只見到了陳的夫人唐篔,還有一次與羅倬漢一道同訪。後來錢穆避地香港,創辦新亞書院,曾多次寫信給陳寅恪,邀請他赴港辦學,遭到了拒絕。

陳寅恪任教嶺南大學之初,已去臺灣做臺大校長的傅斯年多次來電催他入臺,為其拒絕。在廣州解放的前夜,國民黨教育部長杭立武曾親自到陳家勸說,要其赴臺,或走香港,陳也未答應。陳寅恪不作遷臺之想,是因他對國民黨政府的腐敗已有相當深的認識。抗戰勝利後,陳寅恪高興萬分,吟出了「降書夕到醒方知,何幸今生見此時。……國仇已雪南遷恥,家祭難忘北定時」[65]的詩句。回到故都北平後,以為天下遠離戰火,從此太平。不料內戰爆發,戰火連綿,生活的窘困遠甚從前。陳寅恪因經濟拮据,無錢買柴取火,竟將自己一生視為珍寶的巴利文藏經和最好的東方語言書籍全數賣給了北大東語系,用以買煤取暖。58歲的陳寅恪在除夕之夜無奈地寫下了「五十八年流涕盡」的辛酸詩句,可以想見他當時的悲憤心情。「黨家專政二十載,大廈一旦梁棟摧。亂源雖多主因一,民怨所致非兵災。」[66]這一首分析國民黨潰敗中國原因的〈哀金源〉詩,把他對國民黨政權的失望和憤怒表露無遺。他不願跨海入臺,不願跟隨國民黨走,也就不難理解了。

當年馮友蘭聽說陳寅恪一家從上海南下,以為陳氏「將避地於香港」。馮友蘭猜錯了,錢穆同樣也猜錯了。錢氏以為陳寅恪是暫時棲身嶺表,故多次寫信邀請陳氏入港辦學,為其堅拒。陳寅恪既不願浮海入臺,當然更不願客

---

[65] 陳寅恪:《陳寅恪集·詩集》,第49頁。
[66] 陳寅恪:《陳寅恪集·詩集》,第68頁。

三、錢穆與陳寅恪

居香江。陳寅恪在「第七次交代底稿」中自言:「當廣州尚未解放時,偽中央研究院歷史語言研究所所長傅斯年多次來電催往臺灣,我堅絕不去。至於香港,是英帝國主義殖民地。殖民地的生活是我平生所鄙視的。所以我也不去香港,願留在中國。」[67] 與陳寅恪交往甚深且有姻親關係的傅斯年(傅的妻子俞大彩是陳寅恪的表妹)尚未請動陳氏赴臺,又何況與他交往並不太深的錢穆。[68] 錢穆對陳寅恪的舉動很不理解,在晚年的回憶錄中發出了無可奈何的感嘆。

1949 年陳寅恪既不跨海入臺,也不過嶺南一步,對於他的這種人生選擇,引發了海外學者的著文討論,引發揮了余英時和馮衣北、汪榮祖等人的筆戰。余英時透過對陳寅恪《論再生緣》、《柳如是別傳》及其晚年詩文的分析和解讀,認為在 1949 年中國政權即將易幟之際,陳氏充滿著明末遺民式的悲愁苦恨,他晚年絕不可能認同中共政權,甚至提出陳氏晚年「著書唯剩頌紅妝」,表面上頌揚的是柳如是,實際上頌揚的是陳夫人,因為陳夫人提出去臺灣而為他拒絕,後來發覺自己選擇大誤,而佩服夫人有先見之明。余氏在分析中引述了他的老師錢穆在《師友雜憶》的一段記載:

又一日,余特去嶺南大學訪陳寅恪,詢其此下之行止。適是日寅恪因事赴城,未獲晤面,僅與其夫人小談即別。後聞其夫人意欲避去臺北,寅恪欲留粵,言辭爭執,其夫人即一人獨自去香港。幸有友人遇之九龍車站,堅邀其返。余聞此,乃知寅恪決意不離中國,百忙中未再往訪,遂與寅恪失此一面之緣。

陳門弟子蔣天樞看到錢穆這段記載後說,「錢賓四所記非實」。蔣在給汪

67　蔣天樞:《陳寅恪先生編年事輯》卷下,上海古籍出版社,1981 年版,第 137 頁。
68　王晴佳在《陳寅恪、傅斯年之關係及其他》(《學術研究》2005 年第 11 期)一文中以臺灣中研院史語所、近史所所藏「傅斯年檔案」、「朱家驊檔案」中的信件材料為基礎,分析了陳、傅之間的關係,認為自二十世紀 30 年代末期開始,陳、傅之間的關係曾一度十分緊張,此後陳寅恪對傅斯年「採取了躲避政策」,最終沒有隨史語所遷臺,當與此有關。

錢穆與近現代史家交往述略

榮祖的信中說:「在1949年解放前夕,先生(陳寅恪)無獨自一人隻身入城之可能,未獲晤面或別有故。留粵去臺的爭執也非實。先生去穗過滬時,我屢次見到先生和師母。其時胡適在滬,力勸先生去臺,先生和師母都說不去。我也聽說過師母曾去港,系有別事,並無友人堅促其返之說。」[69] 汪榮祖在《史家陳寅恪傳》中作了這樣的分析:陳氏一家到達嶺南至中共軍隊入廣州,尚有好幾個月的時間,若陳夫人如此堅決去臺,大可在這段時間內去臺灣看看情況,何必繞道香港?何況傅斯年一再催促,並謂可隨時搭軍機入臺。陳夫人在解放之前到過香港,當時廣州、九龍之間來往便捷,訪友購物皆有可能,不足為奇,夫妻之間吵架也有可能,但並無為去留而爭吵的痕跡。[70] 最近一些研究者根據《陳君葆日記全集》、《陳君葆書信集》,以及傅斯年致臺灣省警務處的一份代電等新發現的資料論證陳寅恪在1949年不僅有赴港、臺的打算,而且還有所行動,這似乎給余英時先前提出的「避地」之說以支持。[71]

陳寅恪不認同中共宗奉馬列,在晚年的詩作有不少低沉悒鬱、愁苦淒絕不能自己的詩句,這是事實。余英時解析陳寅恪晚年的詩文自有他的獨見和貢獻,但若像余氏所言,陳寅恪晚年詩文有一套存心設計的「密碼」,恐又未必符合事實,誠如陳門弟子週一良所言,余英時最初的文章說陳先生開始就打算離開中國,那是片面的議論,後來的《陳寅恪晚年詩文釋證》,「個別地方或許失於求之過深,近乎穿鑿」。[72]

69　蔣天樞致汪榮祖書(1983年7月8日)。轉引自汪榮祖:《史家陳寅恪傳》,北京大學出版社,2005年版,第158頁。
70　汪榮祖:《史家陳寅恪傳》,北京大學出版社,2005年版,第158頁。
71　參見胡文輝:《陳寅恪一九四九年去留問題及其他》,《東方早報·上海書評》,2009年5月24日;張求會:《陳寅恪一九四九年有意赴臺的直接證據》,《南方週末》,2010年4月29日。
72　週一良:《從〈陳寅恪詩集〉看陳寅恪先生》,《週一良集》第5卷《雜論與雜記》,遼寧教育出版社,1998年版,第239頁。

三、錢穆與陳寅恪

縱觀錢穆與陳寅恪的交往,並非太深、太密,但是從兩人所持的文化主張而言,卻又是聲氣相通、引為同調的。這主要表現在:

其一,同是新文化運動的批評者。陳寅恪因與胡適等主流派學者關係密切,其一生未對新文化運動作正面的公開批評,但這並不意味他就贊同新青年派激進的反傳統主張。早在哈佛留學期間,他就在吳宓的引薦下拜訪過新人文主義大師白璧德,對胡適等人的過激主張表示過不滿。回國以後,他雖然沒有像吳宓、梅光迪等學衡派學人那樣公開撰文攻擊胡適,但在文化觀上卻是贊同學衡派的主張的。在新青年派鞭打綱常名教、痛斥「禮教吃人」之時,他借悼念王國維之死大講「三綱六紀」對中國文化的作用,強調「禮」對維繫民族生存的重要意義。在這一點上,錢穆與陳寅恪有相同的見解。錢穆認為,要理解中國文化,必經要理解「禮」這個核心概念,因為它是整個中國文化世界裡一切行為的準繩。錢氏公開宣稱中國文化就是「禮「的文化,「孝」的文化,直到晚年美國學者鄧爾麟到臺北素書樓來拜訪他時,他仍然念念不忘「禮」和「家」在中國文化系統中的意義。[73]

與陳寅恪對新文化運動的委婉、間接的批評相反,錢穆對新文化運動作了直接而尖銳的批評。他說五四新文化運動是「一種自我文化之譴責與輕蔑」,是對中國固有文化的唾棄和抨擊,其口號如打倒孔家店、線裝書扔茅廁裡、廢棄漢字等,「全是一種偏激的意見和態度,並不曾轉變成為一種嚴肅的、深細的思想問題來討論、來爭持」[74],結果是「正面向外的接受反少,反面向內的攻擊轉多」,因而上演了一幕幕徬徨、迷惑、淺薄、錯亂的「悲喜劇」。

其二,同是中國歷史文化的守護者。錢、陳二人都是中國現代著名歷史學家,都強調歷史知識的價值,試圖從歷史中為中國文化尋求意義,以喚醒

---

73 參見鄧爾麟:《錢穆與七房橋的世界》(藍樺譯),第8—9頁。
74 錢穆:《五十年代中之中國思想界》,收入《歷史與文化論叢》,第250頁。

錢穆與近現代史家交往述略

國人的文化自尊、自信。陳寅恪大聲疾呼,「國可滅,而史不可滅」,「對於歷史文化,愛護之若生命」。錢穆則宣稱「欲滅其國,必先去其史」,「一民族對其已往歷史無所了知,此必為無文化之民族」,「斷斷無一國之人,相率鄙棄其一國之史,而其國其族,猶可長存於天地之間者」。[75]

兩人治史都特別注重種族(民族)與文化的關係,強調文化高於種族,文化決定種族。陳寅恪稱「種族與文化」是「治吾國中古史最要關鍵」,而判別「種族」的標準是「文化」而不是「血統」。他說:「種族之分,多系於其人所受之文化,而不在其所承之血統」[76],此一觀點在其著作《唐代政治史述論稿》、《隋唐制度淵源略論稿》中也多有闡述。錢穆認為,中國文化由中華民族所獨創,中國人的民族觀念與文化觀念密切關聯,其民族觀不以血統而以文化為其標準。他說:「在古代觀念上,四夷與諸夏實在另有一個分別的標準,這個標準,不是血統,而是文化。所謂『諸侯用夷禮則夷之,夷狄進於中國則中國之』,此即是以文化為華、夷分別之明證。」[77] 這與陳寅恪的觀點如出一轍。

兩人都重視對民族文化作「同情之瞭解」。陳寅恪在《馮友蘭〈中國哲學史〉上冊審查報告》中稱:「凡著中國古代哲學史者,其對於古人之學說,應具瞭解之同情,方可下筆。」錢穆把這種「瞭解之同情」推及整個中國的歷史文化,稱治史應「附隨一種對本國已往歷史之溫情與敬意」。

在對待外來文化輸入的態度上,陳寅恪在《馮友蘭〈中國哲學史〉下冊審查報告》中有一段名言:「一方面吸收輸入外來之學說,一方面不忘本來民族之地位。」[78] 錢穆在1941年所寫的《東西文化學社緣起》一文中說:「各

75　錢穆:《國史大綱·引論》,第2、29頁。
76　陳寅恪:《白樂天之先祖及後嗣》,《元白詩箋證稿》,上海古籍出版社,1978年版,第308頁。
77　錢穆:《中國文化史導論》(修訂本),商務印書館,1994年版,第41頁。
78　陳寅恪:《金明館叢稿二編》,第284—285頁。

三、錢穆與陳寅恪

民族文化進展，常需不斷有去腐生新之勢力，而欲求去腐生新，一面當不斷從其文化源頭作新鮮之認識，一面又當不斷向外對異文化從事於儘量之吸收。」[79] 錢、陳的觀點不僅相同，連遣詞造句都何其相似。

在中國文化的發展路徑上，兩人皆主張以傳統文化作為創造和發展新文化的主體，認定新文化只能從已往舊有中蘊孕生長，絕不能憑空翻新，絕無依傍。陳寅恪提出「新瓶裝舊酒」的主張，錢穆則主張「據舊開新」、「老幹萌新芽」。

其三，同是宋學精神的倡導者。陳寅恪在《鄧廣銘〈宋史職官志考證〉序》中說我華夏民族之文化，「歷數千載之演進，造極於趙宋之世」，中國將來的學術文化必將是「宋代學術之復興，或新宋學之建立是已」。[80] 錢穆稱：「講中國學術史，宋代是一個極盛時期。上比唐代，下比明代，都來得像樣。」[81] 近人常拿清代學術比擬西方的文藝復興，其實宋代才是中國的文藝復興時代。在《中國近三百年學術史》中，他提出清代漢學淵源於宋學，「不知宋學，則亦不能知漢學，更無以評漢宋之是非」的主張。在《國史大綱》中，他對宋學為疏陋之學，「至清始務篤實」的觀點大加批駁，稱「自宋以下學術，一變南北朝隋唐之態度，都帶有一種嚴正的淑世主義」[82]，「以天下為己任，此乃宋明以來學者唯一精神所寄」[83]。

其四，兩人都強調學術研究的獨立性。陳寅恪視「獨立之精神，自由之思想」比生命還重要，視其信仰和做人為學的準則。1953 年，他在《對科學院的答覆》中說：「我認為研究學術，最主要的是要具有自由的意志和獨立的精神。……沒有自由思想，沒有獨立思想，即不能發揚真理，即不能研究學

79　錢穆：《文化與教育》，第 29—30 頁。
80　陳寅恪：《金明館叢稿二編》，第 277 頁。
81　錢穆：《中國史學名著》，第 162 頁。
82　錢穆：《國史大綱》（下冊），第 555 頁。
83　錢穆：《國史大綱》（下冊），第 606 頁。

295

術。」[84] 陳氏晚年「著書唯剩頌紅妝」，意在考察當時政治（夷夏）、道德（氣節）的真實情況，「以表彰我民族獨立之精神，自由之思想」。錢穆認為研究學術「應自有客觀性，而勿徒為政客名流一種隨意宣傳或辯護之工具」。他治學不迎合時尚，輕棄己見，也不屈從政治、社會壓力而作違心之論，更不隨風而倒，始終堅持學術研究的獨立性、嚴肅性。他曾受臺北孔孟學會的邀請撰寫《孔子傳》一書，堅持《易傳》非孔子作，受到了孔孟學會評議會的指責，指令他按評議會意見改寫。他的回答是「學術著作，不比政治行事，可遵會議決定」，「學術著作須作者本人負責」而斷然加以拒絕。[85]

總體而論，錢穆與陳寅恪一生儘管交往非深，但在文化思想上卻是精神意氣相通，他們是為中國文化所化之人，是為中國歷史文化招魂續命之人。從這個意義而言，他們又可謂是「知己同調」。

四、錢穆與張蔭麟

張蔭麟（1905—1942），廣東東莞人，筆名素痴。1923年秋，張蔭麟負笈北上，考入清華學堂中等科三年級，在清華園求學七年（1923—1929）。在民國學術界，張氏是一位天賦極高、聰明早慧的學者，18歲時在《學衡》雜誌上發表批評梁啟超考證《老子》晚出說的文章而一鳴驚人，為梁氏欣賞，譽為「天才」。在清華學習期間，經常得到外文系教授、《學衡》雜誌主編吳宓的點撥，自言其文學興趣，「實由吳宓所啟發」。

1929年秋，張蔭麟以公費出國留學，入美國西部史丹佛大學學習哲學和社會學。1933年秋，張蔭麟在史丹佛大學獲得博士學位後歸國。他的老師陳寅恪曾給史語所所長傅斯年寫信，推薦他入史語所和北大，信稱：「張君為清華近年學生品學俱佳者中之第一人，弟嘗謂庚子賠款之成績，或即在此人之

84　轉引自陸健東：《陳寅恪的最後20年》，生活‧讀書‧新知三聯書店，1995年版，第111頁。
85　錢穆：《八十憶雙親‧師友雜憶》，第356頁。

四、錢穆與張蔭麟

身也。……若史語所能羅致之，則必為將來最有希望之人材，弟敢書具保證者，蓋不同尋常介紹友人之類也。北大史學系事，請兄轉達鄙意於胡（適）、陳（受頤）二先生。」[86] 但陳氏如此賣力的推薦並未打動傅斯年的心，北大史學系也沒有接納張蔭麟。最後張氏只好回到母校清華大學，被歷史和哲學兩系聘為專任講師。

錢穆與張蔭麟大約相識於1934年春夏間。當時錢穆在北大史學系任教，在清華兼課，講授秦漢史；張蔭麟在清華任教，又在北大兼課，教授「歷史哲學」，二人由此相識。關於二人在這一時期的往來情況，錢穆在晚年有如下二段回憶：

（張）蔭麟自美留學歸來，任教於清華大學。其先為清華學生，與同學賀麟，同為其師吳雨僧創辦天津《大公報·文學副刊》撰文，一時號稱「二麟」。賀麟留學歐洲，歸任教於北京大學之哲學系。蔭麟在清華史學系，兩人與余往來皆甚密。[87]

蔭麟在清華歷史系任教。余赴清華上課，蔭麟或先相約，或臨時在清華大門前相候，邀赴其南院住所晚膳。煮雞一隻，歡談至清華最後一班校車，蔭麟親送余至車上而別。[88]

錢穆年長張蔭麟10歲，其輩分較張氏為高，然而年齡的大小並沒有妨礙二人迅速定交，成為好友，一個重要的原因是當時二人皆「有志為通史之學」。北大1932年開設中國通史課（必修課），分聘北平史學界治斷代史的名家分任。錢穆認為，通史由眾人分講，不能一線貫通而下，有違通史的會通之旨，故對這種講法大不以為然。由於合講通史組織費事，僅實行一年而罷，錢穆自告奮勇，主動提出由他一人獨任此課，得到了北大當局的同意。錢穆在講授通史的同時，又自編講授提綱和通史參考資料，成為北大講授通

86　陳寅恪：《致傅斯年》，《陳寅恪集·書信集》，第47頁。
87　錢穆：〈紀念張曉峰吾友〉，臺北《傳記文學》第47卷第6期，1985年12月。
88　錢穆：《八十憶雙親·師友雜憶》，第180頁。

錢穆與近現代史家交往述略

史的名家。

在錢穆獨任北大中國通史課的這一年冬天,張蔭麟從美國學成歸國。張氏留美期間雖然學的是哲學和社會學,但他的志業卻在史學上。1933 年 3 月,在史丹佛大學求學的張蔭麟在給好友張其昀的一封信中說:「國史為弟志業,年來治哲學社會學,無非為此種工作之預備。從哲學翼得超放之博觀與方法之自覺,從社會學翼明人事之理法。」[89] 陳寅恪在向傅斯年推薦張氏的信中也說,「其人記誦博洽而思想有條理,若以之擔任中國通史課,恐觀今無更較渠適宜之人」,對張氏講授通史寄予了厚望。張蔭麟是留美博士,受過西學的系統訓練,在時人眼中當為「新派」學者;錢穆沒有出國留學,無緣接受西方文化的雨露,是一個地道地道的土學者,然而張氏回國後和錢穆一見如故,迅速定交,時相過從,「共有志為通史之學」,當是二人論交的基礎。換一句話說,通史之學是二人聯繫的紐帶和中介,使他們有一個共同論學的基礎。

1935 年,張蔭麟受教育部的委託,負責主編高初中歷史教科書。在此之前,張蔭麟在《大公報·史地週刊》上發表了《關於「歷史學家的當前責任」》一文,提出中學生國史知識的低下,良好的國史課本的缺乏要負很大的責任,故編寫一本較理想的國史課本成為當務之急。張氏把創編高中本國史的計劃分成三步:第一步擬定綱目,先把四千年的史事分為數十個專題,權衡輕重,廣徵意見;第二步分工合作,漢以前由他自己執筆,唐以後由吳晗負責,其他專題分別邀請專家撰述;第三步綜合提煉,稿子撰成後編為長編,再就長編加以貫通融會,去其重複牴牾之處,以通俗生動的文筆,寫出四千年來變動發展的歷史。

1935 年 2 月 7 日,《大公報·史地週刊》第 21 期刊出了《中學本國史教

---

[89] 張蔭麟:《與張其昀書》,周忱選編:《張蔭麟先生紀念文集》,漢語大詞典出版社,2002 年版,第 359 頁。

四、錢穆與張蔭麟

科書編纂會徵稿啟示》一文,內附《高中本國教科書草目》(以下簡稱《草目》),即張蔭麟編纂高中國史課本的寫作提綱,共分4卷80章,向學界專家通人徵求意見。在這些專家通人中,自然少不了與自己志趣相投的錢穆。2月26日,張蔭麟派哲學系助教王維誠把《草目》送到馬大人胡同錢穆的寓所,請其「囑參意見」。第二天,錢穆便回函陳述了自己的看法。

錢穆對《草目》提出一條根本性意見,那就是:「最好全書敘述,仍以政治方面為主腦,而以學術社會種種情形就其相互影響者為串插,使讀者於歷史盛衰治亂之大綱,先得一明晰之基本知識,將來自能引伸。否則頭緒一多,茫無畔岸,此後研求歷史,仍須從頭講起。」[90] 隨後他對《草目》中幾處於普通政治史上的脈絡條貫尚欠完整之處提出了具體的修改意見,如第22章「五胡十六國」以下,第26章「南北的混和」以前,只敘南北朝社會文物,第39章「宋室南渡」以下,只敘南宋文物提出商榷意見,認為社會文物固須講,而普通政治事實更應先及,如東晉、南宋何以不能恢復中原問題,若僅以「社會和文物」為題,勢難詳述,建議改為「東晉之恢復運動及其內亂」加以敘說。

對於《草目》的其他篇章,錢穆也貢獻了一己之見。他認為第59章「復明運動的失敗」內附「明遺老學術思想及其影響」,篇章安排欠妥,因為「明遺老學術思想及其影響」一節,實為近代學術開一新境,較之陽明只是理學末梢不同。就學術思想史上的地位而論,王陽明地位固然崇高,若編通史,似應多寫顧、黃、王諸人,而不必多寫陽明。至於在內容的寫法上,他也提出注意之點。如第47章「明的建國及其規制」,《草目》提出注意八股考試制度,錢穆認為明代建國規制,如廢丞相、立內閣,尤須注意,不僅有明一代,全受此制影響,即如清代政治,亦與此制有莫大關係。至於考試制度,

---

[90] 錢穆:《關於高中本國教科書之討論錢賓四教授來信》,原載《大公報·史地週刊》第26期,1935年3月15日。收入周忱選編:《張蔭麟先生紀念文集》,第386頁。

錢穆與近現代史家交往述略

固然重要，然究竟是沿襲唐宋而來，與內閣制之為新創者不同。且明代考試，更應注意其考試科程之內容，即四書五經大全，而考試文學的形式，即八股，尚屬其次。錢穆在回函中還對《草目》沒有涉及的內容提出了增補意見。在他看來，中國疆域廣闊，各地開發的歷程極需注意，特別是唐中葉以後長江流域在中國史上的經濟地位，北方日就蕪落，南方人文日盛，以及漕運及江南稅重等問題，當在章節中有所反映。錢穆在以後所寫的《國史大綱》中用了三章的篇幅敘述中唐至明代幾百年間南北經濟的變遷轉移狀況，創獲實多，受到了學術界的好評。

在錢穆回函的第二天，即2月29日，張蔭麟就覆書錢穆，部分接受了他的意見。回函稱：「先生指出東晉、南宋何以不能恢復中原之問題，誠為重要問題，吾人屬筆時自當因先生之提醒而特別注意。」明遺民學術思想另立一章，孔墨及其時代分二章敘述。但對於錢穆提出的寫通史應以政治史為主幹這一根本性意見，張蔭麟卻大有保留。他說：「通觀全目，其非以文化史相標榜，而遺略政治者，蓋可瞭然。曾聞人議其過重政治者，弟亦不暇辨。尊意『以政治為主腦』，就全局而論，實洽鄙懷。唯以初中與高中較，則弟意前者宜較詳政治，後者宜較詳文物。此意當為高明所領許。」[91]

不過，錢穆主張寫通史應以政治史為「主腦」的觀點在1940年代後有了較大改變。錢穆在30年代末完成的通史名著《國史大綱》中，雖然仍以政治史為重點，但也非常重視文化尤其是各個時期學術思想的敘述，有的篇章甚至以文化為主幹，與先前的觀點相比有了很大改變。《國史大綱》完成後，錢穆治學的重心發生了轉變，由歷史研究轉入文化研究。錢氏認為，文化就是全部歷史的整體，歷史便是民族文化精神的展開和演進，研究歷史最應注意的地方就是在此歷史背後所蘊藏而完成之文化，歷史是其外表，文化才是

91　張蔭麟：《關於高中本國教科之討論·覆書》，原載《大公報·史地週刊》第26期，1935年3月15日。收入周忱選編：《張蔭麟先生紀念文集》，第389頁。

四、錢穆與張蔭麟

其內容。後來錢穆在所寫的《中國歷史研究法・序》中則乾脆說,「其實文化史必然是一部通史,而一部通史則最好應以文化為其主要之內容」,得出了一部歷史便是一部文化史的結論,這是對他30年代寫通史「最好以政治方面為主腦」的修正,表明他對張蔭麟觀點的認同。

錢穆和張蔭麟是學者,但絕非是埋首書齋、孤芳自賞、不問時事的學者,他們都具有強烈的民族意識和以天下興亡為己任的使命感。九一八事變後,日軍進逼華北,國難深重。在民族存亡絕續之際,遠在美國留學的張蔭麟給好友張其昀寫信,稱「國史目前誠無使人樂觀之餘地,然吾人試放遠眼光從世界史趨勢看來,日寇之凶焰決非可久者」[92],「當此國家棟折衰崩之日,正學人鞠躬盡瘁之時」[93],表達了他對日寇侵華的痛恨以及對戰勝日軍的必勝信心。此時身在北平「危城」的錢穆對日本人的侵略憤慨尤深。一二九學生運動被國民黨當局鎮壓之時,錢穆正在給顧頡剛主編的《崔東壁遺書》一書寫序。他在序中說,「北平各大學青年愛國運動驟起,牢獄之呻呼,刀刃之血滴,觸於目,刺於耳,而傷於心」,令他「一室徘徊,胸沸脈竭」,頗能表白他當時的沉痛心情。他對國民黨當局對日妥協、放棄華北的政策頗為不滿,曾對學生談到對時局的看法時說:「為拯救垂危的民族,不妨背城借一,作一決戰。」[94] 張蔭麟對國民黨政府鎮壓北平學生運動給予了憤怒的譴責,他在一篇文章中說:「一方面對於劫奪我土地,殘害我人民,以傾覆中國家為天職的惡敵,則打躬作揖,滿堆笑臉地來講親善;一方面對於天真浪漫,拿雲捉月,從未曾給過社會以絲毫損害的少年男女,則凌以雷霆萬鈞的凶威。這種情形所表現一個國家的『政治人格』,在稍為有審美觀念的人看來,是何

---

92 張蔭麟:《與張其昀書》(1933年3月7日),周忱選編:《張蔭麟先生紀念文集》,第360頁。
93 張其昀:《敬悼張蔭麟先生》,《思想與時代》第18期「張蔭麟紀念專號」,1943年1月,收入周忱選編:《張蔭麟先生紀念文集》,第174頁。
94 參見詹耳:《賓四先生二三事》,香港《人生》半月刊第8卷第6期,1954年8月1日,第18頁。

錢穆與近現代史家交往述略

等醜惡!」[95] 認為國民黨當局繼續持續這種政策必然會「失卻有血性、有頭腦的青年的同情」,「古今中外,沒有一個政府,失卻全國有血性、有頭腦的青年的同情而壽命能長久的」[96],表達了對青年愛國運動的支持。

1936 年,日本中國駐屯軍不斷增兵平津,兩次挑起豐臺事件,迫使國民黨軍隊撤兵豐臺(北平南郊),亡國滅種的烏雲籠罩在北平城的上空。面對著日本侵略者的壓城之黑雲,身處危城中的知識分子並沒有退讓,反而進一步激發了他們日益高漲的民族情緒和愛國熱情。1936 年 1 月 27 日,北平文化界救國會正式成立,並發表宣言莊嚴宣稱:「中國是民眾的中國,土地是民眾的土地,不像在皇帝統治時代,『朕即國家』,因內政外交的失敗,將一塊一塊的土地讓給帝國主義列強。」在敵人貪慾無厭、得寸進尺之時,「不但華北垂亡,整個的民族都要快淪為奴隸了,我們還等待麼,我們還能遲疑嗎」?「宣言」最後大聲疾呼:「華北的民眾,全國的民眾,起來!趕快起來!抵抗敵人的侵略,救護我們的國家,收復我們的失地,爭取我們的自由。」[97] 在這次宣言上簽名的就有張蔭麟。

1936 年 10 月 13 日,由張蔭麟起草,經錢穆、顧頡剛、徐炳昶、馮友蘭、崔敬伯等人三次修改,104 名北平學術界教授聯名發表了「抗日救國宣言」(又稱「教授界對時局意見書」),《宣言》稱:

溯自瀋陽之變,迄今五載,同人等託跡危城,含垢忍淚,不知其運命之所屆。去秋以來,情勢更急,冀東叛變,津門倡亂,察北失陷,綏東告警,豐臺撤兵,禍患連駢而至,未聞我政府抗議一辭,增援一卒,大懼全國領土,無在不可斷於日人一聲威嚇之中。近來對華進行交涉,我政府所受之威

95　張蔭麟:《論非法捕捉學生》(1935 年 4 月),李紅岩編選:《素痴集》,天津百花文藝出版社,2005 年版,第 71 頁。
96　張蔭麟:《論非法捕捉學生》(1935 年 4 月),李紅岩編選:《素痴集》,第 72 頁。
97　原載《大眾生活》第 1 卷第 14 期,1936 年 2 月 15 日。引自《一二九運動資料》第一輯,人民出版社,1981 年版,第 295—299 頁。

脅雖尚未宣布,然據外電本諸東報所傳,謂日本又有侵害中國主權之五項新要求對我提出,姑勿論所傳之虛實如何,任承其一,即足以陷我民族於萬劫不復之深淵,墮「中國之自由平等」之追求於絕路;中山先生所遺託於吾人之重任,數十年先烈所糜軀灑血以殉者亦將永絕成功之望。我全國人民,至於今日,深知非信仰政府不足以禦外侮,精誠團結,正在此時,深不願我政府輕棄其對國民「最後關頭」之諾言,而自失其存在之領導地位。故為民族解放前途計,我政府固有根本拒絕此諸條款之責任,而為國家政權安定計,我政府亦當下拒絕此條款之決心。在昔紹興之世,宋雖不競,猶有順昌之攖;端平之世,宋更陵夷,復有淮西之拒。我中華民族,數千年來,雖時或淪於不才之肖,從未有盡舉祖宗所貽,國命所繫,廣土眾民,甘作敝屣文棄者。此有史以來所未前聞之奇恥大辱,萬不能見創於今日。是則同人等覘民意之趨向,本良心之促迫,所敢為我政府直言正告者也。同人等以國防前線國民之立場,在此中日交涉緊張之際,為願政府明了華北之真正民意與樹立救亡之目標起見,特提出下列數項要求,望政府體念其愛國赤誠,堅決進行,以孚民望而定國是,不勝企禱之至。

一、政府應立即集中全國力量,在不喪國土不辱主權之原則下,對日交涉;

二、中日外交絕對公開,政府應將交涉情形隨時公布;

三、反對日人干涉中中國政,及在華有非法軍事行動與設置特務機關等情事;

四、反對在中國領土內以任何名義成立由外力策動之特殊行政組織;

五、根本反對日本在華北有任何所謂特殊地位;

六、反對以外力開發華北,侵奪國家處理資源之主權;

七、政府應立即以武力制止走私活動;

錢穆與近現代史家交往述略

八、政府應立即出兵綏東，協助原駐軍隊，剿伐藉外力以作亂之土匪。[98]

10月17日，《申報‧北平特訊》以〈文化城中文化界之呼聲〉為題報導了簽發《宣言》的緣起和經過。該《宣言》表達了張蔭麟、錢穆等「託跡危城」的百餘名教授反對政府對日妥協，要求集中力量，一致對外的愛國願望，表達了他們在國難當頭的危難局勢下，以知識分子的良知和責任，坦誠地發表自己對國家前途、民族命運的看法，體現了他們以天下為己任的強烈愛國意識和文化擔當精神，對於促成南京政府早定抗日大計貢獻了知識分子的一份力量。

盧溝橋的槍炮揭開了全面抗戰的序幕，北平城的淪陷使張蔭麟、錢穆開始了流轉西南的學術生涯。七七事變後，張蔭麟隻身南下，應浙江大學聘，講學天目山中；錢穆則隨北大南遷，由長沙而昆明，任教於西南聯大。1938年夏，張蔭麟輾轉來到昆明，受聘於西南聯大歷史系、哲學系，經過長時期的輾轉流徙，兩人終於在滇中得以重見。在西南聯大任教期間，兩人仍主要從事通史的講授和著述，共同的志業使他們的交誼日深，錢穆在西南聯大講授通史時曾對學生李埏（同時又是張蔭麟的弟子）說：「晚近世尚專，輕視通史之學，對青年甚有害。滇中史學同仁不少，但願為青年撰中國通史讀本者，唯張蔭麟先生與我，所以我們時相過從，話很投機。」[99]

1939年秋，錢穆離開西南聯大，以後任教於成都齊魯大學國學研究所；1940年秋，張蔭麟也離開了西南聯大，再次應浙江大學之聘，講學古城遵義。從此兩人再未謀面，不過《思想與時代》雜誌的創刊再次將兩人緊密地聯繫了起來。

1941年8月，張蔭麟、張其昀等人在浙江大學創辦《思想與時代》月刊，由「思想與時代社」發行，該社的基本社員有張蔭麟、錢穆、張其昀、

98　周忱選編：《張蔭麟先生紀念文集》，第330—331頁。
99　李誕：《昔年從游之樂，今日終天之痛》，江蘇省無錫縣政協編：《錢穆紀念文集》，第13頁。

四、錢穆與張蔭麟

朱光潛、賀麟、郭洽週六人。錢穆踴躍為雜誌撰稿，最初每月皆撰一文寄去，他的〈兩種人生觀之交替與中和〉就發表在該雜誌的創刊號上。

《思想與時代》月刊的主編是張其昀，但張氏為浙大史地系主任，又為國民參議會參議員，事務繁忙，故張蔭麟成為該雜誌的實際負責人。張蔭麟積極為雜誌約稿，對來稿的質量要求極高。據他的好友謝幼偉回憶：「當《思想與時代》月刊初出版的時候，他來約作者寫文章，可是作者卻非常害怕。怕的是文章到他手裡，不見得可以通得過。所以作者的文章寫好之後，首先就送給他看。只要他點了頭，沒有話說，作者才放心。……有不少同事的文章，不唯給他批評得體無完膚，且堅決主張不登。他因此得罪了不少好友和同事。」[100] 不過對於錢穆的來稿，張蔭麟從來就不吝惜紙張，篇篇照登。張蔭麟主持《思想與時代》月刊共 15 期，幾乎期期皆有錢穆的文章，足見他對錢氏文稿的重視。

如前所述，張蔭麟、錢穆的終身志業是編纂一部為時代所需要的新通史。早在北大主講中國通史時錢穆就提出：「今日所急需者，厥為一種簡要而有系統之通史，與國人以一種對於已往大體明晰之認識，為進而治本國政治、社會、文化、學術種種學問樹其基礎，尤當為解決當前種種問題提供以活潑新鮮之刺激。」[101] 張蔭麟也說「我們正處於中國有史以來最大的轉變關頭」，「在這個時候，寫一部新的中國通史，以供一個民族在空前大轉變時期的自知之助」，是史學家應有之責任。而他組織「思想與時代社」，創辦《思想與時代》月刊的一個重要目的就在於以「學社為中心，負荷國史編纂之業，刊行國史長編叢書」。[102] 在西南聯大任教期間，錢穆每週去昆明講課外，其餘時間則隱居宜良山中從事通史的撰述。1940 年 7 月，錢穆撰寫的中國通史著作《國史大綱》由商務印書館出版，被國民政府教育部指定為全國大學用書，

---

100 謝幼偉：《張蔭麟先生言行錄》，周忱選編：《張蔭麟先生紀念文集》，第 216—217 頁。
101 錢穆：《評夏曾佑中國古代史》，《大公報》1934 年 3 月 31 日。
102 張其昀：《敬悼張蔭麟先生》，周忱選編：《張蔭麟先生紀念文集》，第 172 頁。

錢穆與近現代史家交往述略

風行全國。牟潤孫稱此書「自堯舜以迄民國，為完整之中國通史。識見、議論、編排、文章，均超越前人之作。享譽史學界，誠非幸致」。[103] 在錢著出版後的次年 5 月，張蔭麟的傳世名作《中國史綱》（上冊）也由浙江大學史地教育研究室印行。是書出版，好評如潮。陳夢家稱讚此書是「最近所看到歷史教科書中最好的一本創作」，作者「既詳細利用所有的材料，並且遵守若干預立的原則，有條不紊的把融化了史實用清楚明白而動人的文字寫出來，使讀者在優美的行文中瀏覽古代社會的大略」。[104] 對該書考據上、敘述上的疏誤提出商榷意見的童書業也不得不承認，張著「綜論大勢，往往有出人之見解。且所述之古史輪廓，頗見正確，立論既不偏於疑古，亦不固執而信古；既有豐富之史學知識，又具通貫之史學眼光；深入淺出，人人能解：在當代通史作品中，允稱佳著」。[105]

張蔭麟的《中國史綱》止於東漢，正當他潛心著述之時，病魔卻奪取了他那年輕的生命。1942 年 10 月 24 日，張蔭麟病逝於貴州遵義，時年 37 歲，民國學術界一顆光芒四射的彗星，就此墜落。引為知己同調的錢穆聞之悲傷不已，於當年 11 月 22 日在成都北郊賴家園一氣寫下了《中國今日所需要之新史學與新史學家》一文痛悼亡友：

> 故友張君蔭麟，始相識在民國二十三年春夏間。時余與張君方共有志為通史之學。常謂張君天才英發，年力方富，又博通中西文哲諸科，學既博洽，而復關懷時事，不甘僅僅為記注考訂而止。然則中國新史學之大業，殆將於張君之身完成之。豈期天不假年，溘然長逝。此數年來，強寇壓境，蹙吾半國，黌舍播遷，學殖荒落。老者壯者無所長進，少者弱者喪其瞻依，張

---

103 牟潤孫：《記所見之二十五年來史學著作》，杜維運、黃進興編：《中國史學史論文選集（二）》，臺北華世出版社，1976 年版，第 1122 頁。
104 陳夢家：《評張蔭麟先生〈中國史綱〉第一冊》，《思想與時代》月刊第 18 期，1943 年 1 月 1 日。
105 童書業：《評張蔭麟〈中國史綱〉第一冊》，周忱選編：《張蔭麟先生紀念文集》，第 111 頁。

君獨奮志潛精，日就月將，吾見其進，未見其止，明星遽墜，長夜失照，眺前矚後，豈勝悼愴。特草此文以當追念，而斯人不作，安得復相與一暢論之。然後生可畏，焉知來者之不如今，是所望於誦斯文而有慕於張君者。

五、錢穆與湯用彤

湯用彤（1893—1964），字錫予，湖北黃梅人。1911 年考入清華學堂。就讀期間，與同學吳宓創立「天人學會」，以「融合新舊，擷精立極」為學會宗旨，表現出了會通中西、熔鑄古今的學術抱負。曾任《清華週刊》總編輯，並以學生身分擔任學校國文課教師。1918 年赴美留學，先入明尼蘇達州漢姆林大學哲學系，第二年轉入哈佛大學研究院學習梵文、巴利文和印度哲學。其間與吳宓、陳寅恪交往甚密，在同學中有「哈佛三杰」之譽。1922 年夏，在哈佛大學獲得哲學碩士學位後歸國，應東南大學之聘，在該校哲學系任教授。

湯用彤在文化觀上認同學衡派「昌明國粹，融化新知」的文化主張，早在留學期間就由吳宓引見認識了美國新人文主義大師白璧德，他回國後的第一篇文章《評近人文化之研究》就發表在《學衡》雜誌 12 期上（1922 年）。在文中，湯用彤對當時討論文化問題中的「誹薄國學者」、「輸入歐化者」、「保守舊文化者」三種人提出批評，認為他們的共同缺點是「淺」和「隘」，淺則論不探源，隘則敷陳多誤，其結果必然是「是非顛倒，真理埋沒」，力主對中外文化之材料「廣搜精求」，平實立論。除此文外，湯氏在《學衡》雜誌上還發表有《佛教上座部九心輪略釋》（26 期）、《印度哲學之起源》（30 期）、《釋迦時代之外道》（39 期）、《唐太宗與佛教》（75 期），譯文有《亞里斯多德哲學大綱》（英人 Edwin Wallace 著，17—19 期連載）、《希臘之宗教》（24 期），向達翻譯的《亞里斯多德倫理學》也是經過他之手校正潤色發表在《學衡》雜誌上的。可見，在《學衡》雜誌存在的 10 年間，湯用彤始終與該刊保持著較

錢穆與近現代史家交往述略

為密切的聯繫。

湯用彤雖屬學衡派陣營中人,不過與學衡派其他學人對新派領袖胡適持嚴厲的批評態度不同,他與胡適保持了較為密切的接觸。1928年7月,在南京中央大學(前身為東南大學)任教的湯用彤與胡適有書信往返討論禪宗問題,此時的湯用彤已是中國治漢魏兩晉南北朝佛教史屈指可數的名家了。胡適的成名作《中國哲學史大綱》僅有上部,準確地說是一部先秦哲學史。他之所以遲遲沒有寫出中部、下部,一個重要的原因就是被漢魏兩晉以來的佛學發展問題難住了。此點湯用彤的好友賀麟看得最清楚,他說:

寫中國哲學史最感棘手的一段,就是魏晉以來幾百年佛學在中國的發展,許多寫中國哲學史的人,寫到這一期間,都碰到礁石了。然而這一難關卻被湯用彤先生打通了。[106]

湯用彤治中國佛教史的成就為胡適所激賞。1931年夏,胡適以英庚退款補助特聘教授的名義,迫不及待地把湯用彤請進了北大文學院哲學系。

在湯用彤進入北大的同年,自學成才的錢穆也由顧頡剛的推薦進入北大史學系任教,兩人同在文學院共事,得以相識。湯用彤在北大主講中國佛教史,在此之前,他在東南大學、中央大學講授佛教史多年,已編有講義,但心感不滿,故在北大講授時盡棄舊稿,從頭撰寫。對於這種嚴謹不苟的治學態度,錢穆敬佩不已。他晚年寫有〈憶錫予〉一文,稱「錫予為學,必重全體系,全組織,絲毫不苟」,即就此事而言。錢穆對佛教典籍也有興趣,喜讀《壇經》、天臺宗《小止觀》,兩人又是同年入北大任教,故「時相往返」,交

---

[106] 賀麟:《五十年來的中國哲學》,第21頁。梁漱溟也有類似看法,他說胡適治學的缺陷是不能深入,「他的《中國哲學史大綱》只有捲上,下卷就寫不出來。因為他對佛教找不見門徑,對佛教的禪宗就更無法動筆,只得做一些考證;他想研究佛法,但著名的六祖慧能不識字,在寺裡砍柴、舂米,是個賣力氣的人,禪宗不立語言文字,胡先生對此就無辦法」。梁漱溟:《略談胡適之》,《梁漱溟全集》卷七,山東人民出版社,2005年版,第625—626頁。

五、錢穆與湯用彤

往甚密。

1932年,熊十力自杭州來北平,在北大講唯識學。第二年,蒙文通從開封河南大學來北大任教,此時錢穆寓居在南池子緞庫胡同三號湯用彤家中。熊、蒙、湯三人以前在南京支那內學院師從佛學大師歐陽竟無,同為聽講之友。對錢穆而言,熊十力是新交,蒙文通早在蘇州相識,是舊友,四人常在湯家聚談,過從甚密。當時晤談的話題多為佛學、宋明理學。熊十力不同意其師歐陽竟無的唯識學,著《新唯識論》闡發己解,蒙文通則堅守師說,對熊的觀點大加批駁,雙方「喋辯不休」。湯用彤是佛學史的專家,對雙方爭論的是非最有發言權,但在爭論中,他卻常常保持沉默,不發一言。錢穆則總是充當熊、蒙二人的調解人。當他們討論的話題自佛教轉入宋明理學時,二人又起爭論,錢穆亦在二人之間作緩衝。

四人常相聚外,有時又有林宰平、梁漱溟二人加入。五四新文化運動時,在一片「打倒孔家店」的吶喊聲中,首先站出來為孔子說話的是梁漱溟,他著《東西文化及其哲學》一書,以尊孔、揚孔,弘揚儒學為己任。當他們談到胡適諸人提倡的新文化運動和時局政事時,湯用彤也很少貢獻自己的意見。

湯用彤對以上爭論的問題常常「沉默不發一語」,並不表明他沒有學問,沒有獨立的思想和見解,這大概與他不喜爭辯、為人和氣的性格有關。湯用彤信奉「極高明而道中庸」的儒家處事原則,「為人一團和氣」,在北大同人中有「湯菩薩」的雅號,與熊、蒙、錢三人的性格大有不同。熊十力以「天上地下,唯我獨尊」的聖賢自居,指斥漢宋群儒,在佛學意見上與師門鬧翻,形同水火。蒙文通與胡適多有不合,在北大任教一年多即被胡氏解聘。錢穆把批評科學考據派的意見訴諸筆端,引發揮了主流史學陣營的強烈不滿。學衡派對胡適群起攻之,而被胡氏斥之為「學罵」,身為學衡派成員的湯用彤卻與胡適相處頗善。諸如此類,皆表明四人在性格上的相異。身為湯用

錢穆與近現代史家交往述略

形的摯友,清華、哈佛二度同學的吳宓對湯氏為人處世的評價是:「其治事處世,純依莊老,清靜無為,以不使一人不悅為原則。」[107] 錢穆把湯用彤歸為「柳下惠聖之和」一類,可謂深識湯氏之為人。

在北大任教期間,錢穆與湯用彤也時常切磋學問。當時,錢穆為學生講授「中國近三百年學術史」一課程,並撰寫講義。講義寫成後草有一序,曾論及南北朝時南北為學之相異,湯用彤對錢穆這一見解多有稱讚,告錢:「君此一意,對予編寫佛教講義啟益良多。」[108] 北平為文化古都,書肆中珍本、善本書籍甚多。錢穆居南池子湯宅時,兩人時常一同出去購書,琉璃廠、隆福寺是他們常常光顧的地方。在錢穆購置的各種古籍中,以《竹書紀年》最為完備,他撰寫《先秦諸子繫年》,以古本《竹書紀年》校《史記》之誤,心得極多。在北平期間,他多方蒐集《竹書紀年》,古今異本蒐羅始盡,「專藏一玻璃櫃中」。湯用彤治中古佛教史,也仿照錢穆,收藏《高僧傳》,遇異本必搜求購取,這對於他後來校點《高僧傳》,頗多益處。

錢穆性喜遊歷,寄情山水。1936 年夏,他隻身一人來游廬山。當時湯用彤家在廬山牯嶺大林路旁購有一宅,錢穆來後即住在湯家。廬山為中國佛教名山,山中古寺林立,最著名者有三寺,東林寺是當年淨土宗初祖慧遠聚眾講經,發願往生西方淨土之地。西林寺是竺道生所居之地,生公晚年曾在此注釋《法華經》。大林寺是禪宗四祖道信寄居之地,道信在此留居十載,然後入蘄州黃梅雙峰山,宣講大法,開啟東山法門。湯用彤來廬山後,陪錢穆游開先寺,與寺中方丈談佛論道。錢氏離開後,他卜居大林峰的左側,在此讀書著文,後結集《大林書評》數篇,其中《評日譯〈梁高僧傳〉》(日人常盤大定譯)等,就是這一年「結廬仙境,緬懷往哲」時寫成的。[109]

107　吳學昭整理:《吳宓日記》第六冊,生活·讀書·新知三聯書店,1998 年版,第 359 頁。
108　「湯用彤先生紀念論文集」編輯委員會編:《燕園論學集》,北京大學出版社,1984 年版,第 26 頁。
109　湯用彤:《大林書評·序》,湯一介選編:《湯用彤選集》,天津人民出版社,1995 年版,

五、錢穆與湯用彤

七七事變爆發後,北大南遷,錢穆與湯用彤、賀麟同行,繞道香港赴長沙。當年 12 月 4 日,經過長途跋涉的旅途顛簸,終於到達長沙臨時大學文學院暫居地南嶽衡山。在南嶽山中,錢穆從事中國通史的講授和著述,湯用彤則最終完成了他的名著《漢魏兩晉南北朝佛教史》一書的寫作。1938 年元旦,在南嶽擲鉢峰下,湯用彤一氣呵成寫下了該書的序言,四易其稿的著作當年即由商務印書館出版。

《漢魏兩晉南北朝佛教史》是湯用彤一生中最重要的學術代表作,由此奠定了他在民國學術界一流學者的地位。其實,該書尚未出版前已獲學術界廣泛讚譽,胡適在校閱該書稿第一冊時曾在《日記》中寫下感言:「此書極好。錫予與陳寅恪兩君為今日治此學最勤的,又最有成績的。錫予的訓練極精,工具也好,方法又細密,故此書為最有權威之作。」[110] 該書出版後,更是好評如潮。1938 年 9 月,吳宓讀完此書在所寫的《日記》中讚道:「此書堪稱精博謹嚴,讀之獲益甚大。」[111] 賀麟對此書尤為推崇,稱:「《漢魏兩晉南北朝佛教史》一書,材料的豐富,方法的謹嚴,考據方面的新發現,義理方面的新解釋,均勝過別人。……他的佛教史雖採用了精密的考證方法,然而卻沒有一般考據史家支離繁瑣的弊病。據作者看來,他得力於兩點:第一為以分見全,以全釋分的方法……第二,他似乎多少採取了一些錢穆先生所謂治史學者須『附隨一種對其本國已往歷史之溫情與敬意』的態度。」[112]

1938 年 4 月,長沙臨時大學移遷昆明,改名西南聯合大學,文學院設在蒙自。其間,錢、湯等人曾同住「天南精舍」,切磋問學,朝夕相處。有一次,錢穆與賀麟到安寧旅遊,因山水奇佳,「久坐不忍去」,數日中盤纏用盡,囊空如洗,只好寫信給湯用彤,由他親來將二人「解救」回去。錢穆卜

第 51 頁。
110 曹伯言整理:《胡適日記全編》第 6 冊,1937 年 1 月 17 日,第 641 頁。
111 吳學昭整理:《吳宓日記》第六冊,第 351 頁。
112 賀麟:《五十年來的中國哲學》,商務印書館,2002 年版,第 22 頁

錢穆與近現代史家交往述略

居宜良山中撰寫《國史大綱》，湯用彤與賀麟親自相送，在岩泉下寺與他「同臥外室地鋪上」作長夜之談。[113] 在《國史大綱》寫作過程中，錢穆也常與湯氏討論。錢穆自言：「書成倉促，相知唯湯君錫予，時時讀其一二篇，有所商討。」[114] 湯用彤對錢穆的這部著作也有極高評價。1944 年徐復觀到西南聯大去拜訪他，要他推薦一些書看，湯用彤當即向徐推薦了《國史大綱》，說「這部書很好，可以看看」。[115] 錢穆晚年撰文稱「吾友湯錫予先生用彤，自平迄滇，長日相從，幾於形影不離」[116]，誠非虛言。

北平淪陷後，錢、湯二人皆是隻身南下，家眷均留北平。以後錢穆家眷回到蘇州，湯的家眷仍滯留北平。1939 年夏，錢穆離滇回蘇州省親，湯用彤回北平接家人南下，兩人同行，由河內轉香港，同赴上海，又到蘇州錢氏家中。當時《國史大綱》已完稿，錢穆遂向老友諮詢此下的研究方向。湯用彤稱兄於古今典籍四部綱要窺涉略備，此下可旁治佛學，當可開拓新路。如不喜向此途用力，可「改讀英文，多窺西籍，或可為兄學更辟一新途境」。[117] 一天，二人同遊蘇州街市，沿街多英文書籍，「皆自東吳大學散出」。湯用彤親自為錢穆選購三書，矚先試讀。錢氏照辦，稱自己開始有系統地讀英文書自此始。

《國史大綱》成書後，湯用彤建議錢穆「窮研佛典，求新接觸」。錢穆不忘老友的叮囑，對隋唐以來佛教史多有撰述。1944 年 9 至 11 月間，錢穆在《思想與時代》月刊上連續發表三篇《論禪宗與理學》的文章，來討論禪宗與宋明理學的關係。1945 年在《東方雜誌》上發表《神會與〈壇經〉》一長文，

---

113 錢穆：《八十憶雙親·師友雜憶》，第 219 頁。
114 錢穆：《國史大綱·書成自記》，第 3 頁。
115 徐復觀：《沉痛的追念》，收入《徐復觀全集》第 25 冊《無慚尺布裹頭歸交往集》，第 77 頁。
116 錢穆：《再記火珠林占易卜國事》，《錢賓四先生全集》第 23 冊《中國學術思想史論叢》（十），第 203 頁。
117 錢穆：《八十憶雙親·師友雜憶》，第 232 頁。

五、錢穆與湯用彤

對胡適《壇經》出自神會的創說提出商榷。抗戰勝利後,在昆明五華學院讀智圓書,寫有《讀智圓閒居編》一文。居香港時期,撰有《讀六祖〈壇經〉》、《記〈壇經〉與〈大涅槃經〉之定慧等說》、《讀少室逸書》、《讀寶志十四科頌》等文。定居臺北後,又撰有《〈六祖壇經〉大義》、《略述有關〈六祖壇經〉之真偽問題》、《再論關於〈壇經〉真偽問題》、《讀宗密〈原人論〉》、《讀契嵩〈鐔津集〉》、《評胡適與鈴木大拙討論禪》等文。這些文章以禪宗問題為中心,旁及天臺、華嚴兩宗,對佛學史的研究作出了貢獻。而這一系列研究佛學的文字,與湯用彤一席話的促成不無關係。錢穆在晚年的《師友雜憶》中回顧這段往事時,仍念念不忘老友的提示之功。他說:「余昔曾屢促錫予為初唐此三大宗(指天臺、華嚴、禪宗——引者)作史考,錫予未遑執筆。余此諸文,前後亦歷三十年之久,惜未獲如錫予者在旁,日上下其議論也。」[118]

1946 年,西南聯大三校分家,北大復員北平。湯用彤自昆明返舊京,錢穆因胃病滯留四川,兩人曾在成都相聚二旬。錢穆自《國史大綱·引論》發表後就與主流史學陣營分道揚鑣,退居邊緣,另謀出路。抗戰勝利後,他力避紛擾,足跡不到京津平滬,而擇一偏遠地,落腳棲身,錢氏把自己的這種人生選擇稱為「擇地之助」。1947 年夏,湯用彤應加利弗尼亞大學的邀請赴美講學,第二年秋天回國,曾到錢穆任教的江南大學拜訪,兩人暢遊太湖、黿頭渚、梅園諸勝景,盛嘆錢氏「擇境之善」,頗有轉江南大學任教之意。錢穆告訴老友:「國事蝸蟑,無分南北。明年倘得機緣,當邀君來同享此三萬六千頃之太湖風光。」[119] 不料時局變化之速,大出意料之外,二人自此一別,竟成永隔。

北平解放後,湯用彤任北大校委會主席,以後改任為分管基建和財務的副校長。學非所用,制約了這位學問巨擘向新的境界邁進,其學術的黃金時

---

[118] 錢穆:《八十憶雙親·師友雜憶》,第 254 頁。
[119] 錢穆:《再記火珠林占易卜國事》,《錢賓四先生全集》第 23 冊《中國學術思想史論叢》(十),第 203 頁。

錢穆與近現代史家交往述略

代遂成過去。錢穆認為,湯用彤是一位純粹的篤學之士,既恬淡為懷,又飲食起居、進退作息皆有節制,倘若環境安定,安於教學,潛心學術,得享高壽,當可為二十世紀的中國學術作出更大的貢獻。錢穆晚年在臺灣聽說老友之事,感嘆再三。

1964年5月1日,湯用彤在北京去世,享年71歲。1983年,是湯用彤誕辰90週年的紀念日,北京大學出版社擬出版紀念文集向錢穆徵文,88歲高齡的錢穆欣然寫下〈憶錫予〉一文,深情地回憶了他當年與老友的交往:

> 余與錫予交最久,亦最密。自初相識,迄於最後之別,凡追憶所及,均詳余之《師友雜憶》中。……今聞有錫予紀念論文集之編印,欲余為一文。回念前塵,一一如在目前,亦一一如散入滄海浮雲中。人生如是,豈為道為學亦復如是。不得起錫予於地下而暢論之。不知讀錫予書紀念於錫予之為人為學者,意想復如何?臨筆愴然,豈勝欲言。[120]

---

[120] 《燕園論學集》,第27頁。

主要參考書目

一、錢穆著作

《論語要略》,上海:商務印書館,1925年。
《墨子》,上海:商務印書館,1930年。
《國史大綱》,上海:商務印書館,1940年。
《文化與教育》,重慶:國民圖書出版社,1943年。
《政學私言》,重慶:商務印書館,1945年。
《學籥》,香港自印本,1958年。
《中國文化叢談》,臺北:三民書局,1969年。
《中國學術思想史論叢》(一),臺北:東大圖書公司,1975年。
《中國學術思想史論叢》(八),臺北:東大圖書公司,1980年。
《中國學術通義》,臺北:臺灣學生書局,1976年。
《世界局勢與中國文化》,臺北:東大圖書公司,1977年。
《從中國歷史來看中國民族性及中國文化》,香港:香港中文大學出版社,1978年。
《歷史與文化論叢》,臺北:東大圖書公司,1979年。
《中國歷史精神》,臺北:東大圖書公司,1981年。
《古史地理論叢》,臺北:東大圖書公司,1982年。
《先秦諸子繫年》,北京:中華書局,1985年。
《中國近三百年學術史》,北京:中華書局,1986年。
《現代中國學術論衡》,長沙:岳麓書社,1986年。
《朱子新學案》,成都:巴蜀書社,1986年。
《老子辨》,北京:中國書店,1988年。
《中國歷史研究法》,臺北:東大圖書公司,1988年。
《中國史學發微》,臺北:東大圖書公司,1989年。
《新亞遺鐸》,臺北:東大圖書公司,1989年。
《中國文化史導論》(修訂本),北京:商務印書館,1994年。
《國學概論》,北京:商務印書館,1997年。
《八十憶雙親‧師友雜憶》,北京:生活‧讀書‧新知三聯書店,1998年。

315

主要參考書目

《錢賓四先生全集》,臺北:聯經出版事業公司,1998 年。
《中國學術思想史論叢》(二),《錢賓四先生全集》第 18 冊。
《中國學術思想史論叢》(八),《錢賓四先生全集》第 22 冊。
《中國學術思想史論叢》(十),《錢賓四先生全集》第 23 冊。
《素書樓余瀋》,《錢賓四先生全集》第 53 冊。
《中國史學名著》,北京:生活·讀書·新知三聯書店,2000 年。
《兩漢經學今古文平議》,北京:商務印書館,2001 年。
《國史新論》,北京:生活·讀書·新知三聯書店,2001 年。
《孔子傳》,北京:生活·讀書·新知三聯書店,2002 年。
《晚學盲言》(上、下),桂林:廣西師範大學出版社,2004 年。
《宋明理學概述》,北京:九州出版社,2010 年。
《中國歷代政治得失》(新校本),北京:九州出版社,2012 年。
《八十憶雙親·師友雜憶》(新校本),北京:九州出版社,2012 年。

二、研究錢穆的資料與著作

張君勱:《中國專制君主政制之評議——錢著〈中國傳統政治〉商榷》,臺北:弘文館出版社,1986 年。
馬先醒主編:《民間史學》「錢賓四先生逝世百日紀念」,臺北:民間史學雜誌社,1990 年。
余英時:《猶記風吹水上鱗——錢穆與現代中國學術》,臺北:三民書局,1991 年。
嚴耕望:《錢穆賓四先生與我》,臺北:商務印書館,1992 年。
江蘇無錫縣政協編:《錢穆紀念文集》,上海:上海人民出版社,1992 年。
李木妙:《國史大師錢穆教授生平及其著述》,香港:香港新亞研究所,1994 年。
郭齊勇、汪學群:《錢穆評傳》,南昌:江西百花洲文藝出版社,1995 年。
羅義俊:《錢穆學案》,收入方克立、李錦全主編:《現代新儒家學案》(中),北京:中國社會科學出版社,1995 年。
汪學群:《錢穆學術思想評傳》,北京:北京圖書館出版社,1998 年。
(美)鄧爾麟著、藍樺譯:《錢穆與七房橋世界》,北京:社會科學文獻出版社,1998 年。
陳勇:《錢穆傳》,北京:人民出版社,2001 年。
陳勇:《國學宗師錢穆》,北京:北京大學出版社,2007 年。
香港中文大學新亞書院編:《錢賓四先生百齡紀念會學術論文集》,香港中文大學新亞書院,2003 年。
徐國利:《錢穆史學思想研究》,臺北:臺灣商務印書館,2004 年。

張麗珍、黃文斌合編:《錢穆與中國學術思想研究》,馬來亞大學中文系,2007 年。
黃兆強主編:《錢穆研究暨當代人文思想國際學術研討會論文集》,臺北:東吳大學,2010 年。

三、其他參考著作

張其昀:《民族思想》,臺北:正中書局,1951 年。
傅樂成:《傅孟真先生年譜》,臺北:文星書店,1964 年。
杜維運、黃進興編:《中國史學史論文選集》,臺北:華世出版社,1976 年。
白壽彝:《學步集》,北京:生活·讀書·新知三聯書店,1978 年。
陳寅恪:《元白詩箋證稿》,上海:上海古籍出版社,1978 年。
陳寅恪:《金明館叢稿二編》,北京:生活·讀書·新知三聯書店,2001 年。
陳寅恪:《陳寅恪集·書信集》,北京:生活·讀書·新知三聯書店,2001 年。
陳寅恪:《陳寅恪集·詩集》,北京:生活·讀書·新知三聯書店,2001 年。
蔣天樞:《陳寅恪先生編年事輯》,上海:上海古籍出版社,1981 年。
陳樂素、陳智超編校:《陳垣史學論著選》,上海:上海人民出版社,1981 年。
陳智超主編:《陳垣全集》第 23 冊《書信》,合肥:安徽大學出版社,2009 年。
顧頡剛編著:《古史辨》(一)、(二)、(五),上海:上海古籍出版社,1982 年。
崔述撰、顧頡剛編訂:《崔東壁遺書》,上海:上海古籍出版社,1983 年。
顧頡剛:《當代中國史學》,瀋陽:遼寧教育出版社,1998 年。
顧頡剛:《顧頡剛日記》第二卷、第四卷、第八卷,臺北:聯經出版事業公司,2007 年。
顧頡剛:《顧頡剛書信集》卷一,北京:中華書局,2011 年。
羅根澤編著:《古史辨》(四)、(六),上海:上海古籍出版社,1982 年。
呂思勉、童書業編著:《古史辨》(七),上海:上海古籍出版社,1982 年。
呂思勉:《呂著史學與史籍》,上海:華東師範大學出版社,2002 年。
呂思勉:《呂思勉讀史札記》(增訂本),上海:上海古籍出版社,2005 年。
呂思勉:《先秦史》,上海:上海古籍出版社,2005 年。
呂思勉:《呂著中國通史》,上海:華東師範大學出版社,2005 年。
呂思勉:《呂思勉論學叢稿》,上海:上海古籍出版社,2006 年。
狄白瑞著、李弘祺譯:《中國的自由傳統》,香港:香港中文大學出版社,1983 年。
朱維錚編:《周予同經學史論著選集》,上海:上海人民出版社,1983 年。
梁啟超:《清代學術概論》、《中國近三百年學術史》,朱維錚校注:《梁啟超論清學史二種》,上海:復旦大學出版社,1985 年。
章太炎:《訄書》(重訂本),收入《章太炎全集》(三),上海:上海人民出版社,1984 年。

主要參考書目

「湯用彤先生紀念論文集」編輯委員會編:《燕園論學集》,北京:北京大學出版社,1984年。
楊樹達:《積微翁回憶錄》,上海:上海古籍出版社,1986年。
賴澤涵主編:《三十年來中國人文及社會科之回顧與展望》,臺北:東大圖書公司,1987年。
余英時:《歷史與思想》,臺北:聯經出版事業公司,1987年。
余英時:《論戴震與章學誠》,北京:生活·讀書·新知三聯書店,2005年。
柳詒徵:《中國文化史》,上海:中國大百科全書出版社,1988年。
柳詒徵:《國史要義》,上海:華東師範大學出版社,2000年。
蔣大椿主編:《史學探淵——中國近代史學理論文編》,長春:吉林教育出版社,1991年
金毓黻:《靜晤室日記》,瀋陽:遼瀋書社,1993年。
湯一介選編:《湯用彤選集》,天津人民出版社,1995年。
俞振基編著:《蒿廬問學記:呂思勉的生平與學術》,北京:生活·讀書·新知三聯書店,1996年。
劉師培:《劉申叔遺書》,南京:江蘇古籍出版社,1997年。
朱自清:《朱自清日記》,《朱自清全集》第十卷,南京:江蘇教育出版社,1997年。
胡適:《胡適論學近著》第一集,濟南:山東人民出版社,1998年。
胡適著、歐陽哲生編:《胡適文集》(2)、(7),北京:北京大學出版社,1998年。
胡適著、曹伯言整理:《胡適日記全編》第5冊、第6冊,合肥:安徽教育出版社,2001年。
馮友蘭:《三松堂自述》,北京:人民出版社,1998年。
馮友蘭:《中國哲學史》,上海:華東師範大學出版社,2000年。
楊寬:《戰國史》(增訂本),上海:上海人民出版社,1998年。
張耕華:《人類的祥瑞——呂思勉傳》,上海:華東師範大學出版社,1998年。
吳宓著、吳學昭整理:《吳宓日記》第六冊(1936-1938年),北京:生活·讀書·新知三聯書店,1998年。
浦江清:《清華園日記》(增訂本),北京:生活·讀書·新知三聯書店,1999年。
張品興主編:《梁啟超全集》第二冊,北京:北京出版社,1999年。
陳祖武:《清代學術拾零》,長沙:湖南人民出版社,1999年。
張杰、楊燕麗選編:《追憶陳寅恪》,社會科學文獻出版社,1999年。
鄧廣銘:《鄧廣銘學述》,杭州:浙江人民出版社,2000年。
羅志田編:《二十世紀的中國與學術·史學卷》,濟南:山東人民出版社,2001年。
路新生:《中國近三百年疑古思潮研究》,上海:上海人民出版社,2001年。
柳曾符、柳佳編:《劬堂學記》,上海:上海書店出版社,2002年。
賀麟:《五十年來的中國哲學》,北京:商務印書館,2002年。
周忱選編:《張蔭麟先生紀念文集》,上海:漢語大詞典出版社,2002年。

三、其他參考著作

歐陽哲生主編：《傅斯年全集》第一卷、第三卷，長沙：湖南教育出版社，2003年。
李方桂著，王啟龍、鄧小詠譯，李林德校訂：《李方桂先生口述史》，北京：清華大學出版社，2003年。
徐復觀：《中國思想史論集》，上海：上海書店出版社，2004年。
杜正勝：《新史學之路》，臺北：三民書局，2004年。
錢偉長：《錢偉長文選》第五卷，上海：上海大學出版社，2004年。
陳其泰主編：《二十世紀中國歷史考證學研究》，北京：北京師範大學出版社，2005年。
汪榮祖：《史家陳寅恪傳》，北京：北京大學出版社，2005年。
汪榮祖：《史學九章》，北京：生活·讀書·新知三聯書店，2006年。
李紅岩編選：《素痴集》，天津：天津百花文藝出版社，2005年。
蕭公權：《憲政與民主》，北京：清華大學出版社，2006年。
陳啟雲：《治史體悟——陳啟雲文集（一）》，桂林：廣西師範大學出版社，2007年。
陳啟雲：《儒學與漢代歷史文化——陳啟雲文集（二）》，桂林：廣西師範大學出版社，2007年。
何佑森：《清代學術思潮——何佑森先生學術論文集》，臺北：臺大出版中心，2009年。
康有為著、姜義華、張榮華編校：《新學偽經考》，北京：中國人民大學出版社，2010年。
張京華：《古史辨派與中國現代學術走向》，廈門：廈門大學出版社，2009年。
陳勇、謝維揚主編：《中國傳統學術的近代轉型》，上海：上海人民出版社，2011年。
陳勇主編：《民國史家與史學》，上海：上海大學出版社，2014年。
朱希祖：《朱希祖日記》，北京：中華書局，2012年。
劉巍：《中國學術之近代命運命》，北京師範大學出版社，2013年。
楊天石主編：《錢玄同日記》（整理本），北京：北京大學出版社，2014年。
《徐復觀全集》，北京：九州出版社，2014年。
徐復觀：《論智識分子》，《徐復觀全集》第14冊。
徐復觀：《無慚尺布裹頭歸·交往集》，《徐復觀全集》第25冊。

四、報刊資料

《中央日報·文史副刊》
《大公報·史地週刊》、《大公報·文學副刊》
（天津）《益世報·讀書週刊》
《國聞週報》
《聯合報》（臺北）
《思想與時代》
《燕京學報》

主要參考書目

《清華學報》
《清華週刊》
《史地學報》
《史學雜誌》
《史學與地學》
《文史雜誌》
《禹貢》半月刊
《責善》半月刊
《國學季刊》
《圖書集刊》
《東方雜誌》
《學思》
《中央週刊》
《中國青年》
師大《歷史教育》（季刊）
《歷史語言研究所集刊》
《新亞學報》
《民主評論》
《人生》半月刊（香港）
《傳記文學》（臺北）
《華岡學報》
《史學匯刊》（臺北）
《書目季刊》（臺北）
《臺大歷史學報》
《思與言》
《孔孟學報》（臺北）

後記

　　本書是我承擔的教育部人文社會科學項目「錢穆與二十世紀中國史學」的最終研究成果，也是我多年來研究錢穆史學的一個成果集結。在這20多年裡，我撰寫了《錢穆傳》、《國學宗師錢穆》兩部學術傳記，還發表了30多篇研究文章，呈現在讀者面前的這部《錢穆與二十世紀中國史學》的書稿，便是選擇我這些年來研究錢穆史學方面的文字彙集而成的。

　　本書所收的文章，曾在《史學理論研究》、《史學史研究》、《學術月刊》、《中國圖書評論》、《暨南學報》、《上海大學學報》等學術刊物上發表過，謹向這些期刊及編輯表示感謝。由於篇幅的限制，初發表時均在不同程度上作了壓縮。此次收入書中，有的恢復了原貌，有的則在原來的基礎上作了比較大的增補和改寫。其中變動較大者為《「疑非破信，乃立信」》一篇，是由《疑古與考信——錢穆評古史辨派的古史理論》(《學術月刊》2000年第5期)、《和而不同：民國學術史上的錢穆與顧頡剛》(《暨南學報》2013年第4期)兩文合併而成。《論錢穆的歷史思想與史學思想》(原刊《史學理論研究》1994年第2期)收入本書時增寫了「重史心、史德的史家素養論」一節，《不知宋學，則無以評漢宋之是非——錢穆與清代學術史研究》一文，發表在《史學理論研究》2003年第1期上時僅1.5萬字，收入本書時已增至3萬多字，篇幅擴大了一倍以上。又，書中之文有些主題相互關聯，在以單篇論文發表時，文字難免有重複之處，本次收入時對重複部分儘量作了刪削。所以，收入書中的一些文章已非舊作的重版，其內容與初刊時多有不同，這裡特向讀者加以說明。

　　在本人長期的錢穆研究過程中，得到了業師吳澤教授、袁英光教授、桂遵義教授耐心而細緻地指導，在此一併表達我最誠摯的謝意。

　　陳勇

錢穆與 20 世紀中國史學
從先秦子學到清代考據，一場席捲千年的學術史革命

作　　者：陳勇	
發 行 人：黃振庭	
出 版 者：崧燁文化事業有限公司	
發 行 者：崧燁文化事業有限公司	
E-mail：sonbookservice@gmail.com	
粉 絲 頁：https://www.facebook.com/sonbookss/	
網　　址：https://sonbook.net/	
地　　址：台北市中正區重慶南路一段六十一號八樓 815 室	
Rm. 815, 8F., No.61, Sec. 1, Chongqing S. Rd., Zhongzheng Dist., Taipei City 100, Taiwan (R.O.C)	
電　　話：(02)2370-3310	
傳　　真：(02) 2388-1990	
印　　刷：京峯彩色印刷有限公司（京峰數位）	

國家圖書館出版品預行編目資料

錢穆與 20 世紀中國史學：從先秦子學到清代考據，一場席捲千年的學術史革命 / 陳勇 著 . -- 第一版 . -- 臺北市：崧燁文化事業有限公司, 2021.07
　面；　公分
ISBN 978-986-516-725-7(平裝)
1. 錢穆 2. 學術思想 3. 臺灣傳記
783.3886　　110009395

─ 版權聲明 ─

本書版權為九州出版社所有授權崧博出版事業有限公司獨家發行電子書及繁體書繁體字版。若有其他相關權利及授權需求請與本公司聯繫。
未經書面許可，不得複製、發行。

定　　價：450 元
發行日期：2021 年 07 月第一版

電子書購買

臉書

蝦皮賣場